「南進」する人びとの近現代史

小笠原諸島・沖縄・インドネシア

後藤乾一［著］

龍溪書舎

凡例

・註は各章の末尾に付したが、第五章のみは長文のため通し番号でなく、各節ごとに註を記した。
・註に記した利用文献等の刊行年は、原則として西暦・陽暦表記に統一した。
・引用文中の［　］は著者による補足説明を意味する。
・引用文中に今日では不適切とされる表現も散見されるが、そのまま再録した。
・同じく引用文中の「・・・」は中略を意味する。
・引用した一次資史料等で判読不明の文字は□で表した。
・原則的に引用文は当用漢字に改めたが、慣用に従い旧漢字のままとした場合もある。
・外務省外交史料館、東京都公文書館等公的機関が所蔵する資史料については、本書の一般書としての性格、あるいはアジア歴史資料センターの検索システムの利便性に鑑み史料番号を省略した。

場人物の足跡〉
ン万次郎（1860年以降）
兼蔵
八郎
俊
客文吉
客松（父親）
の地図、太線は日本の勢力圏
モンゴル人民共和国
中華民国
シリアンスキー島
ハワイ諸島
ビルマ（英）
ハノイ
香港
海南島
ラングーン
タイ
バンコク
仏領インドシナ（仏印）
サイゴン
5章A
メタン
クアラルンプール（英）
シンガポール（英）
英）
赤道
ボルネ
スマトラ島
スラバヤ
バタビア（ジャカルタ）
マラ
ジャワ島

目　次

まえがき

本書で考察の対象とする小笠原諸島、沖縄にもその足跡を印したM・C・ペリー提督率いる「黒船」（米国東インド艦隊）の衝撃から七年後の一八六〇年（万延元年）、開国日本の最初の公式外国訪問となる使節団がアメリカに派遣された。この遣米使節団の正使新見豊前守正興の従者の一人仙台藩士玉虫（蟲）左太夫誼茂《やすしげ》は、帰国後その見聞記録を『航米日録』全八巻としてまとめた。日米修好通商条約（一八五八年七月調印）の批准書交換を主目的とした使節団の滞米体験についてのこの記録は、これまでも日米関係史・アメリカ研究、あるいは日本の対外観研究の中で高く評価されてきた(1)。

他方、アメリカ訪問への関心の度合いと比べると注目度は低いが、米艦ポーハタン号に乗り組んだ使節団一行は、アメリカでの全行事を終えた後ニューヨークでナイアガラ号に乗り換え大西洋を横断、アフリカ西岸ポルトガル領ルアンダ（現アンゴラ）、オランダ領東インド（現インドネシア）の首都バタビア（現ジャカルタ）、そして英領香港を回航し同年九月八か月ぶりに帰国した。

玉虫佐太夫の『航米日録』第七巻は、これら帰途の訪問地についても冷静な観察を行い興味深い同時代資料となっている。たとえばバタビアについての記述では、「予等を一見せんとて、異風の人物戸外に立並ぶ。花旗国（アメリカ）と異にして、敢て握手するものなし。尤婦人は更に近かず、其風俗我国に彷彿たり」、あるいは「街郭極めて広大、道衢至て整正にして、学校・病院・芸術館・寺院・音楽堂、都て備らざることなく、又四達の地には、劇場・曲芸所・骨董店等列布して、人常に相集る」（引用文原文片カナ）等、比較文化論的な所見を随所で記している(2)。この玉虫のバタビア滞在記は、幕末以降の日本人による東南アジア観察記録の嚆矢といってよく、植民地蘭印に「近代」を見出す視点とともに今後様々な角度からの利用・検討が待たれる。

最後の訪問地香港においては、玉虫はイギリス支配下の中国人の置かれた姿をこう観察している。「……数十の支那人群り、予等の装を見んとす、英国の兵卒傍に在て、鉄棍を以て撃ち払ふ、恰も犬馬を追ふが如し。是を見て甚だ心を傷まし[む]。…且つ支那人は英人に役せらる、こと犬馬の如く、汚穢労艱のことは、支那人都て是を司る、崑崙奴[黒人]の如し。其地の産にして、他に役せらるること如此、傍観切歯に堪へず」(一四二頁、一四六頁)。帰途の最初の寄港地ポルトガル領ルアンダにおいても、植民者の暴虐ぶりに憤激する玉虫の感性は、欧米の文明には感銘を覚えるものの、彼らの白人至上主義的な人種観への率直な反感のあらわれであった。「彼の情報蒐集、記録、編集の能力とその努力は並々ならぬもの」(3)と評される開明派青年士族・玉虫左太夫は、『航米日録』以外にもそれに先立ち『入北記—蝦夷地・樺太巡見日誌』(北海道出版企画センター、一九九二年)、幕末の各藩政治史を詳述した『官武通紀』全二巻(東京大学出版会、一九七六年)等を表すなど第一級の知識人でもあった。

しかしながら、幕末維新期という近代国家成立期における「第一次内戦」ともいうべき戊辰戦争に際し、玉虫左太夫は当時の仙台藩の方針を受け、新政府軍に抗う奥羽越列藩同盟の参謀役として中心的な役割を演じることになる。その結果列藩同盟の敗北後、仙台藩内部の「藩論一変」の中で玉虫は切腹を命じられるという悲劇に見舞われた。アメリカ、ルアンダ(アフリカ)、ジャワ(東南アジア)、香港と、日本人としていち早く世界を一周するという稀有な体験を積み、含蓄に富んだ記録を残した知識青年にとっては、あまりにも過酷な運命の巡り合わせであった。

戊辰戦争に勝利したものの明治新政府は、国家の統合・独立をめぐり内外とも様々な危機に直面する。内政面では維新後一〇年を経ずして、各地で維新の「勝ち組」内部の不満士族層を中心に反政府反乱が勃発する。一八七四年二月の佐賀の乱、一八七六年一〇月の神風連の乱、秋月の乱、萩の乱等が西日本を中心に、同年三月の廃刀令を挟んで続発する。こうした一連の旧士族層の乱の頂点が、いうまでもなく西南戦争（一八七七年）であった。一方この間、戊辰戦争の主戦場となった東北地方には、一八七六年六月明治天皇の「奥羽巡幸」が実施された。その「巡幸」の締めくくりには、あたかも「勝利宣言」のごとく最後の激戦地（五稜郭の戦い）函館が選ばれた。

このように内政面における危機管理に追われる一方、明治政府はヨーロッパ起源の国際法に準拠しつつ近代国家の一要件としての国境画定に着手する。かくて右手で地方の乱の鎮圧・収拾に努める一方、左手で一八七五年五月ロシアとの間で千島樺太交換条約を締結、ついで翌一八七六年一〇月欧米諸国に対する小笠原諸島領有通告、そして一八七九年三月には「琉球処分」が断行される。また後年の植民地支配の端緒となった台湾への出兵（一八七四年四月）、日朝修好条規の調印（一八七六年二月）がなされたのもこの時期のことであった。

筆者はこれまで近代日本の対外関係・交流史の中でインドネシアを中心とした欧米列強の植民地東南アジアとの関係史を主たる研究の対象としてきた。その過程で、最終的に「大東亜共栄圏」構想（添付地図参照）の中に取り込まれることになる東南アジアへの政治的・軍事的・経済的進出の「中継地」役を果たした地域の重要性を意識するようになった。それは具体的には新附の帝国領土沖縄、清国から割譲した植民地台湾、そして第一次世界大戦を契機に事実上日本の領土となった赤道以北の旧ドイツ領南洋群島であった。

こうした筆者の初源的な関心は顧みれば、「戦後半世紀」を視野に入れつつ一九九〇年代初めに企画された『岩波講座　近代日本と植民地』全八巻に編集委員の一人として参加したことで触発された。同講座で筆者が分担執筆したのは、「台湾と南洋」(第二巻所収)、「漁業・南進・沖縄」(第三巻所収)、そして「東南アジアにおける戦時『対日協力』の諸相」(第六巻所収)の三点であった。その後これらの論考を補正・発展させる形で『近代日本と東南アジア―「南進」の衝撃と遺産』、『〈東〉ティモール国際関係史一九〇〇―一九四二』、『東南アジアから見た近現代日本―「南進」・占領・脱植民地化をめぐる歴史認識』、ならびに『近代日本の「南進」と沖縄』等を上梓してきた。

そのような東南アジアへと連鎖していく上述の諸地域と近代日本との関係を考える過程で、絶えず念頭に点滅しながらも、一度として具体的に論じることができなかった地域があった。それが、本書執筆の主たる契機となった小笠原諸島である。その欠落の持つ研究史的意味を明確に指摘したのは、小笠原諸島に関する先駆的研究を世に問うた石原俊の労作である。石原は、北海道や沖縄諸島と比較し日本による小笠原諸島の「占領」について「研究者を含む大多数の人びとから忘れられている」現状を剔出する。そして「日本植民地史研究の基本文献」と位置づける前述の『岩波講座　近代日本と植民地』(とりわけ第一巻「植民地帝国日本」)すら、「『沖縄』『北海道』『千島列島』の占領過程にそれぞれ一章分があてられているのに対し、『小笠原』には一節すら割かれていないことが、その象徴的な例である」と指摘するのであった(4)。

筆者が本書で意図したことの一つは、こうした学問的な問題提起を受け止めつつ、広義の「南進」研究の中で小笠原諸島の有する重要性、同諸島と沖縄、東南アジアとの関係性を自分なりに定位することであった。そしてそのための具体的方法として、パワーエリートとは縁遠い無名の人びとの移動の航跡に焦点を当て、その生涯を編年史的に論じることを試みた。その移動のありようを図式化するならば、①「内地」から小笠原諸島へ、そしてそこを起点に南洋群島、さらには東南アジアへ羽翼を伸ばそうとした人びと（第一－三章）、②沖縄から明確な意思に基づき家族とともにインドネシアへ移住するも、戦争によって永住の夢を絶たれた事例（第四章）、③沖縄に出自を持ちつつも硫黄島を故地とし、自らの意志とかかわりのない戦争という外因によってインドネシアに出征し、日本敗戦後その地に骨を埋めた事例（第五章）に大別される。

こうした幾筋もの顔の見える人びとの移動の足跡をたどり、近代日本の大きな伏流であった「南進」を下支えし、かつそれに翻弄された人びとの姿を描き出せればと願った次第である。以下では、読者各位が本書をお読みいただく際のよすがとして、各章の概要を簡潔に紹介しておきたい。

第一章「ジョン万次郎・平野廉蔵と小笠原諸島―幕末維新期の『洋式捕鯨』をめぐって―」―小笠原諸島の周辺海域は、一九世紀以降の国際捕鯨の中心であった。とくに一八三〇年に最初の移住者（ハワイからの欧米系、カナカ系）が定住した父島は、欧米捕鯨船によってグアム島以北の最良の薪水補給地として重視された。開国後の幕府は、一八六〇年代に入るとこの群島の領有をめぐり英米両国と折衝を重ねる一方、近代捕鯨の技術を導入しこの海域での経済的利益を目指すとともに、同群島を海防の第一線として重視するようになった。本章はこうした国際環境および日本の対外施策をふまえた上で、日本最初の「洋式捕鯨」の導入を試みた元漂流民（当時は幕府の鯨漁御用）ジョン万次郎と北越の資産家（廻船業）平野廉蔵の役割に注目しつつ、幕末維新期の日本の捕鯨の実情を考察する。また一八七六年に日本の領有が確定した小笠原諸島にとって、捕鯨ならびにクジラが有していた社会的経済的な意味を考察する。

第二章「明治期小笠原諸島の産業開発と鍋島喜八郎」―西南の「雄藩」佐賀藩の藩主鍋島家の一統として幕末の佐賀に生まれた鍋島喜八郎は、明治維新直後上京し中江兆民の仏学塾で学んだ後、明治期南進論の高まりを背景に東邦組を創設し、一八九一年領有まもない小笠原諸島の開拓を志し渡南する。その事業は小笠原航路の増設、交易、水産業、砂糖・蔬菜を主とする農園経営等きわめて多岐にわたった。その事業は必ずしもすべてが成功したとはいえなかったが、士族出身の実業家として明治・大正期の小笠原諸島の産業開発に果たした役割は、同諸島近代史を理解するうえでも無視することはできない。鍋島喜八郎は一九二二年に死去したが、一九二七年天皇の小笠原諸島「行幸」、翌年の「昭和天皇即位礼」を機に、一一名の同諸島「開拓功労者」の一人として顕彰された。本章執筆にあたっては、東京都公文書館、佐賀県立図書館等所蔵の関連文書に加え、最近法政大学沖縄文化研究所にご遺族から寄贈された「鍋島喜八郎文書」に大きく依拠している。

第三章「『南進』論者服部徹の思想と行動―小笠原諸島を起点として―」―本章は、土佐の下級士族出身の服部徹の「南進」論とその具体的な「南洋」進出の足跡を考察する。土佐自由民権運動の洗礼を受け一〇代で上京した服部は、日本に欧米式農業の導入を推進した津田仙が創設した学農社農学校に学びその薫陶を受ける。一八八七年には東京府知事高崎五六に率いられた南洋視察団の一員として小笠原諸島等を視察、勧業主義的「南進」論の提唱者として論壇に登場する。このように「南進」論者として当時広く知られた服部であるが、日清戦争前後から「北進」にも深くかかわり、釜山で「東亜貿易新聞」を発行したり、ウラジオストックを中心に東シベリアを踏査し、この地域こそ「南洋」とともに将来日本が商権を拡大すべき地であると強調する。一九〇八年、服部は外務省の委託を受け、蘭印（インドネシア）の経済調査、邦人社会の実態把握に赴くことになった。しかし香港でジャワ行きを目前にした同年五月、水難事故で不慮の死をとげた。

第四章「又吉武俊の『南方関与』三〇年―戦前期沖縄とインドネシア―」―戦前期沖縄はハワイ、南北アメリカ大陸、南洋群島に向けての屈指の「移民県」として知られるが、第一次世界大戦を契機とする「南進」熱の高まりとともに島嶼部東南アジアへの移民も増加する。本章は沖縄からインドネシアへの移民の先駆となった又吉武俊およびその家族を事例とし、沖縄の「南方関与」の実像の一端を明らかにしようとするものである。離島粟国島出身の又吉武俊は、一九一〇年代初め東ジャワ・マランに渡り、刻苦精励の後手広く理容室・美容院・小コーヒー農園を経営し、同地の日本人社会でも信望を博した沖縄びとである。しかしながら「大東亜戦争」が迫りくる中、又吉は郷里から呼び寄せた家族・親族約三〇名とともにジャワで築いたすべての生活基盤を自らの意に反して放棄することを強いられる。本章は、無名の沖縄びとの「南方関与」史を事例としつつ、戦前期沖縄・インドネシア関係の特質の一端を明らかにすることを意図したものである。

第五章「沖縄ルーツ・硫黄島出身『日系インドネシア人』勢理客文吉の歴程―小笠原諸島近現代史の文脈で―」―本章は、沖縄と伊豆大島に出自をもつ両親の次男として一九一九年硫黄島に生まれた勢理客文吉の生涯を、硫黄島(小笠原諸島)近現代史、近代日本の南進を背景に描くものである。文吉が青少年時代を過ごした一九二〇年代から三〇年代の小笠原諸島とくに硫黄島は、帝国日本の対米軍事戦略の中で重要視され「内地」以上に戦時色が色濃くなる。そうした中で尋常高等小学校、そして青年学校を終え徴兵検査に合格した文吉は二〇歳で近衛師団に召集され、戦時期はスマトラ占領軍の一兵士として同地で過ごす。日本の敗戦後、故郷硫黄島の壊滅を知った彼は、現地インドネシアの対オランダ独立戦争に飛び込み一九九五年死去するまで、日系インドネシア人・イスマイル・B・セリキャクとして起伏にとんだ生涯をおくる。沖縄・硫黄島・インドネシアと関わるその軌跡は、文字通り日本の南進に翻弄された人生であった。この無名の元日本人の生涯が、そしてかつて一千余名の村人が暮らす社会があった、今は「自衛隊の島」と化した硫黄島が、今日の日本国と私たちに問いかけるものは何か。

註

（1）『日本思想体系第六六巻西洋見聞集』岩波書店、二〇〇四年所収の沼田次郎、松沢弘陽の「解説」、仙台市史編纂委員会編『仙台市史通史篇五近世三』仙台市、二〇一四年等参照。

（2）早川純三郎編『文明源流叢書第三』国書刊行会、非売品、一九一四年、一三三頁、一三六頁。

（3）沼田次郎「仙台藩士玉蟲左太夫とその航米日録をめぐって」『東洋大学紀要文学部編』第二七号、一九七三年、二六七頁。

（4）石原俊『近代日本と小笠原諸島―移動民の島々と帝国』平凡社、二〇〇七年、三〇頁。

第一章　ジョン万次郎・平野廉蔵と小笠原諸島
―幕末維新期の「洋式捕鯨」をめぐって―

はじめに

二〇一六年一〇月から一二月にかけ、外務省外交史料館において「特別展示　幕末へのいざない」と題した資料展が開催された。その企画の中で、幕末期の外交文書集成として知られる膨大な『通信全覧』(計三二〇冊)、『続通信全覧』(計一七八四冊)に収められている関係史料をもとに「小笠原島への巡検」と題した展示も幕末外交の重要な一コマとして紹介された(1)。

明治政府が寺島宗則外務卿の名で小笠原諸島の管治(領有)再確認を英米独仏伊等一一か国駐日公使に通告したのは、明治九(一八七六)年一〇月一七日のことであった。幕末期においては同諸島の帰属をめぐって主に英米両国との間で外交折衝が繰り広げられた。後述するように幕府は文久元(一八六一)年末、外国奉行水野筑後守忠徳を長とする小笠原諸島「回収」のための視察団を派遣した。この「回収」という言葉が用いられたのは、本来日本の「固有の領土」であるにもかかわらず、現実にはイギリスやロシアが領有宣言をしたり、あるいは一八三〇年以降、同島に欧米系住民・カナカ系(太平洋諸島の諸民族の総称)住民を構成員とする小規模ながら定住者社会が実在していることについての認識があったためである。

幕府が「回収」の根拠としたのは、同諸島への漂流から自力帰還を遂げた紀州船乗組員一行の証言をもとに延宝三（一六七五）年長崎代官末次平蔵の船頭、堺出身の島谷市左衛門らを現地巡検させ、そこに「此島大日本之内也」と記した標識を建てたことを根拠に「無主地先占」の権利を主張したためだった。しかしながら、欧米諸国とりわけイギリスは、幕府がそれ以降小笠原諸島を放置したままであり、何ら実効的な統治も開拓も行っていないことを理由に日本の領有権の正統性に疑義を呈したのであった。水野一行総勢九〇余名を乗せた咸臨丸の派遣は、そのような国際環境下での「回収」事業の具体化であった。

この「回収」と同時に幕府は、領有権の裏付けとするべく「開拓」事業に向けての準備も視察団の任務とした。そしてその「開拓」の重要な柱の一つとされたのが、同島周辺海域における捕鯨であった。捕鯨の必要性は、水野視察団に通訳（兼航海術専門家）として加わった元漂流民ジョン万次郎がかねがね幕府上層に建議していたことであった。しかも幕臣にとりたてられていた万次郎は、その三年前、「鯨漁御用」としての公的地位を幕府当局から与えられていた。本章は、幕末期小笠原諸島をめぐる論議の中で重要な政策課題となっていた捕鯨を、それに深く関わったジョン万次郎、平野廉蔵という二人の人物の軌跡ならびに両者の関係性を追う形で考察するものである。

ジョン万次郎こと中浜万次郎（一八二七－一八九八）と平野廉蔵（一八二九－一八八二）、二人は今日その知名度において天と地ほどの差があるものの、ともに江戸時代後期に生まれ、幕末維新期の激動をそれぞれの才覚と努力によって生き抜き、近代日本の黎明期に異彩を放った人物である。万次郎は太平洋に面した土佐西部の小さな漁村、足摺岬からほど近い中ノ浜（現高知県土佐清水市）の貧しい漁師の子として生まれた。一八四一年一四歳の少年時代に漂流漁民として仲間とともに鳥島で米捕鯨船に救われた後、その船長W・ホイットフィールドに見込まれ一〇年にわたる稀有の異文化体験をもったことで知られる（写真1、2）。この体験を通じ、数学や

写真１（上）　漂流時のジョン万次郎が乗った土佐漁船（長さ約７メートル）の模型

２（下）　ジョン万次郎一行を救助した米捕鯨船ジョン・ハウランド号（長さ約55メートル）、土佐清水市ジョン万次郎資料館、筆者撮影、2018年２月天文学を駆使した航海術、造船技術、捕鯨技能を習得した万次郎は、帰還後は語学を武器に通訳として幕末外交の現場に立つとともに鯨漁御用として日本における近代捕鯨の基盤づくりに貢献した。万次郎については、漂流から帰還した当時を含め日米両国で汗牛充棟ともいえるほどの評伝、啓蒙書、資料集等が出版され、研究史的にも相当の蓄積を重ね今日に至っている。

他方、その万次郎と対照的に、日本海を前にした北越村松浜（現新潟県胎内市）の富裕な廻船業者の家に生まれ、若くして長崎、江戸に遊学した体験をもつ地方知識人平野廉蔵は、江戸で開明派官僚江川坦庵（英龍、第三六代太郎左衛門、韮山代官）が開いた江川（英学）塾で万次郎から英語を学んだことを契機に、二歳年長の師と終生変わらぬ信頼関係で結ばれる。この万次郎との関係を通じ平野は、新興アメリカの近代文明の諸成果を学び、産業や技術の重要性に目を開かされた。ともに海に親しみながら育った二人にとって、おそらく捕鯨は共通の関心事であったことと思われる。この邂逅を通じ両者は、日本における最初の洋式捕鯨の実践に乗り出すことになる。その捕鯨活動の主舞台となったのが、アメリカ捕鯨船員でもあったジョン万次郎にはなじみ深い小笠原諸島およびその周辺海域であった。いわば鯨を介して南国土佐人中浜万次郎と北国越後人平野廉蔵が、運命的な出会いを持つことになった。ちなみに万次郎の郷里土佐では「鯨一頭で七里栄える」といわれるほど鯨は貴重な生物資源であった。また平野の出身地越後の日本海沿岸地方には、鯨波、稲鯨といった鯨にまつわる地名も多く、鯨がかつて人々の生活に密接に関わっていたことを物語っている(2)。

一　捕鯨と小笠原諸島

一八世紀後半以降、とりわけナポレオン戦争終結後の国際関係を背景に世界の捕鯨業の中心は、ヨーロッパ諸国から独立まもないアメリカに移っていた。そのアメリカの捕鯨船出航数をみると、一八一二年には二二艘であったが、一八三〇年には三倍超の七二艘となった(3)。万次郎を救助したジョン・ハウランド号のW・ホイットフィールド船長の出身地マサチューセッツ州フェアヘヴンも、ナンタケット島、ニューベッドフォード等とともに殷賑をきわめる捕鯨基地として知られた。これらニューイングランド沿岸の捕鯨基地を出港した大型捕鯨船が太平洋に達し、房総、常陸、三陸沖を中心に日本近海にも姿を現すのは一八二〇年代以降のことであった。その嚆矢は一八一九年六月、ナンタケット籍のマロー号であった。米捕鯨船は母港を出てから出漁を終え帰港するまで三、四年を要したが、万次郎らを救助したハウランド号も、一八三九年一〇月にニューベッドフォードを出港し、二七六一バレルの抹香鯨油を積んで帰港したのは三年半後の一八四三年五月のことであった(4)。

当時欧米世界では鯨油は蠟燭の原料、灯油、機械油として、石油発見（一八五九年、ペンシルバニア州）まで最も重要な燃料資源、生活物資であった。とりわけ良質の鯨油を産することで知られるマッコウクジラ（抹香鯨）は欧米捕鯨船の最大ターゲットであった(5)。アメリカの捕鯨が全盛期にあった一九世紀中葉を背景とし自身も捕鯨船乗組員であった作家H・メルヴィルの『白鯨』は、巨大なマッコウクジラとの壮絶な物理的かつ心理的な格闘を臨場感あふれる筆致で描いた名作である。それはまた日本の各地にみられる伝統的な捕鯨技術、さらにはクジラと人との関係性についての文化とは大きく異なる洋式捕鯨の本質を仔細に描き出している。ジョン万次郎は、そうした洋式捕鯨を身をもって体験し、それがもたらす莫大な利益と高度の航海術の魅力にとりつかれた最初の日本人であった(6)。

太平洋における欧米諸国の捕鯨の最大の中継地は、捕鯨船に乗り込んだジョン万次郎もたびたび寄港したハワイ諸島オアフ島のホノルルであった(7)。そのハワイ諸島から操業海域を西方へと広げた欧米捕鯨船にとって、小笠原諸島とりわけ父島二見港はグアム、サイパン以北の「最後の薪水補給港」として一八三〇年代以降重要な位置を占めるようになった(8)。小笠原諸島が最終的に日本の主権下に組み込まれるのは明治九（一八七六）年であるが、そこにはすでに一八三〇年にハワイを出港した欧米に出自を持つ五人の男子、および彼らにリクルートされた二〇人（男七人、女一三人）のカナカ人が、最初の居住者として移り住んでいた。その後もこの海域での捕鯨業の隆盛につれ、小笠原諸島には「入植者・逃亡者・漂流者・掠奪者」等多彩な背景をもった人々の出入りがあり、その一部は定住していった(9)。彼ら最初期の定住者は、寄港する欧米諸国の捕鯨船を相手に食糧や生活必需品を提供するなどし、小規模ながら自立的な経済生活を営んでいた。日本は領有権獲得に際し、彼ら先住者の経済的既得権を承認することを条件に欧米諸国を納得させたのであった。

小笠原諸島は距離的にみれば、この諸島に当初領土的関心を示したイギリスやロシア、あるいはアメリカ（ペリー艦隊）に比べ、日本からの方がはるかに近いというものの（東京・父島間は約一〇〇〇キロ）、また前述のように幕府は一六七五年巡検使を派遣し同諸島を日本領として認識していたものの、それ以上の具体的な進出を試みることはなかった。しかしながら幕府当局は、天保一〇（一八四〇）年漂流先の小笠原諸島から帰還した陸奥国小友浦（現岩手県陸前高田市）の船頭三之丞らから聴取した情報、訳出されたペリー日本訪問記、さらには長崎のオランダ商館からもたらされる「オランダ風説書」の情報等から、同諸島には欧米系、カナカ系を中心とする定住者が存在することを知るようになる。さらに一八五一年帰還し幕臣となっていた万次郎がもたらしたリアルな情報も、小笠原諸島に対する幕府の憂慮と関心を一層深めたものと思われる(10)。万次郎自身は後述するように米捕鯨船フランクリン号乗組員として弘化四（一八四七）年五月、父島に一〇日間ほど滞在した経験をもっていた。この時の経験が、後年幕府の「鯨漁御用」に任じられ小笠原近海での捕鯨に関与する伏線となった。

文久元（一八六一）年一二月に至り、前述したように幕府は外国奉行（一八五八年海防掛から改称）水野筑後守忠徳を団長とする視察団を小笠原諸島へ派遣し（「伊豆国付島御備向取調並ニ小笠原島御開拓御用」）、「回収」に向けての第一歩を踏み出した。翌年四月に江戸に戻った水野はその復命書の中で、「回収」後の「開拓」において捕鯨業が重要かつ有望であることを建議した。そうした進言にもとづき、同月幕府は、全国に小笠原諸島近海での捕鯨を奨励する布告を出した(11)。水野視察団が乗った咸臨丸には中浜万次郎が通訳として加わったが、彼の体験に裏打ちされた進言が水野に一定の影響を与え、それが幕府の積極的な捕鯨振興政策につながったと考えられよう。

ちなみに小笠原諸島領有後の一公文書は、万次郎の果たした役割をこう述べている。「本邦人ノ本島ニ於テ捕鯨業ノ首唱者ハ中浜萬次郎ナリ、文久元年萬次郎献議シテ〔「鯨業ノ義付奉願候書付」〕捕鯨ノ大利アルヲ論ス。」(12)この書付において万次郎は、「一日モ早ク外国人鯨漁ノ仕法ニ倣ヒ御開業被為在可然哉左候ヘバ往々御国益ト申上候迄モ無之航海習練ノ一助」となろうと訴えていた。

二　「鯨漁御用」としての幕臣中浜万次郎

ジョン万次郎の数奇な運命は郷里土佐のみならず開国直後の日本で驚きの念で迎えられ、帰還直後の嘉永年間のみをみても『亜羅周遊奇談』『漂流万次郎帰朝談』『土佐漂流人口書』『万次郎物語』等数多くの関係読物が出版された。当時の相対的に高い識字率を背景に、庶民レベルでも広く流布したこれらの読物は、黒船来航以来とみに高まっていたアメリカはじめ異国への素朴な好奇心を刺激するものであった。

漂流少年漁師万次郎は、彼らを救助した捕鯨船長ホイットフィールド一家の庇護を受け、地元の小学校を卒業後バートレットの専門学校に進学し測量術や航海術を学ぶ。そして「養父」の影響もあり、万次郎は早くから捕鯨を志すようになる。幸い太平洋捕鯨の全盛期であり、日本近海で操業予定のフランクリン号に乗船を許される。当初は事務員として雇われたが、やがて航海術、捕鯨技術また統率力が評価され、さらには英語でのコミュニケーションにも何ら問題なく、銛手ついで一等航海士として活躍の場を与えられるようになる。フランクリン号は鯨を追い求め世界の海を航海するが、一八四七年二月にはオランダ領ティモール島西部（現インドネシア。東部はポルトガル領、現東ティモール共和国）クーパン港着、薪水や食糧補給のため約一か月滞在する。おそらくティモール島に足跡を印した日本人の最初の記録といえよう。地元諸民族の他にオランダ人、インド人、「支那人」などからなる多民族社会を形成していることに興味を覚えるが、万次郎は「風俗は蘭領なれば自然オランダ化し居り[13]」と観察している。

ティモール島を出港したフランクリン号は北上し、同年三月グアム島を経て小笠原諸島の中心、父島二見港（英語名ロイド港）に投錨する。一〇余年後、「鯨漁御用」として再訪することになるその島の印象を、万次郎は帰還後の証言の中でこう述べている。「此島近比迄無人島なりしが、今僅に裸島及ひ其他の諸所より四、五十人許の人来り、之に居住し芋類の諸物を耕作すと云。渇留・十日にして水を取、これを出帆せり。此処にて四年前の事なりし、（欠字）日本の漂船あり。其船人等悉く死亡し、唯一名余見しを「イシハニシ」「スペイン」舶に助命られ終に此に止りしが、其人共駆使れるの苦しさを厭とひ、独小船を盗乗其終る所を知るものなしと聞けり[14]。」

万次郎はフランクリン号をおりた後、ゴールドラッシュにわくカリフォルニアに赴き数か月間採掘労働に従事し大金を手にする。そして一八五一年、望郷の念やみがたくハワイに渡り、その地に残っていたかつての漂流仲間二人と上海行きのサラボイド号に乗り込む。同号が東シナ海に入り沖縄本島最南端の沖合を通った時、万次郎

写真３　ジョン万次郎上陸地点（現沖縄県糸満市大度）、左側小道の先が海岸、筆者撮影、2017年６月

らは船長の了解をとりつけ、小舟に乗り換え摩文仁の小渡浜（現糸満市大度）に上陸する（写真３）[15]。開国前夜のきびしい掟にしたがい「密出入国者」として拘束され、薩摩支配下にあった琉球王国（那覇）、ついで薩摩、長崎と連行、長期にわたる取調べを受けた後、二四歳となっていた万次郎は一〇年ぶりに生地中の浜に帰郷、母親ら家族、村人との再会を果たした。異国についての豊富な情報、航海術、捕鯨についての専門知識、そして高度な語学能力等を認められた万次郎は、ほどなく土佐藩に召し抱えられ徒士格として末端ながら武士階級の一員に取り立てられ、藩の教授館に出仕した。万次郎はそこで英語やアメリカ事情を講じるなど、これまでとは異次元の世界への第一歩を印すことになった。

一〇年間故郷と切断され異郷の地で生きた万次郎であったが、学校生活を含めアメリカ大陸で暮らしたのは約三年のみで、その二倍の歳月を捕鯨船上で過ごしたことになる。この点を重視する歴史社会学者石原俊は、「移動民」という概念を軸に小笠原諸島近代史を考察する中で万次郎の足跡に着目しつつ、基本的に「小笠原諸島に集まってきた人びとと共通した経歴を持つ移動民[16]」として万次郎を位置づけている。

本質的には主権国家の枠内に安住するよりも空間的にも精神的にも国家の束縛を好まない性格を有する「移動民」性を内包しつつ、万次郎はその特異な体験と能力の故に幕府＝「国家」が必要とする「定住者」へと変身していく。中浜姓を許され土佐藩に仕えて約八か月後、江戸の幕府中枢から万次郎に召し抱えの通達がくる。

その契機は、ペリー率いる米東印度艦隊が最初に来航した嘉永六（一八五三）年に海防掛として幕政に参加することになった韮山代官第三六代江川太郎左衛門（英龍、号坦庵）の要望であった。江川は林大学守煒（号復斎）ら幕閣に対し、万次郎登用の進言を行い、その結果、同年六月二二日付達書で老中阿部正弘は、江戸在住の土佐藩留守居役広瀬源之進を通じ万次郎の呼び出しを命じた。その令書は、「外国の様子等相尋候儀も可有之候間」、万次郎を江戸へ出立させられたしとの文面であった[17]。また江川塾で学んだ仙台藩の開国派の儒者・砲術家大槻盤溪も、「土佐漂流人万次郎儀は頗る天才有之者[18]」と林大学守を通じ幕府に推挙していた。

韮山を拠点に伊豆・駿河・相模・甲斐・武蔵にまたがる広大な幕府直轄地を管轄下においた江川英龍は、海防掛に任じられる一四年前の天保一〇（一八三九）年、海防の急務を重視した幕府の命を受け、目付鳥居耀蔵を正任とする江戸湾沿岸測量調査の副任をつとめるなど、つとに海防に深い関心を有していた[19]。この調査の正任となった鳥居耀蔵—幕閣中最保守派として知られ、江川とは対極的な立場にあった—には「御上下御同勢三五人」、副任の江川には「御上下拾人」が配され、さらに測量方も加わるなど大がかりな調査隊が編成された。韮山代官という地方行政官であった江川がこの役に任じられたのは、勘定所にあった開明派幕閣・川路左衛門尉（聖謨）の推薦によるものであった。

川路は同年一二月三日夜付けの江川宛書簡の中で、「近来右之場所え度々異船渡来いたし候ニ付御備之様子御取調」を、と江川に打診している(20)。またそれに先立つ天保八年に江川は、「伊豆国御備場之儀ニ付存付申上候書付」と題した長文の建議書を勘定所に提出している。その冒頭には伊豆の置かれた地政学的位置に関連し、こう述べられている(21)。「伊豆之為州哉、南太平洋ニ張出、三面海ヲ環し、北方纔か接相駿、西ハ対駿州、東北ハ房州ニ相望、南ハ極天無際之大海にして、七島及小笠原諸島の外、復一片之土壌無之……誠ニ僻遠偏小之州」ではあるが、江戸防備の観点から海防上きわめて重要な地位にあると強調する。さらに江川は捕鯨にも着目し、「大島沖には鯨多く御座候由……右は御手獵ニ相成候ハバ宏大之御利益可相成、右鯨油之江戸廻り之上、御払相成候ハバ、灯油ノ辨理も宜可相成奉存候」と述べるのであった。

一九世紀に入って活発化する欧米諸国の日本近海への接近を見やりつつ、海防と捕鯨を不可分なものとみる認識方法は、ひとり江川のみのものではなかった。後に江川塾の学頭を務める前述の仙台藩出身の大槻盤溪もその系譜に連なる知識人であった。そして、彼らの考え方に少なからぬ影響を与えたのが、『鯨史考』（全六巻、国立公文書館所蔵、一八〇八年）の著者で盤溪の再従兄である大槻清準（仙台藩学校養賢堂学頭）であったといわれる。『鯨史考』の成立過程については森弘子・宮崎克則著『鯨取りの社会史』で詳細に論じられているが、そこで引用された次の一節が、捕鯨と海防の関係を明快に示している(22)。「地勢ニヨリテ海防ノ備ニハ鯨組ヲ設クルニ如ハナシ、無事時ハ、鯨ヲ漁シ、万事ノ出来ラン時ハ水戦ノ用ニ備ヘナハ、海防畢竟ノ武備ト言フベシ、凡船ノ堅固ナルコト鯨船ニ若クハナク、漕行コトノ疾速ナルコトモ亦鯨船ニ如クハナシ、コレ軍用ニ備ル究竟ノ船ナリ、銛モ戈戟ノ用ヲナスモノナリ。」

また江川は、海防との関連で品川台場や韮山反射炉の築造、大砲鋳造、洋式艦船の建造など先進的な大事業に着手し、「日本の産業技術近代化の一源流[23]」となった技術テクノクラートでもあった。そうした開明的技術官僚であり高島秋帆から近代砲術も学んだ江川には、アメリカから帰還直後の万次郎はきわめて魅力ある存在に映じたと思われる。そのため万次郎の江戸到着を待って江川は、「小人中浜万次郎私方え借請之儀ニ奉願候」と要望したのだった[24]。

こうした江川の熱意がかない、万次郎は嘉永六年一一月二二日付で「御代官江川太郎左衛門手附」として本所南割下水（現墨田区両国）在の江川家江戸屋敷に居を移すと共に、江川に同行し伊豆韮山にも往来し、そこにも活動拠点をもつことになる。進歩派知識人として開国後の世界情勢とりわけアメリカの動向に深い関心をもつ江川は、同年一〇月、万次郎からの聴取をもとに「松平土佐守小人中浜万次郎北亜米利加在留中様子相尋候趣申上候書付」を作成している[25]。ここでは多方面にわたる質問を万次郎に発し、万次郎も我が意を得たりとばかり明快な回答を返している。こうした接触を通じて得た万次郎の学識と人間性への信頼感が、万次郎登用の決め手になったことは確かであろう。いわば万次郎は、江川にとって「翻訳官兼外交顧問」というべき存在となった[26]。

江川が万次郎に発した質問はきわめて具体的で、まさに「米学事始」の感があるが、そのいくつかを以下に記しておきたい。「米国の位置及国状の概要」「米国独立共和政治」「米土人種」「米国政体州政自治」「米国国書（ペリーが提出した）中にある大統領及使節のこと」「日本に親交を求むる所以」「通商を請ふ趣意は知らず」「石炭のこと」「九州の一港借受け度きこと」「琉球受入の説なし」「造船術」「砲術熟練」「港の防備」等々、軍事・政治・社会・経済等きわめて多岐にわたり万次郎の返答を求めている。ここでは捕鯨との関連で万次郎が述べた所見を二点紹介しておきたい。

第一は在米中の捕鯨体験に関するもので、こう述べられた。「在留中彼国鯨漁船に乗組、御国近海大東洋は勿論南北太平洋、大西洋、大南海等度々通行いたし、天度の測量は勿論、帆遣ひ方等悉覚居候間、大船さへ有之候へば、何れ之国へも航海相成候由。」

第二は英語に対する万次郎の自負である。「彼国在留或は鯨漁乗組漁事に出、都合拾一ヶ年の間彼国人と相交り、且書籍文字をも学ひ候間、彼国の者に応接亦は通弁等之儀、如何様入組候事にても相辨候由。」

これらの言葉の端々から二六歳になった元漂流少年漁師中浜万次郎の捕鯨、測量術、航海術、そして英語に対する並々ならぬ自信と自負が汲み取れる。もちろん江川による一種の「面接試問」であり答える万次郎に気負いがあったかとも考えられるが、それにしても一〇年間の体験にもとづく確固たる自信がなければこうした言葉は口をついて出ないであろう。そして尋ねる側の江川も、万次郎のこうした凛として自信にみちた受け答えを頼母しく受け入れたものと思われる。

ただ逆にこうした万次郎のアメリカとの深いつながりが、強硬な姿勢で開国を迫るアメリカへの反感と相まって、幕府上層の一部に彼に対する警戒心を呼び起こしたことも事実であった。そのことは、とりわけペリー再訪に備えての通訳人事をめぐって露呈した。米艦隊進入の阻止交渉を受命した江川は、当然のことながら万次郎を英語通訳（前年はオランダ語通詞による複線型折衝）として登用したいと考えた。しかしながら、これには水戸の徳川斉昭ら保守派要人筋から強い異論が噴出し、結局ペリーとの第二回目の折衝において、万次郎登用は見送られることになった。

この間の経緯を概観すると、ペリー来航中の安政元（一八五四）年正月二三日、万次郎登用を進言した海防掛江川に対し、老中阿部正弘は万次郎については江川が引き受けているので「反間」（スパイ）の心配はないものの、「異人」が船中で彼を連れ去るかも知れず、また「水戸烈公や他の老中」の間にも起用反対の声が強いので通訳として同行させるのは見合わせた方がよかろう、との趣旨の書簡を届けている。これに対し複雑な胸中を抑えつつ、江川は「御聞取の趣承知奉畏候」旨、阿部に返書をしたためたのであった(27)。開明派の江川に対し高い評価をしていた阿部でさえ、根強い攘夷派勢力にはさまざまな面で譲歩せざるを得なかった事実を象徴的に示した一件であった。

対米交渉における通訳との関連で付言するならば、それから六年を経た万延元（一八六〇）年に日米修好通商条約の批准書交換のため新見豊前守正興を正使とする使節団（米艦ポーハタン号乗船）が派遣されるが、その随行艦咸臨丸（軍艦奉行木村摂津守）の搭乗者に万次郎を登用する件についても、彼の「アメリカ教育」故に異論が出た。とくに前年、横浜碇泊中の外国船に招かれた科で軍艦所教授方を罷免されたことも、万次郎登用への反対論の一因だった。しかし「(万次郎は）英語通弁は勿論、兼ねて船働きも仕り候者に付き」という木村の強い推挙で公式通訳としての登用が決定した。他方、万次郎は自らの置かれた状況をよく理解しており、航海中をふくめきわめて用心深くふるまっていたことが、咸臨丸に顧問格で同乗したアメリカ人ジョン・M・ブルックの記録「咸臨丸日記」からもうかがえる。万次郎を高く評価したブルックであったが、彼の目に万次郎は次のように映っていた(28)。「彼はとても危険な地位にあり、非常に注意してあつれきを避けねばならないのだった」、「[彼は]ある考えから江戸のアメリカ公使には決して近づかなかった。彼はしっと深い日本人に中傷されることを恐れて、自分のする事を人に知らさないようにしていた。」

帰国後の万次郎は、幕府から次のような感状を銀三〇枚と共に下賜されている(29)。「亜墨利加国え御軍艦被差遣候儀は御用初以来初而之事ニ候処、数千里之航海無滞御用相勤格別骨折候ニ付別段為御褒美被下之」。その後万次郎は江川の手附として江川塾で英学を講じる一方、江川歿（一八五五年）後は川路聖謨ら開明派の幕府要人に対し捕鯨の重要性を進言し続けた。捕鯨は経済的に国益に寄与するだけでなく、航海術の進展、船員訓練に資するというのが万次郎の一貫した信念であった。そして安政四（一八五七）年、川路の同意を得、箱館奉行の下で捕鯨法の伝習にあたることを命じられた。これは不首尾に終わったものの、日本がアメリカ式捕鯨に着手した最初の事例となった。こうした経緯をふまえ安政六年、万次郎は幕府の鯨漁御用に任じられた[30]。鯨漁御用万次郎が最初に乗り組んだのは、捕鯨装備を整えた七〇トン弱の帆船であった。この船はロシアのスクーネル船をモデルにしたもので、建造された西伊豆君沢郡（現静岡県沼津市戸田）の名をとり「君沢型壱番御船」と命名された[31]。同年三月、壱番御船は品川から小笠原近海へ出漁するも、乗組員の技術未熟に加え暴風のため断念し下田に帰着した。このことから万次郎は、本格的な捕鯨船による洋式捕鯨の必要性を痛感することになる。そうした折に平野廉蔵との協力が具体化することになる[32]。

江川塾で万次郎門下生となった青年には、戊辰戦争（箱館戦争）で新政府軍と戦った幕臣大鳥圭介をふくめ、細川潤次郎（土佐藩）、箕作麟祥（津山藩）、伊澤修二（高遠藩）ら維新後の各界で重要な地位についた者も少なくなかった。幕臣でも士族でもなかったが、北越出身の平野廉蔵もその一人であった。次章で述べるように平野と万次郎は近代捕鯨の導入を企画し、実践に移した先駆であり、結果的には顕著な成果を収めたわけではなかったが、日本の捕鯨史の中で特別な位置を占めることになる。この二人が幕府の支援をとりつけ積極的に捕鯨に乗り出すのは江川坦庵歿後のことであったが、興味深いことに江川は、それより以前に捕鯨について幕府の諮問に答え私見を述べていた。それは江川が江戸湾測量を命じられたのと同じ天保一〇（一八三九）年のことであった。

同年五月に幕府に上申した江川の「書付」には、「鯨多候由」といわれる「伊豆、相模、上総国」における捕鯨の実態が報告されている。たとえば「関東之内、房州平群郡勝山、岩井袋両村而已ニ而先年より鯨漁仕来、尤鯨之種類数品有之、右両村においては多くは追棒と唱候を漁し、小振には候得共、格別利益ニ相成候由、年柄気候により多少有之拾ケ年平均壹ケ年ニ拾尾位宛漁シ得候趣ニ御座候……」と述べられている。また大島の鯨漁については、「漁船壹艘ニ付、乗組七人より拾貳人迄、拾艘より貳拾艘迄を壹組ニいたし、もり数本突込漁業仕候由」とその漁法が描かれている[33]。もちろん当時の捕鯨は日本の各地特有の主に近海を漁場とする伝統的な方法であり、後年、日本が導入しようとした大型母船に四艘のボートを積み、鯨を求めて三年余の航海に出る洋式捕鯨とは質量とも大きく異なるものであった。

ところで同じ天保年間、平野廉蔵の郷土に近い新発田藩の「御触書」の第一項は「油の論」と題され鯨油に言及している。そこでは害虫駆除のため水田に油を注ぎ入れる農法を伝えているが、その油について以下のように鯨油の効能が特筆されている[34]。「鯨油を最上とし五島、平戸、熊野其外伊予より出るもの正真なり。値段は四斗樽入銀百目前後、一升二文目五分位。雑魚油は鰯、鱶、鮪の油最も多し。一反に鯨油五合入るべき処へハ一升余も入れざれば其功に対しかたし。但、雑魚油と見分る事専要なり。雑魚油は濁りてくさし、鯨油は清くしてくさからず。」

稲の害虫駆除のための注油は、一七世紀後半から九州北部でみられたが、広く各地に広がったのは新発田藩「御触書」に先立つ文政九（一八二六）年、大蔵永常の『除蝗録』を契機にしてのことだといわれる。『農家益』『広益国産考』等多くの著作を著し「放浪の農学者」と評された大蔵は、同書で「蝗を去に用ふべき油ハ鯨油を最上とす」と記し、以来「鯨油の除蝗薬としての利用の広がりは、西海地方の捕鯨業の繁栄と重なって」いった[35]。

写真４　堀に囲まれた小高い丘にたたずむ平野家建立の金刀比羅神社、新潟県胎内市村松浜、筆者撮影、2017年８月

三　文人起業家・平野廉蔵と捕鯨

平野廉蔵は北越の日本海沿岸に約一六キロにわたって点在する五つの浜の一つ、村松浜に豪商の次男として文政一〇（一八二七）年に生まれた。この地方は江戸時代の東廻回船、西廻回船を中心とする海上交易の発達の中で蝦夷地（北海道）方面へ進出する廻船の基地として栄え、各浜に富豪が輩出した。中村浜の佐藤三郎左衛門家とともに平野家もその一つで、当主は代々安之丞の名を継いだ。

廉蔵にとって祖父にあたる平野藹臣（五代安之丞、号鷗邊）は、漢詩に長じた文人気質の知識人として名をはせ北越の名士としてこう紹介されている(36)。「豪邁敢為。夙に海外の事情に通じ肇めて洋製に傚うて三桅檣船を造り北海に貿易す。……其の事跡、詳ならずと雖も勘察加「カムチャツカ」に往来露人と貿易して巨利を博し、其家多く異宝を蔵せりといふ。」また藹臣には七言絶句五十首をおさめた『鷗邊詩鈔』と題した漢詩集が遺されているが、そこに序を寄せているのがかつてこの地に遊んだ頼山陽の息子頼三樹三郎である[37]。周知のように三樹三郎は安政の大獄が始まった直後（一八五九年）、橋本左内とともに真先に死罪に処せられた人物である。

平野家長子の家系は一八九七（明治三〇）年に絶えているが（廉蔵は生涯独身であったが、兄世寛の二男為信を養子とした）、かつて平野家があった海岸近く落ち着いたたたずまいの町の一角には、同家の事蹟に触れた石碑が建っている。またその生家近くには「村松浜のコンピラサマ」として近隣の信仰を集めている金刀比羅神社が建立されており、それを取り巻く堀の美しさでも知られる（写真4）。毎年八月一九、二〇日には金刀比羅祭りが開かれ、集落の人たちの安寧祈願の場となっている（村松浜の小林博実氏からの聞き取り、二〇一七年四月五日。筆者も同年八月一九日、同地を再訪した）。この金刀比羅宮はこの地を襲った天明大飢饉の翌年天明八（一七八八）年、第四代安之丞（為忠）が海上安全の信仰対象として四国本社（讃岐）から分霊し勧請したものであり、往時の平野家の栄華を物語る貴重な歴史遺産となっている[38]。

平野家の素封家ぶりを示す史料として、幕府の海防強化策と関連した「越後国蒲原郡上金者名前書上帳」と題した文書がある。ここには「異国船渡来ニ付御上金書上名前帳」として寄進者の氏名が記されている。いわば「国防献金」の江戸時代版といえるが、廉蔵の父平野世秀（第六代安之丞）は市嶋徳二郎とともに金千両という大金を寄進し、首位の座を占めている[39]。

廉蔵は三二歳の若さで夭折した世秀（号橘堂）を六歳で継いだ七代目当主世寛の実弟であるが、幼少時から脚疾のため歩行困難で、長じてその治療をかね兄世寛の勧めで長崎に遊学する（写真5）。二〇歳代後半のころと思われるが、長崎で頼った医師が後述のイギリス人医師で渡米し石油に関する知識も持ち合わせていたといわれるシングルトンであった。世寛は蝦夷地（北海道）でのロシア人との貿易で巨富を得[40]、当主として聡明な弟廉

写真5　青年時代の平野廉蔵、小林博実氏提供

蔵に期待をかけたのであった。知的好奇心旺盛な廉蔵は、長崎で蘭学に親しむ中で西欧近代文明の一端に触れて帰郷する。まもなく北越の地にもジョン万次郎の盛名が届くようになると、廉蔵は新たに英学への関心を押さえがたく、安政四（一八五七）年頃従僕一人を伴い江戸に出立し、江川塾の門を叩く。日々師ジョン万次郎と接する中、英語やアメリカ（欧米）世界への関心をふくらませると同時に、万次郎が説く捕鯨の重要性にも急速に目を開かれるようになった。また越後で人々の間で「燃え水」と呼ばれた水が石油という物質であることも万次郎から学び、後年探油にも事業の手を広げるようになる。

前述した壱番御船による小笠原諸島近海への航行が頓挫した直後、安政六（一八五九）年に書かれた万次郎の肉筆日記が、七月から一〇月までであるが中浜家に残されている(41)。その「万次郎日記」には、英語を学びに江川塾を訪ねる多くの知識人との往来に加え、平野との交遊や捕鯨準備に関しての記述もしばしばみられ、貴重な史料となっている。そのいくつかを記しておきたい。七月二八日「日記」には「廉蔵之願書〔捕鯨〕を御代官里見源左衛門殿より御陣〈甚〉所へ御差出相成候由承之」とあり、平野が万次郎を通じて（もしくは万次郎の意をうけ）鯨漁願いを幕府に提出したことがうかがわれる。ついで八月一三日には暴風雨も止み、夜「八つ時頃より晴天にして風和らき、夕方より平野廉蔵旅宿へ罷出候事。」

八月一四日「……七つ時より川路左衛門尉〔聖謨〕殿御屋敷へ。夜入帰宅。山田熊蔵来り平野廉蔵幷小寺太純英学之ため罷出候事。」

八月一五日「……為舟遊為誘平野廉蔵宅へ罷出候事。」

八月一六日「晴天にして風和き。君沢形壱番御船へ罷越、右御船間敷を取操練所へ書出置候。」

九月　二日「昼後より細川潤次郎同道ニ而土州〔土佐藩〕上屋敷へ罷出、乍序時貳つ平野廉蔵へ返済致候。」

九月　三日「平野廉蔵儀拾三両之時皆買得候事。」
一〇月　三日「英語稽古有之、根津金次郎、箕作貞次郎［麟祥］、大鳥圭介入来之事。……平野廉蔵宅へ罷越直帰宅。」
一〇月　四日「夜入平野廉蔵旅［宿］へ参り、其より大鳥圭介宅罷出候事。」
一〇月一八日「平野廉蔵宅江参り候事。」

身分的には門下生である平野の逗留先を万次郎はしばしば訪ね、捕鯨計画等につき親しく意見を交わしていたであろう様子がうかがわれる（その他、「日記」には前述した英語を学びに来た大鳥圭介、箕作麟祥らの名が数多く登場するが、その中で圧倒的に多いのが土州御屋敷に住む同郷の細川潤次郎である）。

万次郎の熱心な後押しにより捕鯨操業許可を求めた平野であったが、幕府から三年の試験操業の許可がおりたのは文久元（一八六一）年に入ってからのことであった。それは最初の三年間は無税とし、四年目から運上金支払いの義務を課すものであった。平野は兄世寛の資金協力を得六万八千両の巨費(42)を投じてオランダ船を購入し捕鯨用に改造、これを壱番丸と名づけた。その際万次郎は、前回の試験捕鯨のとき新調させ海軍方に預けてあった手投銛、大切包丁、さらには前述した水野筑後守忠徳を団長とする視察団の一員として小笠原を訪ねたとき、欧米系住民から買い求めた捕鯨銃、炸裂銛五本も借り出すなど準備に余念がなかった(43)。水野一行が乗り組んだのは、アメリカから帰国したばかりの咸臨丸であったが、前述のように現地での欧米系住民との折衝のために万次郎も通訳として同乗していた。

帰任後の意見書の中で水野は、領有確定後の小笠原諸島開拓の一環として捕鯨の必要性を強調した。同行した本草学者小野苓庵も、団長水野と同様「小笠原島近海鯨漁之儀ニ付申上候」として書付を提出した。その中で小野は「鯨漁ノ儀」こそ日本の物産政策に資するものでありながら、同島海域においてはアメリカ捕鯨が隆盛であるのに対し、日本は捕鯨器械をもたないため操業に着手できず「大利」をむざむざ外国人に与えているのは「遺憾至極」であり、なんとかして日本の鯨漁を盛んにすべきと具申した。そしてそれには越後の平野廉蔵のような「鯨漁稼方有志の者」を募り、アメリカ人からの技術移転をはかってはどうかと提言する(44)。これには「鯨漁稼方有志ノ者募集」の「御触案」が添えられた。

捕鯨事業をめぐるこのような流れを背景に、幕府は平野兄弟の捕鯨企画をいわば政府プロジェクトの形で取り込んでいくことになった。それが、咸臨丸が小笠原諸島から江戸に戻った後に平野の出願が承認された要因だと考えられる。ただ廉蔵の良き理解者であり、船購入に巨費を提供したパートナーでもあった兄世寛は、壱番丸出航をみることなく文久二年六月病歿している(同年七月には万次郎も、妻てつを悪性はしかで喪っている)。

ここで平野廉蔵と同じ村松浜出身の郷土史家渡辺孝行の発掘した地方文書に依り、前後の状況をみておきたい。それは西頸城郡能生町鬼舞で代々庄屋をつとめ、また数艘の所有廻船で関西から蝦夷地まで広く交易を行っていた伊藤家の文書である。その史料の一つは文久二(一八六二)年一月付の「御用扣庄屋惣右衛門」と題されたものであり、そこには「越後国蒲原郡村松浜の百姓安之丞〔世寛〕と弟廉蔵」がオランダ商船を買請け文久元年北海路筋で試験的な捕鯨操業を行っていること、操業で獲物があった場合は最寄りの湊、浦々へ入船し、その場で入札、販売すること、また海上の悪天候や鯨油の売捌等については場合によっては江戸、大坂、長崎、箱館はじめ他の港にも入津するので私領、天領とも管轄下の沿岸村落へこのことを申し渡す、との幕府からの示達が記されている(45)。ここからも幕府が平野兄弟の起業に触発されるかのように、捕鯨へ本格的な関心を向け始めたことが判明する。

さらに同年四月、幕府は全国に次のような触流を出している[46]。「越後国蒲原郡村松浜百姓廉蔵同様、鯨漁稼方有志ノ者ハ可願出申旨御触流シ御座候ハ、身代相応ニテ大利ヲ射ル者共ハ競テ願出可申」。積極的な捕鯨奨励策の下で、幕府は文久二年一〇月二八日付の中浜万次郎の上申書を受理した。それをふまえ幕府は、平野家の持船を買い上げ万次郎を船長とする壱番丸の出漁を命じ、翌文久三年一月の小笠原諸島に向けての出帆となったのだった。

平野世寛の死後まもない文久二（一八六二）年一二月二六日、万次郎を船長とする平野廉蔵の持船壱番丸は品川を出港、翌文久三年一月九日父島二見港に入港する。乗組員には平野と同郷の越後人で「海陸商用其他取締方」本間卯之助、「伝習人、運用」平野五右衛門（親戚）、同平野七五七（養子為信）、「按針」遠山定助、岩本要之助らが乗り組んだ。父島到着後、一行は積んできた木材で鯨漁用の短艇二艘を建造、三月に竣工した。こうした準備を整え、壱番丸は小笠原諸島近海に出漁し、捕獲したマッコウクジラ二頭から鯨油九六バーレルを得た。しかしながら薪水欠乏のため四月二〇日帰島、一〇日後の五月一日浦賀へ向け出港した。なお壱番丸には、幕府派遣団員として在島中の幕吏松浪権之丞、林和一郎の二人が「鯨漁の方法に帆船の操作の伝習を希望」し同乗していた[47]。

文久三（一八六三）年正月九日父島に入港した万次郎、平野らの様子は、幕府が送った小笠原派遣団で医師として務め当時在島中だった本草学者阿部櫟斎の「豆嶼行記」でもしばしば描かれる。阿部が乗船した朝陽丸は文久二年六月一八日に品川を出発し浦賀に向かうが、その地での麻疹大流行のため一か月ほど足止めをくらい、その後八丈島を経由八月二六日ようやく父島に入港する。阿部日記をみると、最初に平野の名が登場するのは浦賀滞在中の六月二九日のことであり、「越後国平野廉蔵鯨猟船上乗ニテ」と一言触れている[48]。そして翌文久三年一月、万次郎、平野が捕鯨のため壱番丸で父島に入港して以来、阿部は彼らと親しく往来し、結局は同年五月、壱番丸に同乗し幕府の朝陽丸一行より一足早く帰還する形となった。ここでは「豆嶼行記」にみられる阿部と万次郎、平野らとの往来の一端をみておきたい。まず新年一月九日の壱番丸（「豆嶼行記」には「平野船」と記）入港日の様子を紹介する(49)。

「晴、怒濤響強シ、暖　四ツ時ニ一点ノ白星ヲ見ル、追々望遠鏡ニテ日ノ丸ノ御旗ヲ見トメ、フラフ〔旗〕ヲ建テ火ヲ焼キギツキ用意……同正午ニ大村ノ前ニ碇船ス、平野船ノヨシニ見ヘ申候、海上トツクヤ、平安ナリ、ブルビーチヨリトック〔青鷺〕二羽到来、中浜万次郎、卯之助外水夫一人上陸、平野艦へ行夕刻ニカヘル、一羽平野、中浜へフリーセント〔プレゼント〕」。浦賀以来の再会で話の通じる二人の来島で阿部が喜んでいる様がうかがえる。

一月一四日「海上平安音ナシ、午後ヒトへ物着用、平野船ヨリ農具、食料、釜、鍋、小屋二軒等ヲ陸ニ運送了」。壱番丸船主平野は、漁猟許可を幕府から得るに際し、先着の幕府派遣団に送り届ける食料や生活必需品を無料で運搬することを条件としていたことを具体的に示している。

一月二一日「平野船一同ニ風邪ノ手当、万次郎ニ投剤、家切組板、畳揚ル、蠵一ツ」。蠵（ウミガメ）は住民とくに欧米系の人々にとって、動物性蛋白源として重宝されていた。阿部も塩煮した亀肉を買い求め「本邦鯉魚羹と一様的ノ趣ナリ」と賞している。医師としての活動についてもしばしば言及があるが、阿部には壱番丸が積んできた食料も大きな楽しみであったようで、「四ツ時ヨリ平野船へ行、カローメル〔塩化水銀〕、金硫黄〔アンチモン〕、ヒヨス〔ロート根〕、オックス、ホウト〔?〕五品ヲ請取来ル」（一月一五日）、「平野廉蔵上陸ス、鶏卵十一アリ、七ツヲ採ル」（一月二二日）、「平野船ヨリ魚到来」（一月二七日）、「春分……浪音高ク平野廉造〔蔵〕

今日ヨリ上陸、村中のさはぎや不時の祝ひもち」（二月三日）、「平野船ニテチエルリヲ飲了、桜実ヲ以テ醸製スルヨシ」（二月一五日）、「ウエルロウヒス黄金鯛、鯛等ヲ平野船ヨリ来ル、鯛ニ似テ黄色、眼ハヤヽ淡ナリ」（三月二日）、等々医薬品とならび味覚に関する記述が頻出する。

また「万二〔次〕郎同伴、洲先〔崎〕村ニテ造船ノ小屋ニ至リバッテイラノ製造式ヲ見ル、同晩バッテイラニテ万次郎、同船ニテカヘル、蚊ノ多キニ苦シム」（一月二八日）、「一同休日、平野〔船〕へ行、砲術ヲ学ブ、夜雨」（二月二八日）等からは、万次郎の師江川太郎左衛門ゆずりの造船、砲術等への関心の深さがうかがえる。

文久三年三月になると「豆嶼行記」にも壱番丸の出漁関係の記述が登場する。三月一三日「晴、朝霧濛々、早天ヨリヒトヘ物、薬品ノ儀ニ付平野艦一行暑気払ヲ送リ、又曇ル又晴、衆人予ノ所ニ会シテ酒食ス、別レヲ送ル也」、三月一七日「平野船出帆四ツ半過ヨリ淡々日色ヲ見ル。双方祝砲ヲ発ス、役々ト供ニ鯨漁船〔壱番丸〕へ行、夕刻カヘル」

四月二〇日、万次郎一行は一か月余の操業を終え父島に戻る。同日の「豆嶼行記」の一節、「日中暖、家ニアレバ涼、外ニ出レバ暑。芒種、平野丸夕刻入津、三発〔豊漁の祝砲〕、鯨二本トリ」。また二七日「日記」は鯨漁について万次郎らの談をもとに「八丈沖十八里余、一本竹三十尋程ト鳥島ノ間ニテ二本トリ申候ヨシ」と書かれている。

ジョン万次郎、平野廉蔵の宿願であった小笠原諸島近海での操業は大成果とはいえないまでもまずまずの成果をおさめ、四月二〇日に父島帰港、そして五月一日江戸に向け出港となる。この鯨漁の間、壱番丸はかつて少年万次郎が漂着した鳥島に立ち寄り「大日本属島」の標識を建てている。他方、船内では外交問題へと発展する事件が発生した。

その事件とは、出漁にあたり父島で傭い入れた在住外国人乗組員のうち、アメリカ人ウィリアム・スミスとジョージ・ホートンを船内での窃盗等「姦悪彌紛も無」と断定し、扇浦の仮獄舎に拘留したことに端を発する。船長万次郎らの判断で、父島離島に際し二人を横浜の米合衆国領事館に連行することになる。「実質的被害は皆無という誠に些細な事件」(50)であったが、その後外交レベルでの交渉は紛糾し、最終的には翌元治元(一八六四)年一二月、外国奉行竹本隼人正明らと米領事館当局との折衝で、幕府は連行の非を詫びる形で一千ドルの「賠償金」を支払うことで結着がつけられた。日本側には、この「些細な事件」で小笠原諸島の領有権問題が再燃することは国益を損ねるとの判断もあったと考えられる。「事件」の発端となったスミスは米領事フィッシャーによりアメリカへ強制送還されるが、米側は八〇歳を越したホートンについては同情的で冤罪を主張し、帰島させるべしと要求した。日本側の強硬な反対で父島帰島は許されなかったものの、ホートンは一千ドルの「賠償金」をもとに米領事館の保護下に置かれ二年後に横浜で死去している。

このいわゆる外交問題としての「ホートン事件」については、外務省編『続通信全覧　類輯之部』第二七巻、第三五巻に詳細が記されているほか、研究史的にも興味深い相異なる解釈がなされている。たとえば田中弘之は、最終決着までの約一年の「米国側が行った証拠を無視した一方的判決、恣意的な賠償金の請求、武力行使を示唆する圧迫等」を列挙し、事件の本質を「不平等条約下における不公正な領事裁判をめぐる典型的な事例」として捉えている(51)。

他方、一千ドル支払い決定を含む一連の事態の進捗の中で万次郎が果たした役割に着目する石原俊は、幕吏(「主権のエージェントである自分」)としての万次郎が「まず意識していたのは……ホートンを父島に送還することによって移住者たちの間に日本の法を失効させる力が増殖」することへの強い懸念であったと指摘する。自ら「移動民の生」の具現者である万次郎は、「同じ移動民」ホートンの言動から、彼の帰島が日本統治の下での島内秩序を脅かす危険性を感知していたであろうことを石原は示唆するのであった(52)。

四　維新前後期の両者の足跡

1　ジョン万次郎

嘉永七（一八五四）年のペリー再訪時、ジョン万次郎は英語通訳としては第一人者であったものの、前述のとおり幕府中枢の一部の強い反対もあり、その任につくことがかなわなかった。しかしながらその後は、江川英龍、川路聖謨ら彼を熱心に庇護した幕府高官の支援もあり、軍艦所教授あるいは鯨漁御用としてその体験と学識とを活用する機会を与えられた。とはいうものの、幕臣としてはあくまでも傍流に過ぎず、また幕閣内で開明派の影響力が減じる中、万次郎のその後の歩みをみるとその能力が十二分に発揮されたものとはいえなかった。

時系列的に手短にその後の万次郎のキャリアをみておきたい(53)。小笠原諸島近海での捕鯨から戻った翌年、元治元（一八六四）年、万次郎は薩摩藩に請われ軍艦運用や英語教授をつとめる。明治維新直後の明治元年、万次郎は禄百石でふたたび高知藩に召され海軍の育成指導にあたる。ついで明治二（一八六九）年、新政府の徴士として開成学校二等教授を命じられるも健康上の理由ではやばやと職を辞することになる。翌三年九月、大山巖、林有造らと独仏戦争の実情視察の命を受け渡欧するも病を得てロンドンで静養、そして翌年アメリカ経由単身帰国する。その後万次郎はこれといった要職につくこともなかったが、中浜家所蔵の資料には、老境を迎えつつあった万次郎が明治二一（一八八八）年、最後の小笠原諸島方面への航海を試みていることが記録されている(54)。船名、目的等は不詳だが、同年六月一七日朝七時、北緯二九度五二分、東経一四〇度一一分等と書かれており、天

写真6　生地近く足摺岬に立つジョン万次郎像、筆者撮影、2018年2月

体観測をしながら英語で記録を残していた。還暦を越えた時点でのこの航海で、万次郎は数奇な運命をたどった人生の原点を回顧しつつ、また相許した平野廉蔵に思いをはせながら、「終活」の準備をしていたのだろうか。そしてそれから一〇年後の明治三一（一八九八）年一一月、万次郎は波乱に満ちた七二歳の生涯を閉じたのだった（写真6）[55]。

一方、幕末の激動期、万次郎と強い絆で結ばれた平野廉蔵は明治一五（一八八二）年、師より一六年早く五四歳で生を終えていた。二人の関係を父万次郎から聞かされて育った長男中浜東一郎は、学生時代の明治七年夏、父に伴われ三国峠越えで越後入りし、新潟市内にひっそりと暮らしていた廉蔵と初対面の挨拶を交わした。その後、平野歿までの八年間、東一郎は三度親しく廉蔵を訪ねている。さらに半世紀余の歳月を経た昭和六（一九三一）年、老境に達していた東一郎は平野家ゆかりの地村松浜を訪ねるも、すでに家屋はとり壊され、先代世寛（兄）の記念碑に平野家の栄光の跡を偲ぶのみであった。そして戊辰戦争で家財を失った上、明治になっ

写真７　「平野家顕彰碑」（撰文は郷土史家渡辺孝行氏）、廃校となった村松浜小学校校庭に建立、筆者撮影、2017年８月

て着手したほとんどの事業に失敗し、数代にわたり築いた富を無にした平野廉蔵を追憶しつつ中浜東一郎は、知的好奇心とあくなき事業家精神を持ち続けた廉蔵が忘却されたままであるのは、「本邦文化史上遺憾の事といはざるべからず」と、嘆じるのであった(56)。

2　平野廉蔵

兄世寛歿（一八六二年）後、事実上平野家の最後の当主となった廉蔵であるが、今日幕末維新期の平野家の活動を知り得る捕鯨関係、商品取引等の一次史料は地元村松浜にもほとんど残っていない。その最大の原因は、この地一帯が戊辰戦争（同地では北越戦争の名称）の苛烈な戦場と化し、平野家関連の大量の地方文書も灰燼に帰したことにある（写真７）(57)。

戊辰戦争の発端となった鳥羽・伏見の戦に会津藩と桑名藩が深く関わったことを理由に明治新政府はこの両藩を最大の朝敵とみなした。会津藩に対する政府軍のきびしい処遇に反発した東北・北越地方の諸藩（仙台、会津、米沢、酒田、村上、村松、黒川、三根山、長岡など）は奥羽越列藩同盟を結成、激しい抗戦を試みるも、明治元年九月に会津藩が降伏、列藩同盟各藩も相次いで政府軍の軍門に降る。村松浜は水原（現阿賀野市）代官所の管轄地であったが近辺の中条一帯（黒川藩）ともども激戦の地となり、『中条町史』を借りるなら「官軍・同盟軍ともに町や村から多くの人馬を徴発し、荷役などにあたらせた。朝に東軍（同盟軍）の支配をうけ、夕に西軍（政府軍）に属し、夫役や食糧調達、そして献金などの負担に加えて戦災をうけた民衆は悲惨な状況に置かれた」(58)。

この戊辰北越戦争がもたらした影響を平野家の視点で知ることのできる貴重な証言が、『村松浜郷土史』の中に収められている。それは一七歳まで平野家で養育された小林リワ（一八五二年生まれ）という老婦人の談話記録である(59)。北越戦争最終段階当時の村松浜を振り返り、リワは新発田藩の「寝返り」で会津軍（奥羽越列藩同盟）が苦戦を強いられる中、平野家では「丹那様（平野廉蔵）が一同集め」破滅に向かいつつある事態を詳細に伝えた後で、「平野家は、永年の恩顧に報いるため」最後まで会津藩に協力すると決意を告げ、邸内一六の蔵から千両箱、食糧を三日三晩かけて馬車で村上まで運び出し、女子供も戦闘に備え、朝に晩に剣術稽古に励んだという。そして政府軍が村松浜に押し寄せるや、討伐隊は平野家のめぼしい家財財産を手当たり次第持ち去り、家屋敷に火を放って引き上げたという。「丹那様（廉蔵）は後難をさけ岩船から無事に逃げた」と語るリワは、前大戦末期の一九四四年六月、九三歳で死去するまで、断絶した平野本家への恩義と明治政府軍への強い反感の念を保持し、語り続けたのであった。

戦禍で主な家財を失った廉蔵は、それでも新潟市内に移り住み平野家再興を期して立ち上がる。平野の才をもってすれば妥協して官途につく道もあったと思われるが、かつて受けた幕府からの恩義、あるいは「官軍」への反

写真８　1873年イギリス人シングルトンが発掘した油井跡、新潟県胎内市下館、筆者撮影、2017年８月

発もあったのか、それは彼の選択肢にはなかった。こうして捕鯨に取り組んだ起業家精神を保持しつつ廉蔵は、万次郎から吸収した西欧の産業技術にふたたび目を向ける。

　平野が最初に着手したのが採油であった。鯨油時代に代わり一九世紀後半の世界が急速に石油時代に入ろうとしている中(60)、廉蔵は明治初期、かつて長崎遊学中に知遇を得たイギリス人医師シングルトン（Singleton）を伴い、生地に近い黒川村の油井調査と機械鑿井を試み採油には成功したものの商業化には程遠かった（写真８）(61)。北越一帯では江戸時代中期から草生水（臭水、クソウズ）の名で石油が話題となっていたが、石油ランプが輸入され、灯台や家庭用灯火として普及するようになると、灯油への需要が急増した。石油時代の夜明けとともに明治六（一八七三）年には「日本坑法」が制定され、採掘許可を受ければ日本人でありさえすれば誰でも石油稼業が可能となった。こうして明治六、七年になると石油坑出願が相次いだ（明治七年のみで四四人）。その出願は圧倒的に新潟県人が多く、しかもその多くは在地の中小地主であり、平野廉蔵もその一人であった。また県内の旧藩士族にも授産事業として石油開発に参画させたため、旧士族からの出願もかなりの数に達した。『中条町史』にも、「草生水油汲み揚げ量の届」（一八七三年六月）、「石油採掘につき地権者と取り決め」（一八七三年九月）などの記録が収められている(62)。

成功には至らなかったものの、廉蔵が石油にかけた情熱は、断片的ながら今日いくつかの文献の中で言及されている。たとえば『黒川村誌』には、一八七三年、廉蔵の招きで前述したイギリス人医師シングルトンが館村に出向き地層の傾斜を観測した後、手掘り井戸による採油を指導したところ、それが成功したため「石油ブーム」が一時塩谷地区を中心に捲き起こったと記されている(63)。また『長岡市史』には平野の名への直接的な言及はないものの、「明治四年村松〔浜〕の人（氏名不詳）が宮路・成願寺附近で石油の露面を発見して手掘りを試みたが、出油はしなかった」と記されている(64)。前後の状況に鑑み、同人を平野廉蔵とみて過誤はないであろう。

このように新潟県下における石油発掘史が取り上げられる時、平野廉蔵の名（上記のような推定もふくめ）が忘却されることはない。その意味でも、石油に関する二点の専門文献の中で平野の名が記録にとどめられていることは注目に値しよう。

その一つは、平野歿から二〇年後に刊行された門馬豊次著『北越石油業発達史』という資料である。同書に序を寄せた鉱山局長田中隆三は、石油時代の到来を前に今後「斯業振興ノ必要ハ愈々切実ヲ加」える中で本書の価値大なることを説く。著者門馬は長岡市に拠点をおく鉱報社主筆であるが、まず冒頭の「帝国石油業年表」の中で「平野某」につき、最初期の採油事業家としてこう言及する。「嘉永以後頸城刈羽地方に臭水採取行はる維新前後村松〔浜〕人平野某機械鑿井を企て未だ営業せずして失敗す。」さらに本文中に「機械鑿の嚆矢」という一節を設け、平野の存在を高く評価している。

門馬は日本における「石油採掘用機械鑿井の創始」として石坂周造の名が良く知られているがと前置きしつつ、次のような表現で平野を石油開拓のパイオニアの一人と位置づけている。「更に石坂氏より早きものあり即ち旧村松藩〔浜〕の豪族平野安之丞なる人維新の当時既に自ら汽船を購ひ之れを日本海に泛べ又石油業に志し米〔英〕国人シンクロートン〔シングルトン〕なるものを聘用し下越黒川地方の油田を探査せしめ岸田吟香氏に謀り鑿井機械を米国より購入し之れを某所有汽船に乗せ横浜より回航する途上に難破せし為め遂に失敗に終りしと云ふ此計画の失敗後両三年にして石坂周造氏の石油会社組織の挙あり。」(65)

もう一点の文献も、平野について「わが国石油産業の先駆者の一人」と位置づけ「北蒲原郡中村松浜の豪族平野安之丞」の名を記録にとどめている(66)。興味深いことに、ここでも平野廉蔵と、四歳年下で後に「支那通兼精錡水〔目薬〕本舗、また東京日日新聞の元祖」（大隈重信評）として知られる岸田吟香との石油を通じての接触に言及されている。

維新後の廉蔵は石油以外にも西欧の産業技術の応用へ関心を広げ、洋式水道の敷設や捕獲魚類の保存に不可欠な製氷にも積極的に取り組んだ。その舞台となったのは、廻船業を通じ先々代の安之丞以来平野家とゆかりの深かった函館であった。これらの事業の実態を知り得る一次史料は未見であるが、製氷については『函館市史』に以下のような簡潔な記述がみられる。「慶応年間に居留英国人のブラキストンや新潟出身の平野某らによって亀田川願乗寺川の川筋を利用して試みられたこともあったとされる(67)。」

しかしながら、手元に残った資産を投じながら試みた平野のいずれの事業も、算がとれるまでに至らず事実上失敗に終わった。こうして戊辰戦争で大きな痛手を蒙った平野家の家産は、ますます傾くことになった。青年時代の長崎遊学に始まり江戸での研鑽、そして小笠原諸島への出漁等、あくなき知的エネルギーによって近代文明の導入に取り組んできた廉蔵であるが、維新以降時代運に恵まれないまま、明治一五（一八八二）年二月、生地村松浜で五二歳の生涯を終えたのであった。縁戚にあたる平野布袋吉の屋敷内に建てられた二間きりの家屋が終の住処であった。その墓所は生地からほど近い高網にあるが、現在そこには「鷗邊〔祖父藹臣〕平野君墓誌銘」「橘堂〔父世秀〕平野君墓誌銘」の二つの墓碑がひっそりと立っている。

おわりに

幕末期、小笠原諸島の「回収」を重要な内政・外交課題と位置づけた幕府は、その「回収」と表裏一体的に同諸島の「開拓」にも関心を向けた。「開拓」の実を示すことが、対外的にも日本が主張した同諸島の領有権を裏付けするものとの思惑もあった。そうした幕府の開拓方針の下で、捕鯨が焦点の一つとなる。しかも捕鯨はたんなる経済的利益をもたらす手段たるにとどまらず、一九世紀中葉以降の幕府を悩ませ続けた海防問題とも密接に関わっていた。捕鯨の重要拠点とされた小笠原諸島及びその近海は、海防の第一線にあるとの地政学的な認識が広く共有されていたのであった。

約言すれば、経済的利益と海防上の関心が、幕府が小笠原諸島での捕鯨事業を推進する際のプッシュ要因となった。他方、そうした「官」の意図と平行する形で民間の側においても、近代捕鯨の導入が日本の産業・技術の増進に寄与するところ大であるとの認識から、その導入に乗り出そうとする先駆者が出現した。その最初期のキーパーソンが、日本海での廻漕業で巨富を得ていた平野安之丞一家の最後の当主平野廉蔵であった。そして「官」の政策と「民」の企業家精神を接合する役割を果たしたのが、本質的に「民」の人であり、かつ長きにわたる米国捕鯨船での豊富な体験を背景に幕府＝官の鯨漁御用となっていた土佐人ジョン万次郎であった。この南国人万次郎と北国出身平野の邂逅を媒介したのが、帰還まもない万次郎の登用を積極的に進言した開明派幕臣江川英龍（坦庵）であった。江川自身も前述したように、一八三〇年代からつとに捕鯨のもつ大きな効用（経済的利益・航海術・造船技術、そして海防面における）に深い関心をもっていた。このような人間関係を背景として、幕府支援の下でなされたのがジョン万次郎、平野廉蔵による一八六〇年代初頭（文久二〜三年）の小笠原諸島近海における壱番丸での鯨漁であった。

幕府はこうした小笠原諸島での「開拓」実績を根拠の一つとして同島領有を正当化するが、この基本方針は維新後の新政府にも継続され、最終的に一八七六年の領有宣言へとつながる。同諸島は当初内務省管轄であったが、四年後の明治一三（一八八〇）年に東京府に移管され、父島に東京府出張所が設置される。この間、領有まもない一八七八年一〇月に内務省は、小笠原諸島開拓・開発の推進機関として勧農局出張所を設置した。ここからもうかがえるように、領有後の同諸島の開発政策は基本的には「農本主義」的な方向で実施されることになる。幕末期に渇望された捕鯨も、石油時代への移行とともにかつての花形国際商品であった鯨油の市場価値が減退する中、衰退に向かわざるを得なかった。

この間の事情を見る上で、戦後の米軍統治を経一九六八年小笠原諸島の日本への「返還」後、長年村政に深く関わった八丈島出身の辻友衛の編著『小笠原諸島歴史日記』（全三巻）から、断片的ではあるが捕鯨に関する記事を以下に抜き出しておきたい(68)。明治一三（一八八〇）年三月二〇日「米捕鯨船『レ〔イ〕ンボー号』寄港、翌日出港。捕鯨船の寄港が激減する(69)」、明治二〇（一八八七）年一二月「この頃、近海の捕鯨はまったくすたれ、島の漁民はラッコ漁船のハンターなどとして、北洋に出稼ぎに行く者が増える。これにともない、難破や、ロシアに抑留されるなどして帰島しない者が続出する」、明治二四（一八九一）年（n.d.）「父島紀野〔吉郎兵衛〕の捕鯨船が一頭を捕獲するも、台風で諸装備を失い継続を断念する」、明治二五（一八九二）年一二月一〇日「熊本県の日下部正一より捕鯨願が提出されるも、東京府が却下する」、同年（n.d.）「父島の鈴木孝吉、木野左平次が帰化人〔欧米系住民、明治一五年までに全員が日本国籍〕を雇い入れて、近海で捕鯨を行い一頭を捕獲して、鯨脂五九樽を得るも、帰化人がラッコ捕りに出島するため中止となる」[70]。このように領有初期においては、鯨に関する記録は『小笠原諸島歴史日記』に見る限り決して「景気」が良いとはいえない。

　またそれからまもない二〇世紀初頭、小笠原諸島を訪問した地理学者らの報告書においても、「近時漸く捕鯨会社創立の計画ありといへども其実行果して如何。捕鯨の事業に経験ある幾多の本島帰化人は常に外国船のために利用せられて我領海の漁利を外人に壟断せらるゝは遺憾の極なり[71]」と指摘された。

　なお、毛皮採取のためのラッコ猟隆盛の指摘に関連し、乱獲でラッコが激減した後のオットセイ（膃肭）猟についての興味深い資料がある。それは内務省勧農局を経て農商務省御用掛兼宮内省御料局で日本の水産政策に深く関わった鏑木余三男（一八五三－一九〇八）に関係したものである。鏑木は明治二六（一八九三）年農商務省技師として小笠原諸島の水産業調査のため来島、その後明治三九（一九〇六）年に「小笠原島水産奨励」の責任者として父島に赴任し南洋漁業の開拓に従事するも二年後に病歿する。その四年後、当時の阿利孝太郎島司ら村有力者によって大神山の中腹に鏑木の顕彰碑が建立された。その「建碑趣意書」（石井良則氏所蔵）にはこう書かれている。「〔一八九三年〕或は北海に膃肭獣獵猟を試み或は金華山沖に抹香鯨獵に従事……当時外国の獵船我沿岸に出没し巨利を独擅し為に世論沸騰して終に遠洋漁業の奨励を政府に促すに至りしなり。爾来我漁業の発達を致し外国獵船の我領海に跡を絶つに至りしもの君の努力興て大なるものあり。」

二〇世紀に入りサトウキビ（製糖業）を主とする農業が中心的な産業となる一方、島内人口の増加につれ水産業も次第にさかんになる。とりわけ糸満（沖縄）漁民の移住が始まる（一九一六年一〇月、上原組漁民二七名）第一次世界大戦期以降、運搬手段や冷蔵技術の発達と相まち、水産業は主要産業の仲間入りを果たすようになる。しかしながら、大正五（一九一六）年度の漁獲量の内訳をみると、鰹二万六〇〇〇貫、鰆九〇〇〇貫、鮪七〇〇〇貫、鮫五〇〇〇貫、青海亀四八四頭等の数字がみられる反面、鯨の捕獲数についての言及はみられない(72)。

このように、かつてジョン万次郎や平野廉蔵が小笠原諸島の捕鯨にはせた〝夢〟は頓挫したかにみえたが、一九二〇年代に入ると大きな変化がみられるようになる。これは小笠原諸島内部からの内発的発展というよりも、日露戦争後、次第に高まってきた本土水産業界における捕鯨関心の高まりに連動するものであった(73)。その背景には、朝鮮半島近海でノルウェー式捕鯨法を用いたロシア船の進出が活発化したことへの衝撃があった(74)。

そして二〇世紀に入ると各地に割拠する中小捕鯨会社の合併や買収が進み、明治四二（一九〇九）年五月、「独占的捕鯨会社」東洋捕鯨（資本金七〇〇万円）が誕生する。当初同社は九州北部西海海域を主要漁場としたが、次第に太平洋方面にも事業を拡大する。その一環として東洋捕鯨は、関東大震災直後の一九二三年一二月、父島清瀬に捕鯨基地を設け解体処理工場や鯨肥料工場を開設した。辻編者もこの点につき「東洋捕鯨㈱の捕鯨事業が好成績で、この年［一九二四年］九四頭を捕獲処理する」と記している（二七二頁）。父島出身の農業技師青野正男は、多くの島民も目撃した同社の鯨解体の現場をこう回顧する(75)。「広い板張りの、ゆるい勾配の解体場に、ウインチで巻き上げはじめると、はやくも解体師たちは、巨体に打ちのぼり、あるいは床上から長刀をふるって切り込む。胸を刺すと、血は滝のように音をなして流れすさまじい……。」

東洋捕鯨に続き日中戦争勃発直後の一九三七年一二月には、一九二〇年代後半から近海捕鯨を拡充していた林兼商店（大洋漁業の前身）も母島・北村に捕鯨基地を設け、戦前期を通じ年平均二〇〇頭ほどの漁獲を得、小笠原諸島近海はふたたび国内屈指の鯨漁場として知られるようになった(76)。開戦前、最後の「クジラ・ブーム」にわいた当時の小笠原諸島の様子を父島・大村尋常高等小学校生徒（五年生）の「捕鯨船」と題した作文からみておきたい（『なでしこ』第一八五号一九三七年一二月）。

いよ〳〵待ちかねてゐた捕鯨船がやつて來ました。「ボー」とひゞく汽笛の音をきくやいなや僕は家をとび出しました。今年になつてから鯨を見るのは始めてです。大勢の人にまぢつて捕鯨会社にかけつけると、丁度鯨を上げる所でした。ガラン〳〵と巻くワイヤーに引かれて、小山のやうな鯨の体は次第に上つて來ました。いよ〳〵上りきると今度は料理です。大きなほうちやうの刃がしやり〳〵となつて、見る〳〵内に肉のかたまりがはがされて行きます。三十分もたつ頃にはもう骨ばかりになつてしまひました。海水は血でまつかにそまつてゐます。

かへらうとしたら、元日丸の平田さんが鯨の肉をくれました。僕はそれを下げて家に來ると弟達が「兄さんその肉どこからもらつて來たえ」ときいたので「捕鯨会社から」といふと「今度とれたらつれていつて」といいました。

このように開戦前、小笠原諸島の人口も約一万人を数える中で、クジラは人々の生活の中で経済的にも社会的にも深く根を下ろした「生物資源」となっていた。その一端を小笠原支庁のデータ（一九三九年調査）に基づき水産加工品生産高を紹介した辻編著からみておこう。鯨関連の品目としてまず「鯨肉塩蔵」が一四万一六八二円（約七〇万五〇〇〇キロ）があげられるが、これはかまぼこ等魚類加工二七万四五八六円（約三一万二八〇〇キロ）に次いでおり、島外移出があると思われるが、住民にとっても重要な動物性蛋白源となっていることがうかがわれる。肥料では小笠原諸島の肥料生産の九割八分に相当する四万一九六六円（七九万一八〇〇キロ）が鯨粕肥料となっている。また島内産出の唯一の油源として鯨油は、七万七八三七円（三三万四七〇〇キロ）を数えている[77]。こうした断片的な数字からも、一九三〇年代を通じクジラが食生活や農耕等、小笠原諸島の人々の暮らしと不可分な関係であったことが判明する。

以上考察したように、幕末一八六〇年代初めに開始され一九三〇年代まで小笠原諸島の住民経済に重要な位置を占めていた捕鯨であったが、アジア太平洋戦争勃発とともに、捕鯨船および乗組員も国家総動員体制に組み込まれていく。そして戦争末期の一九四四年六月から始まる住民大多数の内地への「強制疎開」によって、「小笠原諸島と鯨」をめぐる状況は一変する。

いうまでもなく、一変したのは「捕鯨問題」のみではない。アジア太平洋戦争期、小笠原諸島とりわけ硫黄島は沖縄とともに烈しい日米地上戦の戦場となった。さらに「強制疎開」を強いられた七千余名の住民のうち、戦後米国の施政権下に置かれた同諸島へ帰還を認められたのは「欧米系」住民一二九名に過ぎず、事実上、戦前の「地域社会」は解体された。一九六八年の施政権返還後の小笠原諸島の変容については他稿に譲るが、本章の主題との関連で捕鯨関連の戦後の歩みを最後に一瞥しておきたい。

一九四六年一一月、小笠原諸島方面での捕鯨出漁がＧＨＱにより許可（農林省水産局の食糧不足対策の一環として）、翌四六年二月、大洋漁業（株）が元海軍の輸送艦第一九号艇を小型母船として出漁。しかし陸上基地の使用は許可されず、母船式操業のみが許された。その後他の二社（日本水産、極洋捕鯨）も捕鯨を開始するが、一九五一年に至り小笠原諸島近海での母船式捕鯨は終了する。その後施政権返還後の一九八一年に至り、母島東港で日本捕鯨と日東捕鯨により基地式捕鯨が開始される。この点について、一九八三年母島小学校に着任した石井良則氏は、「東港で日本捕鯨が解体をしていました。米軍立川基地から見張りの軍人がひとり沖村に住んでいました」と証言する（二〇一七年六月二一日付、筆者宛書簡）。しかしながら一九八五年四月、日本政府が国際捕鯨委員会の商業捕鯨禁止に同意した結果、一九八八年以降小笠原諸島での捕鯨―その担い手は住民主体ではなかったものの―の歴史にもピリオドが打たれる(78)。ジョン万次郎、平野廉蔵が壱番丸に乗り込み小笠原諸島近海での初めて捕鯨に着手してから一二五年後のことであった(79)。

註

（1）この特別展は上記二点の史料群が重要文化財に指定（二〇一六年八月一七日官報告示）されたことを記念して開催された。企画の全体像については日向玲理「特別展示『幕末へのいざない』の紹介」『外交史料館報』第三〇号、二〇一七年を参照。本テーマに関連する先駆的研究として以下がある。安岡昭男「幕末の小笠原諸島をめぐる国際関係」『国際政治第十四号』一九六〇年所収。なお本書では小笠原諸島の名称につき幕末期の諸文献に登場する無人島、ボニン諸島等ではなく小笠原諸島に一元化して記述する。

（2）この地名の由来について、鯨波は「ここで海上遙かに潮を吹く鯨の群を眺めんこと」だとされ、また稲鯨は「稲を取ったり、鯨を捕ったりという半農半漁部落」からの命名だと解されている。小林存『新潟県常民文化叢書第二編』高志社（新潟県）、一九五〇年、一七一頁。北は北海道（アイヌ）から南は沖縄まで日本各地の「鯨・イルカの民俗」に関する論考を収録した著作として、谷川健一編『日本民俗文化資料集成第一八巻』三一書房、一九九七年がある。またジョン万次郎の出身地高知県捕鯨史についての論考として、平尾道雄『土佐藩漁業経済史』高知市立図書館、一九五二年、第五章を参照。

（3）横山伊徳『日本近世の歴史5開国前夜の世界』吉川弘文館、二〇一三年、三一〇頁。

（4）川澄哲夫『黒船異聞・日本を開国したのは捕鯨船だ』有隣堂、二〇〇四年、三四頁。全盛期のアメリカ捕鯨は一航海大体三、四年で、鯨油で船倉が一杯になると途中の港で売却し、さらに捕鯨を続け基地に戻るのが一般的であった。中浜博『私のジョン万次郎』小学館、一九九一年、一八五頁。

（5）日本でも「〔抹香鯨は〕肉味佳ナラスト雖トモ油質ノ佳良ニシテ其効用ノ多キ鯨中此右ニ出ツルモノナシ」とされこう述べられた。「六丈四尺ノ該鯨ヨリ産スル蠟及ビ油ノ量ヲ概算スルニ蠟十八石九斗油七八石七斗五舛アリト云フ。」それ故、「此鯨ハ之ヲ捕フルコトハ利益最大ナリ宜ベナリ欧米各国ノ捕鯨船多ク本島ニ繋泊スルヤ遠洋ノ航旅ヲ休養シ薪水食料ノ欠乏ヲ補充シ水夫漁者ノ全力ヲ貯ヘ以テ我国目前ノ大利ヲ収獲シ去ルナリ」と島司小野田元凞は論じている。東京府小笠原島庁編『小笠原島誌纂』一八八八年、四〇五－四〇七頁。

（6）幕末以降の捕鯨史については、多くの優れた先行研究、資料集の蓄積がある。たとえば渡邊洋之は一九四三年までの捕鯨史の時期区分を試みる中で、ジョン万次郎、平野廉蔵らが活動した時代を含め一八九六年までを第Ⅰ期「網取り式捕鯨の衰退とアメリカ式捕鯨の試みの時期」、ついで一八九七－一九〇八年を第Ⅱ期「ノルウェー式捕鯨が導入される時期」等々としている。渡邊洋之『捕鯨問題の歴史社会学―近現代日本におけるクジラと人間』東信堂、二〇〇六年、第一章。「アメリカ式捕鯨」とは、帆船を母船とし鯨を発見すると母船から小型の捕鯨艇（ボート）を降ろし、鯨の背後から網をつけた手銛や捕鯨銃を打ち込む漁法であり、「ノルウェー式捕鯨」とは、動力船を用い、甲板に捕鯨砲を設置した砲殺法による捕鯨と定義される。そして一般的には、ノルウェー式捕鯨の採用を画期として「近代捕鯨」の成立と解されている。なお『大日本水産会報』第二二六－二二九号、一九〇一年には、水産技師松牧三郎による「諾威〔ノルウェー〕式捕鯨実験談」が掲載されている。谷川健一編、前掲書、三四七－三六八頁。

（7）ハワイにおける捕鯨業についてもっとも早く紹介したのは、万延元（一八六〇）年の遣米使節団の随員の一人として乗り組んだ加賀藩士佐野鼎であった。佐野は「嶋人鯨漁を以て産業とする者多し。又鯨多く此の辺に集族すると見え、アメリカ等の猟船にも此の洋に在りて漁す」と述べている。『万延元年訪米日記』金沢文化協会、一九四六年、一七頁。

（8）小笠原諸島海域を含む「ジャパングラウンド」における一九世紀太平洋での捕鯨については、森田勝昭『鯨と捕鯨の文化史』名古屋大学出版会、一九九四年、石原俊『近代日本と小笠原諸島―移動民の島々と帝国』平凡社、二〇〇七年等を参照。

（9）石原俊、前掲書、一一〇頁、一一九頁。ただし最初の定住者については、彼ら自身の自発的行動とみる「定説」の他に諸説がある。たとえば『小笠原要覧』東京府、一九二九年、一二〇頁は、彼らは当初シャルリン島に移住するつもりであったが、はしなくも小笠原諸島に漂着したと述べ、またクラマー・スコットは、彼らは初代駐ハワイ英総領事R・チャールトンが送り出した開拓団であったと指摘する。「アメリカと小笠原群島の遭遇史」『小笠原研究年報』第三六号、二〇一三年、二〇頁。

（10）万次郎からの聞書の代表的なものとして、川田維鶴撰『漂巽紀略―付研究河田小龍とその時代』高知市民図書館、一九八六年。

（11）藤井哲博『咸臨丸航海長小野友五郎の生涯―幕末明治のテクノクラート』中公新書、一九八五年、七二頁。

（12）小笠原島庁蔵版『小笠原島誌纂』一八八八年、四一―四一四頁、また先行研究として安岡昭男「小笠原島と江戸幕府の施策」岩生成一編『近世の洋学と海外交渉』巌南堂書店、一九七九年、三二二頁。

（13）中濱東一郎『中濱万次郎伝』冨山房、一九三六年、九一頁。ジョン万次郎の上記略伝も基本的に本書に依拠。ちなみに蘭領東インド・ジャワに上陸し、その観察所見を日本人として初めて詳細に記録したのは、一八六〇年幕府の訪米使節団に随員として乗り組んだ仙台藩士玉虫［蟲］左太夫である。その「航米日録」巻七を参照。早川純三郎編『文明源流叢書第三』国書刊行会、一九一四年所収。

（14）川田維鶴撰、前掲書、六六頁。

(15) 万次郎と沖縄との関係については以下を参照。仲地哲夫「ジョン万次郎と豊見城」豊見城村教育委員会村史編纂室編『豊見城村史第九巻文献資料編』豊見城村役所、一九九八年、神谷良昌「琉球に上陸したジョン万次郎」『土佐史談』第二五七号、二〇一四年等。また琉球新報社『われら黒潮民族』一九九二年、二一九頁は「小渡浜は日本開国の地」であり、また摩文仁にとってジョン万次郎の存在は「闇を払う救いの〝光明〟」だと評する。

(16) 石原俊「忘れられた〈植民地〉―帝国日本と小笠原諸島」『立命館言語文化研究』第一九巻第一号、二〇〇七年、六一頁。また石原は、「万次郎にとって小笠原諸島は米国で学んできた航海術・捕鯨術・測量術など、海における帝国の軍事的諸技術を試す実験場であった」と指摘する。「海賊から帝国へ―小笠原諸島における占領経験の歴史社会学・序説」ダニエル・ロング編著『小笠原学ことはじめ』南方新社、二〇〇二年、二四一頁。

(17) 川澄哲夫編『中浜万次郎集成』小学館、一九九〇年、八一二頁。

(18) 同上、七一一頁。大槻盤渓は北越平野家とも親交があったが、この点については註(34)文献を参照。

(19) 戸羽山瀚編『江川坦庵全集(上巻)』江川坦庵全集刊行会、一九五四年、九六頁。原剛『幕末海防史の研究』名著出版、一九八八年によれば、幕府が江戸湾防備に着手した嚆矢は、一八一〇(文化一〇)年、会津藩に江戸湾相模側を、白河藩に安房・上総の警備を命じたことにさかのぼる。

(20) 同上、一二一頁。こうした海防政策の見直しの中で、幕府は天保一三(一八四二)年に「異国船無二念打払令」を改める一方、江戸湾警備体制の再構築と全国的な海防強化に着手する。松尾晋一『江戸幕府と国防』講談社、二〇一三年、一八九―一九〇頁。

(21) 同上(下巻)、資料三頁、五頁(海防・外交資料)。同じ天保末期、高島秋帆もオランダ人ニーマンから捕鯨銃法を伝授されるが、これも砲術と捕鯨を結びつける動きの一つであった。高橋美貴「漁業」『岩波講座日本歴史、第一三巻近世四』岩波書店、二〇一五年、一六一頁。

(22) 森弘子・宮崎克則『鯨取りの社会史―シーボルトや江戸の学者たちが見た日本捕鯨』花乱社、二〇一六年、一八二頁。大槻清準は文化八(一八一一)年、藩に上書を提出しロシアの南下に危機感を示しつつ捕鯨の軍事的メリットを説いている。高橋美貴、前掲論文、一六〇頁。

(23) 川澄哲夫編、八三頁。

(24) 江川英龍のジョン万次郎への〝こだわり〟については戸羽山瀚編、前掲書(下巻)、五九－六三頁。

(25) 同上(下巻)、七九－九〇頁。

(26) 仲田正之『江川坦庵』吉川弘文館、一九八五年、二〇三頁。その江川英龍の歿後「第五十五年忌祭り」(一九一九年、於韮山)開催を機に、志賀重昂は「江川太郎左衛門先生」と題した一文を『大阪毎日新聞』に寄せ、江川をこう評した。「一度先生の門を潜りて韮山塾に入りたる者は、其藩より更に大なる日本国あるを悟り日本国より更に大なる世界なるものありを悟り、新しく此の日本国を如何に此の世界に処せしむべしやと感発せしむるに至り。」『志賀重昂全集第二巻』非売品、一九二八年、三五頁。

(27) 戸羽山瀚編、前掲書(下巻)、六二頁(海防・外交資料)。

(28) 日米修好通商一〇〇年記念行事運営会編『万延元年遣米使節史料集成第五巻』風間書房、一九七〇年、九四頁、一〇一頁。またGeorge M. Brooke Jr. *John M. Brooke's Pacific Cruise and Japanese Adventure, 1858－1860*, University of Hawaii Press, 1986を参照。

(29) 以上については下記を参照。土居良三『軍艦奉行木村摂津守―近代海軍誕生の陰の立役者』中公新書、一九九四年、七六頁。戸羽山瀚編『江川坦庵全集別巻一』吉川弘文館、一九七九(初版一九五四)年、三七二頁。

(30) 中濱東一郎、前掲書、一九六頁。
(31) 中浜博、前掲書、二〇三-二〇六頁。
(32) 田中弘之『幕末の小笠原―欧米の捕鯨船で栄えた緑の島』中公新書、一九九七年、一九五頁。
(33) 戸羽山瀚編『江川坦庵全集』巌南堂版、一九六九年、四七五頁。
(34) 大木金平編『北蒲原郡史第三巻』蓮池文庫、一九三七年、三一九頁。
(35) 森弘子・宮崎克則、前掲書、八〇頁。明治期に入ってからも、平野廉蔵の郷里越後の西方・越中国礪波郡では害虫駆除に鯨油を利用していたことが次の記録からもうかがえる。「鯨油七合を鍋にて焚きよく湧きたる時おろして少しいきりをぬき酢を三合許よく交ぜ前のごとく竹の筒に納て田にそゝぐべし…虫生じたると見ばはやく鯨油を用ひて取たやすべしおくれては油も余計にしかも度々用ひざれば去りがたし。」萩長八「稲虫を去る法」『農業雑誌』第二〇〇号、一八八四年一月一二日、一九頁。
(36) 坂口仁一郎『北越詩話　巻六』目黒甚七刊、一九一八年、六五五頁。また近年の論考として以下も参照。帆刈喜久男「村松浜平野氏の文化」『おくやまのしょう』第二七号、中条町郷土史研究会、二〇〇二年。
(37) 高橋亀司郎「村松浜の平野安之允〔丞〕家のこと」『おくやまのしょう』第一一号、一九八六年、六六頁。上記引用文中の「勘察加」については、裏付けとなる資料は未見。六代安之丞（世秀、号橋堂）の墓碑の撰文は大槻磐渓、書は高島秋帆である。このことも平野家の広い交友関係と文人気質を物語るものといえよう。
(38) 中条町史編さん委員会編『中条町史通史編』二〇〇四年、五九〇頁。
(39) 新潟県編『新潟県史資料編十二・幕末編』一九八四年、二六五頁。平野家の財力、歴代当主の特徴については、渡辺孝行の「村松浜『平野家』に関する覚書」（一-四）が、地方文書をふまえた貴重な研究である。『蒲原』六七-七〇号、一九八四-一九八六年。

(40)牧田利平編『越佐人物誌中巻』野島出版、一九七二年、七八〇頁。
(41)川澄哲夫編、前掲書、七一五－七二六頁。
(42)村松浜郷土史愛好会編『村松浜郷土史』二〇一〇年、一七一頁。本書には会田泰一郎「平野廉蔵氏のこと」と題する貴重な短論も収められている(一七一－一七五頁)。
(43)藤井哲博、前掲書、八二頁。
(44)平野満「文久年間の小笠原開拓事業と本草学者たち」『参考書誌研究』第四九号、一九九八年、九頁。
(45)渡辺孝行「村松浜「平野家」に関する覚書［その四］」『蒲原』第七〇号、一九八六年、六九頁。鬼舞の伊藤家の持船伊栄丸は国立歴史民俗博物館に展示されている。伊藤家は一八世紀後半に入り廻船を所有し一九世紀中ごろには八、九隻の持船があり、幕末期からはその利益を農地集積にも投入するなど越後でも屈指の廻船主であった。田邊幹「日本海海運がもたらした変化―『北前船』の時代」『歴博』二〇二号、二〇一七年五月、一七－一八頁。
(46)同上、六九頁。
(47)川澄哲夫編、前掲書、二〇七頁。
(48)阿部櫟斎「豆嶼行記」は当初、小花作助『小笠原島要録第四巻明治一一年一二月より一三年一一月終』小笠原諸島史研究会(代表鈴木高弘)、二〇〇七年の付録として紹介された。その後、鈴木は本記録の改訂版を以下の形で発表している。「小笠原諸島の回収事業における阿部櫟齋―(復刻史料)阿部櫟齋著『豆嶼行記』」『紀要』(専修大学附属高等学校)、第三一号別冊、二〇一〇年一二月、二六頁。
(49)鈴木高弘、前掲論文、七一頁。
(50)田中弘之「幕末の一小笠原島民をめぐる領事裁判―いわゆるホーツン事件について」『駒沢史学』二三号、一九七六年、八三頁。

(51) 同上、六四頁。
(52) 石原俊、前掲書、二〇九頁、二一一頁。
(53) 川田維鶴撰、前掲書、一三八－一四七頁に収められている「中浜万次郎関係文献目録」を参照。
(54) 中浜博、前掲書、二〇六－二〇七頁。
(55) 戦後つとに万次郎に関心を寄せた鶴見俊輔は、帰国後の万次郎は幕府直参や海軍教授所教授を務め、維新後も開成学校教授となったが、「通訳と翻訳」が主たる仕事で、結局「徳川幕府と明治政府とは万次郎の見識と能力とを生かすことなく終わった」と論評する。『ひとが生まれる―五人の日本人の肖像』筑摩書房、一九七二年、五九頁。
(56) 中濱東一郎、前掲書、三四七頁。
(57) そうした資料状況の中で村松浜郷土史愛好会編、前掲書、二三五－三七〇頁所収の「越後の素封家『平野家』」は戊辰戦争以前の平野家史を知る上で重要である。
(58) 中条町史編さん委員会編、前掲書、七〇〇頁。
(59) 村松浜郷土史愛好会編、前掲書、一七八頁。同書の冒頭で村松浜区長渡辺勝義（当時）は、「残念ながら戊辰戦争を境に、平野家をはじめ多くの旦那衆が没落」した事実を指摘している。
(60) 一八六七年のアメリカ「油地方ヨリ運出」された量は、計三六六万九一二三樽、翌一八六八年のニューヨーク港からの輸出は計五二五九万九四八三ガロンであった。このうち最大の輸出先港はブレーメン八五七万八〇七五ガロン、ついでマルセイユ八二六万九六〇〇ガロン、アントワープ六八八万六〇七七ガロン、キプロータール及マルタ四二八万九〇一七ガロン等となっている。ちなみに日本向け輸出は一八六六年二〇〇〇ガロン、六七年八〇〇〇ガロン。大鳥圭介明治七年報文『山油編』開拓使刊、一八七九年、三五頁。

(61) 新潟県編、前掲書、八〇四頁。

(62) 同上、八〇二頁。こうした北越の採油ブームの一端については、中条町史編さん委員会編『中条町史資料編・近現代第四巻』一九八九年、六一−六五頁を参照。

(63) 黒川村役場村誌編纂委員会編『黒川村誌』一九七九年、二二一−二二二頁。「外国人雇入鑑四」(外務省外交史料館所蔵)によれば、シングルトンは八代謹之助らを雇主として「越後国新潟県管内黒川村石脳油湧出し場所探査」のため、明治六(一八七三)年三月訪越した。「長崎在住の英人の医師シンクルトン」の黒川来訪を新潟県発行の「先触状」(通行通知書)に基づき明治六年と特定する一方、岩佐三郎は「石油につきて多少の知識」はあったかもしれないが、彼による採油は「勘(?)で示した位置がたまたま成功したということであろう」と指摘する。「お雇い外国人ライマンと、むかし日本の『石油』開発(二)」『石油の開発と備蓄』一九九六年一二月、四三頁。さらに齋藤俊彦は、外務省外交史料館所蔵資料「外国人内地旅行関係雑件二」に依拠しつつシングルトンの新潟訪問を明治六年三月、往復六〇日間の通行証によるものと指摘する。『人力車』産業美術センター、一九七九年、二六頁。シングルトンが試掘した「臭水油坪跡」は一九九二年に新潟県の天然記念物、一九九四年に国の史跡に指定、それを受けてその地に「シングルトン記念館」が建設された。胎内市教育委員会作成小冊子『日本最古の「石油」』二〇一三年。

(64) 長岡市史編纂委員会編『長岡市史』一九三一年、七三八頁。

(65) 門馬豊次『北越石油業発達史』鉱報社、一九〇二年、一三五−一三六頁。本書の復刻版として『明治前期産業発達史資料別冊七二(二)』龍溪書舎、一九七〇年がある。

(66) 井口東軸『現代日本産業発達史Ⅱ石油』交詢社出版、一九六三年、一八−二〇頁。

(67) 函館市史編さん室編『函館市史通説編第二巻』、一九九〇年、一〇五八頁。

(68) 辻友衛編『小笠原諸島歴史日記上巻』近代文藝社、一九九五年、一四九－一八三頁より。辻は「あとがき」において、本書は「私が所有している資料の中から取捨選択し、ダイジェストして日付順に編纂したもの」であり、「引用文献があまりに多数」のため出典は明記していないと述べている。

(69) この点に関連し、片岡千賀之・亀田和彦「明治期における長崎県の捕鯨業―網取り式からノルウェー式へ」『長崎大学水産学部研究報告』九三号、二〇一二年三月、一〇二頁に、一時二百隻を超えたアメリカの北太平洋及び北氷洋捕鯨船は、明治一〇年代には二〇～四〇隻に減少したとのデータが紹介されている。出典は柏原忠吉「九州鯨獵ノ盛衰ニ就テ」『大日本水産会報告』第一一六号、一八九一年。

(70) 当時の「帰化人」と海獣漁につき『植民協会板告』第三六号、一八九六年四月号に興味深い記事がある。彼ら「帰化人」は「海獣ノ射撃ニ巧ミナルト性質大胆ニシテ能ク北海ノ風涛ニ耐フル」ために本邦人も少なからず彼らを雇ってきた。しかしながら、彼らは「性質懶惰ニシテ且ツ狡猾」なため、近年内地漁業家は、「性質温良正直ナル上射撃ノ技倆ニ於テモ小笠原帰化人ヲ凌グモノ少ナカラズ…」といわれる「擇捉、志古丹（エトロフ、シコタン）地方に住居する土人」を雇入れるものが大変多い。

(71) 矢島音次編『八丈島小笠原島修学日記』高等師範学校校友会、非売品、一九〇二年、四二頁。またこの間の状況を石原俊、前掲書、二八七頁はこう描写する。「（一八七〇年代頃から）捕鯨船の活動が次第に減退する中で、小笠原諸島の『外国』の出身者（の子孫）たちも、北太平洋・オホーツク海方面に向かうラッコ猟船に銃手などとして雇われるようになっていった。」

(72) 辻友衛編、前掲書、二五一頁。

(73) この点とも関連し、以下の指摘は重要である。「小笠原の捕鯨は、島民によるものでなく、政米船や内地捕鯨業者によっており、捕鯨にかかわる独特の文化は育たなかった。」伊豆諸島・小笠原諸島民俗誌編纂委員会編『伊豆諸島・小笠原諸島民俗誌』東京都島嶼町村一部事務組合、一九九三年、一七七頁。

(74) 当時の捕鯨状況については田中宏『日本の水産業大洋漁業』展望社、一九五九年、大洋漁業八〇年史編纂委員会編『大洋漁業八〇年史』一九六〇年、等参照。ロシア捕鯨船への警戒に関連し一八九七年五月二三日付駐釜山日本領事館の一報告「蔚山郡長生浦ニ於テ露国捕鯨船ノ件ニ付キ同地村長李成文との問答書」は、李村長談として、ロシア船は江原道通川方面への出漁を「昨年ヨリ来始メ」二〇頭程度捕獲したことを報じている、外務省外交史料館所蔵資料。

(75) 青野正男『小笠原物語』私家版、一九七八年、一二九頁。なお青野の父親青野正三郎、鍋島喜八郎ら六名を専務取締役とする小笠原捕鯨株式会社が明治四〇(一九〇七)年五月、父島大村で設立された(資本金一万五〇〇〇円)。『東京法人要録』国立国会図書館マイクロフィルム八五-二五二、一五七コマ。

(76) 同上、一三〇頁。

(77) 辻友衛編、前掲書、三四〇頁。

(78) 大洋漁業八〇年史編纂委員会編、前掲書、年表、および国土交通省都市・地域整備局特別地域振興官『平成十七年度小笠原諸島の自主的発展に向けた歴史・文化探訪観光開発基礎調査報告書』九〇-九三頁、公益財団法人小笠原協会所蔵。ただし日本は国際捕鯨委員会(ＩＷＣ)から脱退(二〇一八年一二月)したため、二〇一九年七月以降排他的経済水域(ＥＥＺ)での商業捕鯨が再開される。

(79) 今日の小笠原諸島の学校教育において、「郷土史学習の副読本」として使用されている小笠原教育委員会編『ひらけゆく小笠原』一九八五年は、同諸島の洋式捕鯨の先駆としてジョン万次郎の指導や藤川三渓(元高松藩儒医)の提言があったことを指摘している。さらにジョン万次郎との関連で彼の「英語の弟子」で「越後の富豪」平野廉蔵にも触れられ、平野の援助で捕鯨船が購入されたと紹介されている(九一頁)。

第二章　明治期小笠原諸島の産業開発と鍋島喜八郎

はじめに

「東京市日本橋区南茅場町故鍋島喜八郎万延元年九月生、資性温厚夙ニ本島ノ開発ニ志シテ水陸ノ産業ニ多大ノ力ヲ尽シ又常ニ公共ノ為メ尽瘁シタルコト多大ナリ」

この顕彰の辞は、一九二七（昭和二）年七月、小笠原諸島への初めての天皇「行幸」があった翌年一〇月の「御大典（昭和天皇即位礼）奉祝」行事を前に、同諸島「開拓五十年記念被表彰者」の一人として鍋島喜八郎を評した言葉である。鍋島喜八郎（一八五九－一九二二年）はその時すでに世を去っていたが、一一名の開拓功労者の一人として、その名が後世に記録されることになった(1)。

明治維新後まもない一八七六（明治九）年の小笠原諸島領有を一つの重要な契機として、日本の朝野では同諸島さらにはその南に広がる南洋群島に対する、主として経済的関心が高まりをみせた(2)。こうした「南」に対する漠とした関心が、やがて明治期「南進」論として登場するのであった。領有そのものが政府主導によってなされたこともあり、小笠原諸島の開拓・開発は当初から官営開拓の性格が強かった。農商務省がいち早く父島に勧農局を設置し、他の（亜）熱帯圏諸地域の産業情報を収集したり、農業専門家を視察に赴かせたのもその一環であった。

たとえば領有一一年後、農商務省農務局の名で高崎五六東京府知事に送られた公信は、フィリピン・ルソン島（当時はスペイン領）の「綿実」は「貴管下」の小笠原諸島に適すると思われるので送付するから、それを試作されたしと提言している(3)。このように農商務省—東京府—小笠原諸島（出張所長、後島司）といった上意下達の指揮系統は、東京からはるかに近い伊豆諸島と比べ効率的に機能していたかに思われる。島社会の形成が新しいだけに、換言すれば社会的文化的伝統が弱いだけに、「近代」が移植されやすいという側面があったといえよう。

この点は、幕末維新期にいち早く欧米の産業や科学技術（文明）に触れた渋沢栄一や津田仙らの知識人・実業家が、一時ではあったにせよ小笠原諸島に深く関わったこととも関係があるとも思われる。大蔵官僚から実業界に転じた渋沢は、最終的には撤退したものの一八八八年三月から九二年八月まで四年半父島で「小笠原嶋山藍ノ最モ製藍ニ適ス」と考え、藍栽培に取り組んだ(4)。また津田仙は東京府の委託を受け一八八七年初めに小笠原諸島を視察し、その開拓の重要性を自ら主宰する学農社の啓蒙的な機関誌『農業雑誌』でくり返し説いた(5)。

渋沢栄一や津田仙といったすでに地位を確立していた社会的名士と相前後して、小笠原諸島には新天地を求めようとする旧士族、あるいは東京を主とする企業家精神に富んだ中小の商工業者が次第に来島するようになる。もちろん量的にみれば八丈島を中心とする伊豆諸島からの移住者が多数派を占め、彼らが小笠原社会の実質的な開拓者となる。

佐賀鍋島藩の一統である青年実業家鍋島喜八郎も、そうした「小笠原熱」を背景に渡島し、冒頭で述べたように「開発ニ志シテ水陸ノ産業」開発に関わることになる。本章は、開拓初期の小笠原諸島をとりまく諸状況をふまえつつ、この鍋島喜八郎の「小笠原関与」の航跡を考察するものである。

鍋島喜八郎を論ずるに先立ち、まず前述した小笠原諸島の「開拓功労者」として顕彰された一一名の全体像をみておこう(6)。彼らの内、表彰の時点一九二八年での健在者は六名、鍋島を含む物故者が五名である。地域別にみると父島五名、母島六名で硫黄列島の関係者はゼロとなっている。産業分野別にみると糖業関係三名、農業（開墾）四名、海運二名、教育一名、「水陸」双方一名（鍋島）であり、また生年および来島年をみると父島生まれの一名（欧米系のゴンザレス）を除き全員が幕末期の出生、かつゴンザレスと一八九一年初来島の鍋島以外はいずれも一八七八（明治一一）～一八八七（明治二〇）年の間に来島している。

以上からもうかがえるように鍋島喜八郎の名は小笠原諸島近現代史の中で、断片的ながらさまざまな文献にしばしば登場する。しかしながら、彼についての専論的な論考はほとんどないのが実情である。こうした中で本章でも随時援用することになる二三の主要な文献・資料についてまず概観しておきたい。鍋島喜八郎の事業全般を東京府作成の史資料をもとに考察し、かつその事業資金の提供者であった同郷佐賀の多久乾一郎男爵およびその輩下の久世延吉との関係を中心に論じた石井良則の論文は、きわめて貴重な数少ない先行研究である(7)。鍋島の生涯を俯瞰し、とりわけ佐賀および東京での青少年時代の人間形成期を郷土史との関係で論じたのが、吉岡達太郎の回想記的郷土誌『須古片影』である(8)。また八丈島出身の戦前派島民の辻友衛が精力的に編集した『小笠原諸島歴史日記』（全三巻）も、出典明示はないものの一八九〇年代を中心に鍋島の事業を理解する上で重要な文献である(9)。さらにエッセイ風の人物論であるが、㈶小笠原協会長であった石井通則の鍋島喜八郎論も、彼の生涯を通観する上で示唆的である(10)。

これらの近年刊行された諸文献に加え、明治・大正期に刊行され鍋島喜八郎とも知己であった二人の関係者の記録にも当時ならではの情報が含まれている。一つは最初の本格的な小笠原諸島概説書ともいうべき山方石之助の『小笠原島志』、および福田定次著『東洋の楽園』の二点である(11)。

一　幕末維新期・青少年時代の鍋島喜八郎

1　佐賀藩執政・父鍋島茂真

鍋島喜八郎は安政六（一八五九）年九月一五日、須古鍋島藩第一四代当主（知行主）にして同時に佐賀本藩第一〇代藩主鍋島直正（閑叟）の執政（請役当役）であった鍋島安房守茂真（一八一三〜一八六六年）の子として、佐賀城内須古邸で生まれた。父茂真は、藩主直正の一歳年長の庶子であった。喜八郎の生母は鹿島鍋島藩主直彝の次女公子である。喜八郎誕生の前年は安政の大獄が始まった年であり、また翌年は桜田門外の変により大老井伊直弼が暗殺されるなど文字通り「激動の幕末」の始まりを象徴する時代であった。

全国二八六藩中第六位の大藩であった肥前佐賀（鍋島）藩は、「御三家四邑」からなり、三家とは鍋島の前に領地の小城、蓮池、鹿島の名が付く。四邑とは、須古、多久、武雄、諫早からなり、その筆頭格が須古であった(12)。こうした大有力者鍋島家の中枢近くで生をうけた喜八郎は、「世が世ならば」その一族として佐賀藩支配層の中で、しかるべき地位と職権を与えられるはずであった。しかしながら、幕末以降の国内情勢の流動化、そして父茂真の維新を前にしての病没は、喜八郎のその後の人生に決定的な影響を与えることになった。幼少の喜八郎にも大きな感化を与えたこの茂真のことにつき、ここで一言触れておきたい。

茂真は、本藩第九代藩主であった鍋島斉直の一四男として生まれる。生母は後に須古鍋島を継ぐ五男直孝を産んだ側室の瀧浦である。茂真は、父の斉直の命で一八二五（文政八）年一二歳で須古鍋島を継ぐことになる。それだけその力量を若くして評価されていたのであろう。そうした茂真を一八三〇年佐賀藩主となった直正は、「請役当役」として行政トップに抜擢し、あわせて藩校弘道館の頭人として藩の人材育成の任にあたらせた。彼ら二人の異母兄弟の同志的信頼関係は、一八四一（天保一一）年、直正が庶兄茂真を想って詠んだ「櫻邸、須古大夫［茂真］に懐を寄す二首」（原文漢文）の中によく示されている。その漢詩の意は「共に肝膈を披き経綸を議す、誰か我儂の魚水の情に似らんや」というもので、藩政全般にわたり茂真の力を借りながら、一致協力して藩政改革を担う決意を吐露したものであった(13)。

長年にわたり政治・軍事・経済・教育等の各分野において実質的にナンバー2の座にあった茂真（写真1）について、『佐賀県歴史人名事典』の一節を紹介しておきたい(14)。

本藩に仕へ執政なること久し、弘道館の振興に寄与大、躯幹長大、容貌魁偉、音吐宛ながら牛の吼ゆるが如し、而も資性英邁勇気果断に富み、文学武事に詳しく、夙に人材育成を期して邑内［領地須古］に学館三近堂を創設す。又民資の充実を図り、有明海を干拓して生産の発達を計り、殊に本藩の長崎警備に方りては、自ら進んでその奉行となり、香焼崎砲台の建築壮丁の訓練等直正の偉業を輔具せしことときわめて多かりしと、慶応二年四月

写真１　佐賀藩執政鍋島茂真（1813-1866）、喜八郎の実父、鍋島茂樹氏所蔵

十九日没、五四歳。

こうした記述からもうかがえるように、鍋島茂真は本来の主務たる政治・軍事のみならず産業開発やその基礎となる人材育成＝教育にも優れた企画力、それを実践する行動力を備えた人物として幕末佐賀史の中で評価されている。一〇歳を前にその父を喪うことになった喜八郎にも、そうした資質は少なからず受け継がれ、それが小笠原諸島開拓に向けての熱源になったといえよう。

2 戊辰戦争後の鍋島喜八郎

父鍋島茂真を喪って以降、少年喜八郎の行く手は平坦なものではなかった。生母公子も父と相前後して他界、父が仕えた藩主直正も一八七二年には物故している。兄弟姉妹はいたものの、喜八郎は結局小城藩士田尻監物の庇護下におかれることになった。

小城藩は前述した佐賀藩「御三家」の筆頭であり、本藩鍋島家の「親類格」であった田尻家は「小城藩士の中でも別格で山代地方（小城藩飛地）を支配する藩内第一の禄高（七三〇石）」を有していた。その住居も藩邸近くの東小路に広大な屋敷を構えていた[15]。戊辰戦争の折、「官軍」として奥羽秋田方面に出兵した小城藩勢は、まず隊長田尻宮内（監物）邸前で勢揃いし、そこから藩主観閲、ついで岡山神社参拝後、久原港（西松浦）に向かったとされる[16]。

そうした有力士族田尻監物の屋敷内で一時を過ごした喜八郎であったが、まもなく「同家の破産により実家に復帰し、佐賀弘道館に通学して漢学を修しか、毎々嫂より嫉視せられ同居する能す」[17]という境遇におかれる。

この吉岡著作では田尻監物の「破産」とごく手短に記されているが、実際には監物が維新後の佐賀の乱に指導者格として関与したことが地位剥奪の主因であった。戊辰戦争において堅物は、小城藩兵七〇〇名の大隊長として秋田・大館で戦功をあげ、佐賀鍋島家、小城鍋島家よりそれぞれ賞典禄二〇石、銀二〇〇枚等を「下賜」されるほどであった。しかしながら一八七四（明治七）年佐賀の乱がおきると、現状に不満をいだく小城藩士をたばねる指導的役割を演じた。その結果、「乱後」監物は「除族の上、終身懲役を命じられ徳島に送られた」。その後明治一〇年の大赦により領地山代へ戻ることを許されたものの、小城岡山神社の祠官等で糊口をしのぐ落魄の晩年を送った[18]。

田尻家を離れることを余儀なくされた喜八郎は実家に復帰し、亡父茂真が育てた弘道館に籍を置くものの、嫂との折り合いが悪く一六歳で東京に身を移す。佐賀の乱後まもなくのことと思われるが、確定的な時期は定かではない。

今日残されている喜八郎の年譜は、上述した『須古村片影』および小笠原島庁が企画した「開拓五〇年記念」に際し作成された「履歴書」[19]の二種類がある。前者（七〇頁）では上京後「鍋島侯爵家の扶助を受け仏学校にはいり、蛍雪の苦労を積み四年にして同校を卒業せしが、当時仏学の泰斗中江篤介〔兆民〕氏に信愛せられ…」と記されている。後者では最初に出てくる項目として、「明治一三〔一八八〇〕年五月、中江兆民塾に入塾修業」とのみ書かれている。喜八郎の仏学塾卒業時期に関しては、今日鍋島茂樹氏宅に以下の文面の証が残されており明治二〇（一八八七）年であることが判明する。「証　鍋島喜八郎　右定期大試験ヲ経卒業候事　明治二〇年一二月　佛学塾　教頭　中江篤介」。仏学塾、同教頭の公印が押されたものである（写真2）。

中江兆民の仏学塾は一八七四年に仏蘭西学舎として誕生し、現存する「仏学塾同窓会員名簿」には喜八郎の名もみえる[20]。また同学の仲間たちと一緒の集合写真も残されている（写真3）。ただ喜八郎の在京時については

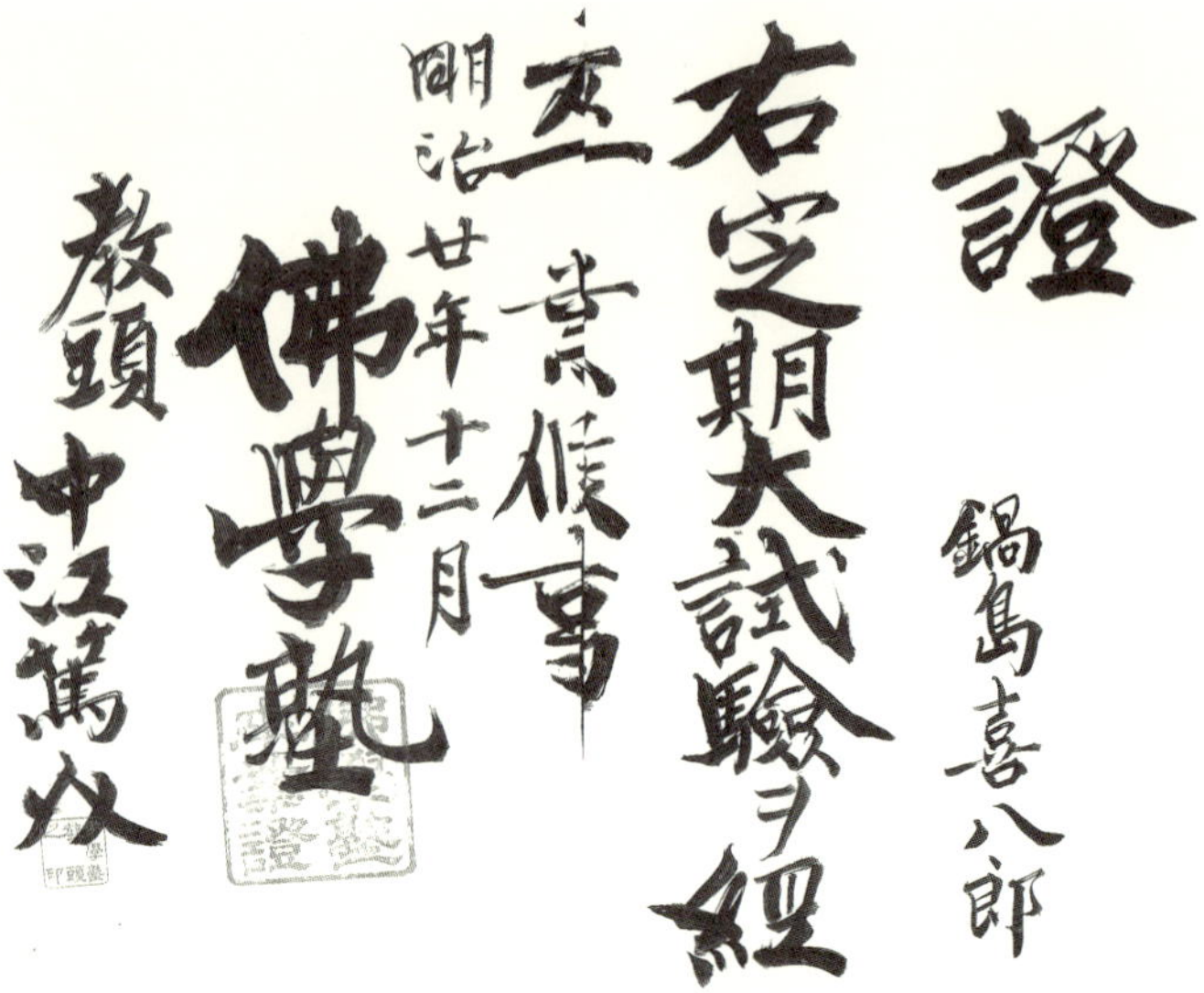
證
鍋島喜八郎
右定期大試験ヲ経
及第候事
明治廿年十二月
佛學塾
教頭 中江篤介

写真２　仏学塾卒業証書（1887年12月）、鍋島茂樹氏所蔵

写真３　仏学塾同窓との集合写真（明治末ころか）、後列左から二人目が鍋島喜八郎、右上囲み写真は中江兆民、鍋島茂樹氏所蔵

具体的な資料がほとんどなく、どのようにして生計を立てていたか等々は判然としない。手掛かりとしては「鍋島侯爵家の扶助」とあるので、一回り年長の従兄である鍋島直大からの直接間接の支援があったのかもしれない。直大は一八七九年外務省御用掛を務めた後、駐イタリア特命全権公使（一八八〇年三月から二年間）を経、元老院議官・武部頭・式部長官等の顕職を歴任することになる（『日本外交史辞典』）。なお鍋島直大は、フランス学普及のため結成された仏学会（後の日仏協会）の有力会員であったので、フランス帰りの兆民の仏学塾に従弟喜八郎が学ぶことに援助を惜しまなかったとも考えられる。

『須古村片影』によれば、当時の喜八郎の悲願は父茂真の遺鉢をついで、傾きかけた須古鍋島家を復興させることであり、その責務を果たすには官吏や学問の世界ではなく実業界で身を立てる決意であったと指摘される（同書、七〇頁）。また、晩年の喜八郎の薫陶をうけたというこの『須古村片影』の著者吉岡達太郎は、彼からの見聞をふまえ、こうも述べている（七一頁）。「氏は仏学校を終へ、鎌倉円覚寺釈宗演師に就き禅学を修むる数年、体得する処あり。毎々信義迅速、薄利を以て勤勉し、其商業に資するの大なるを認るなり。」

一見、「禅学」と「商業」とは直接の接点がないやにみえるが、究極的には人間の幸福を達成する上での手段という一点で喜八郎にとって何らの矛盾を感じることはなかった。彼が師事したほぼ同年の若き禅僧釈宗演（一八五八－一九一九）も、円覚寺今北洪川の下で修業、一八八三年に印可証明を許され円覚寺塔頭の佛日庵住職となったが、二年後一八八五年に師洪川の猛反対を押し切り福沢諭吉の慶応義塾に入塾し英学を学ぶことになる（入社帳一七号）(21)。日本の禅学を国際的に知らしめる上で大きな役割を果たした釈宗演が福沢の開明性、合理主義に傾倒したことと、兆民の仏学の洗礼を受け、釈宗演について禅を学びながらも実業の世界に飛び込んだ喜八郎の精神のあり様には、福沢を介在してある種の共通性を見出だすこともできよう。

喜八郎が円覚寺で修行したことを裏付ける一枚の「証」が残されている（写真4）。そこにはごく簡潔にこう記されている。「証　一金貳圓貳拾五銭　飯費料但シ一ヶ月ト廿日分／右正受取候也／萬年山副司察（角印の中に「円覚寺派専門道場会計之証」。）七月廿日／鍋島喜八郎殿」

筆者は喜八郎が、一見さしたる意味がないように見えるこの小さな領収書をなぜ私文庫の中に残していたのか不思議に思い、円覚寺を訪問した。その結果、この修業がその後の喜八郎の人生にとって少なからず転機となったことが理解できた。円覚寺庶務部長星野周徹氏によれば、⑴同寺での在家者による修業は年二回に分けられ、前半は二月一日から七月末日、後半は八月一日から一月末までであり、とりわけ前半六月はもっともきびしい修行月とされている。⑵五〇日間修業した喜八郎の「証」は七月二〇日付なので、逆算すると六月一日か

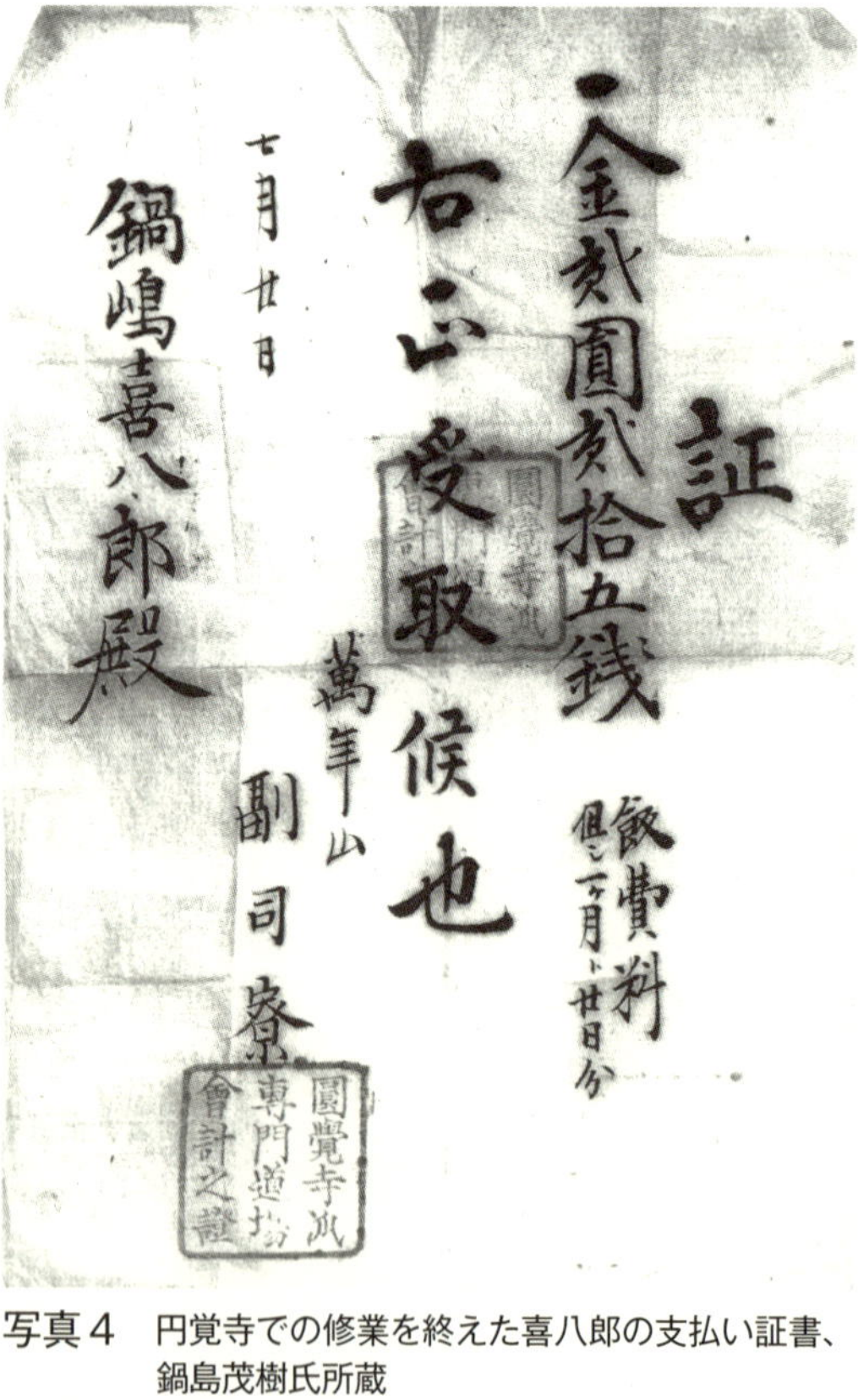

写真4　円覚寺での修業を終えた喜八郎の支払い証書、鍋島茂樹氏所蔵

ら修業生活に入ったこと、即ちもっとも厳格な禅体験をしたことになる。(3)明治初期の円覚寺での修業は今日にくらべはるかにきびしく、三時起床に始まり夜九時消灯まで経本読経、参禅、庭掃除にあけくれる。消灯後も夜座と称し、夜を徹して座禅を組むものも多い、等々とのことであった。そして一般修業者の多くはそのきびしさについてゆけず、途中で脱落していく。したがって喜八郎が五〇日間雲水と一緒に在家修業者のための禅道場である「居士の林」で過ごし終えたことは、「相当の決意をもっていないとついていけないはずである」、との星野周徹氏の所見であった(22)。

この「証」に記された七月二〇日には年が書かれていないが(円覚寺にも明治期分の「証」の記録は残されていない由)、喜八郎の師釈宗演が円覚寺にいた一八七八年から一八八五年、とりわけ宗演が佛日庵住職となった一八八三年~八五年の可能性が高い。それは喜八郎が学業を終え「須古鍋島家を復興するの責任を痛感」し、かつて上級士族の間では軽視された商業＝実業の世界に生きることを決意した時期とほぼ重なるといってよい。

二　実業の世界へ――東邦組創設――

「相当の決意」をもって禅修業を終えた鍋島喜八郎は、而立の年三〇歳を前に、そして仏学塾卒業八か月前の一八八七(明治二〇)年四月、東京日本橋茅場町に東邦組を創設した。今日その定款等は残されていないが、この東邦組がその後の喜八郎の小笠原諸島との関わりの母体となる。ただある証言によると、当初喜八郎は「千島方面でオットセイ捕獲事業」を行うために東邦組を立ち上げたともいわれる(23)。

この証言は、喜八郎の長男鍋島茂太郎の直話をもとに書かれたものである。茂太郎(一九〇二~一九八四)は早稲田大学に在学中学友とともに根室方面に旅行し、その学友の妹の嫁ぎ先であるカニ缶詰会社の社長宅に一泊した。その折社長から自分は若い頃鍋島喜八郎という人のオットセイ捕獲船の水先案内を務め大変世話になったといわれ、その奇遇に茂太郎は驚く。後年喜八郎は小笠原諸島で捕鯨会社を設立するなど水産事業にも本格的に乗り出すが、オットセイもそうした彼の海産への初期関心のあらわれであったのであろう。

事業欲に燃えてはいたが苦学生であった青年喜八郎は、東邦組設立にあたっての資金をどのように調達したのであろうか。これについての確かな一次資料は未見（おそらく今は存在しないであろう）であるが、いくつかの可能性が考えられる。一つは学資を援助してくれた鍋島侯爵家（とりわけ従兄で最後の佐賀藩主直大、当時外務省高官）である。長男茂太郎も、「そのような多額の金は侯爵家から出して頂いたものではないか」と推量している（註10参照）。

鍋島侯爵家と別に、喜八郎の重要な資金提供者が多久男爵家であることを指摘するのが石井良則の論文（註7参照）である。石井良則は、事業を精力的に推進する資金力のない喜八郎の「借金先が多久一家だけに頼っていたかどうかについては分からない」と留保をつけながらも、多久乾一郎の「代理」役を務めた久世延吉の長女の手記を読み解き、多久家と喜八郎の貸借関係を分析する。

この点との関連で、まず鍋島家と多久家との縁戚関係をみておこう。多久家は須古鍋島家と同様「佐賀藩親類同格」の家柄であるが、鍋島茂真と近い世代の当主多久茂族（一八三三ー一八八四）は、戊辰戦争において会津若松城攻略を指揮し、降伏した藩主松平容保親子を東京へ護送し、その功により「金千両を拝台戴」している(24)。その長子である多久茂穀（乾一郎、一八五二ー一九〇一）は明治維新後アメリカに留学（一八七一〜一八七六年）、帰国後は大蔵省、内務省等勤務を経一八八八年式部官、ついで翌九九年東宮侍従となっている。この間父茂族歿年の一八八四年（翌八五年、母歿）家督を継ぎ九七年男爵に列せられた典型的な明治エリートの一人である。

東宮侍従就任後の晩年の多久乾一郎は、郷里多久関連の諸機関に少なからぬ財政的支援を行っていることも、喜八郎への援助との関係で興味をひく。たとえば孔子を祠る先祖ゆかりの宏壮な多久聖廟に「山林四町二反及金五百円」を寄附したり、旧村内七小学校に「維持基金五千三百円」を寄贈したりしている。一方、一九〇一年一一月の彼の死去に対しては、彼が仕えた「東宮殿下」から金七百円（乾一郎は東宮「巡行」に同行中、相州葉山で喘息のため死去）、「祭祀資金」として「両殿下」から三百円、また「勅使錦小路伯爵」からも同じく「祭祀資金」三百円を贈られている(25)。

喜八郎との関係でいえば、多久乾一郎の父茂族の妻は喜八郎の長姉雍であり、したがって「貴人」乾一郎と「野人」喜八郎の関係は、六歳年下の喜八郎が叔父、乾一郎が甥ということになる。この財と地位に恵まれた甥乾一郎と無冠の喜八郎の金銭貸借関係を論じたのが、上述の石井良則論文である。石井が依拠したのは多久側の史料ではなく、「多久男爵」の代理として小笠原諸島に遣わされた久世延吉の長女梅が後年書いた「一生の思い出」（一九八七年執筆）と題されたワープロ打ち約二万五千字の手記である。

この「梅手記」の要点を石井論文に即して整理すると、以下のように約言できる。

①久世延吉は、一八七二年に岐阜県揖斐郡生まれ、日清戦争に従卒として出征、戦後は多久家に警護役として仕え、その武骨な性格と忠勤ぶりが評価される。②多久乾一郎は喜八郎の小笠原での後述の諸事業に求められるままに資金援助を行ったが、返済が伴わないまま次々に事業を展開する喜八郎から資金回収の必要を感じ、その回収のために輩下の久世延吉を結婚させた上で一八九九年父島に派遣した。③ところが多久乾一郎はそれから二年後急逝したため、実際どの程度久世が喜八郎から資金の回収ができたのかは明らかでない。この点との関連で「梅手記」の一節を石井はこう紹介している。「多久家の遠縁［実際は叔父］にあたる鍋島喜八郎という方（佐

賀県人）が小笠原に目をつけ何かと色々事業を始めるにつけお金が入用で、その度毎に多久家に無心に来られたが、そのご事業の成果はあまりよくなくつぎこむばかりで一寸も返金がないので誰か監督役に行って貰いたいということで」父久世延吉が適任者とされた。④こうして多久乾一郎の命を受けて渡島した久世であったが、多久歿後も父島に定住、大村世話掛をはじめ各種役職につき、昭和二（一九二七）年「行幸」時には「自治功労者」として表彰された。しかしながら同年末尿毒症のため三〇年近く生活した父島で歿している[26]。

こうしてみると、多くの初期開拓者と異なり自らの意志というよりも偶然的な契機で小笠原諸島に関わることになった久世延吉であったが、実際には鍋島喜八郎の事業の「監督」というよりも喜八郎の事業のジュニア・パートナーとなっていった。そして水産開発にも貢献した喜八郎の跡を次ぐ形で、大正一五（一九二六）年八月には小笠原水産会の設立発起人をつとめるなどしている[27]。

三　小笠原諸島での事業展開

1「フロンティア」を求めて

鍋島喜八郎が設立した東邦組は、北海でのオットセイ捕獲にも携わっていたことは前述した。ただこの事業については、長男茂太郎の回顧談の他には史料的な裏打ちができない。東邦組の最大の目的は、喜八郎が最初に小笠原諸島を訪れた翌一八九二（明治二五）年六月に書いた東京府知事宛の「西洋型帆船定期航海付願」の一節からうかがえる[28]。

私儀小笠原島物産振興ノ目的ヲ以テ昨年八月該島へ渡航ノ上我該島実業者ト特約相結ヒ製糖委託販売及ヒ島民食料並ニ必需品ノ調達運搬方一定ノ手数料ヲ以テ当東邦組一手ニ引受ケ東京市ニ本店ヲ設立致シ該島各所ニ

支店ヲ相設ケ且ツ該実業者ニ相当ノ資本ヲ貸附シ物産ノ繁植ヲ計リ…。

ここからは喜八郎が事業対象地を小笠原諸島に設定し、広義での交易、輸送、さらには資金貸し付けによる各種物産の栽培奨励等、多面的な事業を意図していたことがうかがわれる。東邦組を設立してから四年後に小笠原諸島に進出することになるが、この間、喜八郎は同諸島についての各種の情報を収集・分析し、官民関係者との人脈を築き、これまで無縁であった小笠原諸島の開拓可能性を検討したものと思われる。東邦組発足の一八八七（明治二〇）年は、東京府知事高崎五六に率いられた視察団が小笠原諸島を巡遊したり、それに先立ち学農社社主津田仙が小笠原諸島視察をふまえ、その将来性を強く訴えるなど(29)領有後一〇年を経て、官民の間で小笠原諸島の開拓への関心がようやく高まりをみせていた時期であった。旺盛な企業家精神をもち「相当な決意」をもって新たな進路を模索していた喜八郎にとって、小笠原諸島は可能性にみちたフロンティアとして映じたものと思われる。

当時、自由貿易論の立場から「南洋諸島」への経済進出を提唱していた田口卯吉らの精力的な言論も、三〇代初めの喜八郎には少なからぬ追風となっていたであろう。喜八郎が小笠原諸島への渡航準備に余念のなかった一八九〇年、同諸島のはるか南に広がる南洋群島への経済進出、移民を呼びかけ、自らも実践に乗り出した田口は、こう述べていた(30)。

如今南洋群島の事情は稍や世人の注目する所となれり、然れども未だ一人の鎮西八郎［源為朝］なく、一人の山田長政なし、是れ余輩の私に惜む所也。

2 渡島前後期の小笠原諸島

内地において小笠原諸島への関心が高まりをみせていた一八九〇年前後、それでは現実の島情はどのようなものであったのだろうか。ここでは一つの手掛かりとして、現地における行政のトップである島司の報告をひもといてみたい。一つは喜八郎が東邦組を発足させてまもなく、だがまだ訪島体験のなかった一八八八年五月の「予備米」に関する高崎東京府知事に宛てた島司の公信である(31)。小野田元煕島司は、「移民増加シ従々物産大ニ起リタルノ折柄本島ノ如キ環海ノ孤島万一不量ノ変有之ニ於テハ第一米穀ノ外何ヲ以テ救済スルノ途無…」と述べ、船便不十分の中での「有事」の際の食料問題の深刻さを訴えていた。そして「平素百俵内外ヲ蓄蔵セサレハ之カ救災予備トナスコトヲ得ス」という状況を説明しつつ、現実は予算的にもそれがまかなえない苦境を訴える。その上で島司は、かといってそのための経費増額は認めていただけないであろうから、本年度から下付される「流行病予防費」の中から三〇〇円を転用し、それによって「白米百表ヲ購入」することを許可願いたいと悲痛な筆致で要望している。

もう一点は、それから六年後、すでに喜八郎が本格的に事業を始めていた一八九四年後半に入ってからの島庁報告である。その「民情之部」は、先の「稟請」で表明された危惧が現実化しつつある状況をこう書き始める。「本年八月以降島内著シキ異状ヲ見ルモノハ食料ノ欠乏ナリトス。」その上で報告書は、住民三三九三人の主食米麦の需要を一人あたり四合と仮定すると（現状は二合三勺五分にすぎない）四カ月で一六二八石六斗四升が必要になると算出する。しかるに製糖期には八丈島等から百有余名の出稼ぎ労働者が来島するので米事情はますます逼迫し、それに伴い一〇月下旬から米価も急騰していると指摘する。米麦を補うためとうもろこしや甘蔗、サトイモ等の雑穀を充用しているといっても「貧寒ノ細民」にとっては「辛ウシテ飢餓ヲ免ルル」程度に過ぎないとSOSを発するのであった(32)。鍋島喜八郎が宿志を実現すべく足を踏み入れた小笠原諸島を取り巻く社会経済状況は、このようなものであった。

鍋島喜八郎が帆船天祥丸で初めて父島二見港に着くのは、彼自身も述べているように「昨年〔一八九二〕八月」であったが、彼に同道した人物として辻編著（一八一頁）は「東邦組社長鍋島喜八郎が、佐賀の青年村岡常一を伴い、田中鶴吉と共に来島し、各島で製塩事業を行うこととする」と述べている。この内、東邦組の番頭役で喜八郎と肝胆相照らす仲でやがて扇村世話役ともなる村岡については、その履歴書においても「明治二四年八月十日、本島ニ渡島故鍋島喜八郎経営ノ商業ニ従事ス」と書かれている。佐賀県巡査を経、東京神田和仏法律学校（法政大学の前身）に学んだ（一八八九年入学、九一年五月退学）村岡は、東邦組「農業部主事」として農業林業部門で喜八郎の片腕となる一方、やがては扇村袋沢村の総代や世話掛をつとめる人物である。久世延吉が大村世話役としてかつ水産業方面で喜八郎の後継役であったのと対照的に、村岡は扇村を拠点に農林業分野で喜八郎を補佐するという間柄である。両者とも天皇「行幸」時に他の六人とともに「奉拝者名簿」にその名があらわれる(33)。

他方、田中鶴吉の名は小笠原諸島の初期開拓史の中でしばしば登場するものの、一八九一年八月に喜八郎と一緒に来島したことを裏付ける資料はない。苦労してアメリカで学んだ「天日製塩新法」を活用し、田中が初めて製塩開発のため来島するのは喜八郎より一〇年前の一八八一（明治一四）年のことであり、また一八八七年六月には同地を離れふたたびアメリカに渡りその地で客死している。したがって喜八郎と田中鶴吉が小笠原諸島で出会うことはなかったが、渡島準備中の喜八郎が製塩事業で名が知られていた田中と東京で接点があった可能性は否定できない。

田中鶴吉の小笠原諸島とりわけ嫁島との関りについては東京都公文書館にも一定量のまとまった一次史料が存

在する他、彼自身の回想録やその人物論も残されており、同諸島の開拓初期を担った人物として今後さらなる検証が必要な人物である(34)。

上述した食料事情についての二つの島司報告から明らかなように、喜八郎の来島の前後期の島情は、巷間いわれた安楽な「南国の楽園」からはほど遠かった。この点に関してはもう一点、民の立場からの所見として、初期開拓者の一人母島の菊池虎太郎のほぼ同時代の発言をみておきたい。菊池は、一九世紀末の「朝日新聞」紙上で喜八郎に触れつつ次のように述べている(35)。

(一八九一〜九二年の大凶作で備荒備蓄も減り年六回のみの便船で島庁お手上げの時)鍋島喜八郎と云ふ人物が居て、其惨状を見て深く感ぜられた、此島の為に尽力して呉れと云ふ事を頼みました処、直に引受られました…ところが年が行かぬ、けれども尋常の人物ではない、私も感心して仕舞ふた、それならば救済して呉れるであろうと信じて、無茶苦茶に迫りまして、機械を買はせ、牛を買はせて今日に至つたのであります。当時私は尋ねました、お前さんは此急を救ふて呉れるかと同氏の答に固より其積りで来たのであるからやろう、元来私は素人であるから為替をしに来たのであるが、併し物の取れぬ所に為替は入らぬから資本をだしませう幾ら要る、三万円の資金を入るればまた元の畑になりませう、三万円を入れて呉れと申しますとそれは唯で入れる事は出来ぬ、土地を担保にして呉れ、それも宜いであろう、担保なり何なりやりませうと言つて十ヶ年間資金貸付の契約をしたのでござります、さうして生産名の地面と云ふ者は十の物は七八連帯にして損保にして十ヶ年は保護する約束で金穀共に頂ました。処か[明治]二五年にまた天災にあつた、其時は人民は困らぬ、それは鍋島氏が後に控へて居るから天災があつても米も貸して呉る、他の商人はさうは行かぬ、其処で他の商人が奸作を企みて、今後鍋島の入れたあの金を引つたくろうと云ふ事をやつた、取立てを始めて無暗に訴へを起こさせる事になった、是迄は徳義一遍の島で金を借るにも證文一枚も要らす、警察の厄介になつたこともない淳朴の民風の処に三百代言が這入つて来て人民を訴へたから、人民の狼狽言語に絶へました、父島から母島への航海の度に五六人宛引つ張られる、ところが十日や二十日では帰れぬ、商人も鍋島に泣き附く、鍋島の金を出さねば無理に人民に迫つて證文にさせ、時限がくると代言人を以て強制執行する実に乱暴極まりました、私は其の事を聞いて商人等を呼んで□じ附けた、此二年続いた天災で何もないのにさう云ふ無理なことはない、お前等も内地から持込んで救はねばならぬ位、然るに何も知らぬものを訴へるとは何事であると言つてイヂメた、ところが商人等が私まで売掛金僅に四十円の為に訴へられた、それから私は直ちに島司に申述べた、今度商人が私を四十円の金の為に訴へた、これは三百代言の尻押しである…。

菊池虎太郎は、こう島司に断じ込んだこともあり、それからは「商人も訴へれば損」と知ったか相当軟化した、と述懐する。翌一八九三（明治二六）年は二年続きの凶作から満作へと転じ、島民も借金地獄からなんとか抜け出せた。それ以降も島民の窮状は繰り返されるものの、喜八郎来島直後の島状を以上のように振り返った菊池は、喜八郎への謝意をこう綴る。

鍋島がさう云ふ風に金を貸して古い借金を返へして呉れ、米を送つて呉れるから其凶作歳中は地面は以前の杯も開けたれば、全く鍋島の金穀を入れた御陰である。左もなければもとのままであつたのである。

3　海運業に着手

東京府の管轄下にあるとはいえ、東京から一〇〇〇キロ以上離れた小笠原諸島の開拓にとって、最大の障壁は人や物資の輸送問題であった。

領有当初は東京風帆船会社や共同運輸などの中小船会社による帆船が就航していたが、一八八五（明治一八）年の日本郵船株式会社の発足（三菱会社と共同運輸が合併）が大きな転換点となった。同年一二月、日本郵船は東京府の補助命令航路として小笠原航路を開設する。兵庫丸（一四三八トン）を利用し、横浜→八丈島→小笠原諸島（父島・母島）を年四回不定期で往復（一九〇〇年より月一回の定期航路）することになった[36]。

補助命令航路は国際航路が主対象であるが、一九三八（昭和一三）年の場合をみると、東京府（地方庁）補助航路一〇路線中五つが小笠原諸島と関わりのあるものであった。認可の際の付帯条件として、国際線の場合は①政府が必要と認める時は、各航路内で寄港地の増加、変更を命じることができる。②旅客・貨物の運賃は政府の認可を得て決定する等一三項目の条件が課せられた[37]。地方庁（小笠原航路の場合は東京府）の指定命令航路も、基本的には同じような準則が適用された。

この小笠原便の命令航路をめぐって、東京府と日本郵船側でしばしば条件に関し折衝がなされたことが資料からうかがえる。たとえば郵船東京支店は、命令航路受託二年後の一八八七年末、次のような報告・要望を東京府に提出している[38]。①貨物三〇〇トン、乗客一五〇人を運搬できる船舶を就航させる。②寄港地での滞在日数は、往路・帰路とも三宅島半日、八丈島一日、父島二日、母島（終着地のため）一日とする。③貨物・乗客運賃を従来の定額二割増にしたい。その上で郵船側は一航海につき二千円の補助金を「奉願」したいと要望している。

この「一回二千円」の補助金とも関係するが、翌一八八八年五月に至り、高崎五六府知事の名で日本郵船に対する「命令書」が出される[39]。全一六条からなるこの「命令書」の主要項目を記しておこう。①年四回（一月、四月、七月、一一月）の航海とし横浜港から出港すること、②総トン数六五〇トン以下の船舶使用は不可、③補助金として年六千円を四回に分け帰航毎に一千五〇〇円［会社希望は二千円］交付する、④補助金を支給するので府庁から各島へ往復する「御用金並御用状箱ノ運賃等」は交付しない、⑤各島碇泊時間は往航で三宅島半日、八丈島一日、鳥島半日、小笠原島五日（母島一日）。復航は鳥島半日、八丈島一日、三宅島半日等々といった細かな規定が定められた。

この「命令書」に対して、日本郵船側から寄港地について強い要望が出されることになる。それは「四囲岩石、海深ク投錨困難」な鳥島に関し、四月、七月は海上穏やかであるが、一一月、一月は風波強く上陸はきわめて危険で人命にかかわる危険性がある。しかも現在鳥島には人夫七名、婦女子五、六名しかおらず（玉置半右衛門のアホウドリ羽毛採取関係者）、貨物も少ないので、四月、七月の年二回にしてほしいとの次のような要望であった。「難事ヲ犯シ寄港ヲ試シ万一ノ事アリテハ独リ弊社ノ損益ニ関スルノミナラス貴重ノ人名ニモ関ハリ容易ナラサル場合ニ立至ルノ恐有之候。」(40)。ちなみに一八九一年九月に日本領に編入される硫黄列島は、まだ寄港の対象となっていない。

いずれにせよ鍋島喜八郎が着島後まもなく、海運事業に乗り出す前の小笠原諸島の輸送問題は、このような状況下にあった。折から南洋群島への関心が高まりを見せ始めたこの時期、命令航路の指定を受けたいわば独占企業である日本郵船に対し社会的な風当たりも少なからず噴き出した。

とりわけ『東京経済雑誌』（一八八七年一二月二四日号）に発表された田口卯吉の「日本郵船会社」と題した論文での同社批判はきびしいものであった(41)。国際航路を有し日本最大の海運会社となった日本郵船が、政府から「年々八十八万円の大金」の補助を受けるのは自由貿易の観点から見て許し難いとの非難であった。田口はまず、「日本郵船会社の事業の如きも国家急務の一なるか、余輩信ずる能はざるなり。夫れ日本郵船会社の事業の如きは一商業のみ、個人の貨物を運搬するのみ」と断じるのであった（二五七頁）。当時の代表的な自由貿易論の論客田口は、日本郵船の過去二年間の損益勘定書の支出・収入を詳細に比較し、次のように切り込んだ（二八九頁）。

見よ、見よ、郵船会社の役員は此間巧みにも一銭の収益をも得ざりしを見よ。政府より収入の部に補助したる八十八萬円は支出の部に於て配当金として支出したるを見よ。若し此補助金なかりせば一銭の配当をも株主に分つ能はざりしことを見よ…余輩従来会社の報告を見ること多しと雖も、未だ嘗て此の如き報告を見ざるなり、嗚呼此類の報告は嘗て世界に発せしことありや。

自由貿易論者としての学術的見地からの批判であると同時に、士族援産金を得て自らも南洋貿易に乗り出すべく南島商会を立ち上げることになる田口ならではの、大郵船会社の親方日の丸的な体質への舌鋒鋭い批判であった。

以上みてきたような日本郵船会社を軸とする海運状況、そして小笠原諸島の島情を実感しながら鍋島喜八郎は自らの事業に着手することになる。小笠原諸島との交易が主たる目的であったが、離島との経済関係を進展させるためには、喜八郎にとっても輸送手段の確保は避けて通ることのできない課題となってくる。

その方途として喜八郎は、自らの船舶を所有するのではなく業務提携を結んだ御前回漕店および伊澤回漕店という二社がチャーターする船を利用する形で小笠原諸島との往来を重ねた。当時の「朝日新聞」でこの二社の回漕店を検索すると、いずれも広告欄であるが以下のような記事を見出すことができる。

一八九一（明治二四）年一二月八日―小笠原出帆、天祐丸（父島母島）行、一二月一二日積切、同一三日出帆、乗客貨物取扱社、日本橋区小網町一三伊澤回漕店。これは同年八月に続く喜八郎二度目の訪島時の伊澤回漕店の広告である。会社所在地も東邦組と同じ日本橋区である(42)。

一八九二年七月一二日、―「伊澤回漕店、小笠原父島母島硫黄島航路、快通丸出帆案内、一九日積切、二〇日出帆、乗客貨物取扱、硫黄島まで五円、小笠原三円五〇銭。」注目されるのは前年日本領となったばかりの硫黄島（東京府管轄）にまで伊澤回漕店は乗り入れたことである。

一八九三年一〇月二六日―「快通丸、小笠原硫黄島行き、一〇月三〇日積切、三一日出帆。」硫黄島での硫黄採掘熱のため三か月前に続いての同島への出帆となった。

以上は伊澤回漕店の船便であるが、その後は御前回漕店が喜八郎との関係を強めてゆく。

一八九二年一二月六日―「小笠原行、第三八幡丸（定期郵便帆船）」

一八九三年四月一日―「硫黄島行、天運丸（西洋形帆走）」

一八九四年七月五日―「天運丸（硫黄島）」

一八九六年一月一二日―「帆走船明拡丸、父島母島へ」。ついで同文言が同年三月一五日、一七日、一八日、並びに五月一五、一六日にあらわれる。ここからは、明拡丸は一八九六年には、一月、三月、五月と計三便小笠原諸島に向け出帆していることが判明する。その推進役が喜八郎の東邦組であった。

この「朝日新聞」広告欄と比較しつつ一八九二年について「読売新聞」もみておきたい。同年一月一五日ならびに一七日の同紙にはそれぞれ「土州石灰木材紙、鈴木セメント販売、日本橋区小網町三ノ二四、各国帆船貨物取扱所、伊澤回漕店」、「土州石灰材木紙、鈴木セメント、角掛柱五寸挽角征　真去四間半以下販売、日本橋区小網町三―二四、各国帆船貨物取扱所」との文言の広告が掲載された。さらに同年一一月五日の広告欄には、「定期郵便帆走第三八幡丸出帆、小笠原父島行、十二月九日正午積切、十日出帆、京橋区船松町六、東邦組委託荷物取扱店回漕店」と記されている。ここでは御前回漕店は、東邦組との荷客の委託関係をはっきりと打ち出していることが注目される。
先にも言及した鍋島喜八郎の府知事宛「西洋型帆船定期航海付願」は、彼が現行の年四回の定期航路に加え、自ら別途年四回の定期航海に着手する希望を述べたものであるが、その中に次のような理由があげられている。「(暴風等の災厄はあったものの)爾後民業其著ニ就キ漸次産業興隆ノ気運ニ相向」う中で年四回の定期航海のみでは、「該島ニ於ケル重要輸出物産中砂糖ノ如キ間々其収獲製造ノ季ヲ相失ヒ産業拡張上双方ノ不便不少…。」ここには喜八郎の小笠原諸島の開拓に関するいわば基本戦略が示されている。即ち彼にとっては、海運の充実と小笠原諸島の産業開発とが車の両輪として理解されているのであった。この点をふまえつつ渡島初期の喜八郎が、海運に向けた関心の跡を考察してみたい。
鍋島喜八郎の発議による増便案は小笠原島庁、東京府当局からも歓迎されたが、後年の小笠原支庁側資料にもその点についてこう述べられている(43)。小笠原海運史の中で喜八郎が果たした役割を知る上でも重要な情報である。

本島内地間ノ定期航海ハ其ノ初メ帆船ヲ用ヒ年僅カニ三回ニ過ギザリシガ明治十八年［一八八五年、日本郵船発足で］之ヲ年四回トシテ次テ明治二十年帆船ニ代フルニ汽船ヲ以テシ交通ノ便一歩ヲ進メタリト雖モ拓殖進展ノ度ニ此□尚不充分ナリシヲ以テ明治二十四年鍋島喜八郎帆船ヲ以テ年四回ノ定期航海ヲ開始シ大ニ其不便ヲ補足シタリ…。

小笠原島庁、東京府当局(内務部)にとっては、佐賀鍋島家の一統であり明治政府の要職にあった鍋島直大や多久乾一郎とも親類関係にある喜八郎は、信用に価する人物とみなされたことは確かである。その点は来島早々の喜八郎に、府当局が公的文書や物資、さらには現金までも運搬を託したことからも明らかである。喜八郎の二回目の訪島（一八九一年一二月）の際に府内務部長から島司宛てに出された文書の中で、来る一三日出航の天祐丸に「伊澤回漕支店鍋島喜八郎ニ託シ」建築用材を主とする「御用物」を送付する旨がしたためられている(44)。

その後も東京府・支庁側と鍋島喜八郎の緊密な関係は維持されるが、この点についても一八九三年三月一四日付の資料「現金及御用書類送り状案」から確認しておきたい。これも東京府内務部長から島司宛ての公文書で、三月一六日出帆の八幡丸で「東邦組本店鍋島喜八郎ニ託シ」金二〇円と御用書類を送付することを伝えている。これについては同日三月一四日付で東邦組本店（京橋区水谷町五番地）から府知事冨田鉄之助宛「領収証」が出され、そこには「渋紙包壱個、金子入書状壱個、但右二品共小笠原島庁行」と添書きされている。本件に関する一連の文書の最後として、同年四月二五日付で小笠原島司橋本正人は「一、金貳拾円也　二五年度経費増額ノ分、一、御用書類　油紙包壱個」を「臨時船八幡丸号便ヲ以テ東邦組鍋島喜八郎へ託シ御送付相成正ニ領収」した旨を「証」として東京府当局へ送付している。

このように三〇代になったばかりであるが、鍋島喜八郎は、御前商店、伊澤回漕店という二社と特約しつつ、一八九二年から九六年にかけ自らも精力的に小笠原諸島を往き来した。府当局の公的書類・書簡・現金の輸送を託されただけでなく、自ら増便を実現した帆船によって民生に不可欠な食糧品、日用雑貨、さらには産業開発に必要な諸資材の物流を促進する上で少なからぬ寄与をしたことになる。この喜八郎の増便によって、「島民の便益が図られると共に鍋島の事業も拡大(45)」したが、そのことは物流の円滑化を望む島庁の意向にも合致し、両者の蜜月関係が築かれたといえよう。

以上見てきたように一八九〇年代の小笠原諸島開拓史の中で鍋島喜八郎は、特異な地位を占めるのであった。そのこともあってか、やや「美談」調の喜八郎像が語りつがれている一面も否定できない。たとえば辻友衛は、一八九一年八月の最初の滞在を終え帰京するに際し、喜八郎は「(台風による大被害もあって)飢饉同様の島民に、持参した食糧の残り全部を恵与し、父島島民に生命の親と喜ばれる」と特記している(46)。

4 水産開発

一八八七(明治二〇)年の高崎東京府知事の来島の際、島庁は「島況」について詳細な具申を行ったが、水産業の現状と展望については、以下のように報告した(47)。

已ニ世人知ル如く捕獲スヘキ魚類頗ル多シト雖モ、僅ニ蠵亀鮫等ヲ捕獲シ之ヲ内地ニ輸出スルノミ。畢竟嶋民資産少ク結合心ニ乏シキヤノ致ス所ナリトハ云ヘ、常に宝山ヲ傍観スルノ感ナキ能ハス。由テ漁業ニ従事スルモノヲ召集シ屢勧誘セシ処、近日組合法ヲ設ケ漁業具ヲ購求シテ先ツ二見港内ニ群シ来ル鮫鱶飛魚等ヲ捕獲シ、漸次鯨猟ニ及ホスノ計画ナリ。

東邦組を設立した当初、北方海域でオットセイ捕獲を手がけたといわれる鍋島喜八郎にとって、豊富な漁業資源で知られた小笠原諸島の水産開発への着目は自然の流れでもあった。海運を通じ事業家として島内での地歩を固めた喜八郎は、一八九四(明治二七)年には早くも水産への関心を具体化していく。ちなみに『東京法人要録(明治四〇年)』の鍋島喜八郎の項には「明治三一年五月六日大日本帝国水産㈱社長、明治四〇年六月小笠原遠洋漁業㈱社長」と記されている。

以下では東京府側の資料によりながら、喜八郎の水産部門への関与の推移を考察してみたい。喜八郎は一八九四(明治二七)年、父島大村に水産試験場を開設すべく支庁に「願」を出し、それは島司→東京府(内務部)、府知事→内務大臣の行政ルートを経て最終的に承認される。これは大村・清瀬地区の「官有海岸地」

二一六三坪を今後一〇年間借用し、水産試験場を設置したいとの喜八郎の企画であった。この案件を好意的に受け止めた内務部地理掛・農商掛は、府知事に対し調査の結果をこう伺案している(48)。

「該試験所設置ノ目的ハ漁具漁網其他水産業ニ必要ナル器具ヲ具ヘ漁獲製造繁殖方等ヲ試験シ傍ラ島民ヲシテ漁業ヲ練習セシメ以テ同島水産業ノ発達ヲ企図スルモノニシテ最モ有益ノ事業ト認メ候…」

喜八郎は、借り上げにあたっては期間を一八九四年八月から一九〇四年三月までの一〇年間とし、かつ「無地料借用」を希望した。しかしながら、後者について府側は、それは「規則ニ抵触」するので認められず、一年間一円五〇銭を納付させることで決着がついた。

その喜八郎が同年六月二四日付で府知事宛てに提出した官有地二一六三坪の自筆「拝借願」は、当時の彼の水産業への関心をみる上できわめて貴重であり、その一部を引用しておきたい(49)。

本島ハ四面環海漁族甚ダ多シ然ルニ本島漁業ハ至ツテ幼稚ニシテ適当ナル漁具ヲ以テ之ニ従事スル者無之空シク天産ヲ放棄セルハ遺憾ノ至リニ有之候、仍茲ニ資金ヲ投シ水産試験所ナルモノヲ設立シ島庁御雇入技師ノ出張ヲ仰キ漁具漁網ソノ他水産業ニ必要ナル容具ヲ調製シ専ラ本島水産物ノ漁撈ヨリ製造繁殖ニ至ル迄之カ試験ヲナシ善ク島民ニ通知シ又練習生タラント欲スルモノハ丁寧ノ教授シ本島漁業ノ師範ヲ造リ倶ニ本島水産ノ発達ヲ計リ□上ハ幾分ノ御国益ニモ可相成ト被存候…。

この「拝借願」からは、豊富な漁業資源を有しながらも放置されたままの現状を嘆き、各種の実験や技術導入を試みることで水産開発を推進するとともに、該分野での人材を育成したいとの、青年実業家喜八郎の意気込みをみてとることができる。またその底流には、これが日本の国益にもつながるというリアリズムも汲みとれる。

この喜八郎の構想を後押しする形で同じ六月二四日には、島司北澤正誠からも三浦安知事宛て文書が送られた。

そこには父島は「開墾［土地］ハ已ニ其極度ニ達シ」ているので、「本島殖産ノ急務ハ目下水産業ニアリ」との認識が示されており、昨年来調査を進めてきたが経費不足もあって十分な成果をあげてこなかったことについてまず釈明がなされた。そうした折「今般本島ニ於テ身元正確ナル者［鍋島喜八郎］」から実地試験の願いが出されたことは、「本島水産資源発達ノ端緒ニシテ事業奨励ノ儀ニモ有之一挙両得ノ儀」でもあるので「願意御聞届」けを要望したいとの主旨であった。ここでも先に述べた「御用物」送付で示した府当局や支庁の喜八郎に対する好意的対応が印象的である。「身元正確ナル者」という言葉に、「ナベシマ」というブランドが大きく効いていることがうかがわれる。

このような一連の〝根回し〟を経た上で、正式承認に向け最終的に三浦府知事から内相井上馨宛てに「伺」が出された(50)。ここでも申請者鍋島喜八郎の名をあげつつ、水産試験所設置は「漁獲製造繁殖方等ノ試験」を行うだけでなく、島民の漁業訓練にも資すること大であると強調し、こう承認方を求めたのであった。「以テ同島水産業ノ発達ヲ企図スルモノニシテ最モ有益ノ事業ト認メ候…。」

こうした行政的手続きを経た上で、一八九四（明治二七）年八月二二日付で十項からなる「官有地借用契約書」が結ばれ三浦安府知事宛て送付された。喜八郎の希望通り清瀬地区の「官有地二一六三坪」の同年八月より一〇年間、借地料年一円五〇銭の条件での借用であった。もちろん鍋島喜八郎が筆頭借用人であるが、他に大村に在住する宮内多平、そして喜八郎と同郷かつ一緒に来島した村岡常一の両名が署名捺印している。喜八郎にとっては、初めての来島から丸三年、小笠原諸島の産業開発という初心を実現する第一歩となった。

このような経過を経て始まった鍋島喜八郎の水産業との関わりは、その後どのように進展したのだろうか。島庁側の一八九四年ならびに翌一八九五年度の報告書をみておきたい(51)。前者は喜八郎の水産試験所発足直後の状況報告であるが、そこでは水産業に関し「水産事業ハ今尚ホ初歩ニ属シ専念之レニ従事スルモノアルヲ見ス」との所見を示しつつ、そうした中で父島大村の鍋島喜八郎が「鰹及鮫ノ試漁」に従事しているだけだとの現状を紹介している。さらに同報告は、しかしながら今季は悪天候が続き風潮の変動がきわめて大きく、「本島ヲ離レテ遠ク出漁スルノ便」を得られず、したがって「父島ニ見港内ニ於テ磯魚ヲ漁獲」する程度であるが、一一月以降天候回復を待って聟島近海に向け出漁予定であると展望するのであった。

一方、その間島庁の漁業調査船の復命によれば、今季は鮫魚はやや不漁であるものの笹魚とくに鯛は「沿岸二、三十丁ノ沖合、深サ三〇尋内外」に遊泳し、僅か一〇日間で三千余尾の漁獲があったことから判断し、「若シ漁船漁具ヲ改良シ専心此業ニ従事スルモノアラハ笹魚ハ勿論鯛鯵類ノ如キハ一網能ク数千匹ヲ捕獲セル」ことが可能であり、「将来最モ望ヲ□スヘキ業タルヲ信ス」と展望している。ここからも島庁の取り組みと合わせ、喜八郎の水産試験所による漁業革新への期待が示されていることがうかがわれる。

翌一八九五年の報告書の「水産」の項においても、冒頭「本期間中ニ於ケル水産業・主要ナルモノヲ鰹トシ」ついで「鮪、鯛及鰛、鰕等ノ雑魚」だと述べた後、鍋島喜八郎の持漁船に乗り組んだ支庁水産掛の調査報告の概要を報じている。これによれば、従来の「経験学術上」鰹は暖流にしたがって回遊するということが定説であったが、一昨年（一八九三年）秋からの農商務省調査の結果「本島近海ニモ棲息スルノヲ発見」、それ以降漁獲が急増したと報じる。その上で島司報告は鍋島喜八郎の役割につき、こう言及する。

現時鍋島喜八郎ノ持漁船一艘ノ外完全ナル出漁船ナケレハ鰹ノ如キ回遊魚ヲ捕獲スルハ頗ル困難ナルヘシ、同人ハ砂糖以外ニ一ツノ副産物ヲ獲ント頗ル此業ニ執心シ静岡県ヨリ製造技術師ヲ聘雇シ漁業有志者ヲシテ伝習セシムル本島ノ水産業ニ就キ孜々タルヲ以テ他日一廉ノ水産物ヲ獲ヘント思料ス。

一八九四年、九五年の「島内状況」報告からも、漁獲のみならず鰹節製造にまで着手した喜八郎の水産業にかける意気込みをみてとれる。さらには、それ以上に喜八郎が砂糖を重要視していた間の様子もうかがえる。

二〇世紀初頭までの小笠原諸島の開拓事情をみる上で、山方石之助著『小笠原島志』は信用度の高い重要な文献として知られる。島庁内に水産所が置かれたのは、一八九三年のことであるが、それは喜八郎が水産業への参入を準備していた時期と重なる。この点をふまえつつ山方は、喜八郎の一八九四年以降の水産事業に対する島庁側の支援政策を時系的に整理しているのでそれを摘約しておこう(52)。

一八九四(明治二七)年、鍋島喜八郎が「私設水産試験場を設置」したので、彼に「漁具漁船製造器械を貸与」し試験効果の向上を図った。その鍋島に対し、「烏賊釣漁業及其製造」につき「奨励勧誘」に努めた。

一八九五年一月、農商務省と水産局は、鍋島に「漁場調査及び漁業試験を嘱託」したため、同省水産調査所員金田帰逸を監査役として父島に派遣した。また島庁は、大村と扇村の漁業者に各種釣鈎三千本を下付し、「釣漁業ノ発達」に努めた。

ここで記された喜八郎に対する農商務省の嘱託内容(一八九五年一月一七日付)とは五点からなるが、その主な項目は以下の点である。①主たる委託事業は小笠原諸島沿海における漁場および漁獲の種類の調査、ならびに捕獲方法の試験とする、②鍋島に対する手当は七二九円とし、事業の準備終了後「便宜分轄支給」する、③調査・試験結果は、毎月末に水産調査所へ報告する。

また同日に出された鍋島に対する水産調査所の委託手続きも五点あるが、ここにはより具体的に次のような項目が含まれていた。①小笠原諸島沿海における漁場の位置・水族の種類、水族来出の時期・方向の調査、②重要水族捕獲の方法および製造(加工)方法の実験、③支給した手当金を用いて調整した調査・実験用の漁具類は、終了の際水産試験所に納付する。

鍋島喜八郎に課題として与えられた上記項目中、鰹節製造について一言付言しておきたい。小笠原諸島で鰹漁業が始まるのは一八九三年からであったが、次第に供給が需要を大きく上回るようになった。それによる剰余分を鰹節製造に回すことになったが、製法が不完全なため当初は商品化には不適当であった。山方石之助は、そうした中で、鍋島の東邦組水産試験場が一八九五年伊豆から製造教師を招き指導を仰いだ結果、翌九六年以降次第に東京市場でも好評を博することになったと紹介する。その上で山方は、全体としてはまだ立ち遅れているものの「今後充分の改善を加へば蓋し東京市場に一頭地を抜くこと甚だ困難ならざるべし」と期待感を表し、目下島庁でも施設改善に着手していることを評価するのであった(53)。

5　第二回水産博覧会への出品

鍋島喜八郎は上述したように、一部の欧米系住民が習熟していた捕鯨を除き、いまだ初期段階にあった小笠原諸島の水産業に大きな一石を投じることになった。一八九八年には大日本帝国水産㈱を立ち上げたのもその一端である。ただしその名に反し、同社については、後述する喜八郎関係文書以外にこれといった具体的な記録は残されておらず、詳細は不明である。辻友衛編著の中に「漁船二隻所有の鍋島喜八郎と、父島の永島牛太郎に、島庁所有の鮫延縄を貸し与え、小笠原諸島の全域にわたり試験操業せしも、十分な成績なくして止める」との記述を見出す程度である(54)。

こうした中で注目されるのは、第二回水産博覧会への喜八郎の積極的な参加である。水産博覧会は「漁業技術発展の地域差の実態を把握し、先進地域の優良技術を広く掘り起こし、それを他地域に普及させる」ことを目的にした水産業振興策の一つであった。第一回は一八八三年三月～六月、東京上野公園で開かれ出品総数約一万五〇〇〇点、来観者二三万人の盛況であった（『世界大百科辞典第二版』）。

鍋島も出品した第二回目は、それから一四年後の一八九七年秋（九月一日から一一月末日まで）、神戸市楠町の旧鎮台屋敷跡で開かれた。開催に際し明治天皇からは、「水産ハ我国重要ノ物品ニシテ富強ノ一淵源ト称スヘキナリ…第一回ニ比スレハ其事業必ス増進セシモノアラン汝等共ニ益奮励シ以テ国家ノ富強ヲ助ケヨ」との「お言葉」が寄せられた(55)。また主催地兵庫県の知事大森鐘一も、これをうけて「国家ノ富強ヲ図ルハ殖産興業ヲ務ムルヨリ急ナルハナシ殖産興業ノ要ハ水陸産物ヲ利用スルニ在リ」と述べ、四面海に囲まれ、かつ多くの河川湖沼をもつ日本にとって水産開発は急務だと強調した。

水産博覧会では、府道県別に「漁業、製造、養殖、教育、学芸、経済及び機械道具並に水族」の諸分野について五万余の出品があった。東京府関連の内、小笠原諸島に関する二点を紹介しておこう（同上、二七頁、四九頁）。

「小笠原父島出品の木を刳りて製したるカノー船とて四拾五円の船並に珍しき漁鎗あり小笠原の人は此船にて巧に海亀魚類を捕ふるとの事なり。」

「小笠原島より魚類の干物あり奥山弥八氏出品の烏賊は実に巨大なるものなり長サ三尺余もあるべし価は大なる割合に安し二円五拾銭なり其他種々の海苔、堅魚田麩並に大なる蝦あり。」

全国的な規模で開かれたこの博覧会には、東京府も、小笠原漁業の普及宣伝をかねて補助金支出による支援態勢を打ち出した。博覧会終了後の翌一八九八年の一連の府内務部作成の資料は、出品した企業や漁業組合に対する補助金額の「配当調」を明示している(56)。

この補助金は、出品物の価額をもとに算出されるが、価額総計約一四五六円に対し補助金は二〇〇円と定められた。その算出は基本的には価額金高の一割三分七里とされた。東京府の水産関連産業の特徴を反映し、八分野に分かれて出品されたが、その筆頭に「小笠原島漁具類聚　東邦組出品、価額金四三円三六銭（全対比約三％）此補助金六円五〇銭」と記されている。なお欄外には「平素使用セルモノヲ其儘集メタルモノ」との担当官吏のメモ書きがある。

東邦組鍋島喜八郎名で出品された品目には、捕鯨用機械一式、鮫延縄のような大きなものから水眼鏡、箱眼鏡、鰹や烏賊の鉤鈎、餌取縄等々多岐にわたっている。当時の東京府の水産業事情をみる参考として、東邦組以外の出品概要をみると、たとえば一、「淡水漁具類聚　価額一二三円十八銭、補助金一九円二六銭」とあり、ここには玉川秋川沿い川漁業組合、青梅漁業組合等が参加している。東京府関連では東邦組のみが海産物を対象としていることになる。以下は、分野名のみ紹介する。一、昆布堆積□雛形、一、剣鯣製造機械、一、養魚池模型、一、各種鼈甲原料等類聚、一、工芸品原料介殻類及其製品。

出品者に対する補助金は、前述のように一定の補助金率にもとづくものであったが、東邦組のような「平素使用セルモノヲ其儘」出品するものもあれば、出品のため調整し後日の用途困難なものまで一様ではないので、それらが補助金率にも反映されていることが付記されている。いずれにせよ、鍋島喜八郎は小笠原島庁とも相談した上と思われるが、小笠原水産業（とりわけ捕鯨）の広報役を務めようとしたことに留意しておきたい。

6　小笠原島遠洋漁業株式会社

日露戦争終結からまもない一九〇七（明治四〇）年、鍋島喜八郎は表記会社を設立し、島庁所属の帆船小笠原丸（六二トン）の貸与を受け「南洋漁猟」への飛躍を図った。最初の出漁はマリアナ群島方面であったが、発足まもない時期の同社の「事業方針」には「目的トスヘキ漁獲物ハ北洋ニ於ケルモノト異リ数量少クシテ多額ノ収入ヲ得ルコト難」き状況であったことが率直に記されている(57)。

同社のこの「事業方針」には、小笠原丸以上の「非常ニ多クノ積載場所ヲ有スル漁船ノ必要ヲ感」じると指摘されるものの、会社設立以来「資金充実セス到底船ヲ購入」することは望めないので、既存の小笠原丸を修繕した上で南洋漁業に乗り出す方針が確認された。そこにはかなり切羽詰まった状況がうかがわれるが、もし第二回目の操業においても「充分ノ成績」を収めることができなければ、「是本社盛ノ依テ分ルル処」であるとまで表白している。

この第二回出漁は一九〇八年一〇月上旬と予定され(翌年二月帰港)「漁獲物鱶及信天翁[アホウドリ]ヲ目的」とし、前回のマリアナ群島よりさらに以南の海域への出漁を計画した。そのため「食料飲用水等ハ充分ノ準備」を必要とし、かつ漁獲物の「充分ノ積載場所」を確保することが不可欠であることが謳われた。さらに第三回出漁では、これまでとは異なる漁獲を目的とすべきことは明白だが、現在のところ確実な漁獲物は特定できておらず、この面でも今後の実地調査が必要であること等々が確認された。

こうした文面から判断する限り、小笠原島遠洋漁業株式会社は、資金的にも出漁成果の面からみても、喜八郎の事業としては決して満足のいく結果とはならなかった。その主力船となった小笠原丸も、何回かの航海後、「暴風にあって難船」する運命をたどった(58)。

同社が直面したきびしい状況については、鍋島喜八郎の事業における水産分野での番頭格であった前述の久世延吉から東京にいた喜八郎宛ての書簡からも明らかである(59)。

父島・大村在住の久世は、長文の毛筆書簡の冒頭で喜八郎の妻文の病気見舞いを述べた後、そうしたとりこんだ折にもかかわらず喜八郎が会社の件で種々配慮してくれることに謝意を表す。それに続けて久世は、父島を八月二五日に出港する予定の小笠原丸は、三重県鳥羽港に入港することになっていることを伝えている。やや長くなるが、小笠原島遠洋漁業㈱の実態の一端を知る唯一の資料であるので主要部分を引用しておきたい（句読点、傍点引用者）。

今往航鳥島寄港同島ヨリ小鳥ノ手羽□六十八□余其他馬鹿鳥［アホウドリ］之ムシリ毛其他総計百四十梱程積入候ニ就而此ノ入荷ヲ見ル時ハ勢ヒ相場ノ変動ヲ来タスヤト苦慮致シ候ニ付早速電報ヲ以至急取極メノ必要アル趣申上候次第ニ御座候、尤御取込中［夫人病床］ナルヘク察シ篠田、富士［在京社員］ヘハ直接電報ヲ以テ相談ノ上二十一日中ニ取極メ方通致シ候、亦翌廿日篠田ヨリ手羽五十□入荷ノ為メ三〇・二下落セシ旨電報有之、当方ニテハ此手羽五十□ハ此ノ定期ニ積込ミタル小鳥ナラント察シツバノ鳥羽トハ相違ニ付充分□ノ□□□照会シタルニ翌日ニ至リボースン四〇、ツバ七〇、手羽三〇、トノ電報ニ接シ一同一驚ヲ喫シ候次第ニ御座候、尤モ成行ナレバ致シ方無之尚其間ニ何カ（富士、篠田間ニ）事情アルニアラズヤトノ疑念ニテ電報ヲ以テ申上候次第ニ御座候、然ルニ会社ノ経済状体ハ誠ニ困難之レヲ持チコタエルノ余裕無之殊ニ先日来人夫一同ヨリオ金ノ請求厳重ニシテ本定約ニハ一層甚敷□レト蛮行的ニ会社ニ押シ掛ケシトノ形勢ナルヨリ不得止各方面ニ手ヲ廻ワシ五百円程調達シ残リ千円余ハ証書ヲ交付シテ次便迄延期スル事ニ交渉致シ候次第。其他去ル十六日小笠原出帆ニ際シテモ数百円ヲ要スル□出勤金夥多ナル之一方、未払込ノ整理ハ付カズ余分モ付カサル今日恰ト閉口致シ居候□荷物仕切次第外目モ二千円ヲ要スル次第ニ付是非次便着カバ出帆前ナレバ電報為替ニテ送□相成之□致度候……小笠原丸着十六日三重県大湊ニ向ヒ出帆致候着船ノ上ハ直チニ船長ヨリ御手許ヘ電報ニテ通知スル筈ニ候間荷物ノ残ハ同地ヨリ東京ヘ回送（□船着ケハ陸送）スル様御命電頼上候、大湊ニ向ヒタルハ修繕工事ヲ同地ニ於而スル目的ニ有之候併ニ天候ヲ待其他港ニ着スルヤモ計ラレズ候即而着電ヲ待チ可然御処置願上候、会社今日ノ如ノ経済ニテハ到底将来人□転覚束罷ク事業トシテ発展之余地罷ク□増資スルヨリ外無之□存候、併シ余地控而ハ即議定ノ要求ヲ充ス能ワズト存ジ候ニ付内地ニ向ヒ運動スルノ外無之何レ本船出帆後将来之方針協議□□筈ニ御座候、島庁へ礼ハ相ヲ聞クニ向ヲ五ヶ年二五万七千円余アルノ事トノ事ニ而此ノ後一二・五〇頓ノ帆船ヲ作ルトセバ約二万二、三千円ヲ要シ当沿漁業トシ而石油発動機船ヲ購求スルノ意見ハ□□之トテモ一万円余リ要ス、然モ時ハ最底五ヶ年間ニオ頼□予算ニテハ如何トモ□難ル故ニ帆船ハ増資ヨリ□□シ資本ヲ以新造スルノ外罷カラントノ課長其他之意見ニ即シ大ニ考慮ヲ要スル処ニ御座候…。

上記「事業方針」並びに久世書簡の二点には明確な年月日は書かれていないが（久世書簡は八月二三日と記）、内容から判断しともに一九〇八（明治四一）年八月頃に執筆されたと考えられる。順番としては鍋島喜八郎宛て久世延吉の書簡が先で、そこに見出される「将来之方針」の言葉に対応し、会社首脳陣が鳩首会談をした結果、社としての「事業方針」が策定されたものと思われる。なおこの「事業方針」は、専務取締役の一人青野正三郎の「鍋島社長」宛て書簡に添付されたもので、かつ青野書簡［文字不鮮明で未解読］にははっきりと「明治四一［一九〇八］年八月二十五日」と作成日が記されている。

未解明部分も少なからず残る二点の資料であるが、ここから判明する限りで設立一年後の鍋島喜八郎の小笠原島遠洋漁業株式会社の置かれた状況を約言してみたい。まず久世書簡からは次のようなことが判明する。

①　久世は当初鍋島喜八郎への出資者多久乾一郎男爵に遣わされ鍋島の「監督役」、債権取り立てが目的で来島したものの（前述）、多久の急逝もあり、いつしか喜八郎の懐刀的地位を手に入れていたことが文面からも明らかである。また本書簡と同じ一九〇八年八月には、久世は島司によって島内最大の集落大村の世話掛

に任命され、父島の有力者に上りつめていた。そして喜八郎の創設した遠洋漁業会社でも中枢を占めていたことが明らかである。

② 会社設立の主要目的は「南洋漁猟」であったが、実際には鱶等漁類だけでなく、一九〇二年の大噴火による壊滅状態から復興しつつあった鳥島からアホウドリの羽毛等の輸出向け物産を相当積み込み、漁業だけでなく東邦組の主要業務であった交易にも携わっていた。アホウドリの羽毛等については、相場の変動をもたらしかねないほどの量であったことも示唆されている。

③ それにもかかわらず、会社の経営はきわめて悪化し、困難な状況にあることが強調される。そのことにも関連し、賃金問題をめぐって雇傭した「人夫」からの「蛮行」まがいの大要求に衝撃を受けている様子もうかがわれる。

④ 会社再建のためには「内地向けの運動」も必要であり、増資によって新造船をつくることが提案され、「将来の方針」につき協議が必要であることが指摘される。

このような「実力者」久世延吉の鍋島社長に宛てた「直訴」をふまえた形で、「事業方針」が二日後に急遽まとめられることになる。そこで提示された点として、以下がある。

① 現有の小笠原丸では、積荷可能な量には限界がある。しかし新規船舶を購入することは資金不足で困難である。

② したがって代替案として、小笠原丸に必要な修繕を施した上で南洋漁業を継続する方針とする。今後はマリアナ諸島以南の海域への出漁を行い、鱶とアホウドリの羽毛採取を目的とする。

③ 三回目以降の出漁では、それ以外の漁獲をも目的とするが、そのためには今後のさらなる調査が必要であ

る。

小笠原島遠洋漁業㈱は、このように再建に向けて現地父島（青野正三郎、久世延吉ら有力者）と東京の鍋島喜八郎らの間で協議を続けていた。そうした状況下で、会社にとってもう一つ深刻な事態が発生した。それは上記の久世書簡でも明記されたように、鱶等の魚獲以外に、小笠原丸がアホウドリの羽毛等を大量に積み込んでいたことに起因するものであった。この問題については、外務省史料によりつつその経緯を概観しておきたい(60)。

同件の発端は、一九〇九（明治四二）年二月一八日付で父島の奥山千代一という住民が「外務大臣秘書官」宛てに送付した至急便である。内容的には署名入りの一種の「告発書簡」であった。奥山は、小笠原島遠洋漁業㈱は島庁補助金によって昨年新造された小笠原丸を利用し南洋漁場に出漁したが、設立目的に謳われた魚類以外の「密漁」をし「鳥毛を満船」しており、しかも禁漁島である米領デサンスケ（リシアンスキー、ハワイ諸島西方）島で乱獲しているが、これは「場合に依りては国際間の問題」となりかねない可能性が大きいと指摘している。一連の情報は、小笠原丸に乗り組んだ欧米系島民（帰化人）から入手していたが、同時に奥山は、島司がこうした「甚だしき違法」を知りながら「知らぬ顔をして過ごす」ということは「徳義上のみならず国法上に於ても黙視する能はず」ときびしく指弾する。この奥山書簡には会社名のみが記され、在京の鍋島はじめ事実上経営の中枢にあった青野、久世らの個人名は出されていないが、彼ら父島有力者が島司と「結託」しているとみてそれを苦々しく思っている一部の島内世論を反映したものであろう。

当時の島司阿利孝太郎と会社側との関係については、設立にあたり島司から会社に全一八条からなる細部にわたる「命令書」が出されている。その核となる第一条には、一九〇八年一〇月一〇日から二年間、無料で貸与する船舶および物品を用いた以下の事業を委託する旨が謳われている。①鱶漁試験、②緑蠵亀及玳瑁の捕獲試験、

③海鼠及貝類の捕獲試験、④臘虎及膃肭獣捕獲試験、⑤鮭鱒及鱈漁試験、⑥其他海獣類及魚類漁猟試験、⑦漁場及海流の調査。

この「命令書」からは、小笠原島遠洋漁業㈱は、海産物の捕獲のみを委託されていたことが分かる。それにもかかわらず大量の羽毛を積み込んでいるのは不法ではないか、というのが奥山千代一の「告発」の理由であった。これに対し会社側は、「東京府」の名の入った用箋で、おおむね次のような釈明文をしたためた（宛先及び日時は明記されず）。当社は、①「命令の通り」鱶漁等の遠洋漁業のため一九〇八年一一月二一日出漁するも、悪天候のため「南洋ノ一無人島」に避難した。②その間「徒然ノ余リ捕鳥」にも携わったが、これは「素ヨリ目的外」のもので「専ラ鱶漁試験ニ従事」した。③漁猟の都合で二月七日（一九〇九年）に一時父島に帰島し、三月八日にふたたび出港したが、船長不在のためどの島に寄港したかは詳らかではない。

奥山からの通報を受けた外務省は、対米関係を憂慮し、同年三月九日付で通商局長から府知事宛て公信を送り、「奥山千代一ナル者」から「申出」があったが、小笠原丸の「過般南洋旅行中ノ行動」に関し事実関係を回報するよう求めた。

その後通商局長萩原守一と府知事阿部浩との間で何回か文書が交わされた。そして五月一一日発の萩原局長から知事宛て公信で、小笠原丸は島庁所有の船舶であるので、島庁はその「命令書」を遵守するよう「厳重ニ注意スルノ地位ニ在ルモノナルコトハ言ヲ俟タサル」ことだと強い語調で警告を発した。外務省側は、小笠原島遠洋漁業㈱が、「命令条件以外ノ捕鳥ニ従事」し「羽毛ヲ満載」したことを「自白」し、米領リサ〔シア〕ンスキー島で「密獲」したことも明らかであり、先の奥山書簡の内容とも合致していると指摘した。

さらに萩原の公信は、こうした会社側の行動は、「島庁ノ命令ニ反シ」たものであるのみならず、島庁所有の船舶が外国領海内で密猟するということは「他日容易ナラサル問題ヲ惹起スノ虞」があるとして、会社側に対する「厳重ナ取締」を求めた。日米政府間関係に「きしみ」がない時期であれば、小笠原諸島の一島民からのこうした通報に対し、おそらく外務省はここまで過敏な反応を示さなかったであろう。中部太平洋上の小島での密獲問題が、排日移民法をめぐり緊張を来していた対米関係に悪影響を及ぼすことを懸念した外務省側のこうしたきびしい文書に対し、阿部知事は一〇日後一九〇九年五月一七日付の「外務大臣伯爵」小村寿太郎宛て公信で、こうした事件が再発せぬよう、「将来厳重ニ監督取締ヲ為」すことを確約し、三か月にわたる「帆船小笠原丸事件」は一応の決着をみたのであった。

7　農業分野―農地開墾と「鍋島農場」―

小笠原諸島に事業の拠点を求めた鍋島喜八郎は、これまで述べてきたように交易ついで水産業と精力的な活動を続けてきた。同時に「水陸ノ産業ニ多大ノ力ヲ尽シ」と称されたように、農業分野とくに糖業にも来島直後から力を入れていた。砂糖が主力であったことは、前述のように「同人［鍋島］ハ砂糖以外ニ一ツノ副産物［水産業］」があると評されていたことからも明らかである。

東京法務局（千代田区南九段）資料室には「旧小笠原土地台帳」（複製版）が保存されており、明治時代末期の父島・母島・硫黄列島の土地所有状況の詳細を知ることができる(61)。この資料からは喜八郎は来島まもない頃から日本領有以後の新旧の行政の中心地扇浦（扇村）、大村にはじまり父島のほぼ全域、そして母島においても官有地（そのほとんどが山林）を積極的に購入していたことが判明する。辻編著（二〇〇頁）によれば、一八九八（明治三一）年の時点で北袋沢の森本栄三郎の所有地は一三町五反部余となったが、それにより森本は

「鍋島喜八郎氏に次ぐ父島第二の大地主となる」と記されていることからも、いかに喜八郎が農地開墾に大きな関心を有していたかがうかがわれる。

水産業界の第一人者であると同時に父島最大の大地主となった喜八郎の農業分野での活動は、山林原野を開墾し小笠原諸島の主産業となっていた糖業をはじめ蔬菜・果樹栽培にまで及んでいた（ちなみに一九二〇年版『人事録』では、鍋島喜八郎は、「農業・製糖」に従事と記載されている。同じく『明治大正期商工信用録第一期第三巻、大正九年』でも鍋島は「職業―農業製糖」となっている）。

一九二八（昭和三）年四月に大村役場に提出された前述の喜八郎の「履歴書」をみると、農業関係の事項としてつぎの二点が記されている。一八九二年四月「小笠原島製糖同業組合長ニ挙ラル」。一八九七年三月「父島扇村字二子ヲ開墾シテ各種ノ農事試験ス」。

ここで「製糖家」鍋島喜八郎をみる前に、一九世紀末から二〇世紀初めの小笠原諸島の砂糖をめぐる状況を一瞥しておきたい。先述した高崎府知事への島司報告書（一八八七年）

写真５　島内で紙幣と共に流通した通称「鍋島紙幣」1902年２月15日付、鍋島茂樹氏所蔵

の中で、糖業についてはこう述べられていた(62)。

本島重ナル産物ニシテ多ク父島ニ栽培シ、然レトモ一年一、二回ノ暴風ヲ口実トシ、往々放置スルモノナキニシモアラス。依テ本年二月以来島民ヲ勧誘シ製糖器械並ニ砂糖買入等、種々ノ保護ヲ与ヘシ故、忽チ一般ノ気勢ヲ惹起シ、北袋沢村ノ如キ已ニ荒蕪ニ属シタル地モ皆甘蔗畑ニ変シ…。

そうした状況をふまえ、以下では辻編著（二〇五‐二〇七頁）に依拠しつつ糖業に関する主な項目を追うと以下のとおりである。

一九〇一（明治三四）年一月―横須賀鎮守府司令官の「允許」により父島に貯蔵されている海軍予備石炭が、砂糖製造用燃料として父島・母島の砂糖栽培農家に有償で交付される。ここからは糖業が小笠原諸島の基幹産業として海軍側も注目していたことがうかがわれる。

同年一月二二日―台湾の台湾製糖㈱設立、小笠原諸島の「砂糖栽培に赤信号が灯る」。

同年一〇月―「砂糖消費税施行に伴い、初めて父島に小笠原税務署開設」

この間、同年三月末の粗糖収量は二万一七〇〇トン、産額一九万六八九二円と過去最高となる。しかしながら翌一九〇二年三月末には粗糖収量一万六〇〇〇トン、そして産額は激減し八万四二八七円となる。

このような砂糖をめぐる島内事情を背景として一九〇一年秋、糖業関係者の間で糖業保護請願に関する動きが活発化した。同年一〇月（日付は空欄）付で「糖業保護請願ニ関スル委任状」という次の文書が作成された（鍋島茂樹氏所蔵）。「委任状　拙者共□ヲ以テ部　□　代人ト定メ左ノ権限□□□委任ス　一、東京府小笠原島糖業保護請願ニ関スル一切ノ件、右委任状□如件、明治三四年十月　日」との簡潔な文面で、冒頭には一円の収入印紙その上に実印による捺印がある。ここでは空欄のままであるが被委任者は鍋島喜八郎であることはこの文書が

「鍋島喜八郎文書」に中に残されていること、署名人の中に喜八郎の名がないこと等からも推測可能である。そしてここには母島・父島の糖業関係者三一三名（母島二〇八名、父島一〇五名）の住所、氏名、実印が印されており、きびしさを増す砂糖状況の中で喜八郎に島庁当局との折衝をはじめ一切を託そうとした間の事情がうかがえる。

ただ「糖業保護」の具体的内容については詳らかではないが、発展途上の小笠原諸島の糖業が、台湾あるいはジャワ島の糖業に次第に押されつつある中、税務上の諸問題や暴風等災害の予防対策あるいは損出補償問題など「一切の件」を島庁首脳部、さらには「内地」に強力なネットワークをもつ喜八郎に委託しようとしたものと思われる。一方こうした動きと照らし合わせると興味深いが、喜八郎自身は台湾製糖㈱の二三名の「百株以上の大株主」の一人として名をつらねていた（『台湾製糖株式会社史』一九三九年、一〇五頁）。

鍋島喜八郎は取得した土地を八丈島はじめ各地から移住した開拓民の労働力によって開墾し、農商務省から派遣され島庁技師として長期にわたって活動を続けた豊島恕清らの助言を取り入れつつ、砂糖、綿花、蔬菜等の栽培を小作契約によって事業化したものと思われる。父島で東洋園芸会社の経営に携わり園芸作物の改良に寄与した福田定次は、全盛期の喜八郎の扇浦における「鍋島農場」を、こう回顧している(63)。「小笠原群島中で一等地と言ふべき資格のある農場は、何んと言つても扇浦の鍋島農場である」と語る福田は、五〇町歩余のこの土地が「天然自然に肥料分に富んでゐる赤土」で、しかも「地下六七尺で良水」にめぐまれていること、「玉菜や米利堅松、椰子等」が四囲に植え込まれているため暴風雨にも耐え得ること等々、一等地としての条件を備えていることに感嘆する。このように「天命と人事」の双方の好条件に支えられて経営された鍋島農場の生産物について、福田はこう紹介する（四三〜四四頁）。

（同農場の）主作物は甘蔗であるが、蔬菜園にはトマト、茄子、胡瓜、西瓜、南瓜、其の他西洋物の見事な物が出来る。果樹園にはオレンジ、レモンを始め、文旦も台湾産に優れた立派な物が出来る。家畜には牛、豚、山羊、七面鳥などがある。動物も生育繁殖が頗る早い。……今に帝都の人士にも、熱帯系の植物や、いろんな物が安価に豊富に供給せられることであろう。

亜熱帯樹木でおおわれた山林を切り開き傾斜地を開墾しながら農地を造成するには、そしてその地に各種農産物を栽培し、収獲を得るまでには多大な労働力が必要とされた。とりわけ人手を要する砂糖産業にとって、労働力をいかに確保するかは喫緊の課題であった。鍋島喜八郎は広大な開墾地の多くを小作に委ねたり、自作農家に貸し出すなどを通じ事業を推し進めた。その喜八郎の片腕として陣頭指揮に立ったのが、後年（一九二七年）鍋島農場の所在地である扇村の世話掛に任じられる同郷の村岡常一であった。村岡の「履歴書」（一九二八年作成）には、前述のように「明治三六［一九〇三］年一月一〇日、父島扇村字二子山故鍋島喜八郎経営、農業部主事トナル」と記されている（東京都公文書館所蔵）。

開発の進展にともない高まったこの労働力確保との関係で、近年の研究で注目されているのが、一九一〇年扇浦洲崎に設けられた感化院修斎学園の少年を農家に委託し、開拓の労働力の一助としたという事実である(64)。「不良少年、犯罪少年」の保護救済を目的として日本で初めて「感化院法」が公布されるのは、二〇世紀を前にした一九〇〇（明治三三）年三月のことであった。これを基本法として東京府が同法を施行したのは一九〇六年四月であった。ただし府当局は、当初直営の感化院を開設するのではなく、東京市感化院井之頭学校（現都立萩山実務学校）を代用感化院として指定した。その後直営感化院の必要性を求める声が高まり、一九〇九（明治四二）年通常府会で府立感化院設立が決議され、その場所も最終的に父島の扇浦洲崎と決められた。翌一九一〇年六月から建設が始まり、同年一一月に開園式が挙行された。その場所は、こう期待を寄せられた[65]。

父島の東南海浜に所在し、村落とは北に一丘を距てて相応じ、前面は南方に開けて水天渺茫の太平洋を望み、風光明媚にして遠く世塵と隔絶して感化遷善の保健並びに教育上に適当な地。

東京府の要請に応じ現地側で修斎学園の設置を積極的に受け入れたのは、島司の阿利孝太郎であった。その表向きの理由は、次のような認識からであった[66]。「本島の気候の温暖なる空気の清浄なる衛生上無比の地にして、しかも四囲の風物は彼らを誘惑するものなく、且つ四面環海の島嶼なるを以って、逃走の念慮を断つ得べく教養上、特に利便多かるべきを認め…。

このように東京府、支庁当局の間には、恵まれた自然環境の中で感化教育は理想的になされ、少年たちの更生に寄与するところ大であろうとの理解があった。開園式に府知事に随行した内務官僚岡弘毅も、こう楽観的な展望を表明していた（藤井、四二頁）。「園児皆本島をもって楽園となし、獰猛の性自ら鎮静に帰すというもの洵に宜なりと言ふべし。」

しかしながら、実際には逃亡を試みきびしい懲罰を受けたり、さまざまな理由で死亡する者も少なからず出るなど、学園側と感化生の間には深刻な亀裂も日常的にみられた。さらに一九一九年秋には小笠原諸島を襲った未曽有の暴風雨で学園の本館部分が倒壊するなど、費用対効果の面からも次第に閉鎖論が高まり、結局一九二五年三月正式に閉校となった。わずか一四年の存続期間であった[67]。

一方、この短命に終わった修斎学園が存続した時期は、小笠原諸島の糖業を中心とする農業生産の興隆期であり、前述したように労働力需要が急激に高まりをみせていた時期であった。こうした産業開発上の要請が、感化院誘致の隠れた真の理由であったとする理解も、「拓殖政策推進の『尖兵』となった感化生たち」との副題が付された前掲藤井論文をはじめ有力となっている。他方、この点に関連した最新の研究である石井良則論文は、藤井、二井らの研究を評価しつつも「未解明の部分が多いのも事実」とした上で、豊富な実例の分析を通じ「一部逃亡、窃盗等の事案もあったが大方の生徒（の労働力）は矯正施設側の思惑とは別に［農家側に］大いに期待され重宝されたのは事実である」と委託生の「効用」に一定の評価を行っている(68)。

なお感化院の少年を開拓に必要な労働力とみなす考え方は、近代日本の感化教育の先駆留岡幸助にも早くから抱懐されていた。感化法制定の前年一八九八年に東京巣鴨に家族的な収容・教育を取り入れた「家庭学校」を創立した留岡は、「開拓の汗」を流して、即ち「殖民を通しての不良少年の感化教育」（藤井論文、三三－三九頁）を提唱しており、そうした考え方が修斎学園設立に関わった関係者の間でも受け継がれていたともいえる。小笠原支庁島司阿利孝太郎も、感化院誘致に際しての府知事阿部浩への具申の中で、「性向の改善」を遂げた感化院生を「一般民家に委託し農業の労務」にあてることは、彼らの農業修得に益するのみならず、「産業発展に資する処甚大」であると考えていた。この点をふまえ仁井論文は、修斎学園に在籍する少年の三分の二が「委託生」として農家に住み込み、とりわけ「急斜面を切り開いた砂糖畑の作業に従事したと考えられる」と述べ、彼らは「実際としては、安価な底辺労働者」と位置づけられていた、と指摘する(69)。

その修斎学園と同じ扇浦地区の山側に広大な「鍋島農場」を所有した喜八郎にとっても、当然感化院生の存在は視野に入っていたはずである。ただ鍋島自身はしばしば渡島したものの、実質的には不在地主であり、感化院委託生の扱いは農場の日常の管理運営をまかされた村岡常一が担っていたものと思われる。事実各集落の世話掛は委託農家と受託生の間に入り、賃金や労働条件の契約に関し、島庁の指導を受けつつ職員に命じる立場にあった(70)。

鍋島農場で労務に従事した体験をもつ修斎学園生徒についての具体的な資料は見出せないものの、周辺情報から一定のイメージを描くことは可能である。初代学園長を一時兼ねた島司阿利孝太郎の回顧録を利用した石井良則は、阿利の次のような言葉を紹介している(71)。「昨今最も好成績を挙げてゐるのは感化院の子供である。目下百六七十人を収容してゐるが極めてイケない五六人の他は殆んど普通の民家に配置されて其一家族となり農業や工芸に着手している、彼等には毎月五十銭乃至三円の手当をやって丁年になるまで積立させてゐる。」

「其一家族」の成員として彼らが委託農家の中でどのような処遇を受けたかは一律ではないとしても（管見の限り委託生側の記録は未見）、働き手の少ない農家側からみれば力仕事の多い砂糖絞り等に少年たちの労働力は貴重な存在であったと思われる。学園設立五年目の一九一五年末の「委託生貯金調査表」をもとに、石井は父島の大村、扇村袋沢村に二四人、農業が主産業の母島の沖村、北村に五五人、弟島に三人、硫黄島に五人、北硫黄島に六人、計九三名の就労生が労働に従事していたと指摘する(72)。扇浦を中心に父島・母島に多くの土地を所有した鍋島の農事現場で生産活動を営む自作・小作農家にも、こうした修斎学園生徒が少なからず存在したものと思われる(73)。

四　結婚、事業家としての試練

東京と小笠原諸島を頻繁に往き来しつつ各種事業に取り組んでいた喜八郎だが、四〇歳を機に家庭をもつことになった。相手は堀直樹・三枝の長女文（一八七三年一〇月生）で、結婚後は東邦組本社のある茅場町に新居を構えた。二人の間には二年後の一九〇二年七月、一人息子茂太郎が誕生した（写真6）。

1　結婚後の事業展開

明治三三（一九〇〇）年二月、東京・築地柳花苑で開かれた喜八郎・文の結婚披露宴に際しては、鍋島桂次郎（外務省勤務）夫妻が招待客への案内状発送等の労をとった[74]。鍋島家側の親族の中には、喜八郎の事業資金提供者多久乾一郎・千枝子夫妻の顔もあった。二年後に病歿する多久との間には後述する借入金返済をめぐり厄介な問題もあったと思われるが、それでも多久は喜八郎の結婚を祝し、「桐旭胴火鉢壱対」と「鰹節□手壱包」を「右為表祝意進呈仕候間御受納被下度候

明治三十三年二月十九日」と書き添えた毛筆書簡とともに贈っている[75]。

ここで多久乾一郎夫妻、鍋島桂次郎夫妻の名が出たことに関連し、維新後の鍋島一族のつながりについて触れておきたい。佐賀本藩の最後の藩主となった鍋島直大（喜八郎とは従弟の間柄）は、版籍奉還後の一八八〇（明治一三）年に一門の主だった人々に宛てた書簡の中で「祖宗ノ遺烈ニヨリ華族ニ列シ高位高禄

写真6　鍋島喜八郎と一人息子茂太郎（1902年生）、鍋島茂樹氏所蔵

ヲ受ケ　輦下ニ住シ無比ノ恩栄ヲ厚クス実ニ晏然トシテ坐食スヘカラス宜シク勤王ノ節ヲ厚クシテ皇室ト一体トナリ乍不及モ徳義品行ヲ正クシ衆ノ儀表トナリ政化ノ先ヲ卒スルヘシ」ことを呼び掛けた。これに対し一門の「重臣」一同は「御家道盛大堅固ナル様心志ヲ尽シテ之ヲ補佐」することを誓約する「一門国老中誓之添書」を「明治十三年六月六日付」で提出している。そしてこの「誓之添書」に名を連ねた一六名の中に、多久乾一郎の父茂族、鍋島桂次郎の名もみられるのであった（鍋島茂樹氏所蔵資料）。この文書を喜八郎が大切に文箱に収めていたことは、「鍋島一族」という〝ブランド〟に対する彼の秘められた心持をうかがう上でも興味深い。

鍋島家の主だった人々の祝福の内に結婚し、公私ともに繁忙な四〇代を迎えた喜八郎であったが、短い期間にいわば積極経営を進めたこともあり、先述した小笠原島遠洋漁業㈱の関係史料が物語るように経済的には必ずしも順風満帆というわけではなかった。

その点とも関連があるといえるが、小笠原島内の動静を年譜にして克明にまとめた辻友衛編著をみると、一八九〇年代を通じひんぱんに登場した喜八郎の名は、二〇世紀に入ると一九一八年一二月に一度現れるのみである。ちなみにそこには、こう記されている（二六〇頁）。「扇浦の鍋島喜八郎が、扇浦、小曲、境浦、南袋沢に数百町歩の農地を造成し、小作人を使用して、トマト、胡瓜、南瓜、馬齢薯等の、冬季内地出荷を始める。」なにげない一節であるが、戦前期小笠原諸島では一九二〇（大正九）年の糖価下落以後の糖業不振が続く中、一九三〇年代に入ると島の住民経済の救世主となったのが薬用植物の栽培とともに冬季の京浜市場に向けての蔬菜類の移出であった。その意味では砂糖が基幹産業であった一九一〇年代末時点での喜八郎の蔬菜栽培は、先駆的なものであった。ただし、その喜八郎の死去（一九二二年四月一七日）については、辻著作には言及がない。

鍋島喜八郎の晩年の事業が決して順調ではなかったことについては、他の諸文献からもうかがわれる。旧鍋島家臣団の一人である郷里須古村（現杵島郡白石町）の吉岡達太郎は、小笠原諸島におけるたびたびの台風被害で蒙った巨額の損失に加え、「東京に於て数年取引せし両銀行破産して、預金を回収する能はず。損害一時に来襲して事業を挫折せしも、氏が不撓不屈の精神は万難を経て、愈鞏く徹底的奮闘努力せし為め、将に回復せんとせしに、病の為め目的を貫徹する能はす」と述べている[76]。

同じように石井良則も、暴風雨等の災害と喜八郎自身の病に加え、「多久［乾一郎］の督促」を大きな要因として事業が進展しなかったと指摘する[77]。ただし石井はその後の地道な聞き取り調査をふまえ、多久により鍋島への出資金回収のため父島へ遣わされた久世延吉であったが、二年後には多久が急逝したこともあり、久世は鍋島から回収した資金の多くを多久家に戻さず、東邦組からの「独立資金」としてサンゴ商に転じ巨益を手に入れたと指摘する。そして既述のように久世延吉は中心地大村の世話掛として一九二七年の「行幸」を準備した後、同年末尿毒症のため他界している[78]。

2 債務問題への対処

小笠原諸島の「水陸ノ産業」開発に、鍋島喜八郎がどれくらいの資金を投じたのか、またその内、私財以外の借入金がどの程度を占めたのか、今日ではその具体的データを知ることはできない。ただこれまでの叙述からも明らかなように、鍋島一族の有力者多久乾一郎が出資者としてキーパーソンであったことは確実と思われる。「鍋島喜八郎文書」にも、多久との貸借関係をうかがわせる若干の資料が残されている。以下では、同文書に依拠しつつ、二〇世紀初頭前後の喜八郎の財政状況の一端を考察しておきたい。

結婚を一年三か月後にひかえた一八九八年一〇月一日付で喜八郎は、多久乾一郎記名の「株式会社三十銀行株式四五株」を同日借入れた金四千円に対する担保として銀行家永富謙八に預けている。これが現存する最初の「証」であるが、ついで喜八郎は、同年一二月一六日、やはり多久乾一郎記名の「株式会社三十銀行株式四四株」を「割引手形参千五百円」に対する担保としてこれも永富謙八に預けている。

これだけの担保から即断することはできないとしても、同郷で叔父・甥の間柄、かつ地位・名誉・資産に恵まれた男爵多久乾一郎が、喜八郎の事業遂行上、大きな後楯となっていたことがうかがわれる。ただ東京在住の多久だけでなく、喜八郎は父島・母島在住の複数の人たちからも借入れをしていたことを証する書類も残している。たとえば「利子年一割」で一万三六一〇円を借りた「預り金証」もその一つである（一九〇二年一一月二〇日付）。

これは長男茂太郎誕生の四か月後のことである。この「預り証」の中で喜八郎は、率直な筆致で「目下財産整理中ニテ払戻方差支候」の状況ではあるが、来たる一二月の定期便で小笠原諸島に赴き「各預ケ主」と直接話し合いの場を設け、その上で「各自ニ差出シ置キタル通牒面ニ基キ精算シ其払戻シ方法並ニ期限等」につき協議したいと述べている。それに際して、今月一〇日迄にその担保として喜八郎自身ならびに「担保提供者」棚瀬善十郎名儀の父島・母島における土地・家屋を「書入レ登記」したい旨を伝え、その上でこうも確約するのだった。

「万一右担保物件ニテ不□相生シ候場合ハ日本勧業銀行ニ差入レ置タル拙者ノ不動産ヲ第二抵当ニ差入レ聊カ［モ］各預ケ主ニ対シ御損失相懸ケ間敷候。」

なお四人の「預ケ主」とは父島の萑田勇治郎、永島牛太郎、母島の和田元蔵、菊池廉蔵（沖村世話掛）であった。

このように借財を背負う身であったものの、四〇歳を前にして小笠原諸島第一の大地主となっていた喜八郎は、借地・借家からの地代・家賃収入もあり、決定的な打撃を受けることなく、難局に対処していった。当時、地代に関しては小笠原諸島では課税対象ではなかったことも、不在地主喜八郎には有利に働いたと思われる。また「鍋島喜八郎文書」には、一九二〇年五月付「借地証」が一点残されている。それは父島の中心地大村字東町一三番地の喜八郎所有の一五坪の土地であるが、借地料一か月三八銭で同年六月から三年間の契約となっている。わずか一五坪ながら喜八郎と借主長田力蔵の間で、全一〇条からなる細かい契約書が交わされている。これも事業家喜八郎の几帳面な性格を物語るものといえよう。

3 日本銀行との関係

鍋島喜八郎「履歴書」には、彼の社会的「信用度」を知る上で興味深い事項が二点記されている。第一は、「明治三十三［四］年四月小笠原島支金庫開設セラル、ヤ日本銀行ヨリ事務取扱ヲ委嘱セラル」というもの、第二は「明治四十四年六月東京府□金庫小笠原支金庫開設セラル、ヤ安田銀行ヨリ事務取扱ヲ委嘱セラル」というものである(79)。

最初の明治三四（一九〇一）年という時期は、喜八郎が結婚した直後のことであるが、同時に多久男爵らとの間で前述した返債問題が表面化していた時期であった。あるいはそうした状況であったが故に、事業家としての社会的信用にもつながるこうした委託を受けたことは、喜八郎にとってはゆるやかな追い風になったものと思われる。さらに推測すれば、実質的利益はともなわない職務であるものの、小笠原諸島での事業が有利になるとの判断からこの名誉職的なポストを手に入れることに喜八郎自身が努めた可能性も否定できない。

日本銀行と鍋島喜八郎の間で交わされた最初の「金庫出納事務代理約条」は、一九〇一（明治三四）年三月二〇日付で締結され、それ以降毎年継続的に更改され、記録に残る限り一九一八（大正七）年三月までほぼ同一の内容で更新されている（それ以降喜八郎歿の一九二二年までは文書不在）。すべての約定は、以下の文言で書き始められている。「明治二十二年勅令第百二十六号金庫規則ニ依リ八丈嶋外一支金庫［小笠原諸島］ノ現金及有価証券ノ保管出納ヲ取扱フ為メ大蔵大臣ノ認可ヲ得テ日本銀行ト鍋島喜八郎ト金庫出納事務代理約定ヲ締結スルコト右ノ如シ」。

そして「約定」の第八条では、満期を一年限りと設定するとともに「支金庫ノ事務及現金有価証券共悉皆中央金庫へ引渡スヘシ」ことが規定され、その返還内容を日銀側が確認した上で「保証品ヲ返還」すると定められている。しかし実際には、一年後の満期日が近づくと両者の間で「追約書」が交わされ、これが毎年反復される形となっている。

多くの金融関係の約定書と同じように日銀と鍋島喜八郎の間の約定をみても、圧倒的に日銀（「貸し手側」）に有利な条件内容となっている。たとえば「支金庫ノ現金及有価証券ノ保管出納ニ付テハ」鍋島が「一切の責任を負い、「如何ナル事故アリテ損失」が出た場合には「総テノ損失費用」を鍋島が償うと明記される（第二条）。

第四条では、「支金庫ノ金櫃帳簿」と鍋島の「本業部」の会計とを絶対混同せぬよう規定され、もし本業部のために支金庫の現金及有価証券が使用されたと判断された時点で、日銀側は「直ニ本約定ヲ解除」すると強調される。第六条では鍋島が損失を出した際の「弁償義務」が明記され、日銀側は鍋島が預けた保証品を表示しその代金を弁償金に充てるも、それでも不足の場合は「鍋島喜八郎ノ資産ヲ以テ償ハシムヘシ」とあくまでも強硬である。

このように「約定書」の全条において委嘱される側に不利な内容であるにもかかわらず、喜八郎は自身の返済問題に苦慮する中でも、この約定だけは守り抜いたのだった。ただリスクの大きいそうした不利な内容の約定書にもかかわらず、締結文書および毎年の更新に際しては、日銀総裁、同国庫局長、同文書局長と鍋島喜八郎の四名が連署し、かつ実印による捺印が押された文書の存在は、対外的には鍋島喜八郎の社会的信用を担保するシンボルたり得たことも事実であろう。

おわりに

1 小笠原諸島「関与三〇年」

一八九一(明治二四)年の初訪問以来、約三〇年におよぶ鍋島喜八郎の小笠原諸島との関わりは、これまで見てきたように海運、交易、水産業そして農業と同諸島の産業分野のほとんどと密接な関係をもっていた。その意味では、喜八郎は―同地に定住したわけではなかったが―小笠原諸島の開拓史の有力当事者であり、かつ貴重な目撃者でもあった。

この間、同諸島の人口は喜八郎来島直後の二千余人から歿年二年前の一九二〇年には五八一八人と三倍近くに増加していた。その構成も当初多数を占めていた先住の欧米系・カナカ系住民に代わり(一八八二年までに全員が日本国籍)、八丈島はじめ伊豆諸島・「内地」各地からの移住者が多数派を形成するようになった。産業構造からみると、喜八郎来島の前後から主力となった糖業が一九二〇年の糖価下落を機に次第に衰退化し、それに代わって冬季蔬菜や亜熱帯産果実、さらには薬用植物へとシフトするようになっていた。福田定次著作で言及された「鍋島農場」のさまざまな試みは、そうした後年の主要農産物の転換を先取りする感があった。

こうした経済産業面における変容とともに、晩年の喜八郎が目撃した重要な変化は、小笠原諸島の軍事的環境に関わるものであった。明治中期の萌芽的「南進」論の高まりの中で、小笠原諸島は日本の「南進の関鍵」として一部の論者の経済的関心を引いていた。しかしながら、日露戦争や第一次世界大戦を通じ日本が太平洋パワーとして台頭するようになると、それを警戒するアメリカとの関係が不確実性にみちたものとなった。そうした西太平洋をめぐる日米関係を背景に、小笠原諸島は日本の安全保障上きわめて重要な意味を付与されることになった。喜八郎歿の前年一九二一年には父島に要塞地帯法が施行され、以降軍事機密の保持を理由に、小笠原諸島の住民生活にはさまざまな規制が課せられることになる（本書第五章三を参照）。

また日本はヴェルサイユ講和条約によって国際連盟から旧ドイツ領の南洋群島の委任統治を認められ、その統治機関として南洋庁が一九二二年四月に設置された。それは喜八郎歿の半月前のことであり、彼も影響を受けた明治期「南進論」という机上の議論が制度化されたことを象徴するものであった。

2　郷里佐賀への追懐の情

封建的身分秩序が厳としてあった幕末期佐賀藩の重臣鍋島茂真の子として生まれた喜八郎は、「世が世なら」藩政の一端を占めるべく運命づけられていた。しかしながら幕末維新期の激動の中で、また幼くして父母を喪った喜八郎にとって、明治佐賀で「居場所」を見出すことは容易ではなかった。しかも親代わりとなった鍋島家臣団の有力者が佐賀の乱に連座し失脚したことも、少年期の喜八郎には打撃となった。追われるごとく故郷と訣別し上京、そして実業を通じ須古鍋島家の再興を誓った喜八郎は、一八九一（明治二四）年小笠原諸島の開拓にその身を投じることになった。

一方、明治新政の中で藩は消滅したものの、鍋島茂真の薫陶を受け須古鍋島家への忠誠を誓った家臣団は、茂真の嫡男の放蕩もあって零落しつつあった同家の将来に対し強い不安があった。その中で、彼らは茂真の面影を宿す喜八郎にひそかな期待を寄せていた。その関連で彼ら「須古旧士族総代」の須古精一他二名の連署で、中央官界で要職にあった一族の有力者多久乾一郎へ一族の窮状を訴える書簡を送った(80)。

それは東邦組を興した喜八郎が小笠原諸島へ旅立つ三か月前のことであった。

書簡は「喜八郎殿身上ニ付」き、常日頃多久が心配してくれていることに謝意を表しつつ、現在の須古鍋島家の置かれた状況を率直に伝え助言を求める内容であった。この書簡からは鍋島茂真が中興の祖となった須古鍋島家への忠義心、そして有力な後継者として期待した喜八郎のおそらく「不羈奔放」と彼らには映じた行動への不安も感じられる。その一節を紹介しておきたい。

言上仕候義恥入次第ニ御座候得共御維新以来御家計上ニ付而百般手ヲ尽心配仕候得共豪モ御聞立無御座候処ヨリ、年ヲ逐テ御零落待視スルニ不忍旧臣中ヨリ御救助ノ方法相立候得共御自信［身］方々ノ御所為ヨリ日々月々人心相離レ一昨年来御先祖ノ御祭典等ハ僅ニ御手数ノミ本年ニ至リ朝夕ノ煙モ立兼候御都合ニ相成到底御相続之目途更ニ無御座此上ハ須古家ノ存亡ハ喜八郎殿身上如何ニ可有之杖柱ト相頼罷在候条前陳之次第御洞察被成下度□可然御周施被成下度伏テ奉歎願候…。

多久乾一郎男爵にすがった形での須古鍋島家再建をめぐる郷里でのこうした動きを横目でみつつ、青年喜八郎は小笠原開拓の事業へと邁進した。

それから幾星霜、還暦を迎える頃となった実業家喜八郎は、郷里佐賀とのつながりを強く意識するようになっていた（写真7）。晩年の喜八郎をよく識る吉岡達太郎は、喜八郎が東京にあっては須古出身の苦学生を激励し、金銭的援助を行ったり「須古会」を作り同郷の青年たちと毎月一回歓談の機会を作ってくれたと回顧する(81)。また郷里との関係についても吉岡は、「就中、本村の強化に最も意を注かれ、帰郷の際は小学校に幾多の金銭を寄付して教授用具を備付けせしめ、職員にも慰労金を分与し、同時に講演会を開きて親しく指導せるあり」と述べる。

このような晩年の喜八郎の郷里との濃密な関係（なお彼は一八九八年七月一五日付で佐賀県杵島郡須古村から東京府日本橋区南茅場町へ転籍）は、一九一六（大正五）年の帰郷時における地元の須古（現白石町）住民の歓迎ぶりからもうかがえる。「大正五年八月拾七日ヨリ、鍋島叔父帰省中費並諸物扣　久和原馬吉」と墨書された和綴じ四枚の覚書きには、菩提寺陽興寺をはじめ地元名士らからの進物一覧が細かく記載され、喜八郎への謝恩の念をうかがわせる。そこには「麦酒一打」「焼酎二本」「鯉三匹」「蟹漬一鉢」「大西瓜」「卯ノ花」等飲食物から「莫蓙二枚」「座莫蓙五枚」等々歓迎宴の雰囲気をほうふつとさせる。また「諸進物扣」をみると、「浴方一反」「モス六尺」「洋手拭」「風呂敷」等地元特産と思われる日用品が土産品

写真７　鍋島喜八郎の1913年９月18日の帰郷時における一族関係者の集い、鍋島茂樹氏所蔵

として準備されている。

　このようにはるか遠方の「小笠原諸島開発の先駆」として故郷に錦を飾った喜八郎だが、次第に病床に伏すことも多くなり、第一次世界大戦終結からまもない一九二二（大正一一）年四月一七日死去した。同郷の先覚で、喜八郎の父茂真が長をつとめた弘道館に学んだ大隈重信の歿後二か月半のことである[82]。鍋島侯爵家の菩提寺東京元麻布の興国山賢崇寺で葬儀がもたれたが、地元須古村の有志の懇望により、遺骨は「分骨帰村」し、同年五月六日、曹洞宗佛日山陽興寺において盛大な村民葬がとり行われた[83]。会葬者は鍋島侯爵家、鹿島子爵、多久・武雄各男爵代理をはじめ、村内各団体、関係者三〇〇〇余名に上り、多くの弔辞や弔電が読み上げられる中、新緑の香りにつつまれつつ厳粛に葬儀が取り行われた。

　佐賀平野を見下ろす小高い山腹に建立された陽興寺の須古鍋島家御霊屋の一角に、喜八郎のひときわ大きな墓碑（写真８）は、幼くして死別した父鍋島茂真の

写真８　佐賀県杵島郡白石町にある鍋島家菩提寺・佛日山陽興寺にある鍋島喜八郎の墓碑、著者撮影、（2018年９月28日）

それと相向かい合う形でたたずんでいる。

註

（1）小笠原島庁「小笠原島開拓五十年記念被表彰者氏名」『天皇陛下小笠原行幸書類冊一』一九二七年、東京都公文書館所蔵資料。なお一九二八年四月二五日大村役場へ提出された鍋島喜八郎「履歴書」が残されている（鍋島茂樹氏所蔵）。手書きであるが作成者の名は不明である。長男茂太郎の筆跡ではなく（鍋島茂樹氏証言、二〇一八年八月一日）、「昭和三年一〇月御大礼記念祝賀ニ関シ島庁ヨリ取調ニ付キ提出スルモノナリ」との書き込みがある。鍋島喜八郎の生年に関し、ここでは万延元年と記されている。他方、直系の孫である鍋島茂樹氏所有の戸籍謄本によれば「安政六［一八五九］年九月一五日生」となっており、本章ではこれにしたがう。

（2）小笠原諸島領有直前の有力紙『東京曙』（一八七六年一〇月二日）の次のような記事もそのあらわれである。「小笠原島御取開きはいよいよ近々御着手になりますに島中すべて免税に仰付けられ小花［作助］内務権少丞が出張され内務省出張所は煉瓦造にて建築になるよし…。」

（3）農商務省農務局長宮島信吉発東京府知事高崎五六宛「綿実現品添」一八八七年一月一〇日、東京都公文書館所蔵。

（4）『渋沢栄一伝記資料第一五巻』渋沢栄一伝記資料刊行会編、一九五七年、三一六―三二三頁。最終的には会社総会は「到底前途ノ見込立サルヲ以テ」撤退を決議した。

（5）津田仙の小笠原諸島との関わりについては、本書第三章二節を参照。

（6）小笠原島庁、前掲。

（7）石井良則「久世延吉の父島移住―長女梅の手記を通して」『小笠原研究年報』第二三号、一九九九年所収。

(8) 吉岡達太郎『須古村片影』私家版、二〇〇〇年、七〇‐七二頁、二二六頁。
(9) 辻友衛『小笠原諸島歴史日記　上巻』近代文藝社、一九九五年。
(10) 石井通則「小笠原開拓の功労者―肥前佐賀藩主鍋島家出身鍋島喜八郎さん」『小笠原』第三四号、一九七一年、一頁。
(11) 山方石之助『小笠原島志』東陽堂、一九〇六年、福田定次『東洋の楽園』東洋園芸株式会社編集部、一九二〇年。
(12) 白石町史編集委員会編『白石町史』一九七四年、六七七頁。
(13) 幕末の佐賀藩鍋島家中枢の人間関係や主だった指導者の横顔を当時の史料を解読しつつ紹介したものとして、公益財団法人・鍋島報效会編『幕末佐賀の家老たち』二〇一六年を参照。とりわけ茂真(安房)については一一〜一六頁が重要。また幕末期佐賀についての最重要資料の一つである久米邦武編述『鍋島直正公伝』(全六巻)侯爵鍋島家編纂書、一九二〇年でも、茂真は頻出する。
(14) 旧肥前史談会編『佐賀県歴史人名事典―肥前復刻叢書①』洋学堂書店、一九九三年、一〇五頁、また小城町史編集委員会編『小城町史』一九七四年、七四二頁、日本歴史学会編『明治維新人名辞典』吉川弘文館、一九八一年にも詳しい紹介がある。
(15) 三日月町史編纂委員会編『三日月町史』一九八五年、三六四頁。
(16) 古賀次郎編『小城藩着到』私家版、一九三八年、五二頁、佐賀県立図書館所蔵。
(17) 吉岡達太郎、前掲書、七〇頁。
(18) 小城町史編集委員会編、前掲書、七四二頁。
(19) 「昭和三年四月二五日大村役場へ提出」と添え書きのある「履歴書」を指す、鍋島茂樹氏所蔵。
(20) 『中江兆民全集第二巻』岩波書店、一九八四年、所収の「月報五」には喜八郎を含む一四五名の塾生名簿があるが、実際にはそれを上回る塾生を輩出したといわれる。

(21) 慶應義塾大学展示会「釈宗演と近代日本―若き禅僧、世界を駆ける」二〇一八年七月。釈宗演『禅海一瀾講話』岩波文庫、二〇一八年も参照。
(22) 大本山円覚寺庶務部長星野周徹師との面談、二〇一八年七月三日、於鎌倉円覚寺。
(23) 石井通則、前掲論文。
(24) 多久茂族についての詳細は、以下の「多久家文書」を参照。「水江事略巻一八・一九」佐賀県多久市立図書館所蔵。それをふまえた旧多久史談会編『旧多久邑人物少誌』一九三四年、七 - 八頁。
(25) 多久茂穀（乾一郎）の詳細な経歴は、多久家寄贈の「水江系譜」多久市立図書館所蔵を参照。
(26) 久世延吉の小笠原諸島時代を中心とした略歴については「自治功労者功績調書」参照、東京都公文書館所蔵資料。
(27) この水産会は、父島・母島の漁業関係者を網羅した形で結成され大城安則ら沖縄漁業者やセボレーら欧米系島民も網羅されている。ただし硫黄島は距離的に遠隔の地であり、定期船も年六回、しかも漁業者も少ないことを理由に対象から除外されている。高橋延寿島司から平塚東京府知事宛「副申」は、こうした漁業者のつながりは「本島ニ適切」であると積極的に評価している、東京都公文書館所蔵資料。
(28) 本史料は石井良則、前掲論文、六七頁に依拠。
(29) この点については、本書第三章二節を参照。
(30) 田口卯吉「南洋経略論」（一八九〇年）鼎軒田口卯吉全集刊行会編『鼎軒田口卯吉全集・第四巻』吉川弘文館、一九二八年、三七一頁。
(31) 東京府島司小野田元熙発東京府知事高崎五六宛「予備米之儀ニ付稟請」一八九八年五月、東京都公文書館所蔵資料。
(32) 小笠原島庁「自明治二七年八月至同年一一月島内状況」東京都公文書館所蔵。

(33)「村岡常一履歴書」「奉拝名簿」とも「天皇陛下小笠原行幸書類冊一」一九二七年に所収、東京都公文書館所蔵資料。

(34)田中鶴吉『忍耐起業・出世の鏡』猗々堂、一八九八年、田村栄太郎『日本の技術者』興亜書房、一九四三年、四五七‐四七頁(「田中鶴吉・前田喜代松」の項)、松永秀夫「田中鶴吉―東洋の小ロビンソン(一八五五‐一九二五)」*Journal of the Pacific Society* (Oct. 1985)、八‐九頁。これらの史料、文献をふまえ田中の小笠原諸島との関わりを約言すると以下のとおりである。志半ばに終わったものの、製塩と牧畜により単身嫁島に定住し「東洋の小ロビンソン・クルーソー」として当時社会的にも名を知られた田中の嫁島滞在は、一八八一年八月〜一八八二年六月、同年一一月〜一八八五年一二月までの足かけ四年にわたる。さらに一八八七年、東京府より一五〇円の測量費補助を受け再渡島するも(新住島司 小野田元熙、津田仙らと同船。本書第三章二節2を参照)、同年八月新たな製塩計画のためと称し渡米、サンフランシスコで家庭をもち一九二五年七六歳で同地にて死去する。

(35)菊池虎太郎「小笠原島物語(7)(8)」『東京朝日新聞』一八九九年七月六〜七日。

(36)日本郵船株式会社編『日本郵船百年史資料』一九八八年、七〇〇頁。

(37)畝川鎮太郎『海事年鑑』海事彙報社、一九三八年、二〇七頁。

(38)日本郵船東京支店発東京府宛「横浜三宅八丈島ヲ経テ小笠原島へ定期汽船往復之義御下問ニ付申」一八八〇年一二月一四日、東京都公文書館所蔵資料。

(39)東京府知事高崎五六発日本郵船会社、「命令書」一八八八年五月二六日、東京都公文書館所蔵資料。

(40)山本達雄(日本郵船会社社長森岡昌純代東京支店副支配人)発東京府知事高崎五六宛書簡、一八八八年一〇月一二日。

(41)鼎軒田口卯吉全集刊行会編、前掲書、二八七‐二九〇頁。

(42)ただこの天祐丸については、同年九月一二日付の鍋島喜八郎から府知事富田鉄之助宛「出帆御届」の中で「高知県天祐社所有西洋形風帆船天祐丸ヲ借受ケ」、一七日に「小笠原島渡航」する旨届けている、東京都公文書館所蔵資料。一か月前最初の訪島から帰京した直後の喜八郎が一二月の再訪に先立ち同じ天祐丸で実際に渡航したのか、あるいは同年秋に何度か小笠原諸島を襲った大暴風のため一二月まで延期になったのか定かではない。

(43) 東京府小笠原支庁編『小笠原島勢要覧』一九三二年、第一面。
(44) 東京府内務部長発小笠原島島司宛「御用物送付案」一八九一年一二月七日、東京都公文書館所蔵資料。
(45) 石井良則、前掲論文、六七－六八頁。同論文は、鍋島喜八郎の増便論に対し、桑原戒平島司がただちに「確実ニシテ永続ノ見込相立候モノト認メラル」と府に書き送ったことを指摘している、東京都公文書館所蔵資料。
(46) 辻友衛編、前掲書、一八一頁、同様の記述が石井通則、前掲論文、福田定次、前掲著作等においてもみられる。
(47) 東京都編『東京市史稿・市街篇第七二』一九八一年、六三五頁。
(48) 東京府内務部地理掛・農商掛発内務大臣宛「官有海岸地貸附之義ニ付伺案」一八九四年七月九日、東京都公文書館所蔵資料。
(49) 鍋島喜八郎宛東京府知事三浦安宛「水産試験所設立地□拝借願」一八九四年六月二四日、東京都公文書館所蔵資料。
(50) 東京府知事三浦安発内相井上馨宛「官有地貸附ノ儀ニ付伺」一八九四年七月一四日。
(51) 小笠原島庁「島内状況・自明治二七年八月至同年一一月」「島内状況申報・自明治二八年四月至同年七月、附農商工景況報告・自同年六月至同年八月」、東京都公文書館所蔵資料。
(52) 山方石之助、前掲書、四六〇－四六一頁。
(53) 同上、五二六頁。
(54) 辻友衛編著、前掲書、一九九頁。
(55) 久保田韓七郎『第二回水産博覧会案内』久保田通訳館、一九〇二年、四頁。第二回水産博についての記述は本書に依拠。

(56)東京府内務部「第二回水産博覧会指定出品補助分配当下附ノ件」一八九八年三月七日、東京都公文書館所蔵資料。

(57)小笠原遠洋漁業株式会社「事業方針」一九〇八(?)年。なお『東京法人要録』(国立国会図書館蔵)をみると鍋島喜八郎は、一九〇七年五月創設の小笠原捕鯨株式会社(資本金一万五千円)専務取締役と記されている。喜八郎以外に志村文治、青野正三郎他三名が専務取締役となっている。

(58)青野正男『小笠原物語』私家版、一九七八年、一七四頁。著者の父親青野正三郎は小笠原諸島の「農水産事業の先覚者」の一人として知られ、鍋島喜八郎とともに小笠原島遠洋漁業会社の経営にあたった人物である。

(59)久世延吉発鍋島喜八郎宛書簡、一九〇八(?)年八月二三日付、鍋島茂樹氏所蔵。

(60)「帆船小笠原丸行動取調一件」一九〇九年、外務省外交史料館所蔵。

(61)小笠原諸島の土地整理事業を進め野取図、字図、一村全図の三種を調製し、土地台調、名寄帳もあわせて新調したのは阿利孝太郎島司の時代(一八九六年—一九一六年在職)であった。石井良則「戦前の母島沖村界隈—島民の昔話から—その一」『小笠原研究年報』第四一号、二〇一八年七月、六頁。

(62)東京都編、前掲書、六三四頁。

(63)福田定次、前掲書、四二-四三頁。

(64)丸山聖〔石井良則〕「小笠原修斎学園のことなど」『笠島研究』第二号、一九九五年三月、藤井常文「東京府立小笠原修斎学園史—拓殖政策推進の「尖兵」となった感化院生たち」『東京都高等保育学院紀要』第一五三号、一九九五年三月、二井仁美「第二次感化法移行期(一九〇八-一九二二年)における家庭学校の生徒の動態—東京・北海道・小笠原・硫黄島」『大阪教育大学紀要第Ⅳ部門教育科学』第四八巻第一号、一九九九年、石井良則「戦前の母島沖村界隈—島民の昔話から—その一」『小笠原研究年報』第四一号、二〇一八年等を参照。

(65) 東京府『東京府史行政篇第六巻』一九三七年、四二八頁。
(66) 藤井常文、前掲論文、三六頁。
(67) この間の状況については、東京府、前掲書、四三〇頁—四三一頁、藤井常文、前掲論文、「五一 - 五三頁等を参照。
(68) 石井良則、前掲註64論文、一六頁。
(69) 二井仁美、前掲論文、三二 - 三三頁。
(70) 石井良則氏の御教示による。同氏の筆者宛書簡、二〇一七年三月一二日。
(71) 石井良則、前掲註64論文、一五頁。
(72) 同上、一六頁。
(73) 鍋島喜八郎と同時代人で母島の「製糖王」とも呼ばれた菊池太一郎（一八六六 - 一九二八、大島出身）も、広大なサトウキビ畑経営にあたり感化院生徒を雇い入れた。その息女菊池くに子は「家庭学校長留岡幸助と共に育英事業に当る」とその間の事情を間接的に示唆している。「母島への先駆—両親を偲ぶ」『小笠原』第五二号、一九七六年三月。他方、感化院生を「実態としては、安価な底辺労働者」とみる二井仁美は、留岡側資料には菊池太一郎についての言及がほとんどないことを指摘している（前掲論文、三三頁）。
(74) 鍋島茂樹氏所蔵資料。
(75) 同上、鍋島喜八郎宛多久乾一郎・千枝子宛書簡、一九〇〇年二月一九日。
(76) 吉岡達太郎、前掲書、七一頁。
(77) 石井良則、前掲論文、六一頁。
(78) 石井良則氏からの筆名宛書簡、二〇一六年一一月二九日。

(79) 以下の記述にあたっては「鍋島喜八郎文書」に収められている合計一八点の鍋島喜八郎と日銀との間の「金庫出納事務代規約定」および「追約書」に依拠している。

(80) 須古精一、山崎重夫、武重一郎発多久乾一郎宛書簡、一八九一年五月一日、鍋島茂樹氏所蔵資料。

(81) 吉岡達太郎、前掲書、七一頁。

(82) 鍋島喜八郎と大隈重信は二回り以上の年齢差があり、個人的な接触は特にはなかった。ただ大隈にとっては恩師鍋島茂真の息子である喜八郎とはさまざまな接点があったと思われる。「鍋島喜八郎文書」には、大隈重信名の書信二通が残されている。一つは明治三四（一九〇一）年二月付で、東京専門学校（現早稲田大学）創立二〇周年を前にしての寄付金依頼、もう一点は大正八（一九一九）年一〇月一五日付の「上野精養軒」における「肥前協会大会」への案内通知である（大隈が同会会長）。

(83) 吉岡達太郎、前掲書、七二頁、三二六頁参照。

第三章　「南進」論者・服部徹の思想と行動
―小笠原諸島を基点として―

はじめに

一九〇八（明治四一）年五月二四日夜、一人の初老の日本人が香港の河舫から転落し水死した。「大阪日報」記者の肩書を持ち、外務省の委託を受け蘭領東インド（蘭印、現インドネシア）・ジャワ行を目前にしていた服部徹（号図南）という人物であった。服部は同年五月四日「南洋探検の壮図」につき植民地台湾をつぶさに視察後、厦門経由で香港に着いた直後のことであった(1)。

本章は、明治中期以降、小笠原諸島を基点に南洋群島各地を巡遊し実践的「南進」論者として知られた服部徹の思想と行動を、彼の十指にのぼる著作等を手がかりに考察するものである。また従来服部に言及した先行研究において、彼は主として明治期「南進」論との関わりで論じられてきたが、本章では朝鮮や東シベリアでの長期滞在や視察体験をもついわば「北進」論者としての服部の一面についても考察を試みたい。

一　服部徹の略歴と先行研究

1　自筆「履歴書」

服部徹の経歴につき種々の文献を調べ、また出身地高知の市立自由民権資料館や同県立図書館の協力を得て精査したが、地元での関係資料は驚くほど少なかった。知名度も低く、生年すら確定できなかった(2)。その後幸いにも、服部自筆の履歴書が外務省外交史料館に残されていることが判明したが（「服部徹蘭領ニューギニア、セレベス、爪哇、波羅地方状況調査之件」）、そこでも理由は不明だが肝心な生年は記されていない（写真1）。

ただ後述する服部の「朝鮮国在留禁止」に関する新聞記事（『朝日新聞』一八九三年七月二三日付）の中で、その当時の彼の年齢は「二九年一〇カ月」と明記されている。在　釜山総領事室田義文の名で出された公式文書なので、おそらく正確なものと思われる。したがって逆算してみると、服部の生年は一八六三（文久三）年五月前後と推定できる。小笠原諸島との関係でみると、同じ土佐出身のジョン万次郎（中浜万次郎）、北越出身の平野廉蔵による父島近海での日本人最初の洋式捕鯨が試みられた時期と重なる(3)。その生年を基点に、服部が冒頭で触れた蘭印渡航時に書いた「履歴書」を紹介しておきたい（写真1参照）。なおそこでの居住地は、「東京市麹町区土手三番町七番地居住士

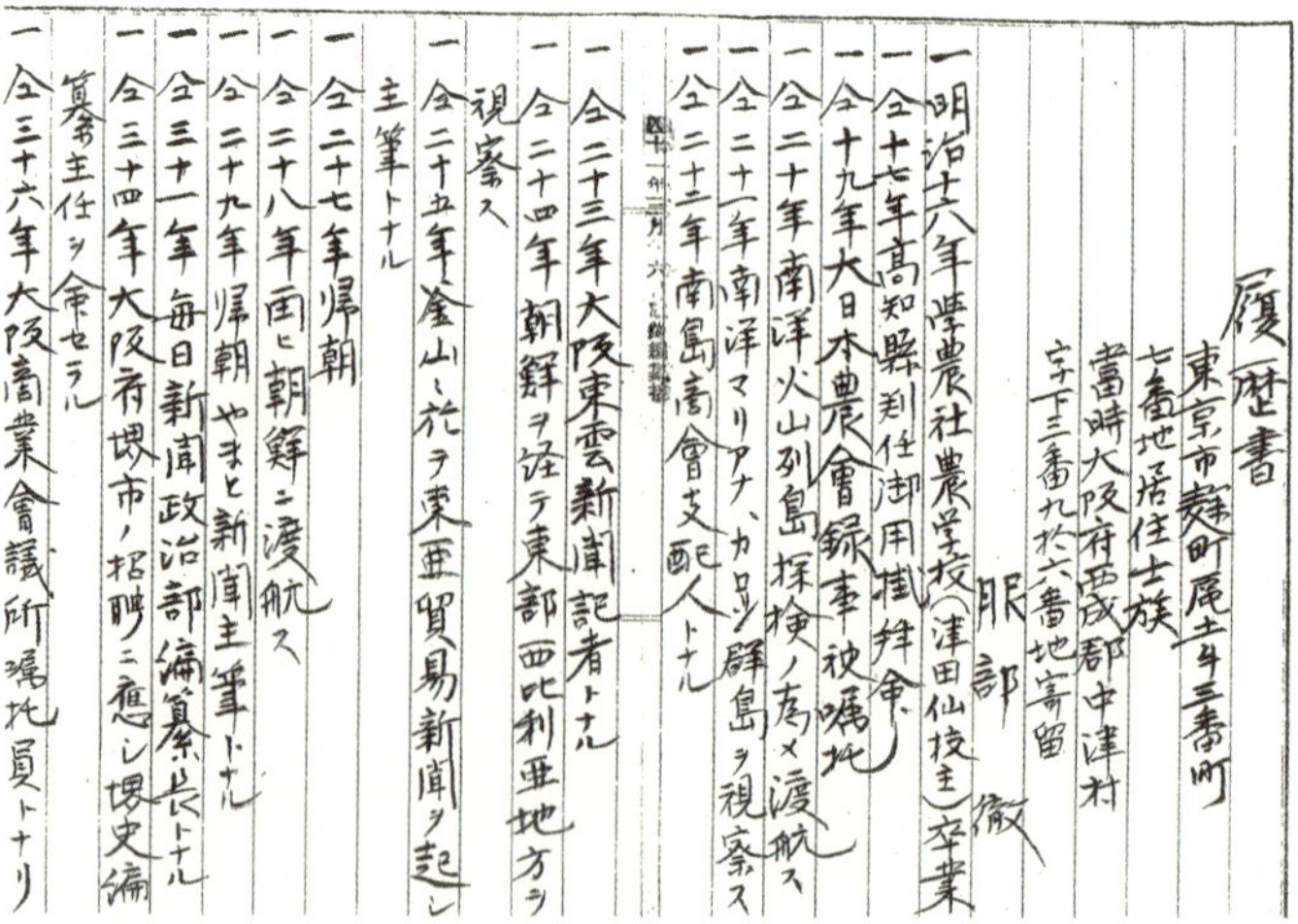
履歴書
東京市麹町区土手三番町七番地居住士族
当時大阪府西成郡中津村字下三番九拾六番地寄留
服部徹
一明治十六年学農社農学校（津田仙校主）卒業
一仝十七年高知県判任御用掛拝命
一仝十九年大日本農会録事被嘱托
一仝二十年南洋火山列島探検ノ為メ渡航ス
一仝二十一年南洋マリアナ、カロリン群島ヲ視察ス
一仝二十二年南島商会支配人トナル
一仝二十三年大阪東雲新聞記者トナル
一仝二十四年朝鮮ヲ経テ東部西比利亜地方ヲ視察ス
一仝二十五年釜山ニ於テ東亜貿易新聞ヲ起シ主筆トナル
一仝二十七年帰朝
一仝二十八年再ヒ朝鮮ニ渡航ス
一仝二十九年帰朝やまと新聞主筆トナル
一仝三十一年毎日新聞政治部編纂長トナル
一仝三十四年大阪府堺市ノ招聘ニ応シ堺史編纂主任ヲ命セラル
一仝三十六年大阪商業会議所嘱托員トナリ

写真1　服部徹自筆履歴書の最初の頁、1908年3月14付、外務省外交史料館所蔵

族／当時大阪府西成郡中津村字下三番九拾六番地寄留」となっている。

一　明治一六［一八八三］年　学農社農学校（津田仙校主）卒業
一　仝一七年　高知県判任［属官］御用係拝命
一　仝一九年　大日本農会録事被嘱託
一　仝二〇年　南洋火山列島［硫黄列島］探検ノ為渡航ス
一　仝二一年　南洋マリアナ、カロリン群島ヲ視察ス
一　仝二二年　南島商会支配人トナル
一　仝二三年　大阪東雲新聞記者トナル
一　仝二四年　朝鮮ヲ経テ東部西比利亜［シベリア］地方ヲ視察ス
一　仝二五年　釜山ニ於テ東亜貿易新聞ヲ起シ主筆トナル
一　仝二七年　帰朝
一　仝二八年　再ヒ朝鮮ニ渡航ス
一　仝二九年　帰朝やまと新聞主筆トナル
一　仝三一年　毎日新聞政治部編纂長トナル
一　仝三四年　大阪府堺市ノ招聘ニ応ジ堺史編纂主任ヲ命セラル
一　仝三六年　大阪商業会議所嘱託員トナリ保護貿易調査ニ従事ス
一　仝三九年　日本通信社ニ入ル
一　仝四〇年　大阪日報記者トナル

明治四一［一九〇八］年三月一四日」

服部の経歴の詳細は次節以下に譲るが、この略年譜から浮かび上がる大きな特徴として以下の三点をあげておきたい。①明治二〇年代初めは小笠原諸島以南の「南洋」への強い関心を有していた。他方二〇年代中葉以降は朝鮮、シベリア等へのいわば「北進」的関心をも強めている。②この間明治二〇年代に入り、「大阪東雲新聞」にはじまり合計六社の新聞社と関わりをもっている。十点余の著作をもつ服部が、ジャーナリスト的感覚と文才に恵まれた人物であることがうかがえる。③出身地土佐は歴史的に大阪を中心とする関西経済圏との関係が深いが、服部も人生後半の多くを大阪市内で過ごしている。かつ大阪の官・民諸機関の委託を受け、著述活動を行っている。④この履歴書を記してから約一か月半後に、服部は最初の対外関心地「外南洋」（東南アジア）に向け出立することになったが、そのことも服部の実践的「南進」論者としての生涯を象徴するかのごとくである。

2 服部徹の著作一覧

四五歳という当時としても比較的短い生涯ではあったが、服部は以下のような十点余の編著書を刊行している。

① 『田圃植物病記一班』桜東園蔵版、一八八六年
② 『日本捕鯨彙考』大日本水産会、一八八八年
③ 『小笠原嶋物産略誌』曲直瀬愛閲、有隣堂、一八八八年
④ 『田圃害蟲新説』有隣堂、一八八八年
⑤ 『日本之南洋』南洋堂、一八八八年
⑥ 『農業新論』博文館、一八九〇年

⑦『南洋策一名南洋貿易及殖民』村岡源馬、一八九一年
⑧『浦潮之将来』前田菊松、一八九二年
⑨『小説東学党』林市兵衛、一八九四年
⑩『南球之新殖民』博聞社、一八九四年
⑪『日韓交通史　上世史中世史近世史全』博聞社、一八九四年
⑫『浜寺公園誌』今井文岳堂、一九〇三年
⑬『通俗実験農芸大全』（共著）大日本興農会、一九〇七年

以上の他に筆者は未見であるが、服部「履歴書」の中には『堺大観』『楠氏遺蹟志』が自著として記されている。従来の研究史の中で服部徹は前述のように「南進」との関係で論じられることが多かったが、この著作一覧が示すように彼の関心は「南進」のみならずきわめて多岐にわたっている。その関心の方向を大別するならば、「南進」に関わるもの（③⑤⑦⑩）、「北進」に関わるもの（⑧⑨⑪）、農業・漁業に関わるもの（①②④⑥⑬）、その他（⑫）に分類できる。

こうした服部の多方面にわたる関心は、当時の日本を取り巻く内外の情勢にも大きな影響をうけながら推移していったことはいうまでもない。その傾向性を書題からうかがうなら、学農社農学校卒業まもない時期は農業や水産業といった第一次産業への関心が顕著にあらわれている。ついで一八八七年の小笠原諸島方面への巡遊を契機に、「南進」への関心を深めていく。それは明治二〇年代に隆盛をみる「明治期南進論」の高揚とも軌を一にしている。ついで朝鮮半島をめぐり日清関係、日露関係が重要な外交課題として浮上するにつれ朝鮮半島さらにはシベリア方面への関心を深め、実際にその地を視察したり長期に滞在するようになる。したがって服部徹とい

資料１　服部徹著作の書誌情報

	「自序」ないし冒頭・最終部分	奥付
①	明治19年仲夏　於江南桜井橋東　編者誌　高知　服部徹編纂	高知県士族，土佐郡中新町60番地
②	南溟漁者徹識	高知県士族，大日本水産会員 東京麹町区有楽町三丁目一番地寄留
③	南溟漁長　徹識　明治21年２月　梅蕾将ニ綻ヒシトスルノ時八重洲橋外ノ寓舎ニ於テ	高知県士族，東京日本橋区上槙町19番地寄留
④	桜東園主人徹識	高知県士族　土佐国土佐郡中新町60番地当時府下麹町区有楽町３丁目１番地寄留
⑤	南溟漁長　徹誌　明治20年12月10日　富嶽雪深ク品海波高キ夕京城寓舎ニ於テ	高知県士族
⑥	大日本農会員　服部徹著	欠
⑦	笠島［小笠原島］蠻徒図南居士　明治23年５月10日　夕陽芙蓉峰外ニ没スル時筆ヲ擱ム	東京府下小笠原島父島大村15番地居住高知県士族，図南居士
⑧	図南徹誌　明治25年８月20日　残熱尚ほ洗へす秋風未た到らさるの時浪華小桜橋畔ノ楊柳軒下に於て	大阪府西成郡豊崎村字本庄番外20番屋敷
⑨	日本明治27年３月，朝鮮開国502年春２月，於大日本帝国東京寓舎　雞林逐客図南居士識	服部徹
⑩	図南生誌	赤坂区氷川町33番地
⑪	図南　服部徹著	赤坂区氷川町33番地
⑫	図南居士編	図南居士
⑬	明治40年６月　東都羅府園に於て　著者識	編著者名なし

筆者作成

う特異な人物の全体像をみるには、「南進」論者としてのみではなく、「北進」との関係、さらには彼の調査活動の原点でもあった農業・漁業を軸とする産業立国論との関係も今後解明していくことが必要となろう。

また服部の人物像をみる上で、著作の自序や奥付等に記された筆名、肩書等も参考になりうるので、それを紹介しておこう（資料１、反復をさけるため書題は割愛し、前述の番号で表示）。

この一覧表から判明するように、服部は著作ごとに筆名を使い分けており、一字一句同一のものは③⑤著作の「南溟漁長徹」の二点のみである。（これに②「南溟漁者」を加えると三点）。いずれも最初期のもので、「南洋」に関わる著作である。全体的には服部が号とした「図南」を用いたものが六点を数えるが、表記は細かくみるといずれも微妙に異なっている。「南溟」にせよ「図南」にせよ、ともに「南（洋）」に関わる号であり、そこに土佐人服部の色濃い「南」志向を汲みとることができる。また服部は、幕末維新期に幼少年時代を過ごした下級士族（ちなみに①②③④⑦では「高知県士族」と明記）の子弟として漢文の素養を身につけていた。そのことは「梅蕾将ニ綻ヒシトスルノ時……」（③）、「富嶽雪深ク品海波高キ夕…」（⑤）、あるいは「夕陽芙蓉峰外ニ没スル時…」（⑦）「残熱尚ほ洗へす秋風未た到らさるの時…」（⑧）等々の雅文調の文言からもうかがえる。

服部徹は晩年に至るまで内外各地を精力的に巡り歩いているが、著作一覧からは小笠原島父島と記した⑦を除き、すべて東京ないし大阪で執筆を終えていることが分かる。ただし⑥は、最終ページに付記の形で「在大阪図南居士」の名で再版時に誤字の訂正をしたいと弁明している。東京では八重洲、有楽町、赤坂という今日の都心部に拠点を置いて執筆活動を行っていたことがうかがえる。

3　先行研究にみる服部徹

「図南居士」あるいは「南溟」を付した号を服部が多用したこともあって、これまでの彼に関する研究も、広義の「南進」との関連が強調されてきた。ここでは近年の日本における該分野の代表的な著作の中で、服部がどのように論じられているかを概観しておきたい。

一九七〇年代以降、本格化する戦後日本の「南進」研究の中で最初に服部徹を取り上げたのは、矢野暢著『「南進」の系譜』であった[4]。矢野は同著の中で、自負をこめてこう指摘する。「『南進論』の系譜の上にこの人物を位置づけるのは、おそらくわたしがはじめての筈である。それほど、この人物は世に知られていない。」「ひとりのかけがえのない『南進論』者として、この服部徹のことはもう少し研究されてしかるべきだと思う。少なくとも『日本之南洋』とか『南洋策』とか、これほどセンセーショナルな題名を自分の作品につけたものは、ほかにはいなかったのだから。」

その上で矢野は、一八八七（明治二〇）年の小笠原諸島等への視察後の服部を志賀重昂、田口卯吉、鈴木経勲ら広く知られた明治期南進論の先駆の一人として位置づける。とりわけ『日本之南洋』および『南洋策一名南洋貿易及殖民』を、服部の「勧業主義」に立脚した代表作としてその論点を整理する。矢野は服部の提示する「南洋」とは、列強が虎視眈々と膨張の機会を狙っているフィリピンおよび南洋群島であること、そして宗主国スペインへの抵抗運動が高まっていたフィリピンが他の列強の領有に帰すことになることに服部が強い危機感を抱いていたと指摘する（それからほぼ一〇年後、アメリカが新支配者となる）。

服部の議論とくにフィリピンに対する政策論には、「自由民権論者特有のかなり膨張主義的な主張」が認められるとしながらも、矢野は「母を連れ小笠原に住みつ」いた服部の「南進」論を侵略主義的なものではなく、彼自らが用いた「勧業主義」に立つ「貿易及殖民」志向型の南進論として位置づける（一八七頁）。「母を連れ小笠原［父島］に住みつ」いたとの記述は、服部の『南洋策』に序を寄せた横尾東作の一文に依拠していると思われるが、この「定住」についての確証は筆者は未見である。「住みつ」いたの語が示すほど、服部は長期にわたり父島に居住したわけではないことは後述する。

また矢野は、志賀重昂や横尾東作の強い影響を受けた服部を「南洋群島に日本の権益の焦点をぴしりと決めてみせた」人物と評価するが、服部の著作全体の中で捉えると、それは一時的なものであると言わざるを得ない。

清水元著『アジア海人の思想と行動』は、矢野著作から四半世紀近くを経て刊行された作品である(5)。同書において清水は、「平和的海外発展の主張は、服部徹によって最も直截に説かれている」と評価し、彼を恒屋盛服、横尾東作、依岡省三らと同じ榎本武揚の人脈につながる、「膨張主義的植民地主義」とは異質な「南進」論者と位置づける。そして服部の『南洋策』の中で提示された「拓地殖民策」の三パターン、すなわち①「新地発見策」、②「侵食略奪策」③「通商貿易策」を紹介し、服部を第三の範疇に属する論者だと理解する。経済史家清水は、幕末維新期の日本にアダム・スミスの自由主義経済学はつとに紹介され、しかも南進論者の多くは洋学に親しむ知識人であり、服部徹もその系譜に立つ一人であったと位置づけるのであった。

服部は自らの「通商貿易策」を「一名平和策」と呼び、それは「最モ平和ノ今日ニ適セル良策」だと提示していることに注目し、清水は服部を「いわゆる『アジア主義』的対外思想との対抗関係を強く意識していた」明治中期「南進論」者の一人であったと評する。換言すれば清水は、服部が重視するのは中国、朝鮮に代表される「アジア」ではなく、「日本の南方海洋に広がる地域…今日のいわゆる『環太平洋』地域こそが発展を目指すべき地域であった」と論じ、彼の南進思想においては「より普遍的かつグローバルなつながり」が強調されていることを重視する（一七〇頁）。その意味で自由貿易論に立つアダム・スミスらの「古典派経済学の世界」に属する論者だと服部を定位し、『自由交易 日本経済論』（一八七八年）『南洋経済論』（一八八九年）の著者田口卯吉との親縁性を強調する。

その田口は自ら士族授産金を得て南洋貿易に着手すべく南島商会を設立するが、服部は前述した履歴が示すように一時期ではあったが、一八八九年「南島商会支配人」のポストに就いている。このように清水は、服部の南進思想を「平和的・経済的発展」を志向するものと評価し、「アジア主義」的要素あるいは膨張主義との親和性が稀薄な論者として位置づけている。この点については、次に取り上げる池端雪浦の議論との間に若干の齟齬がみられる。また服部の東アジア、「北進論」との接点については、清水著作では考察の対象とされていない。

明治期日本・フィリピン関係史の観点から服部徹に注目するのが、池端雪浦である(6)。池端は『南洋策』にみられる服部のフィリピン関心を、①日本からのまたアジアの中での交通至便性、②スペイン統治下で「敢テ一歩ヲ我日本ニ譲ラザル」ほど「国運大ニ開進」していること、そして③近年ドイツが進出拡大をはかっているのでやがては独に商権を握られ、さらにはその領有に帰する危険性があることの三点から議論する。そして服部自らが「拓地殖民」の三類型の内「通商貿易策(一名平和策)」に立つと述べていることについて、池端は彼のフィリピン論の中には「南進防備」保障策の色合い、すなわち軍事的側面が強くみえると指摘する。その上で池端は、服部ら当時の「南進」論者のフィリピン関心は、貿易・殖民・日本の南進防備論の三者が一体化したものであり、さらに機会あらば日本人植民者によるフィリピン占領も視野に入れた野心的なものだとし、それは杉浦重剛、福本日南、菅沼貞風らと同じ「膨張主義的フィリピン関心の流れ」に属するものだと位置づける(九頁)。

服部徹を論じた先行研究の中で、小笠原諸島との関わりについてもっとも具体的に触れたのは石原俊である(7)。官船明治丸での巡遊直後に著した服部の『日本之南洋』を検討した石原は、彼が「皇州の南門」小笠原諸島に注目し、そこは「海陸の物産」と「良港湾」(父島二見港を指す)を有し、「物産的ニ軍備的ニ実ニ主要ノ良島」だとし、同諸島こそは日本の「南洋」進出の中心拠点だと位置づけたことを重視する。さらに石原は、『日本之南洋』に続く『小笠原嶋物産略史』においても(前述したようにこの両書のみを服部は「南溟漁長」の筆名で執筆)、服部が「将来ニ望ミアリテ我近南洋ノ経済ニ関係アル」小笠原諸島の水産物と陸産物を詳細に紹介していることも、彼の南洋関心が通り一遍のものではなく地についたものだと石原は示唆する。

石原著作も矢野著作と同様、服部徹が母を連れて「父島に移住」したことを重視し、同地で執筆した『南洋策』を小笠原諸島以南との「通商貿易」と「拓地殖民」を軸とする南洋群島経略の「策」を提示した書であると位置づける。ただし石原は、前述した池端が指摘した服部の「南進」論における「膨張主義的」な側面には直接的には言及していない、すなわち服部にあっては小笠原諸島以南への「領土的拡張」への志向は弱く、「社会的・経済的交通を乗っ取る」方式での進出を意図したものだと論じる（三二六頁）。その点では服部を自由貿易主義の延長で理解した清水に近いともいえるが、他方では池端論文と同じく新興ドイツの脅威を「小笠原諸島に居を構えた」服部は意識していた点についても言及を加えている。

服部徹を論じた以上四点の近年の主要先行研究を通じて得られる特徴について、最後に簡潔にまとめておきたい。

①四著作とも、服部を明治期「南進」論の主要な担い手の一人として位置づける。とりわけ矢野は、代表的な「七人の『南進論』者」の一人として、「意外に思う人が多いだろう」「世に知られていない」（一八六頁）としつつ、服部を志賀重昂、菅沼貞風、鈴木経勲、田口卯吉、稲垣満次郎、竹越與三郎ら広く知られた論者と共に並記している。

②服部が用いる「南洋」概念の対象として、小笠原諸島以南のポリネシアまで含む南洋群島、そして東南アジア島嶼部であることが論じられる。この地域の中で矢野は、「日本の権益の焦点をぴしりと決め」たと形容する南洋群島を重視するのに対し、池端はフィリピンに、石原は小笠原諸島に焦点をあてた服部論を展開している。

③「南進」に関する具体的方策については、服部を自由貿易論の系譜に立つ平和的拡張論者として位置づける

清水や石原と対照的に、池端は、「南辺防備」を強調する服部に「膨張主義的」な一面を見出している。

④四著作に共通するのは、服部をたんなる机上の「南進」論者とみるのではなく、今日流にいうならばフィールド調査をふまえた実践的な論者として描いていることである。また「南進」論との関わりでしばしば指摘される「アジア主義」的要因との親和性については、四著作とも明示的には言及していない。とくに清水は、服部らをはじめ明治中期の「南進論」者の多くは、「リージョナリズムを志向するのではな」く、自由貿易に立脚した「平和的海外発展」の立場からむしろ「『アジア主義』的対外思想との対抗関係を強く意識」していたと強調するのであった。

⑤服部徹の著作一覧からも明らかなように、彼は「南洋」関係の著述のみならず朝鮮半島やシベリア方面までも対象としている。「朝鮮問題」を契機とする対中国・対ロシア関係の緊張を背景とするものであったが、この「北進」との関係については矢野が一言触れてはいるが、従来の研究では十分な考察がなされてこなかった点である。だが後述するように、服部は二か年近く日本人の進出が本格化していた植民地化以前の釜山に「住みついた」経歴が示すように、「北進」とも深い関わりを有する「南進」論者であった。

⑥服部の自筆「履歴書」が示すように、彼は一八九〇（明治二三）年以降、六つの新聞社（在朝邦字紙を含む）に関わりをもった。この間数多くの記事を書いたと思われるが、今後はこの点についての検討も服部研究を深める上で不可欠であろう。また履歴書の冒頭に「学農社農学校（津田仙校主）卒業」とあるように、服部は同校創立者・校長の津田仙の薫陶を受け、農業関係の著作も著している。こうした前景も、服部の勧業主義的「南進」経綸論に一定の影響を与えていると思われる。その意味でも、次節で触れるが津田仙との関係、そして農学校での体験等についても今後さらなる考察が求められる。

二　土佐自由民権運動から学農社農学校へ

1　共行社社員として

服部徹の出身地高知県においても、前述のように彼に関する一次資料はほとんど残されていない。ただ血気盛んな十代後半の青年時代、自由民権運動の一大拠点土佐において、服部が共行社という政治結社に身を置いていたことは判明している。明治期土佐政治史家・島崎猪十馬の著作によりつつ、当時の状況をみておきたい。旧藩時代から「盛組或は何々組と称して、士格・軽輩各所に割拠分立し、集団を借りて行動」することを好む土佐の政治風土は明治期に入っても変わることなく、「市中の士族即ち時の智識階級に属する青年子弟の過半」は、こぞって各結社に加入するという状況であった(8)。

これらの結社は当初は「青年勉学の指導」が主であったが、明治一〇年頃から板垣退助主唱の自由民権論に共鳴し、薩長藩閥政治に対抗しつつ国会開設を要求する民権運動に合流する。嶽洋社、回天社、有信社等多くの結社が最後まで国会開設要求運動を持続した中で、服部が属した共行社はやがて独自路線をとるに至った。その共行社は、下級士族出身者が多く住む高知市内北新町に拠点を置いて活動していたが、一八八〇（明治一三）年一〇月、社長水野寅次郎が板垣退助と意見を異にし全社員を率いて土佐民権結社をたばねていた立志社（一八七四年結成、社長片岡健吉）から脱退分裂し、当時の政府与党に与することになった。その際一〇月一日付で発出された四〇〇〇字近い長大の趣意書からは、共行社の基本的な立場をうかがうことができる(9)。「今ヤ我党カ一邦範囲トスルモノハ何ソヤ、曰ク日本帝国是レナリ。嗚呼我党ハ日本ノ人民ナリ、豈此ノ邦土ヲ愛セサルモノナランヤ」と愛国の念を表明した水野は、その日本は今日「内憂外患」に満ちていると論じる。

「内憂」に関しては、「武門専治の流幣」の結果、「人心怠慢」「民情ノ畏懼」「進取ノ英気ヲ有セス、自由ノ衰亡ヲ見、自治ノ減失ヲ見ル」状態だと慨嘆する。また「外患」については、「今ヤ外人は虎狼ノ欲ヲ逞シ」くするの状態であり、「是レ何ソ、対等独立ノ帝国ニ於テ、其名アルモ豈ニ真実アリトセンヤ」と悲憤慷慨する。そのような現状認識をふまえ、「趣意書」は共行社が進むべき路線を展望する。「嗚呼急進ノ暴戻ハ…我党ハ之ヲ望マサルナリ…嗚呼漸進ノ改良ハ我党ハ之ヲ好ムモノナリ、我党ハ之ヲ望ムモノナリ」と自らの立場を表明した後、さらにこう続ける。「故ニ我党ハ斯ニ立憲王政ノ制度ヲ確立シ、爰ニ大ニ治国ノ大半ヲ固メ、天皇陛下ノ尊栄ヲ富マシ、着々漸進ノ規準ニ従ハント欲スル者、豈夫レ今日ノ時運ナルニアラスヤ。」

この「趣意書」にみられる「漸進ノ改良」「立憲王政ノ制度ヲ確立」、あるいは「天皇陛下ノ尊栄」等の語が象徴するように、共行社は「一局議院ノ制」を主張する立志社は日本の立憲王政とは相容れるものではない、との立場を鮮明にしたのだった。これに対し三日後の一〇月四日、片岡健吉は「分離状」を執筆した総代桐島祥陽にあてて、こう反論を送っている。

我党ノ為ス所一挙一行、一モ立憲王政ヲ希望セサルハ莫キヲ。然ルニ諸君ハ、我社ヲ誣シテ以テ共和政治党ト做ス。是レ実ニ怪ムベキノ至リナリ。故ニ小生ハ諸君トノ間ニ、旧来存スル、交誼上ヨリ、諸君ノ再三思アランコトヲ敢テ請フ(10)

これを受けて桐島は、同日付けで「小生等ニ於テハ、篤ト深考ヲ尽クシタルコトニテ貴論ノ如ク今更開悟云々ノ義ハ、却テ了解シ得サルコトニ候」と突っぱねた。

土佐自由民権運動の研究者外崎光広は、当時の『土陽新聞』(板垣退助創刊)等地元紙を追いつつ民権結社の動向を詳述しているが、一八八〇(明治一三)年一一月一四日付の以下の記事を紹介し、共行社の位置づけを行っている[11]。「高知県下共行社長水野寅次郎は先達立志社へ分離状を送りたるを以て同県連合会社より絶交せられたりしに右分離の功及び絶交の労を録せられにしや此頃内務省準奏任御用掛を拝命せられしと。」当局側による自由民権運動の分断工作の一端を物語る記事といえよう[12]。

このように共行社は、民権運動主流の急進派との訣別を表明し、「市の東部新町に籠居し、各社との交際を絶ち全く孤立」の内に活動を続けることになった。そして内部対立をくり返した後「いつしか壊滅」に至った（写真２）。土佐民権運動の研究者松岡僖一は、民権家の中で経済的基盤の弱い部分は政府からの援助に期待せざるを得なくなり、その結果「自由民権運動から脱落していかざるを得なくなった、共行社の運動からの脱落はその象徴的な事件であった」と総括する[13]。

なお島崎著作には、共行社社員として「故人」一五三名、「生存並生死不明者」一二一名計二七四名の氏名が記されている。そして後者の一人として服部

写真２　共行社本部跡、高知市北新町に1939年12月設置、筆者撮影、2018年２月

徹の名が登場する[14]。同書は服部歿後四半世紀を経ての刊行であるが、その時点でも「生存並生死不明者」とみなされていることからも、高知民権運動史（広くは県政治史）の中で、服部が忘却された存在であることがうかがえる。他方「故人」名簿の中には、一八八七年服部と同じく小笠原諸島巡遊に加わった依岡省三（一九一一年歿）の名も記されている。同世代の両者が十代後半を同じ土佐政治結社共行社の中で苦楽を共にし、その後は小笠原諸島を基点とする「南進」に深く関わり、やがて袂を分かったことは、土佐民権運動史との関係でも興味深いものがある[15]。

2 学農社農学校と校主津田仙

服部徹も少年社員として名を連ねた共行社が立志社と袂を分かったのは、一八八〇（明治一三）年秋のことであった。ただし服部が、その時点まで高知にいて民権運動に積極的に関わっていたかどうかは判然としない。当時の『土陽新聞』『球陽新聞』を検索しても、民権運動との関連では服部の名を見出すことはできない。

おそらくその最大の理由は、服部の上京そして津田仙が創設した学農社農学校への入学であると考えられる。前述した服部の「履歴書」の冒頭に書かれた事項は、「明治一六年学農社農学校（津田仙校主）卒業」となっている。同校規約によれば卒業には三年間を要するので、「共行社事件」があった一八八〇（明治一三）年には、服部はすでに上京していたことは確実である。この点との関連で『田圃害蟲新説』に序を寄せた同郷の南部義寿は、服部について「明治一三年彼笈を負つて上京…津田氏が開いた学農社［農学校］に入る」と述べている。

履歴書に校主津田仙の名をわざわざ記したことからも、二〇歳を前にした地方青年服部が、津田仙の大きな薫陶をうけたであろうことがうかがわれる（ちなみに一枚半ほどの服部の「履歴書」の中で、具体的人名として出てくるのは津田のみである）。事実、その後の服部の著述活動そして小笠原諸島への関与も、津田仙の存在と学農社農学校との関わりなしには考えられない。

幕末の佐倉藩士の家に生まれた津田仙（一八三七～一九〇八）は、慶応三（一八六七）年、三〇歳の時幕府特使小野友五郎の随員としてアメリカ各地を視察し（後に長女梅を七歳で米国に留学させるのもこの視察が契機、梅は津田英学塾の創立者）、「農は国本」であることを確信する。さらに一八七三（明治六）年、大蔵省勧農寮勤務を辞し、万国博覧会出席のためウィーンに赴き一〇か月近く滞在（万博事務局総裁は大隈重信、団長には大隈と同郷佐賀藩出身の副総裁佐野常民が任命）、高名なオランダ人農学者ホーンブレングから近代農学を学び、洋式農業の重要性、必要性を痛感して帰国する。そして帰国後まもない一八七五年九月、自宅近くの麻布東町二三番地に学農社を設立（翌年一月には機関誌『農業雑誌』を創刊）、あわせて日本で最初の農学校となる学農社農学校を開校した。そこに至る経緯は津田の言によれば、「（オーストリアでは農学を教授する大学もあるのに対し）古来農ヲ以テ立国ノ大本トナセル我日本国ニシテ未ダ一ノ農学ヲ修ムル学舎ナシトハ実ニ嘆ズベキノ至ニアラズヤト是ニ於テ明治八年一ノ学校ヲ東京麻布ニ設ケ之ヲ学農社農学校ト名［ヅ］ケ全国ヨリ数多ノ子弟ヲ募集シテ農学ノ教授ヲナシタリ」ということであった(16)。

「学農社学校規則」（明治一二年八月作成、国立国会図書館所蔵）の序には、「今現ニ入寮セル生徒百余人ニシテ之ガ教員タル者十有余名」であり、創立まもないにもかかわらず「本邦ノ農業ヲ開進シテ富国ノ基本ヲ興起セント欲ス」との抱負が記されている。農学校は予科・本科・外科の三科からなり、予科・外科は年限規定がないのに対し、三年間の「本科ヲ完了セシ者ヲ卒業生ト」みなすことが定められている。服部は履歴書に「明治一六年卒業」と明記しているので、逆算すると一八八〇年、まさに土佐共行社が岐路に直面していた年に学農社農学校に入学していたことになる。ちなみに正（本）科の授業科目をみると、農業初歩・農業新論、農業化学、農業経済学、牧牛学、家禽学、代数学、幾何学、実験等が組まれ、科学的知識に立脚した近代（欧式）農学を目標としていたことがうかがわれる。

近代日本最初の農学校として服部在学中の一八八一年に生徒数一七五名を数えた農学校も、後発の官立の札幌農学校（現北海道大学農学部）や駒場農学校（現東京大学農学部）が国家助成の下で制度的な充実を遂げる中、服部が卒業した翌一八八四年一二月には財政難のためはやばやと閉鎖を余儀なくされた。まだ多くの在校生が在学中であったが、勉学継続のため駒場農学校等へ転向するものも少なくなかった(17)。

農学校は消滅したものの、学農社の主たる事業であった啓蒙的機関誌『農業雑誌』の刊行は、その後も一九二〇年七月第一二二一号をもって閉刊するまで全国の農村を中心に広い読書層に支えられた。服部徹自身も、後述する日本農業に関する二つの短論を同誌に寄稿している。ただ服部との関係でみると、それ以上に注目されるのは、同誌がつとに小笠原諸島に大きな関心を寄せていたことである。その嚆矢が、創刊まもない『農業雑誌』第六五号（一八七八年九月五日）に掲載された論文である。小笠原諸島（硫黄列島を除く）が日本の版図に組み込まれてから、わずか二年後のことであった。ほぼ時を同じく、その年一〇月には、父島・北袋沢に内務省勧農局出張所が開設されることになっていた。その初代所長に嘱任されていた武田昌次は、着任に先立ち蘭領東インドを視察し、コーヒー・ココア・ゴム樹などの苗木を父島で試作すべく持ち帰った。

この論文の筆者名は記されていないが(18)、「小笠原嶋開拓の説」と題した論考は、「我内地に在ツて得可からざるの大利益を生ずる者は我日本所領中の唯特の小笠原嶋のみ乎」と力説してやまない（三二五頁）。そして「大利益」をもたらすであろう農産物として甘蔗、ゴム、キナ、龍眼、檀香木、樟、桂、龍舌蘭、オレンジ、レモン、ヤシ、パイナップル、バナナ等、当時の日本内地ではまだ商品化されていない（亜）熱帯産物産が具体的に紹介された。

農業のみならず漁業においても小笠原諸島には「大利」を期待できるとし、記者はこう述べる。「海産は鯨漁を首とし尚ほ頗る多く捕鯨其他漁業を営むの大利あるハ疑を容れざるなり。」このように海陸ともに新領土小笠原諸島は進出に価すべき地であることを強調し、「境土を広開し特産を増すは邦国公同の福利」だとしつつ、次のように指摘する（三三二頁）。

小笠原島の実況ハ概ね右の如くなるを以て有志者奮然として此に渡り或ハ漁等を執り或ハ前に謂ふが如き有益ノ植物を培養するを首とし且我が厳冬沍寒の候に於て茄子なり胡瓜なり西洋野菜なり之を作り之をつみだして東京横浜の間に売出すや…一己の利を得べきのみならず併せて国家に大功あるやを知るべきなり。

明治一〇年代初めに書かれたこの記事でとくに興味を引くのは、小笠原諸島の温暖な気候を利用して蔬菜を栽培し冬季の京浜市場に移出すべしとの提案である。後年開拓が進んだ小笠原諸島において砂糖ブームが去った後、一九三〇年代に入りこの蔬菜類の京浜市場への冬季移出が島民経済を大きく支えることになったが、その意味で半世紀前の『農業雑誌』に掲載されたこの記事は文字通り時代を先取りした観がある（第二章四節1も参照）。

小笠原諸島領有の直後に記者を同地に派遣したことが物語るように、学農社社長津田仙は、この地の産業開発に大きな関心を寄せていた。そして一八八七（明治二〇）年初めには、自ら小笠原諸島の視察に赴くことになった。なお先の記事と津田の訪島の中間期にあたる一八八三年には、小笠原諸島をめぐる次のような欧米諸国への対抗感情をむき出しにした記事もあらわれた（『農業雑誌』同年八月一一日）。「彼の北海道の臘虎漁と云ひ小笠原島近海の漁利と云ひ我が封境内の海産物にして碧眼児の攫去するに放任し我が邦人の顧みるものなきは何共遺憾の事ならずや。」

津田仙は一八八七年二月一〇日、東京府の委嘱を受け横浜出港の帆走船秀郷丸で約一か月の予定で「物産取調の為」小笠原諸島へ向かう（三月一五日帰港）。同船には新任の小笠原島司小野田元熙、父島で「牧畜製塩の業に従事」するアメリカ帰りの製塩家田中鶴吉らも乗船していた。社長津田の出立に先立ち、『農業雑誌』（第二五四号、一八八七年一月二五日）は、多大な期待感をこめて南島の果樹蔬菜の豊富さをこう紹介している（三八頁）。この記事のトーンは、前述した一〇年前の「小笠原嶋開拓の説」と同工異曲であることが一読して明らかである。

同島は気候、地質、物産等の内地と其趣きを異にし冬季と雖ども気候頗る温暖にして諸種の植物盛に繁茂しければ珍味なる果樹の生育するは勿論なる□只今日に於ては之を見る能□ざるは該嶋の天然□委して更□人労の及ばざること従て運搬の便未だ開かざるとにより故□是より其方法を需めて該島を打ち開き倍々其物産を盛にして東京へ運ぶに於て□古来より人々の口頭に浮ぶ所の正月二日の初夢に茄子は夢でなく実際に茄子の実物を見るに至るべく其他西洋の「クリスマス」（耶蘇の祭日）には萋々《いきいき》たる葉を持ちたる橙を捧ぐるを得べく又東京紳士の新年宴会にも瓜茄子、唐辛等凡て新鮮の蔬菜を食膳に供□るを得べし。

帰郷後まもなく津田仙は、「小笠原諸島の説」と題した署名入り論考を『農業雑誌』に三号にわたり寄稿している(19)。各号とも読者の関心を引くべく表紙には、海からみた父島の山なみ、奥村地区の欧米系住民の家屋や風景等が描かれている。第二七〇号では小笠原諸島の沿革略史に始まり、位置、地勢、人口、気候、人種等について基本的な情報を提供している。ある程度まとまった小笠原諸島「案内記」としては、最初期のものであった。

この内人口については、現在全体で七〇〇人（母島二〇〇人以上）に達していると報じ、こう所見を述べている

（二九一頁）。「近頃実際農業に従事せんとするものは母島に渡航する人多し是れ地質の豊穣なるの故なるべし母島の人民は殊に農牧を目的とする人人多ければにや人気も温和にして投機者の如き者少なき様に思はる。」

連載二回目の第二七一号で興味深いのは、住民についての所見である。まずは「外国人種の帰化」した人たち、即ち一八三〇年に小笠原諸島に最初に定住した欧米系やカナカ系の血を引く人たちを論じる。彼らの風俗は「概ね古陋野卑を脱れ」ないものの、「身体も頗る強健にして其平常の忍耐勉強力」は内地からの移住者と比べその三倍もあると敬意を表する。また「甚だ温和質朴」で「他人と争うことを為さ」ない彼らの暮し向きに触れ、「外国鯨猟船等の至るとなれば之また牛豚其他野菜菓物等を売込みて利益を得而して自分の土地財算を愛するの念深き…」と観察する。

他方「内地より移住」した住民は、この地の温暖な気候や生活に追われる必要もないため、安易に堕す傾向が強いとして、津田はこう描写する。「奮発して故郷を出で遥かに海に航じて此島に到る者も数年を経れば自から気力緩みて懶惰其性となり遂に火酒の為に生命を犠にする者多きは慨嘆に堪えざる所なり」（三〇六頁）。

小笠原諸島の開拓初期に訪島した「内地」人の観察は津田と大同小異であり、いずれも欧米系「帰化人」に比べ内地移住者が劣位にあると論じている。

ついで第二七二号では、小笠原諸島の鳥類、野豚、漁類、海亀等の生態やその経済的価値に関し、津田は農学者らしい観察を行っている。たとえば山中に棲む野豚については「猪の如く双牙」をもつが獰猛ではなく「肉味家豚に似て脂肪少な」く、飼育して数代にわたれば経済的にも有用であると説く。魚類については、「鯛」「鰹」「鰺」等は内地と大同小異だとし、小笠原諸島近海に多い「鱶」については、漁人は尾鰭は乾物にし、肉は大体投棄し「油をとって樽詰とし鰭と共に輸出」していると観察している。母島近海に多く見られる鯨については「従来外国捕鯨船来りて之を猟し唯油のみを取」り肉は投棄するのが実情であること、そして「本邦人未だ之を猟する者なし」と嘆息する（三三二－三三三頁）。

津田仙は上記三回にわたる「小笠原島の説」に続き、『農業雑誌』第二七三号（同年八月五日）において、「小笠原島民並びに同島に移住せんと欲する諸君に告ぐ」とややふりかぶった題名の一論を寄せている。この号も表紙には、二見港から見た父島の山々が描かれている。四号にわたり父島の自然や家屋が同誌の表紙を飾ったのも、当時の雑誌としてはきわめて稀なことであり、それだけ津田の小笠原諸島にはせた〝夢〟が大きかったことを物語っている。

この第二七三号は三回にわたり連載した視察所見をふまえ、今後の小笠原諸島への積極的な進出を提言したものである。まず冒頭で津田は、他日「某貴顕」と面談した折、小笠原諸島に政府は毎年二万円の補助金を支出しているのに対し、同諸島の産出額はわずか五千円にすぎず、これでは「日本の厄介島たるを免れず」なんとか改善する手立てはないか、と問われたことを話題にする。

この苦言をふまえ津田は、ここでも「四時気候の温暖」な同諸島の特質を生かし「野菜類を作りて内地の季節に先立ち汽船にて［京浜市場に］送る」こと、とくに「野菜類ほど需要の広くして且つ利益あるものは無し」と強調してやまない。しかも近年東京を中心に鉄道網も各地に延長され、今後より一層の販路拡張が見込まれる、と付言する。ただ津田は、小笠原諸島との間の海運に大きなネックがあるとし、従来年四回帆船が往復するだけであるのを、「何時にても往復」可能な汽船による定期航路の整備拡充が急務だと説くのであった。

蔬菜類の移出に加え、もう一つ大きな期待が寄せられるのは漁業であるとし、津田は「同島近海の漁業に着目して鯨、鱶等の巨利を収むべし」と説き、魚類豊富で広大な太平洋は「殆んど無尽の府」だと断言する。

また日本領有後まもない小笠原諸島では、住民はまだ納税の義務を免れ「国民たるの権利」をもたない状態におかれているが、各地から移住した人々はこの地でひともうけしたら故郷に戻るのではなく、「同島に物産の繁殖を努め各自家に蓄財を積み」「其地を以て墳墓の地と頼み将来此地の繁栄を求めて子孫の為に遠大な謀を為」してほしい、そしてそれが将来的に「人民自治の権利を完うし国家の為に尽するなるなり」と期待感を表明するのであった。その一方、当時急進的な禁酒運動の先導役としても知られた篤信のキリスト教徒津田は、ここでも「同島人民に向けて告ぐべき」は耽酒の幣を一掃することだと訴えてやまない。彼には「風俗の廃退其他百害の源は全て耽酒」にあり、との強い信念があった。

一か月にわたり「父島母島を跋渉」した津田仙は、その所説を次のような一文で結んだ（三四〇頁）。

思ふに小笠原島の開拓せられて殖産の盛んならんとするは今将に其時運に趣けり本島に在るの諸君及び同島に志あるの諸君は今日に於て速に其望みある地所を得て之に着手せらるべし本島の面積には限あり今日を猶予し他人に先んぜられ一度人の占むる所となれば他日に至り臍を噛むも其甲斐なかるべきなり。

この提言から約二〇年を経た一九〇六（明治九）年、津田は自らの言を実行に移すかのように、父島の中心地大村・字東町九八番地に、一反のみではあるが土地を購入したのであった。死去二年前のことであった（「旧土地台帳　小笠原村父島」東京法務局所蔵）。

3　学農社農学校卒業後の服部徹

一八八三（明治一六）年に学農社農学校を卒業した二〇歳の服部は、土佐に帰郷し翌年「高知県判任御用掛」を拝命した。ついで一八八六年には「大日本農会録事」に任じられ、服部編で『田圃植物病記一班』という書を著している。翌一八八七年秋には南洋巡視団に加わるので、帰郷後三年強ほどの高知在住であった。当時の彼の活動に一端については、断片的ではあるが地元紙の記事からうかがうことができる。

高知市立自由民権記念館が編纂した県内紙記事目録を検索すると、服部関連の記事は『土陽新聞』に三点、『彌生新聞』に二点の計五点であり、それもすべて一八八四年四月に集中している。時系列的にその要点をみておきたい。

「勧業同志大懇談会」と記された見出しの記事（『彌生新聞』一八八四年四月七日）は、来る一三日に高知市内の料亭得月楼（現存）で上記の会合を開くので「同志諸君は来会あれ」との案内で、参加者は発起人ないし得月楼まで連絡ありたしと記されている。服部は、その発起人三八人の一人として名を連ねている。帰郷翌年とはいえ、若くして自由民権運動の末端に名を連ねた経歴をもつ服部は、そうした能動的な性格の持ち主であったかにみえる。

ついで四月一五日の同紙は、予定通りに一三日に玉水新地得月楼で上記大懇談会が開かれたことを詳しく報じている。当日は午後三時ころから「会員続々来聚し夫れより互に勧業上の談話に時を移」す中、ようやく定刻六時を回ってから開宴となる。集まる者三〇余名、発起人代表として服部が開会の趣旨を述べる。その辞に先立ち中澤籾作が発言を求められたが、同紙はその主旨をこう報じた。

「我県下に商工会議所を起さん事を望むとの意を演説せられ且之を起さんには先づ苦［倶］楽部と云ふを置き夫より漸次之が組織に着手せん…。」服部の開会挨拶が終わるや否や、一同は「会員互いに杯酒の間に十分に歓を尽し且酌み且談じて全く解散せられしは午後九時過にて…」という盛会ぶりが報じられた。ただ、記事は「但し此日雨天にして遠方よりの来賓無かりしは甚遺憾の事にてありし」と結んでいる。

他方、『土陽新聞』（同年四月一五日）も、一三日に「勧業同志懇談会」が開かれた（ただし「大」は付されず）ことを報じるが、細部に関してはより詳しい『彌生新聞』と比べ、若干異なった報道となっている。即ち会場は「玉水新地の得月楼」ではなく、「上の新地陽暉楼」となっており、また服部の開会の辞の後に（前ではなく）中澤菿作が「高知苦楽部」の設立を提案したとなっている。その差異はさておき、地元紙からみれば「土佐発の殖産興業」を内側から促そうとする動きを歓迎すべきこととみなしたのだった。

こうした勧業熱の高まりと関連し、『土陽新聞』は、時を同じく持ち上がった「高知水産会」発足に向けての動きを報じている（一八八四年四月一五日、四月一七日）。これは県下にすでに勧農会設立の気運が盛り上がり賛同者も少なからずいるのは喜こばしいが、本県物産としては水産物も重要であるとの観点から「水産会発足の主意」が発起人の名で出されたことを報じたものである。この趣意書は同年四月一〇日付で一三名の発起人名で出されており、その中の一人が服部徹である。

そこにはかつての藩政時代にあった水産資源の「保護法」も近年廃絶され、魚床も絶滅しようとしているとの危機感が表明されている。そのため「水産懇話会」を設立し、「魚苗の保育蠣田及珠母場（シンジュバ）ノ築設珊瑚蟲ノ播種等都テ水産ニ係ル事業ヲ奨励」すべく研究を深め、「本県将来ノ富澤を開」くことが趣旨であると謳われている。服部に即していえば、二年後の大日本農会への関与とともに県内の勧業に意欲を燃やしていたことがうかがわれる。

高知時代の服部の農学専門家としての著作活動の一成果が、前述した処女作『田圃植物病記一班』ならびに『田圃害蟲新説』の編纂である。前者では「虫害ト病害ノ植物ニ於ケル其関係スル所原同一ニシテ」と指摘され、虫害八〇余項について説明がなされている。その序には前述したように、「明治一九年仲夏　於江南桜井橋東　編著

誌 高知 服部徹編纂」と記され、また奥付には「高知県士族　服部徹　土佐郡中新町六〇番地」と印されている。

二〇歳代初めの血気盛んな青年服部は、故郷土佐の勧業分野に積極的に関わり多忙な時期を送っていた。その服部がいかなる契機、目的をもってふたたび帝都東京に向かったかについては確かな情報はない。ただ恩師津田仙をはじめ農学校時代に築いた人間関係、あるいは修得した学術知識を活用し、より大きな舞台で羽ばたいてみたいと思うのは、彼のような活動的な知識青年にとっては自然の成り行きであったともいえよう。

服部は、一八八七年はじめに学農社機関誌の『農業雑誌』に短論を発表している。「明治二〇年以後の農況果して如何」と題して二回にわたり執筆したものである（第二五二号、第二五三号）。この論考を服部が高知で書いたのか上京後に書いたのかは定かでないが、その論題からは彼の視線が、土佐を越えて日本全体に向けられていたことが分かる。なによりも重要なのは、この学農社機関誌への執筆を通じ、彼が津田仙との師弟関係を物理的にも復活させたことである。この論文が掲載された『農業雑誌』の刊行と相前後して、津田は東京府の委嘱で小笠原諸島に視察に赴くが、その出張と服部の爾後の小笠原諸島への関与は密接につながっていることはいうまでもない。

それでは日本農業を展望したこの論文で、服部はどのような所見を述べたのかを手短かに整理しておきたい。ここには服部の当時の考え方を知る上でも、興味深い論点が散見される。前篇においては、①日本の地主・小作関係の現状とイギリスとの比較、②国会開設が日本農業に及ぼす影響、③内地雑居・条約改正と農業との関係が主として論じられる。

①に関し服部は、日本の農村社会の封建的体質にきわめて批判的である。この点は欧米的農業を導入し、それを通じて日本社会そのものの近代化を希求した恩師津田仙の影響が強く感じられる。服部は「地主は貪欲最も飽

くことを知らずに小作人の利便を図らざるは勿論如何なる不虞の天災ありて為に損害の小作人の頭上に墜落するとなるも地主は頑として顧るの状［情］に薄い」のが、伝統的な日本農村の現状だときびしく非難する。一方、地主がそうであるが故に「小作人も亦往々狡猾私を営み唯だ己を利するの一方を知りて地主の損失迷惑を顧みざるもの多し」だと指摘する。こうした現実を前に服部は、その具体的解決策を提示することはしないが、次のような憂慮の念を表明する。

是を以て地主と小作人の間に生ずる紛議の如きは常に珍しからざることにして苟も日本農業の改良と進歩を企望するものは誰が観て以て此状況を憂ざるものならんや…。

そうした日本の実情と対比しつつ服部は、イギリスの大地主とりわけ「有為なる貴族の地主」は、一時的に自分たちに不利益をもたらすことがあっても「小作人の利益となり便宜」をはかり、その対応の仕方は「恰も家人の如く愛児の如く」であると賛辞を送る。そしてそうした社会的背景があるからこそ、イギリスは「農具及び肥料を始め耕転の法に至るまで」急速に進歩し、「大英国富強の基」を築いたのだ、と服部は論じる。その指摘が事実であるか否かは別にして、こうした見方は津田仙をはじめ学農社の運営に関わった知識人の間に共通してみられたものであった。その点との関連で、先行研究にみられる津田仙についての次のような評価も一つの参考となろう[20]。

津田仙は単なる農業技術の改良を意図していたのではなく、国の産業の根幹であり、国民の大多数がそれに従事している農業を根本的に近代化し、それによって農民社会の封建性を一掃し、ひいては日本の社会構造の近代化をめざしていたのである。

②に関し、学農社農学校に入学するに先立ち土佐民権運動に関わった服部にとって、数年後に実現するであろ

う「国会開設」という「日本未曾有の挙」はきわめて重要事であると受け止められた。それにより「政治、文物を始め事々物々之が為め大に我国の面目を改むるもの」と大きな期待を寄せた。服部は、国会開設という重要な出来事が「我農業上に於ては如何なる影響を被るべき乎」につき予告することは出来ないと留保しつつも、「必らずや又其影響を受くるの尠少ならざるやを知るべき」だとひそかな期待を寄せるのであった。

③は、当時の日本で大きな政治的社会的争点となっていた条約改正による居留地制度を撤廃した後の「内地雑居」問題に関連する。服部は条約改正により居留地制度が撤廃された後の近き将来、内地雑居が「決行」されるであろうと仮定しても、「直接我農業上に於て其影響を及ぼす程のことはあらざるかと想像せり」と述べる。それは何よりも、日本農業が「小耕作にして耕転糞培の方法たる如何にも簡なる」特徴をもつので「他の工業或いは商業」分野では「いざ知らず」、農業においては外国人の関心をひくことはないであろう、との見立てである。

以上のような議論を受けての後篇での服部の所見を紹介する。ここでは前篇の内地雑居との関連で、外国人（主として欧米人が対象）の日本農業への参入が主題とされている。日本の農家が習熟する水田耕作への進出は外国人が関心を寄せるものではないが、彼らが「其志を充すに足るべき一地方」があり、それは「東奥北海の地」だと服部は指摘する。明治に入りすでに「耕鍬に着きたる」地は少なくないものの、関西地方と比べれば、「東奥北海の地」はまだまだ開拓の可能性が大きく、また「地質最も肥沃」な地だと指摘する服部は、外国人の「活発なる此英敏なる勇気と志操を以て」するならば、「豈何ぞ我東奥の寒北海の雪を見て其志を挫くが如きことあらん」と展望する。そして彼らが着目するのは水田耕作ではなく、「牧畜の事業是なり」だとし、これこそが彼らがもっとも習熟している分野であると強調する。

他方、日本農業においては牧畜の事業はないも同然で、農家はせいぜい一～三頭の牛馬を「農用又は運搬の用」

として使役するだけであった、と服部は述べる。維新以降日本ではようやく肉食の習慣が始まり「人々昔日の迷夢を破り牛馬又は羊豚の牧すべきを知る」に至ったが、まだまだ「此等の大業に向て其志を還ふ」する段階には至っていない、そしてそのことが外国人企業家が、今後の需要増を見込んでこの分野に大きな関心を寄せる要因となっている。そのような現状分析を行った上で、服部は次のような提言をするのだった（三六頁）。

…本邦人の為め計るには須らく速に彼の地方［東北・北海道］に決行し勇意此事業を起し以て外人に先ずるを利なりとするなり然るべきは縦令外人が已に内地に雑居するの日に於て志を此に逞くせんと欲するも所謂先ずれば人を制するとの諺に違わず必ずや独り外人をして其利を私しする能はざらしむべし故に苟も志あるものは予じめ今日に於て茲に着目して以て厥然奮起すべきの秋と云ふべきなり。

服部はこのように志ある日本人に農業近代化の一環として、はたまた新分野開拓の一法として新たなフロンティア拡大を国内の「北進」によって推進しようとしたのだった。こうした議論も、牧畜をカリキュラムの中で重視した学農社農学校の影響を受けてのものであり、かつ欧米式農業の導入を重視した校主津田仙の教えをふまえてのものであった。また上の議論からも明らかなように、「内地雑居論争」において服部は内地雑居に反対するというよりも、欧米諸国からのいわば外圧を利用して国内の経済開発を促進することが可能との立場をとっていた(21)。

ただし、ここでの議論からも明らかなように、服部はこの時点では北方日本へのフロンティアには関心を示したが「南洋」についての関心は示していない。彼が小笠原諸島以南の地域に関心を向けることになるのは、この論文発表とほぼ同時期になされた津田仙の小笠原諸島視察が重要な意味をもつのであった。

三 「南進」論者服部徹の誕生

1 『日本之南洋』と金玉均との「邂逅」

一八八七（明治二〇）年一一月、服部徹は「南洋火山列島［硫黄列島］探検ノ為メ渡航ス」（「履歴書」）ることになった。東京府当局の委嘱を受けた津田仙が小笠原諸島巡察から戻ってから、わずか八か月後のことであった。無名の青年服部が高崎五六東京府知事に率いられた形のこの視察団に参加できたのは、東京府上層部とも緊密な関係にあった津田仙の推挙によるものであったと思われる。同時にこの視察の実質的な主唱者であり、当時服部が私淑していた旧仙台藩士の「南進」論者横尾東作の〝ひき〟もあった。横尾は逓信相榎本武揚の知遇を得ていたが、一行が乗船した明治丸も逓信省灯台局の所属船であった。この官船明治丸による視察団は、一八八七年一一月一日に横浜港を出港、同月一七日に帰港する。訪問地は、「三宅島、八丈島、鳥島及小笠原島ヲ経火山群島」までであった(22)。

父島・母島を先に視察した津田は、前述したように『農業雑誌』第二七三号の論文の中で「小笠原島の開拓せられて殖産の盛んならんとするは今将に其時運に趣けり」と宣し、同島への進出を促したが、服部も師のその一文に触発された形での初渡航であった。ただ父島・母島のさらに南に位置する硫黄列島については、高崎視察団の知事周辺では「殖産の目的なき無用の島地と断定せざるを得ず」との感触を得たのだった(23)。

しかしながら二四歳の青年服部にとって、この巡遊は彼の南洋関心に一挙に火をつけたようで、帰国直後に視察体験をふまえて『日本之南洋』を刊行する。一八八八年早々に出版された同書に続き、服部は同年三月には編著『小笠原嶋物産略誌』、四月には前編後編からなる『日本捕鯨彙考』と題した大著を矢継ぎ早に世に出している。

いわば小笠原諸島巡遊を契機とするこの一八八八(明治二一)年は、「南進」論者服部図南の誕生した年となった。ちなみにこの三点中最初の二点は「南溟漁長」の号で、もう一点は「南溟漁者」の号で執筆されている。より明確に南洋関心を表した号「図南」が登場するのは、一八九一年刊『南洋策』以降のことである。

二週間余の訪島視察の報告をかねた『日本之南洋』の自序において、服部はこう強調する(句読点、引用者)。

伊豆諸島及小笠原島ハ我皇州ノ南門ニシテ殊ニ小笠原島［父島・母島を指す］ハ地熱帯ニ近ク地形風物自ラ内地ト異ニシテ別乾坤［天地］タリ、草木稠茂鱗介群棲シテ海陸ノ物産乏シカラス殊ニ良港ノアルアリ物産的ニ軍事的ニ実ニ主要ノ良港ト称スヘシ。

小笠原諸島の中心父島は二見港という天然の良港に恵まれ、経済的にも軍事的にも「皇州ノ南門」であると確信した服部は、同時に欧米列強もこの海域への勢力拡大を虎視眈々と狙っていると察知する。同書に序を寄せた志賀重昂が、その著『南洋時事』において列強の南洋への野心に警告を発したごとく、服部も「我近南洋」＝小笠原諸島も同じ状況下にあり、ここを「一孤島ヲ以テ目シ敢テ本土ノ安危ニ感セサルカ如キ妄想」をいだくならば、将来に大きな禍根を残すことになる、と自序を結ぶのであった。

日本領土に編入されてからまだ一〇年余の小笠原諸島において服部が大きな関心を寄せたのが、初期社会を構成していた「移住人と帰化人」の違い、今日風にいえばエスニシティをめぐる問題であった。一八八二(明治一五)年までに望むと否とにかかわらず日本国籍に編入させられた先住の欧米系やカナカ系住民(「帰化人」と総称)は、服部らの訪島時父島には七六人、母島には九人、合計八五人と決して多くはなかったが、彼らの存在は初めて「内地」の外に出た服部には強い印象を与えたのであった。彼らの暮し向きを観察した服部は、その家屋については「数尺ヲ堀リ柱を建テ棟桁等ヲ組ミ屋上ヲ葺クニ総テ蒲葵葉ヲ」もってする簡素なものであり、また「家屋ヲ住室寝室ノ二区トシ厨庫皆屋ヲ別ニス什器ハ略欧州風」にあしらえてあると描写する（八〇頁）。

彼ら「帰化人」の生計の糧については、定職といったものはなく「穀菜ヲ作リ牛豚山羊家禽ヲ蓄ヒ蠵亀ヲ捕ヘテ塩蔵シ或ハ池中ニ蓄フト終歳自家ノ食トナスノミ」と自給自足的な色合いが濃いものの、中にはラッコ船や捕鯨船に雇われ賃金を稼ぐ者もいると述べる。また二見港に薪水補給のため寄港する欧米の捕鯨船も数多くあり、「之ニ就キ野菜雞豚蠵亀ノ甲等ヲ以テ衣服器什等必用ノ物ト交易ス」と観察し、初原的な交易経済が生計の基礎となっていることを指摘する。

他方、同年一〇三七人（父島七四七人、母島二九〇人）と千名を越えた国内各地からの移住者については、「此等ノ移住人ハ率テ八丈島、伊豆諸島辺ノモノ多ク」と述べた後、その他各地からの移住者には、内地で食いつめたものが多いことをこう記す。「内地ニテ破産失敗ノ徒ニシテ永久不抜ノ卓見ヲ以テ此島開拓ノ基業ヲ謀ルモノハ甚タ少ナク営々トシテ目前ノ浮利ヲ謀ルモノ多シ故ニ目今移民中真ニ開拓殖民ノ道ヲ営ミ永遠ノ希望アルモノト眼前ノ浮利ヲ謀ルモノ二派ニ分レリ。」

このようにいささかきびしい視線を内地出身の島民に向けつつ、さらに服部は「（彼らの）人気ハ頗ル軽薄ニシテ懶惰ナリ気候温暖ニシテ衣服多キヲ要セス食物ハ米穀ノミ充足セハ其他ノ魚類蔬品ノ如キ些少ノ労力ヲ以テ自ラ漁シ自ら耕シテ自家ノ需要ニ供スルニ足ルヘキヲ以テ其他ヲ謀ラス…斯ル無頼ノ徒ナルヲ以テ単ニ今日ヲ計テ又明日ヲ知ラス所謂遊々閑々日ヲ消スルモノナレバ移住人カ産ヲ積ミ資ヲ嵩ムルモノアルヲ聞カス」と開拓初期の「内地人」社会を突き放すのであった。

服部は、このように小笠原社会の「帰化人」と内地「移住者」のそれぞれの特性を観察した後、両者を比較し「帰化人ノ処世移住人ニ勝ル数等ナルヲ知ラス元来此移住人中大数ヲ占ムル所ノ八丈島人ノ如キハ我国人中最モ文化ニ感化セサル所謂蒙昧ノ種族ニシテ…」と酷評する。その上で今後の展望として服部は、こう述べるのだった。「嗚呼此島ノ前途恐ルヘキハ此帰化人ニアルナリ移住人ニシテ今ヨリ之ヲ戒メ而シテ勉メスンハ終ニ彼カ奴僕タルヲ免レサルヘシ…。」

いささか極論するならば、服部は主に欧米にルーツをもつ「帰化人」のライフスタイルの奥底に欧米的（「近代的」）な文明の根痕を認め、自らもその側に立って内地移住者の後進性を批判するという「脱亜」論的立場を無意識にうちに露呈させるのであった。

「日本之南洋モ多事ナリ」と力説するように服部は、小笠原諸島のもつ地政学的な地位にも関心を向ける。ただし服部は日本領となった小笠原諸島は「野蛮蒙昧ナル土蕃カ棲居スル南洋群島ト」異なり「一島ノ施政確然トシテ整ヒ其ノ人民モ亦幾分カ教化ニ服浴」しているので、あえて列強に抗すべく「殊更之レニ備フル」必要はないと論じる。その一方服部は、列強による「拓地殖民政略ノ盛ナル今日ハ」些細なことをきっかけに「妖雲惨怛殺気天ヲ蔽フ日」がくる可能性も否定できないので、「海防ノ事ハ実ニコレ治ニ居テ乱ヲ忘レサル」ことが肝要であると説き、「当路者以テ如何トナスヤ嗚呼当路者以テ如何トナスヤ」と声高に訴えるのであった。

小笠原諸島を「我カ皇州ノ南門」と捉えた服部であったが、先の議論からも明らかなように、彼はこの「南門」からの軍事的な「南進」を提唱するのではなく、「皇州」を外敵から守るべき門だと理解したのであった。約言すれば専守防衛の要衝と位置づけたのであった。また興味深いことに服部は、幕末近く未だ帰属国が定まっていなかった小笠原諸島の海防を説き、その対外関心故に幕府の禁忌にふれた仙台藩士林子平を国際的な視野をもった先覚者の一人として評価している。

服部の「南進」思想における「アジア主義」性との関連で、彼の父島訪島当時その地に配流の身であった朝鮮人民族主義者金玉均について一言触れておきたい。金玉均、朴泳孝ら独立党による甲申政変の失敗後、一八八四年暮れ日本に亡命した「親日派」指導者金玉均であったが、対清関係悪化を憂慮する日本政府の手で、一八八六年八月九日父島に移送され幽閉の身となっていた（一八八八年一月母島へ、同年八月札幌移送、九四年三月上海で暗殺）。

金玉均追放に至る政府当局の判断は、同年八月二日付の井上外相から山県内相への次のような照会から汲みとれる(24)。「内地より隔絶せる小笠原島に送致し、夫々取締致置候へば…内国之治安を妨害し、外交を障碍する之憂も有之間敷と存候…同島在島中［従者四人同行］は難民救済規則に依り取扱候外致方無之と存候…。」

このように官憲監視下におかれたものの、離島ということもあり金玉均は、「難民救済規則」の範囲内である程度の行動の自由は許されていた。日本国内でも甲申事変以降の名士金玉均の動静は同情の念をもって大きく報じられており、服部もその名は熟知するところであった。

そのこともあって短い訪島期間中のある一日、服部は「寂莫タル風光地…前ニ野羊山ヲ望ミ港内ノ眺望極メテ佳絶」の地扇浦に閑居中の金玉均と面談の機を得たいと、その居宅を訪れる。しかし不在のため面会がかなわず、大村の寓居に戻ると外出中に金玉均その人が訪ねてきたことを知らされる。服部は応対に出た者に金玉均の様子をきき、こう書き留めた（四九頁）。「同氏ノ容貌ハ全く日本人ノ如ク言語モ亦ヨク通シ一言一語ノ間威風凛々トシテ当ルヘカラス慷慨ノ気自ラ顕ハレ其人ニ接シテ益々欽慕ノ情ヲ厚カラシム…。」

この賞賛の言葉を首肯しつつ聞いた服部は、放逐中の朝鮮人志士への親近の情を隠そうとせず、次のように述べるのだった。「金氏カ此孤島ヲ出テ朝肆廟堂ニ入ルノ日モ亦ナシト云フヘカラス憐ムヘキヤ英雄ノ不遇ニアリ金氏請フ自愛時機ノ至ルヲ待テ。」その「時機ノ至ル」ことは無論かなわなかったものの、指摘しておきたい点は、服部は決して「アジア主義」的な政治的連帯感から彼に接近したのではなかったということである。

この点は、大井憲太郎ら自由党系壮士の「朝鮮改革運動」にも関わった玄洋社員の「アジア主義者」来島恒喜らの金玉均との接触とは決定的に異なっていた。頭山満にもつながる大井らの動きに対し「政府の警戒甚だ厳に、密偵飛ぶが如し」の状況下、来島は「的野［半介］、竹下［篤次郎］と共に小笠原島に航し、其厄難を免れるに至」った(25)。それは金玉均配流の四か月前、一八八六年四月中旬のことであった。

彼らは「小笠原亡命」に先立ち協議を重ねたが、来島は「苟も我国民にして東邦経営の任務を全うせんと欲せば亦併せて南洋経営の設備を僻る可からず」との立場から、こう論じていた（註25著作、六八頁）。「（われわれの東方問題に対する「政府の圧迫日に甚し」い中）吾人は、世上の閑却する南洋方面に於て探検の実を挙げ宝庫を発見し利源を開発し由て以て徐ろに東邦問題に対する準備の策を講ぜんには。而して其第一着として小笠原島に航し其方針を定むべし。」

すなわち国内で頓挫した金玉均、朴泳孝らと提携しての「東方問題」解決を小笠原諸島を拠点に実現しようとの趣意であった。いわば彼らが政府に対する抵抗の拠点とみなした小笠原諸島に、その政府の手で「危険人物」金玉均が追放されてきたのだった。彼らは奇遇を喜ぶとともに「日夕相往来して前途の運命を策」するも、来島らの父島滞在は長く続くことはなく、この企図は頓挫した。実務的「南進」論者服部徹が小笠原諸島に着島するのは同年一一月のことであり、彼と「アジア主義的南進」を夢想した来島恒喜らとの接点はなかった。

2　横尾東作との「子弟」関係

前述したように服部徹は一八八七年、横尾東作に従う形で明治丸で小笠原諸島を巡遊した（一行中には後述の玉置半右衛門も同乗）。そして横尾は戊辰戦争以来の旧幕臣榎本武揚との関係で、逓信相となっていた榎本を通じ官船明治丸を借り上げたのであった。この横尾と服部の「南進」問題におけるいわば同志的子弟関係を見る上で興味深い資料が、国立国会図書館に残されている[26]。一八九〇（明治二三）年初めの服部から横尾にあてた四通の書簡であり、それは正式に日本領土に編入される直前の硫黄島における硫黄採掘に関するものであり、服部が農水産業だけでなく鉱業方面にも関心を有していたことを示すものである（写真3）。

服部徹（東京牛込区市ヶ谷仲ノ町五十番地居住）から横尾東作（仙台市東一番町六番地）にあてた第一信（一八九〇年一月二五日付）は、新年の祝意に始まり「南進」に関わる二つの事柄を報告するものである。一つは、服部新助の事業に関係するもので、彼の所有船相陽丸が前年九月カロリン群島から帰国したものの、二階堂民郎が密貿易だと告訴した結果、本船ならびに荷物まで差し押さえられ、その解決に奔走するも「強悪」な二階堂は予審に着手しようとしていることを伝えるものである。自分は榎本大臣（当時は文部大臣）や高崎五六東京府知事に頼り解決をはかろうと試みているが、「実ニ南洋事業之為め可憂事ニ御坐候」と服部徹は嘆息する。

この南洋貿易の件に加え服部は、前年横尾とともに上陸した、硫黄島の「硫黄ハ大ニ見込有之上田毅門氏等採検之上帰京致し、愈々同場拝借之儀相出願」するつもりであると述べた後、「金主ハ既ニ確約も有」なので、是非先生（横尾東作）に名儀だけでも「願人之主」になっていただけないかと打診する。そして書類作成のため仙台まで参上したいが、目下相陽丸事件の事後処理で繁忙をきわめているので、まずは申請書類に捺印の上「甚急御送付」いただき日を改めて「起業之御相談」をしたく訪仙したいと切迫感にみちた文面となっている。

なお服部は同じ土佐人でともに明治丸に乗り込んだ依岡省三にも話をしたが同意を得られなかったことを伝えたが、そのこともあり本書簡は依岡には「御漏し御無用」にしてほしいと結んでいる。当時依岡は母島で牧畜業

写真３　服部徹から横尾東作宛て書簡、南洋貿易の相談事。1890年1月25日、国立国会図書館憲政資料室所蔵

に着手していたが、いずれにせよ明治二〇年代初期における南洋事業の背後に榎本武揚、横尾東作（戊辰戦争では共々「官軍」と対立）があったことを示すとともに、事業に着手する開拓者、企業家の間で烈しいライバル関係があったことをうかがわせる内容となっている。

横尾宛ての服部の第二信は四日後の一月二九日発信のものであるが（本書簡は上田穀門と連名）、これも「大至急親展」で送られ、前便への返信がなかったことを案じた後、硫黄採掘の件も進展があり、榎本武揚や高崎府知事とも連絡を密にし、「硫黄島之起業」については先生（横尾）を「盟主」に戴きたいという希望に「両公閣下」とも同意されたこと、したがって先生を東京にお招きしたいことを伝えている。ただ依岡は相変らず異議をはさんでいるが「小生等両名堅く取り動かさる決心」であり、「両公閣下」も近々先生の上京を求められているので、その節はお越しいただき相談に乗ってほしいと要望している。ただ今回も「依岡氏にハ何も他言御無用」に願いたい旨一筆添えている。

さらに本書簡には二伸として以下のことが記され、服部らが硫黄採掘につきはやる心を押さえかねていた間の事情がうかがえる。

硫黄島之儀ハ、上田依君之両名今回数日滞島、充分之採検相遂候処、前回之調査今度と大ニ見込ヲ生し、硫黄坑之如キハ実ニ莫大之良坑穴にして、其結晶硫さへも幾百万貫なるを知るへからす、実ニ一日も忽せにすへからす。御洞察之上御奮発肝要ニ御座候。

服部書簡第三信は、横尾からの返信を受け取った直後の二月二日付のものである。「御謙譲之段却而恐縮千万之儀」とあることから、服部の要望に対し、横尾はお役に立てるような力はないといった旨の返信を出したものと思われる。服部は高揚した筆致で、「南島之事業機愈々熟し、榎本大臣初め府知事閣下等之御配慮ニより既ニ一大会社を創設する事と相成、資本は府庁より御下附相成事ニ決定」したので、知事の許可も得られたので是非先生を東京にお招きしたい旨伝えている。

残存する服部の横尾宛て最後の第四信は、一転して両者の間に「激論」があったことをうかがわせる内容となっている（二月一〇日付とのみ記されているが、前三便と関連すると思われるので同じ一八九〇年のものと思われる）。上京した横尾との間に「先刻ハ熱心之余り激論ニ及び、御慮ニ逆ひ御立腹之段、恐縮之至ニ御座候。小生至誠之ある処勢黙止し難く申上候儀にて所謂馬を駐めて諫する古臣之忠勤と思召被下度。」こう述べた服部は、その前日の会合には依岡省三も同席していたことに関連し、こう続ける。

「内実昨夜来依岡初め貴殿ニ対し聊か不満之廉も有之候得共、皆黙許ニ附し候。乍去小生之懸想ある、之を口外せざるを得す。実ニ先生を思ふの切なるより生し候一片の赤心と思召、御勘弁被下度、猶明朝委細可申述候」

服部徹自筆の先に紹介した略年譜によるとこの一連の書簡が書かれた一八九〇年に、服部は大阪東雲新聞の記者となり大阪に居住先を移している。また当時の硫黄島関連の文献にあたっても、服部らが同島の「莫大之良坑穴」の事業化に言及したものは管見の限り見当たらない。そうしたことを考慮に入れると横尾東作を巻き込んで企図された服部徹、上田穀門による硫黄事業は何らかの理由で陽の目をみなかったものと考えられる。ただし彼と横尾との関係は、その後も継続されたことは後述する服部著作『南洋策』への横尾の熱のこもった推薦文からも明らかである。

3　服部徹のその後の「南洋」関連著作

(1)『小笠原嶋物産略誌』編纂

小笠原諸島巡遊の副産物である本書の序において、服部は『日本之南洋』と並行しながら本書を出版するつもりであったが、事情があって遅れたことを釈明する(本書は一八八三年に作成された田中芳男閲・曲直瀬愛編纂・池田謙蔵閲訂の同名の書の抜粋編集版と思われる。延島冬生氏のご教示、二〇一九年五月一六日)。表裏一体の関係にあるこの二著作の内、前著はその書題が物語るように政論的なおもむきが強いのに対し、本書は小笠原諸島の陸海物産を網羅的に紹介した百科全書的な実用書となっている(写真4)。

きわめて短期間の訪島であったが、「平生農桑物産ノ事ニ志」を有してきたと自負する服部は、「着島ノ後ハ日夜東西ノ山海ヲ跋渉」し、これまで書物を通じて知るのみであった各種物産を自分の眼で観察できたことはきわめて有益であり、近年同諸島の物産に関心を寄せ渡島を考える人々の参考に供することを願う旨を記すのであった。

物産紹介に先立ち服部は、緒言において父島・母島の地理、略史、社会等を概説する。父島については「全島山谷深岨ニシテ平曠ニ乏シト雖モ地味肥沃加ルニ気候恒ニ暖□ナルヲ以テ奇木異草島中ニ茂生」し、かつ植物の成長の早いことに驚嘆する。母島についても、「地味父島ヨリモ肥ヘ岩石モ亦少ナク樹木更ラニ高大ニシテヨク繁茂セリ」と観察する。

陸産のみならず海産についても、父島は良港二見港に恵まれ「全島沿海魚□ノ利甚タ多シ」、したがって「人或ハ本島ヲ称シテ我邦ノ楽土仙境トナス」といっても過言ではないかもしれないと述べる。だが、それにクギをさすかのように服部は、「然レドモ啻ニ楽土ニアラス啻ニ仙境ニアラサルナリ」と述べつつ、大いに努力することによって「我皇州南洋ノ金庫タルヲ失ハサルヘシ勉ヘキハ…唯是レ陸海物産ノ事業ニアルノミ」と強調する。

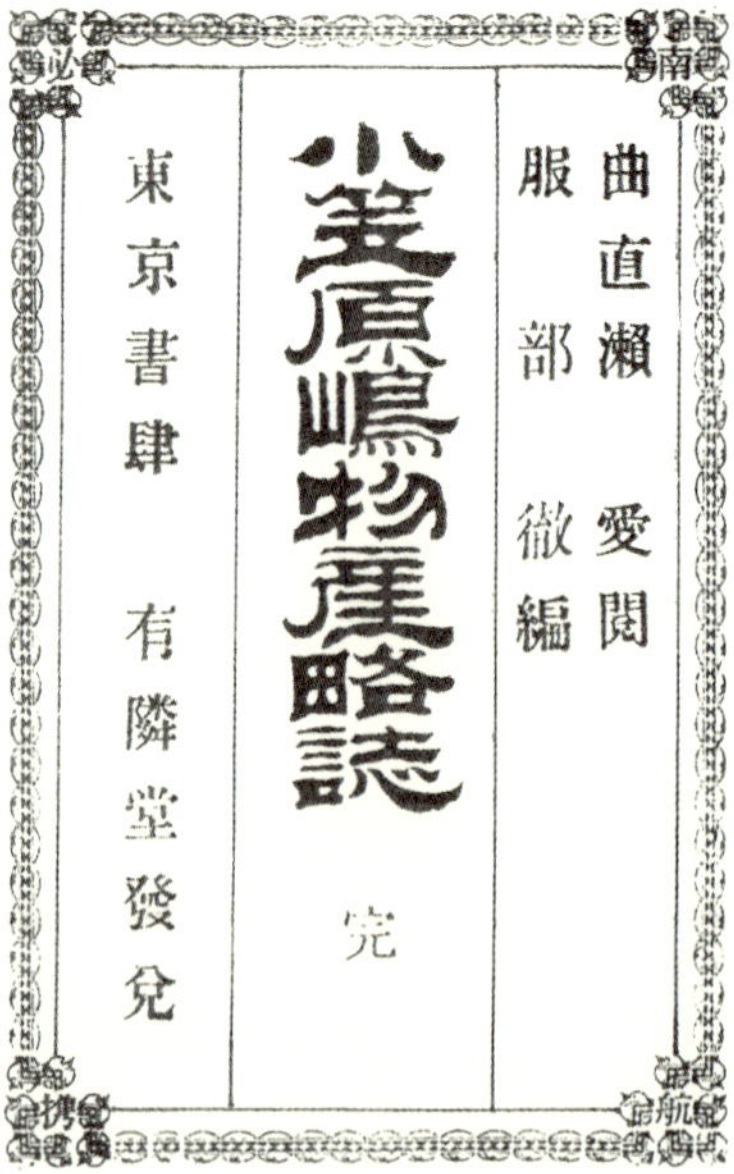
曲直瀬　愛閲
服部　徹編
小笠原嶋物産略誌　完
東京書肆　有隣堂發兌

写真４　小笠原諸島に関する服部徹の最初の編著、1888年刊

そうした前口上をふまえ服部は、小笠原諸島の物産を陸産物と海産物に大別し、さらに前者後者とも、植物門、動物門、鉱物門に三分する。その上で各門ごとに類に分けて具体的に紹介する手法をとっている。以下では、陸産物の中の植物門・穀菜類を事例にして紹介しておこう。

　穀菜類稲は北袋沢時雨山下の旧勧農局試験地に試作したることあれども結果よろしからす○麦は近年試験せしも意外な豊作を得たり尤も収穫は五月中旬なりといふ○玉蜀黍は外国より伝はりしものにて父母両島の土人多く之を栽培す。

といった簡潔な説明を付した後、各物産の特質を紹介する。また水産部・動物門・海獣類についての冒頭部分をみておこう。「鯨は此近海最も多く殊に母島沖村の洋中及び向島、平島の間等に多し…古来海外の鯨猟船時々此に到りて漁獲せしこと多し」等、クジラについての詳細な説明がなされる。その中で幕末文久三（一八六三）年、小笠原近海で洋式捕鯨を試みた土佐人中浜万次郎（ジョン万次郎）と北越の富豪平野廉蔵の二人を日本の捕鯨界の先駆的存在として紹介している（本書第一章を参照）。

　また信天翁（アホウドリ）についても、くわしく紹介される。小笠原諸島や鳥島における開発とアホウドリの関係については、その「先駆的存在」として知られる玉置半右衛門の事業を中心に近年貴重な研究成果が上梓されているが[27]、服部自身も本書以外にアホウドリについて「鳥嶋信天翁の話」と題した専論を発表している。この論文は、服部が明治二一（一八八八）年四月から七月まで八丈島南方の鳥島での玉置半右衛門らの「アホウドリ撲殺事業」の視察結果を「多少動物学上に裨益あらん」との自負をもって執筆したものである。

　服部はこの貴重な記録の中で、玉置の名に直接は言及しないものの、「棍棒を携へ」た移住者たちは「一人一日百羽二百羽を殺すことは至難にあらず」と形容し、「撲殺」のすさまじさを記している。そして「遠く望めば白雪を堆積するが如く」信天翁が棲息する鳥島での大量「撲殺」を暗に難じつつ、こう述べるのであった(28)。

実に此島の如きは我南洋中稀有なる一孤島といふべし。余輩信天翁を友とすること久し其友誼に感じてその事「撲殺状況」を世に公にすると…。

アホウドリ捕獲との関係で、ここで服部徹と玉置半右衛門との関係についてもう少し触れておきたい。両者は、一八八七年秋の高崎東京府知事、横尾東作らの小笠原諸島視察団に同乗、その途次玉置はかねてから着眼していたアホウドリ羽毛採取事業を実行に移すため鳥島で一行と別れた。郷里八丈島から労働者を移住させての本格的なアホウドリ撲殺・羽毛採取事業で巨利を得た玉置は、それによって明治富豪の一人に数えられたことは周知のとおりである。

服部は翌一八八八年、さらにマリアナ諸島、カロリン諸島等南洋群島巡遊に赴くが、その途次上述したように鳥島に立ち寄り玉置の事業をつぶさに観察した。玉置は鳥島進出にあたり東京府から明治二一（一八八八）年三月から同三〇（一八九七）年一二月までの一〇年間の同島借用を許可されていた。ただしその目的としては、「鳥島開拓牧畜並びニ漁業之事」との申請書が出され、それが受理された。そのことを把握していた服部は、玉置が「開拓」を放置し、ひたすら羽毛採取に専念していたことをかねがね批判的にみていたのであった。

こうした伏線があったことにも起因し、一八九四（明治二七）年になり服部（当時赤坂区氷川町三三番に居住）は、蘆田親寿（高知県人、麹町区有楽町居住）、山崎悦治（大分県人、京橋区采女町居住）と連名で、二月一五日付で東京府に対し「東京府管下鳥島沿海漁業之儀ニ付御願」と題した書類を提出した(29)。この「御願」書の中で服部らは、鳥島の玉置が申請に違反し「事業上開拓ハ勿論漁業等ニ着取致候事毫頭無」く、同島はまったく未開拓のまま放置されていると告発する。自分たちは「仝人［玉置］ト何等之恩怨モ無之」ことを強調しつつ、日本の水産業進展の見地から「一意専心沿海之漁利ヲ探リ国家萬一ノ裨益ヲ期ス決心」で本要望を提出するに到ったと訴えた。彼らの主張は、鳥島の海岸地に「家屋建築」をなしそこを漁業活動の基地として利用したいということであった。

その「願」を閉じるに際し、服部らは自分たちは事業方針をめぐって玉置と袂を分かったものの、「事業上玉置ト相確執シテ該島之安寧ヲ害スル様ノ事ハ決シテ仕間敷候」こと、そして鳥島近海での漁業は「私共續年之宿志」であることを訴えるのであった。

しかしながら同年三月一七日付の府知事三浦安からの回答は、服部徹らの期待にそぐわぬものであった。その理由は、同島は「明治三〇年一二月まで［玉置半右衛門に］無地料ニテ貸渡」中であり、かつ「沿岸及公衆ノ通行スヘキ」土地には「家屋建設ヲ許可スルハ□当ナラサルノミナラス紛議ヲ惹起スル」可能性があるからだと述べ、「本願ハ許可セサルモノトス」ということであった。爾後、服部と鳥島の接点はないまま、一九〇二年八月鳥島大爆発の悲劇の日を迎えることになる。

(2)『日本捕鯨彙考』

水産王国土佐に生まれ高知水産会の設立発起人にも名を連ねた服部徹は、前述の『小笠原嶋物産略誌』においてもクジラについて多くの紙幅を費やした。本書は、そうした「服部鯨学」を集大成したものである。ただこの学術的価値も高い書物は、服部一人で著したものではなく、「自序」で述べているように大日本水産会名誉会員田中芳男（元老院審議官）の長年の仕事を引き継いだ形で公刊されたものである。

服部自身は「捕鯨ノ事タル平生聊カ期スル所アリテ其調査ヲ望ムヤ久シ」と自負しているが、そうした折、斯界の権威である田中芳男が「百方苦心の余遂ニ東西散逸ノ諸書ヲ蒐集シ将ニ之レカ編纂ニ着手」するところであった。しかしながら「公私繁務」のためそれがかなわぬ状況にあった田中は、「之カ編纂ノ事ヲ［自分に］嘱セラル」ことになった、と服部は出版の経緯を叙している。その意味では本書は服部徹名で公刊されているが、彼が率直に述べているように田中芳男との共同作業の成果であるといえる。

本書は、日本で最初の本格的な捕鯨あるいは「鯨学」に関する百科全書ともいうべき性格を有するが、大日本水産会が緒言を述べ、また農商務省が出版助成を行っていることからうかがえるように、政府・水産業界が明治日本の殖産興業の一環として捕鯨を発展させたいとの政策的な意図のもとに編纂されたものである。大日本水産会による「緒言」は、「鯨利ノ洪大ナル」点について、こう述べる。「鯨ヤ其皮肉ハ以テ食スヘク又油、蝋ヲ製スヘシ歯骨ハ以テ器ト作スヘク臓腑モ亦以テ食フニ足ルヘシ其他有名ナル鯨脳、龍涎ノ効用アリ其一頭ヲ獲スモノ必ス千金ヲ収ムヘシ…。」

前篇後篇からなる浩翰な本書は、前篇では「本邦沿海ニ来遊スル鯨ノ諸説」を論じ、後篇では「之ヲ捕獲スル方法順序」が詳述される。この内容から分かるように、本書はとくに小笠原諸島に焦点を置いて執筆されたものではない。ただしその「附録」の部分で服部は、自らの捕鯨論を展開しており、その中で日本の洋式捕鯨の先鞭をつけたものとして前述の『小笠原島物産略誌』でも言及した中浜（ジョン）万次郎と平野廉蔵の両者の名を特記している。また興味深いのは、「捕鯨と海軍の関係」につき欧米強大国の諸例をひきつつ、その密接な関連性を強調していることである。

一例として服部は、捕鯨船の水手は海の水路を熟知しており「戦艦の進退を誤つか如きことあるなし彼の英船の豪州を発見し米船の我小笠原に繋留し或は布哇に通ずる等は皆其捕鯨船の自在に遠洋之航海するより得たる所」だと述べ、捕鯨が国家の進運にも不可欠な手段であることを強調する。また日本の鯨史稿にみられる「鯨部寓兵」の説をこう引用する。「海防の備には鯨組を設くるに如はなし無事の時は鯨を漁し万一事の出来らん時は水戦の用に備へなは海防究竟の武備と云ふへし」（一八九頁）。

これまでその概要を紹介した『日本之南洋』『小笠原嶋物産略誌』、そして『日本捕鯨彙考』という一八八八（明治二一）年前半に相次いで公刊された三著作は、勧業主義に立脚した実務的「南進」論者服部徹の存在を、強く世に印象づけることになった。三著作は対象とする主題こそ異なるものの、そこに通底するのは日本の「近南洋」と呼称した小笠原諸島への経済・産業的な関心の大きさである。「皇州ノ南門」あるいは捕鯨と海軍の不可分性の指摘等海防的関心も表明されているが、それは小笠原諸島を起点とした膨張主義的な「南進」論、あるいは「アジア主義」的対外進出論とはいいがたい。あくまでも服部の真骨頂は、殖産興業の理念に立った実務主義的・勧業主義論的「南進」論であった。小笠原諸島との関連における服部の当時の動静をみる上で、以下の「小笠原島人懇談会」と題した新聞記事も興味深いものがある(30)。

小池又兵衛、服部徹両氏の発起にて一昨一五日午後四時より大橋際万千楼に於て小笠原島人懇談会を開会せしが、来会者は目下上京中の同島人及び同島物産販売店、同島に縁故ある人々等五〇余名なりし由、因に記す同島目下の状況は近来内地より良民の同島へ移住する者も増加し明治廿年以後は開墾製造等の業も漸次盛大に赴き随つて物産も次第に増加するの模様なれば此儘にて進歩を過つことなければ遠からずして充分の繁昌を見るに至るべしといふ。

(3)『南洋策一名南洋貿易及殖民』

服部徹が一八八八(明治二一)年、上述の三連作を公刊後、次に「南進」に関わる著作を世に問うのは三年半後の一八九一年秋のことであった。この『南洋策』には、かつてともに父島・母島を経火山(硫黄)列島まで巡遊した先輩格の横尾東作、そして「南進」論の重鎮志賀重昂らが序を寄せている。精力的に著作を出版する若き服部の存在が、この分野において大きな注目を集めていた証であった。

軍艦「比叡」に乗船し「南洋ニ航スル」前日の同年九月一九日付で序をしたためた横尾は、これまで多くの著述家から「序」を求められたが、それらを「一切拒絶致候」だった自分だが、服部の『南洋策』だけは例外中の例外であると述べ、「図南〔服部の号〕ノ名已ニ海内ニ轟ク、其書ヲ閲シテ其実識ルヘシ、夫レ奇書ハ奇士ヲ待テ出ツ、図南ハ奇士也、南洋策ノ奇書タル予ハ之ヲ疑ハス」と絶讃してやまない。

『日本之南洋』に続き本書にも序を寄せた志賀重昂は、日本が直面する二大課題として第一に「歳々四拾三万人宛増殖」する人口問題、第二に「実力増殖の結果」として生じる物産の輸出市場をいかに確保するかをあげ、その観点からも服部の今著作は「比律賓群島及び微小洲群島〔ミクロネシア〕の貿易並ニ殖民ヲ論」ずるもので、まさに「日本国の運命を断定すべき諸問題」を把握する上できわめて有益であると評価し、一文をこう閉じる。「嗚呼此学の日本帝国に利益する蓋し挙げて数うべからず、『南洋策』の我同胞四千万人を警戒する夫れ果して幾何ぞや。」

なお本書には、横尾東作、志賀重昂の他に梅崖山本憲による漢文の序、ならびに徳富蘇峰の服部宛書信も付されている。山本の「序」のむすびは「図南姓服部。名徹土佐人、今置籍於小笠原」と記されており、この時点で服部は一時的ではあったが父島に在島中であったことがうかがわれる。

蘇峰の書簡は読後感を伝える簡潔な内容（一八九一年九月二九日付）で「尊著南洋策一読再読頗る快活を感し候」で始まり、「願くは他日拝顔の上細論するを得ん、先は右迄匆々不一」と結んでいる。

『南洋策』において服部は、近世日本人が進取の気性に富みつとに南方に新天地を求めてきた歴史を振り返り、それに比べると現今の日本人ははなはだ後塵を拝していることをまず強調してやまない。すなわち服部は、一六世紀末から一七世紀初め多くの日本人が「貿易ニ殖民ニ、其他拓地侵略ニ従事シ…其勇壮ナル志気、其豪宕ナル精神」を持ち合わせていたと賞讃し、「其気風ノ活発ナル冒険起業ニ熟心ナル」点は、今日と比べ雲泥の差があると嘆息するのだった。

「鎖国ノ迷夢」から醒め二〇余年が経ち、ようやく海外に航するものもあるとしながらも、服部は「桑港［サンフランシスコ］ノ不浪人、香港新嘉坡［シンガポール］ノ醜業者流［「からゆきさん」］ヲ増加」させている現実に不快の念を表す（一三六頁）。そしてこうした現状に対し、「我先人カ懐抱セシカ如キ、至大ノ目的ヲ有スルモノ太タ稀ナリ、故ニ近キニ就テ遠キヲ去リ、其易キヲ取テ難キヲ捨テ、其楽ニ遊ンテ苦ヲ避クルカ如キヲ常トス」と悲憤慷慨の言葉を連ねるのであった。

本書において、服部が現今日本人が目を向け進出すべき「南洋」とは、現在の国際情勢を視界に入れるならば「今ヤ事ニ当タリ機ニ臨ミテ最モ急ナルモノアリ乃チ我日本帝国ノ近邇シテ、親密ナル関係ヲ有スル群島」であるとする。その「群島」とは具体的には、フィリピン群島、ミクロネシアのマリアナ、カロリン、マーシャル、ギルバート群島を対象とし、「以上ノ群島ハ日今我邦人カ鵬翼ヲ伸ブベキノ地」であると説くのであった。事実服部は前述したように、一八八八年マリアナ、カロリン両群島を視察し、翌八九年には田口卯吉を中心とする南島商会の初期経営にも深く関わった(31)。

服部が切迫した筆致でこれら群島に対する進出をうながす大きな背景には、当時の西太平洋をめぐる列強の本格化する勢力拡張があった。彼は日本を取り巻く厳しい情勢を等閑視するならば、必ずや後悔することになるだろうとの観点から、こう論じる（一四〇頁）。「北露ノ強勇ナル西清ノ狡猾ナル、固ヨリ戒ムヘシト雖モ寧ロ南独ノ惶ルヘキニ如カス、我南門タル琉球小笠原ノ如キ世人其枢要ノ地タルヲ知ラス」。

このように服部は、南洋に対するドイツの野心に強い警戒を示すと同時に、近時日本の新領土となりかつ「皇州ノ南門」でもある琉球列島と小笠原諸島（ここはまた大洋州の北端と認識されている）の重要性を強調してやまない。ここで服部は、ペリー提督来航時もし幕府が開国を拒絶していれば、米国は「琉球及ヒ小笠原島ニ拠リ、以テ我沿海ニ突進セシヤ疑ヒナシ」と述べ、両地域が米占領下におかれたならば「我日本ノ安危果シテ如何ナルヘキヤ」は明白であると指摘する。「慈善ノ国」である米国でさえそうであるので、小笠原諸島が「若シ之レニ代ルニ強悍ナル独逸」の手中に帰したら一体どうなるであろうかと提起する。服部は、すでにそのドイツはフィリピン、マーシャル、カロリン諸島を脅かす存在になっているとして、こう警鐘を発する（一四四頁）。「世ノ志士タルモノ、斯ノ南洋多事ノ秋ニ際シ徒ラニ空々タル妄想ニ奔馳シ、漫リニ空中城楼ヲ築クコトヲ休メヨ、宜シク勇往邁進以テ速ニ図ル処アル可ク、正ニ是レ斯ノ如クニシテ可ナリ。」

（4）『南球之新殖民』

日清戦争勃発の直前一八九四（明治二七）年六月に刊行されたこの書は、服部が信州出身の松岡天南という自分と同世代の青年の冒険譚を「天南生実検談」としてまとめたものである。天南は、若くして小笠原諸島以南の南洋一帯を放浪し、その後豪州サースデイ島（木曜島）への日本人移民の先駆けとなった人物である(32)。

服部は「余輩同志南洋の拓殖を説き、身自ら此煙波間に投し、幾多の辛酸を嘗め労苦を積」んできたが、その同志の一人が「硬骨の最も稜々たる快男児」天南である、とその破天荒な半生を激賞する。そして天南の「献身的快絶」の事跡を明らかにすることは、「世の営利的若くは名誉崇拝的新冒険者流の肝臓を寒からし」めるものとなる、と断言する。こう述べる服部は、彼が南洋の一部とみるオーストラリア方面への進出の先駆＝「南球新殖民の代表者」としての天南の歩みを、血湧き肉躍るといった感の筆致で描くのであった。

一方、その天南は同書に寄せた関係者への謝辞の中で自らの半生をこう回顧する。「天南生豪洲に流浪し、自ら過つて劣等労働者の群に入り蛮烟瘴霧二星霜、昨は幸にして木曜日島の義使なる同胞に救はれ、今は図らずも其同胞諸氏の代表者として、初めて郷国に帰ることを得たり、何の歓か之に加へん(33)。」

こう自らを語った天南は、自分の航跡を実録としてまとめてくれた服部徹を、逆にこう紹介する。当時の服部の状況をみる上で興味深いものがある。

天南生に一知友あり、図南と称す、夙に南洋遠征を説き、身早く近南洋に投じて苦楚を嘗む、屢々貿易を企て遠航を計りて成らざる再三、『日本之南洋』及『南洋策』を著して後不遇を操觚［新聞界］の間に訴へ、転じて浦潮斯徳及び朝鮮に航し、昨居留民の為めに法弊を難じ、不幸にして逐客の身となる、生偶ま京に相逢ふ、互に相欣ふこと極りなし…。

この後半部分で紹介された服部の動きについては次節で述べるが、意気投合した同世代の天南・図南の両者は相陽大磯の松林館に投じ、天南は「流浪の事及び新殖民の景況」をつぶさに語った。その数日後、服部は天南の語りをもとに「一篇の新著」を持参し公にすべしと説く。天南は「再三固辞」するも服部の熱意と情宜に屈し、出版を諒としたのだった。こうした経緯もあって天南は、その謝辞をこう結ぶのだった。「翻つて図南兄執筆の労を思へば、縦令其手腕の平生敏且健なるにもせよ、其労大なりと謂はざる可からず深く感謝する所以なり。」

志賀重昂は、服部の著作に対する三度目となる序を本書に寄せているが、このことも当時の「南進」論議の中で天南の大洋州進出が注目を集めていたことの証であった。志賀の「序」は、一五歳で上京、八丈島、鳥島、小笠原諸島さらにはグアム、ニューブリテイン諸島、オーストラリア等を探検した天南の「前半生の行奇」を紹介し、これからの後半生が「其の事業を大成するの秋」だと激励し、こう送辞した。「何ぞ、君歳未だ三十［一八六五年生］に満たず、前途尚ほ春秋に富む、君豈に空しく老ひんや。」

四　服部徹と「東アジア」問題への関心

1「東雲新聞」に入社

同志松岡天南の直話に基づく冒険譚を文字化した『南洋之新殖民』は、数年来「南進」に深く関わってきた服部にとって、この分野での事実上最後の著作となった。折しも日本は、「朝鮮問題」をめぐり清国との関係が一段と緊張の度を増していた。

こうした日本を取り巻く東アジアの国際環境の中で、三〇代に入っていた服部は、これまで看過してきた東アジアへの関心を急速に深めていった。著作でみるならば、『南球之新殖民』刊行の三か月前、一か月後にそれぞれ『小説東学党』『日韓交通史』と題した著作を公刊している。もちろんこれによって服部は、「南洋」への関心を放棄したわけではなく（後述）、むしろ「通商産業国家」日本を実現する上で、「南進」と「北進」は唇歯輔車の関係にあるとの認識に至ったためだと考えられる。

この両著作を検討するに先立ち、前述した服部を評した松岡天南の一文にみられる服部の新聞界との関わり、そして朝鮮からの「逐客」事件について触れておきたい。服部の新聞社との関わりを、あらためて時系列的に追っておく。一八九〇年「大阪東雲新聞」記者、一八九二年朝鮮・釜山で「東亜貿易新聞」を創刊し主筆に(34)、一八九六年帰朝し「やまと新聞」主筆、一八九八年「毎日新聞」政治部編纂長、一九〇六年日本通信社入社、一九〇七年「大阪日報」記者（服部徹「履歴書」）、すなわち彼の後半生一六年間に六新聞と関わりをもったことになる。元来文筆の士であった服部は、自らの考えを広く社会に訴えるには影響力をますようになっていた新聞という媒体が望ましいと判断したのか、その動機や目的についてはさだかではない。

一方興隆期にあった新聞界も、名文家で知られ精力的に著作を上梓してきた服部のような存在を求めていたという事情もあったかと思われる。従来新聞は、日本最初の日刊紙「横浜毎日新聞」（一八七〇年創刊）が神奈川県当局の保護下にあったことが示すように、「上意下達」の手段として誕生した。しかしながら明治一〇年代に入り、自由民権運動の高揚と同時に新聞は「政論のメディア」としての性格を強めるようになった。土佐民権運動から出発した服部が最初に関わった「東雲新聞」は、まさにその典型であった。

『東雲新聞』は服部入社の二年前一八八八（明治二一）年一月初、大阪で自由党系人士と板垣退助周辺の民権論者の手で創刊された自由民権派の政論紙として知られる。その主筆には、前年「保安条例」で東京から二年間の退去命令を受けた中江兆民が迎えられた(35)。兆民の名声もあり、同紙は国会開設を前に全国的に盛り上がりを見せていた自由民権運動の一大結節点として関西地方を中心に多くの読者を得、藩閥政府批判の論陣をはった。ただ同紙は一八九一年一〇月には休刊に追い込まれているので、服部が同紙記者として実働しえたのは一年強の短期間であった。

当時父島を離れ東京と高知を往来していた服部が、どのような経緯で同紙記者となったかは資料的に裏付けられないものの、板垣退助、中江兆民ら土佐出身の民権派最高指導者の影響下にあった同紙の関係者から、何らかの働きかけがあって入社した可能性が大きい。ちなみに「保安条例」で東京から退去を命じられたのは約五七〇人であったが、その内兆民や片岡健吉を含め土佐出身者は二三四名にも達し(36)、その中には服部旧知の運動家も少なからずいたものと思われる。以降服部は生活の拠点を大阪に移し、記者生活のかたわら前述のように大阪商工会議所や堺市等との関わりをもつことになるのであった。

2 朝鮮釜山からの追放事件

服部徹が故意か否かは定かではないが、自筆履歴書に記入していない重要な事実がある。それは、在釜山日本総領事によって同市から退去命令を受けたという事件である。先に松岡天南が「逐客」と記したその追放は、一八九三年七月、服部が「東亜貿易新聞」の主筆として健筆をふるっていた時のことであった。この経緯を、当時の国内の新聞報道からみておこう。

『読売新聞』、『朝日新聞』両紙とも同年七月二三日付の記事の中で、釜山の邦字紙「東亜貿易新聞」主筆服部徹が、室田義文総領事により同月一二日(実際は一六日)に次のような厳命を受けたことを報じた。

其方義予て本港[釜山]に在留する処平素の行為上に就当地方の安寧を妨害せんとするに付明治十六年第九号布告清国及朝鮮国在留日本人取締規則第一条に依り満二ヶ年間朝鮮国に在留することを禁止す依て同規則第二条に従ひ十五日以内に退去すへし但し此処分に対しては同規則第五条に依り上訴することを許さず。

邦字紙の創刊者兼主筆として、急速な形成途上にあった在釜山日本人社会では名士の一人に数えられた服部への退去令は、少なからぬ波紋を投じ、さまざまな憶測をよんだ。「読売新聞」(七月二五日)は、服部が「東亜貿易新聞」紙上で総領事への個人攻撃をしたり「社会党様のもの」を組織し、「強迫的取材の挙動ありたること」等により「下等社会の人心を収攬することに務め」たこと等がその理由ではなかろうかと報じた。

他方「朝日新聞」は、七月二三日付で報じた総領事による「言渡書」の冒頭に記された服部の現況をこう紹介する。「大阪府西成郡曽根崎村二千六百六十七番地　士族当港弁天町三丁目十九番寄留無職業　服部徹廿九年十ケ月〔本章での服部の年齢については、これを根拠〕」。さらに同紙は、いかなる理由で服部が「在留禁止」となったかは「未だ判明せざれども」と留保しつつも、「東亜貿易新聞」の記事を追いつつ次のような背景考証を試みている。

七月上旬―暗夜に乗じ服部を狙撃殴打し、また一二日に宿所に投石、危害を加えようとしたものあり。これは在留邦人谷垣嘉市という人物の所為と判明、谷垣は同地警察署に拘引、領事裁判所で予審終了。一六日―谷垣嘉市公判、谷垣はその陳述の中で、服部は室田総領事を烈しく誹謗中傷したり転任運動をなすなど「日本帝国に将た朝鮮国及び居留地の為めに害毒」となるので「殴打狙撃せり云々」と発言。これらの陳述内容が服部徹の在留禁止の原因になったものではないかと論じつつ、「朝日新聞」記事はこう結ぶ。「従来在留禁止せられたる者多くは風俗壊乱の虞あるもののみ其国事を談論し国家の安寧を害するものとして在留を禁止せられしは此服部氏を以て嚆矢とす。」

一八九三年七月一六日付の室田総領事の「言渡書」によれば、服部は「一五日以内に退去」「満二年間の朝鮮在留禁止」となるはずであった。すなわち一八九五年七月末では、訪朝の機会は許されないことになる。この決定が実行に移されたか否かは判然としない。というのも服部「履歴書」によれば、一八九四年「帰朝」、九五年「再ヒ朝鮮ニ渡航ス」、九六年「帰朝」となっているからである。月名が書かれていないため、朝鮮再渡航が禁止解除によるものなのか定かでなく、また「帰朝」が一八九四年となっているのは、出国が遅延されたものなのか否かも明確ではない。

服部の朝鮮出国が退去令によるものなのか自発的帰国なのかはともかく、一八九四（明治二七）年に服部は、朝鮮に関する上述の二著『小説東学党』『日韓交通史』を上梓している。前者には「朝鮮開国五百二年春二月於大日本帝国東京寓舎 鶏林逐客図南居士」、後者には「図南、赤坂区氷川町三十三番地」と記されている。「鶏林」は朝鮮の別称であり、「逐客」の語と合わせ、朝鮮から追放されたことを逆手にとった呼称を用いたのであろう(37)。

3 ウラジオストック視察所見

『東亜貿易新聞』の創刊とは別に、服部と朝鮮との関係において特記すべきは、それ以前の一八九一年にいち早く服部は「朝鮮ヲ経テ東部西比利亜地方ヲ視察シ」、翌九二年には『浦潮之将来』と題した一書を上梓していることである。一八九〇年代以降、服部の主たる関心が「南進」とともに、あるいは時代を背景としてそれ以上に「北進」に移行していることがうかがわれる。ただし「北進」においても、経済・通商的な関心が主となっている。『浦潮之将来』の自序の冒頭は、こう始まる。「拾九世紀の末葉に当り。亜細亜の絶東に一大警鐘を鳴らして。吾人が惰眠を醒す者は。実に旧満洲の海参威。今の露領西比利亜の東南岸。浦潮斯徳の要港にぞある。」

これだけを読むと服部は、ロシアがウラジオストックを拠点として膨張主義的な南下に乗り出すことを警戒しているかにみえる。しかし服部の真意は、そこにはない。ウラジオストックは、三〇年前は「清領満洲吉林省に隷属」する「窮北不毛の一寒地」にすぎなかったが、一八六一年に帝政ロシア領に編入以来今日では、「殆んと新欧州の偉観を亜細亜絶東の地」に現出した観があると、服部は寒冷地訪問の第一印象を描く。

そのロシアは伝統的に「南出」を悲願とするが最大の目的はコンスタンチノープル（現イスタンブール）にあり、それを実現するにはイギリスの存在が最大の障壁になっているとし、服部は「露国が絶東に対する政略は、日本にあらず、朝鮮にあらず、唯一の英国にあるのみ」と観察する。したがって日本は、たとえロシアが軍事力を強化しシベリア鉄道を開設したとしても、「敢へて徒らに懼るべきに非らず」とロシア脅威論を一蹴する。

反対に服部は、ウラジオストックを中心に人口九〇万人を擁する東シベリアこそ「早晩我れの需要者たり。購買者たるは信して疑はさるなり」と断言するのであった。日清戦争後の三国干渉を機に日本の対ロシア感情は急激に悪化するが、当時の服部はむしろロシアに親近感すら抱いていたことが、前述した「徒らに懼るべきに非らず」に続く次の言葉からもうかがえる（四頁）。「況んや我れは露人が将来の地中海と称する日本海の要を扼するに於てをや…我れは其守る所に拠り、彼の露人が豪放愚直にして商事に慣れさるの機に投し、一葦の水路を便し、貿易に、漁業に、速に万金を獲するの策を講するに如かさるを知る。」

こう論じた服部は、東シベリアこそ「日本商人の大花主〔顧客〕」であることを力説してやまない。そして「南進」論者服部は、『浦潮之将来』の自序において次のように表白するのだった。

余が眼中従来南洋なる一観念あるのみ。或は痴鹿の笑を免れさらんことを恐る。於是飄然北に航せは思ひ半ばに過くるものあり。其所感を録して此書を公にせり。若し南洋策と相対し看ば。恐くは東半球偏東南北の大勢を知るに足らん。

4　服部徹と朝鮮

一八八七（明治二〇）年秋、小笠原諸島を巡遊した服部が父島に幽閉中の金玉均に接触を試みたことは前述した。当時の日本の知識人にとって隣国朝鮮の動静は大きな関心事であり、とりわけ金玉均、朴泳孝ら「親日派」の政治指導者の活動は新聞雑誌でもくわしく報じられた。旧土佐藩の下級士族出身で自由民権運動にも関わった服部にとっては、金玉均は畏敬の対象でもあった。服部の恩師津田仙も一八八三年七月初めて訪朝して以来、朝鮮とは密接な関係を築いており、その影響もあったのかもしれない(38)。

服部が初めて朝鮮に渡ったのは一八九一(明治二四)年シベリア訪問の途次であり、それ以来朝鮮とは、とりわけ在朝日本人社会とは「南進」以上に深い関わりを持つようになった。一八九四年、『小説東学党』『日韓交通史』を著したのもそのあらわれであった。前者は「朝鮮に対する所見」をふまえた「一種の政治小説」だと述べる服部は、自序において「余朝鮮に遊ふ前後二回駐留□久しからす未た深く其形勢を知る能はず」状況ではあるが、版元社長から「彼の風俗人情及ひ当今の形勢を捉へて一篇の政治小説」に仕立ててみたらどうかともちかけられ、当初は「餅屋に強るに酒を以てする」ものだと断るが、結局は承諾することになったと記している(39)。

あくまでも小説の形をとっているが、服部はかつての金玉均らの「乱」(甲申事変)は「時期を早まりたり」とみた上で、「金氏が執りし所の主義目的は、東学党に於て亦幾分か之を執れり」という現状理解に立って執筆している。さらにいえば、金玉均に同情の念を寄せつつ、「今日朝鮮に於て少しく海外の事情を知る者、即ち開化主義者流は、暗に金氏を欽慕し、氏を招ひて廟堂の一改革を行はしめんと欲する者多し」とまで服部は、金玉均に寄りそった形で発言をしている。しかしながら、服部が嘱望したその金玉均は、同書公刊直後の一八九四年三月二八日に、同胞刺客の手で上海で非業の最期を迎える。

それから四か月後に刊行されたのが、『日韓交通史　上世史中世史近世史全』である。書題が示すように、古代から日清戦争勃発前夜「[一八八四年]六月上旬より大兵陸続日本を発す」るまでの日本・朝鮮関係史を全一五章で祖述したものである。服部は「嗚呼神功の親征豊公征韓の役を除き前後未だ曾て斯の如き大兵を海外に出したる事なし今後風雲の変揺得て予の知るへからす戒心すへきなり」と所感を叙すのだった（一七三頁）。また服部にとって、本書執筆中に遭遇した金玉均の死は大きな衝撃であった。結章では、その惨殺を悼みつつこう描写する。「玉均の屍は大逆不道の罪を以て各国公使の忠告ありしに関せす揚花津頭に於て六断の惨刑に処せられ梟示の上首肢は尚ほ八道の要所に曝され幹躯は漢江の淵に投せられたり。」

おわりに

二〇代から日本の農業・漁業、南洋問題、そして東アジア問題を柱に多彩かつ精力的な著述活動を続けてきた服部徹であったが、上述の『日韓交通史』が事実上最後の著書となった。それ以降の服部は、大阪や朝鮮・釜山に拠点をおく諸新聞と関わりを持ちつつ、日本とやがて日本の植民地となる朝鮮との間を足繁く往来していた。大阪に主たる活動の拠点を置いたのも、朝鮮との往来の至便性からであろう。また堺史編纂主任を務めたり（一九〇二年刊の『浜寺公園誌』はその一成果）、大阪商工会議所嘱託として「保護貿易調査」に従事するなど、文化や産業方面で健筆をふるう日々であった。一九〇七年、最後の職場となったのも大阪日報という新聞社であった。

服部が嘱託をつとめた大阪商工会議所は、『貿易通報』という月刊機関誌を刊行しており、そこには商都大阪にふさわしく貿易通商をはじめ内外の産業経済関連の調査報告や統計が満載されている。たとえば明治三九（一九〇六）年五月号の調査報告として、「阪神両港に於ける綿織物輸出状況」「英領北ボルネオ及サラワクの概況」「蘭領爪哇島の概況」、そして「スマトラ島の状況」の四本が収められている。無署名の記事であるが、四本中三本が東南アジア島嶼部関連のものであり、日露戦争後の関西経済界が該地域に大きな関心を寄せていたことが判明する。これらの調査記事に「南進」論者として知られ嘱託に招じられた服部徹が、何らかの形で関わったことは確実である。二年後の外務省委嘱を受けての蘭印視察も、こうした服部のキャリアと関心の延長上にあった。

ちなみに「蘭領爪哇島の概況」は、ジャワは蘭領東インドにおける「政治上並に商業上最も緊要の位置を占め」、とくに首都バタビア（現ジャカルタ）が繁栄しているのは、「此地方の生産力の盛んなるを証する」ものだと指摘する。しかも蘭印政府は、貿易政策においてこれまで「一にも専売、二にも専売と云如き有様」であったが、近年はその弊害を認識し「官業を縮少して私人の自由企業に委する方針」をとっていると分析する。関西地方の貿易業界にとっても大きな「ビジネスチャンス」が開かれている、との論調である(40)。

ところで外務省当局が一九〇八年に服部に求めた蘭印での調査課題の一つは「在留日本人ノ状態」であったが、この点についても『貿易通報』は「爪哇に於ける日本人協会の設立」と題した三頁ほどの記事を掲載している(41)。同記事は服部が渡南する四か月前に出たものであり、現地ジャワの日本人商工業者の間でも本国との経済関係の強化をはかろうとしていた時期であった。

この記事は、蘭印の大阪ともいうべき大商都スラバヤで前年一九〇七年に「日本人協会」が設立されたことを報じ、日本の貿易業界にとっても今後の進出を促進する上できわめて時宜を得たものだと強調している。この日本人協会（会長田辺吾一、副会長岡本與之助）の「設立趣意書」も紹介されているが、そこでは「今や吾人は国家の一員として戦後［日露戦争］重大なる経済的負担と任務を双肩にして海外万里の市場に在り何ぞ奮起せざるべけんや」と強調され、「外務省及び枢要なる商業会議所並に新嘉坡帝国領事館」等と協力し、「我帝国の光威を発揚し貿易産業其他の事業を奨励」することが謳われている。

さらに前述した服部のウラジオストックを中心とするシベリア東部進出論との関係で注目されるのは、『貿易通報』一九〇六年一二月号に「浦鹽自由港問題の成行」と題した記事が掲載されていることである。それはロシア政府の商務大臣が「黒龍沿道総督府管内に輸入する外国貨物」にふたたび関税を賦課するという文書を閣議に提出したとの報道である。これは川上浦鹽貿易事務官から「其筋へ」送られた情報の紹介であるが、本件はロシア議会内でも簡単に協賛を得ることは困難であり、少なくとも六か月の日時を必要とするであろう、と記事は展望している。いずれにせよ、東シベリア市場が蘭印ともども日本とりわけ関西経済界の熱い注目を集めていたことのあらわれであった(42)。

以上概観した蘭領東インドを主とする南洋市場の魅力、在ジャワ日本人商工業者への期待、東部シベリア方面への商権拡張は、すでに見てきたように一九世紀末以来の、服部徹のもっとも関心をいだいたテーマであったことを確認しておきたい。

もともと「南進」論者として社会的に認知され豊富な人脈もあってのことと思われるが、服部は翌一九〇八（明治四一）年三月二三日付で外務省より「蘭領ニューギニア、セレベス、爪哇［ジャワ］、波羅［ボルネオ］ニ於ケル左記事項調査ヲ嘱託ス」と筆書きされた辞令を交付された(43)。

その左記事項とは、「一、気候、地味、人情、風俗、二、農、商、鉱業ノ状態、三、在留日本邦人ノ状態」の三点である。地域こそ異なるが、いずれも服部がこれまで小笠原諸島、南洋群島、東部シベリア等を対象に論じて来た、いわば手慣れたテーマであった。なおその辞令に記された服部の居住地は大阪ではなく、渡航に備え直前に移り住んだ東京市麹町区土手三番町七番地となっている。

外務省嘱託としての旅券、査証等取得の渡航手続きの必要上と思われるが、服部は本章でも随時援用した自筆

「履歴書」とともに「南洋渡航ノ目的」と題した一枚の毛筆書き覚書を外務省に提出している（外務省外交史料館所蔵）。そこには最後の旅立ちとなるとは露知らぬ服部の、次のような抱負がしたためられている。

一　南洋ノ事ハ二十年来ノ熱心ニ基キ三年前来蘭科植物採収ノ為メ南洋ニ渡航セント欲シ苦心ノ結果漸ク茲ニ其目的ヲ遂行スルノ時機ニ会セリ。本年二月東上後帝国大学及ヒ大隈伯、岩崎男［爵］邸ノ温室ヲ調査シ又田中［光顕］宮相ノ厚意ニ依リ新宿御苑並ニ華頂宮家ニ伺候シ温室拝見ヲ得タリ。

一　南洋ニ商品ノ試売ヲ為サンガ為メ東京及大阪商業会議所ノ紹介ヲ以テ各薬舗其他ニ交渉ヲ遂ゲ多数ノ商品ヲ携帯スル事トナレリ。

一　渡航順路ハ左ノ如シ。台湾南清ヲ経香港ヨリ比律賓群島マニラニ至リ、同群島ノ各処ヲ跋渉ス。蘭領新幾尼亜［ニューギニア］、セレベス、爪哇、波羅等ヲ視察ス。

この自筆文書が示すように、服部の表向きの渡南目的は、かねてから関心のあったラン科植物の採集ならびに薬品を主とする日本商品の市場開拓であった。また「南洋ノ事ハ二十年来ノ熱心」と自負するように、服部は明治二一（一八八八）年の著作『日本之南洋』以降、南洋方面への日本の商権拡張が日本のとるべき方策であると主張してきたが、それの延長線上での蘭印行であった。官費出張ということであり、政府当局からある種の政治的軍事的な情報収集を求められた可能性も否定できないが、服部の主たる関心はそこになかったこともこれまでの著作から明らかであろう。

むしろ服部徹がこの時期に蘭印視察を具体化し、また外務省が二五〇円の調査費を支給した背景には、彼の出立に先立つ同年四月、日蘭領事条約が締結され日本とオランダの植民地蘭印との間の「国交」が公式に始まり、日本国内とくに経済界の中に輸出対象国、あるいは移民先としての蘭印への関心が高まりをみせていたという事情もあった。翌一九〇九年にはバタビアに日本領事館が開設され、また山形県人堤林数衛による南洋商会が開業し以後の商業移民という形での蘭印進出の基礎が築かれた。三井物産がジャワ支店を開設したのもこの年のことであった。

服部にとってはこの蘭印行は、青年時代からの自身の南洋経綸のいわば総仕上げと位置づけられたものと思われる。そうした高揚感とともにジャワ行を心待ちしていた矢先の、冒頭で触れた不慮の水難死であった。その急逝の五日後一九〇八年五月二九日付『朝日新聞』は、服部の死を悼みつつこう報じた。

氏は壮年より夙に冒険的雄志を抱き明治二四年伊豆七島を探検して植物学の著書数種あり夫より南洋スマトラ島の□□に深く入りて珍奇なる植物を採取して帰り爾後再び渡航を企てつゝ徐ろに壮志を養ふに努むる傍操觚[新聞界]に従事する事多年此の度愈好機に到達したるを以て再び南洋探検の壮途に就きしが不幸奇禍に罹りしは痛惜すべし。

幕末維新期の空気を吸いつつ一〇代で土佐の自由民権運動に飛び込み、やがて青雲の志をもって上京した服部徹は、津田仙の率いる学農社農学校で洋式農学を学ぶ。同校卒業以降、経済産業・貿易、拓地植民による小笠原諸島およびそれ以南の南洋群島各地への進出を唱導、さらには朝鮮から東部シベリア方面への商権拡張を提唱した服部徹は、自らの平和的・経済的「南進」論の帰結点を見ることなく四五歳の生涯を異郷の地で閉じた。服部の生涯に大きな影響を与え、また彼に小笠原諸島との邂逅を準備した恩師津田仙は、服部に先立つちょうど四か月前の一九〇八年四月二四日、東京から鎌倉の自宅に帰る列車の中で脳出血のため急逝していた。満七〇歳であった。

註

（1）『朝日新聞』一九〇八年五月二九日。

（2）『高知県人名事典』高知新聞社、二〇〇〇年、『土佐偉人伝』歴史図書社、一九七六年にも記載がなく、生年不明の略歴が『太平洋百科事典』原書房、一九八九年、『日本人名大事典』講談社、二〇〇一年にある程度である。ちなみに前者（森久男執筆）では服部を「空想的南進論者の一人」と評し、スペイン領南洋諸島を「通商貿易・拓地殖民」により日本の勢力下に置くよう主張した人物と位置づけている。こうした中で桜井義之「小説『東学党』とその著者」桜井義之先生還暦記念会編『明治と朝鮮』龍溪書舎刊、一九六四年、所収は、服部をこう評している（一七二頁）。「土佐産の熱血児で、彼もまた明治中期の国士的風格を備へた烈々たる気骨の持ち主であった。」

（3）この点に関しては、本書第一章を参照。

（4）矢野暢『「南進」の系譜　日本の南洋史観』千倉書房、二〇〇九年（原本は中公新書、一九七五年、一九七九年）、一八六－一八八頁。

（5）清水元『アジア海人の思想と行動―松浦党・からゆきさん・南進論者』NTT出版、一九九七年、一六八、一七一頁。

（6）池端雪浦「明治期日本人のフィリピンへのまなざし」池端雪浦、リディア・N・ユー・ホセ編『近現代日本・フィリピン関係史』岩波書店、二〇〇四年、五－九頁。

（7）石原俊『近代日本と小笠原諸島―移動民の島々と帝国』平凡社、二〇〇七年、三一四－三一六頁、三二九－三三〇頁。

（8）島崎猪十馬「明治時代高知旧各社事跡」『土佐史談』第三六号、一九三一年九月、三八－三九頁。

（9）同上、五三－五六頁。

（10）『高知県史近代資料編』高知県、一九七七年、一一八一－一一八二頁。

(11)外崎光弘『土佐自由民権運動史』高知市文化振興事業団、一九九二年、一二九頁、

(12)この時期の高知政治史については豊富な研究蓄積があるが、平尾道雄筆になる高知新聞社編『土佐百年史話―民権運動への道』浪速社、一九六八年、がその基本的な流れを跡付けている。「あとがき」において平尾は、「明治日本のナショナリズムと歩調を同じくするもの」であるが、土佐においても「民権主義」と「国家主義」の抗争があったことを指摘する。

(13)松岡僖一『土佐自由民権を読む』斉木書店、一九九二年、三四頁。共行社の本部が置かれた新町は、藩政時代には徒士、足軽クラスの下級武士の居住する地区であった。そうした経済的背景もあり、明治一四年から翌年にかけ共行社員約五〇名は福島県安積郡対面ヶ原に士族援産金を得て開墾移住を行った。高知新聞社編、前掲書、三七四―三七五頁。

(14)島崎猪十馬、前掲論文。

(15)清水元、前掲書、一六六頁は、「(二人は)図南の志を同じくする者として一時共同事業をしていたが、性格の違いからのちに袂を分かつことになった」と述べている。

(16)三好信浩『日本農業教育成立史の研究』風間書房、二〇一二年、三五八頁。また近代農学の先駆としての津田の農法を詳細に論じたものとして、以下を参照。田村栄太郎『日本の技術者』興亜書房、一九四三年、四〇四―四一八頁(「津田仙」)。

(17)その一人が玉利喜造である。学農社農学校を中退し後年東京帝国大学農学部教授となった玉利については、以下を参照。『玉利喜造先生伝』玉利喜造先生伝記編纂事業会、一九七四年他。

(18)高崎宗司『津田仙評伝―もう一つの近代化をめざした人』草風館、二〇〇八年、には無署名のものも含めた「津田仙著作目録」が収められているが、この論文は含まれていない。

(19)津田仙「小笠原諸島の説」『農業雑誌』第二七〇号、一八八七年七月五日、第二七一号、同年七月一五日、第二七二号、同年七月二五日。

(20) 細谷俊光編『人物を中心とした産業教育史』帝国地方行政学会、一九六五年、四〇‐四一頁。

(21) 内地雑居問題をつとに論じていた田口は、一八八〇年代半ば以降内地雑居が欧米人の資本・技術の流入を促し、それが日本の経済発展をもたらすと主張し、服部の議論をより先鋭化していた。この問題については、塩出浩之『越境者の政治史』名古屋大学出版会　二〇一五年、七一頁参照。

(22) 高崎視察団の概要については、当時の一次史料を集成して整理した東京都編『東京市史稿　市街篇第七二』一九八一年、六一七‐六四九頁を参照。知事一行と横尾ら民間人とは、同一の目的のために団を組織したというよりも、たまたま同じ明治丸に乗り合わせたとみる資料もある。河東田経清『横尾東作翁伝』私家版、一九一七年は、榎本逓信相に所信を語り官船明治丸を借り受けた横尾らと「時の東京府知事高崎五六も同じく一行中の人となった」と記述している（八六頁）。

(23) 明治丸史編集部会編『明治丸史』東京商船大学、一九八二年、一八頁。明治丸（一九七八年、国の重要文化財指定）は、現在東京海洋大学（東京商船大学の後身）に展示されている。

(24) 鹿島平和研究所編『日本外交史第3巻』一九七〇年、一四二頁。「金玉均の小笠原流配」の詳細については、琴秉洞『金玉均と日本―その滞日軌跡』緑陰書房、一九九一年を参照。

(25) 的野半介監修『来島恒喜』精美堂、一九一三年、六五‐六六頁。

(26) 国立国会図書館憲政資料室所蔵「横尾東作関係文書」参照

(27) 平岡昭利『アホウドリと「帝国」日本の拡大―南洋の島々への進出から侵略へ』明石書店、二〇一二年。望月雅彦「玉置半右衛門と鳥島開拓―明治期邦人の南洋進出の視点から」『南島史学』四〇号、一九九二年。同論文も服部を「南洋進出の先駆」の一人としてあげている。

(28) 服部徹「鳥嶋信天翁の話」『動物学雑誌』第一二号、一八八九年一〇月一五日、四〇五‐四一一頁。

(29) この服部の鳥島訪問記録については、東京都公文書館所蔵の同件「一件書類」を参照。

(30)『朝日新聞』一八八九年九月一七日。

(31)「服部履歴書」には「明治二二年南島商会支配人トナル」と記されているが、管見の限り南島商会についての先行研究の中で服部の名は見出せない。

(32) 天南・本名松岡好一（一八六五－一九二一）は、長野県安曇郡北長尾村出身、一五歳で上京、後「東洋自由新聞」記者となる。明治二四年九月、三宅らと軍艦「比叡」に便乗オーストラリアへ、シドニーで艦を離れ単身木曜島に渡り真珠採取や椰子栽培等に従事、日本人進出の先駆となる。松岡については以下を参照。『大人名事典第五・六巻』平凡社、一九五七年、『ジャーナリスト人名事典・明治～戦前編』日外アソシエーツ、二〇一四年。古くは、田中弥十郎「南進先駆者『松岡好一』」『興亜之工業』一九四三年二月号、四八－五一頁。松岡自身の著述として「豪洲ニ於ケル真珠介採収業ニ就テ」『大日本水産会報告』第一四二号、一八九四年四月、三〇一－三一九頁、ならびに「サースデー島真珠業ニ関スル松岡好一君ノ談話」『殖民協会報告』第一一号。一八九四年四月、一五一－一三三頁等がある。なお岡成志編『依岡省三伝』㈱日沙商会、一九三六年、非売品の口絵写真に、「明治二四年一二月、濠洲シドニー府に於て（南島探険隊一行）」とのキャプションが付いた写真があり、そこには三宅雄二郎（雪嶺）、依岡省三らとともに松岡好一も写っている。

(33)『南球之新殖民』刊行から一〇数年後、木曜島を訪れた大島景秋は、「有色人種特に日本人を主」に対象とする厳しい点検ぶりを非難すると同時に、「今更ながら我外務省なるもの無能なるに驚く」と当局の不作為を追及している。「木曜島在留邦人の窮境」『外交時報』第一三一号、一九〇八年一〇月一〇日、五六－五九頁。

(34)「東亜貿易新聞」について矢津昌永『朝鮮西伯利［亜］紀行』丸善、一八九四年に、以下のような一文がある（五〇頁）。「当地［釜山］発行の『東亜貿易新聞』に…我々一行に関する記事を掲げて曰く『…地理地質研究の為め来韓中の第五高等中学校教官矢津昌永君及兵庫県中学校長小森慶助君と、相伴ひ来る。三日、当港出帆、海路元山へ出発の由なり』」

(35) 東京追放時、兆民は親友末広重恭（鉄腸、「関西日報」社主）に、皮肉と自虐を込めた次のような書簡を送っている。「末広君、余は実に恥じ入りたり。此度一山四文の連中に入れられたり。満二ヶ年東京に在ることを得ず。因てひとまず浪華に退去す。自由平等の主義、益々尊ぶべきかな、明治政府の仁慈もまた至れるかな」高知新聞社編、前掲書、一九六八年、四一二頁。

(36) 同上、四一一頁。

(37) 「雞林」の語に服部が愛着の念を持っていたことが、次の記事からもうかがえる。『朝日新聞』一八九六年一月二四日。「朝鮮釜山には従来朝鮮時報と称する一新聞あり熊本国権派にて之を支配し大畑秀夫氏其社主たりしか今度服部徹氏の発企に係る雞林社の成立と共に雞林新報の刊行あらんとするに際し在釜山或人々の尽力に依り双方合併の約整ひ其規模を拡張し服部氏主筆となり来二月早々改題初号を発刊する由にて服部氏は既に渡韓の途に上りたりと。」

(38) 高崎宗司、前掲書、第六章「朝鮮人との交わり」参照。

(39) 『小説東学党』については、註2の桜井義之論文を参照。

(40) 『貿易通報』一九〇六年五月号、二九－三〇頁。

(41) 『貿易通報』一九〇八年一月号、三五－三七頁。

(42) ウラジオストックを中心とする東部シベリアと日本との関係は、服部が同地を訪問した一八九〇年代初め頃から観光を通じて始まっていた。一八九〇年に上海の最有力英字紙「ノースチャイナデイリーニュース」が雲仙紹介の記事を掲載し、それを機に上海、香港、ウラジオストック、ハルビン等から多くの観光客が長崎・雲仙に来遊した。また一八七二年にはウラジオストック・長崎間、長崎・上海間が海底ケーブルでつながり、前年開通の上海・香港間海底ケーブルに連結した。山﨑功（助言）東加代子、Ta Thi Huyen、清川千穂、田中佑実「雲仙・島原史の多文化研究―交易と信仰から地域振興の時代へ」『佐賀大学芸術地域デザイン学部論文集』第一号、二〇一八年、七八頁。

(43)「服部徹蘭領ニューギニア、セレベス、爪哇、波羅地方状況調査之件」一九〇八年三月二三日、外務省外交史料館所蔵資料。服部はその一五年前、前述のように駐釜山総領事室田義文により朝鮮からの退去を命じられた。今回はその外務省からの委託というのも皮肉な巡り合わせであった。なお室田はその後メキシコ駐在弁理公使等を歴任後、一九〇一年に退官し、貴族院勅選議員となった。一九〇九年一〇月にはハルピン駅頭で暗殺された伊藤博文に随行し同地を訪問している。外務省外交史料館日本外交史辞典編纂委員会編『日本外交史辞典』山川出版社、一九九二年、九九四頁。

第四章　又吉武俊の「南方関与」三〇年
――戦前期沖縄とインドネシア――

はじめに

本章は、「琉球処分」により近代日本の版図に組み込まれた沖縄（琉球諸島）と戦前期南方あるいは（外）南洋と呼称された東南アジア、とりわけインドネシア（蘭領東インド、蘭印）との関係を「沖縄の人びとの関与」のあり方を通して考察するものである。より具体的には、沖縄本島・那覇から西北六二キロに位置する粟国島出身の又吉武俊（一八八一－一九四三）という最初期のインドネシア移民の三〇年の軌跡を跡付けつつ、上記課題を検証することを意図したものである。一九七〇年代を中心に、経済大国となった日本と東南アジア諸国との間に様々な摩擦が生じる中で、日本の東南アジア近現代史研究者の間では、両者間の摩擦や緊張の要因を歴史的にさかのぼって考究する必要性が指摘されるようになった。そうした研究潮流を背景に関係研究者の中で、「南方関与」という概念を切り口として日本（人）と東南アジアとの関係を歴史的に究明しようとする研究領域が定着してきた(1)。

「南進」というつとに一般化していた用語と対比しつつ「南方関与」という語を初めて提示した矢野暢は、こう述べる。「私は、日本人の南方との自然な関わりの総体を『南方関与』と呼び、そして『南方関与』が国策と結びつき、望ましくない傾向を帯び始めた局面についてだけ『南進』という表現を用いることを提案したい」(2)。

本章で用いる「南方関与」という語も、基本的にはこの矢野の含意と同じものである。

日本人―ここでは沖縄の人びと―のインドネシアへの「関与」のあり方は多様性に富むものであるが、単純化するならば次の五つの形態に区分できよう。(1)長期居住を前提とした生活拠点の移動（移民）、(2)徴用による兵士としての強制的動員、(3)国家の南進政策、その帰結としての戦争の中での軍属あるいは「サクラ組」（一般邦人）としての徴用、(4)政府機関、企業、組織・団体等からの中短期型の派遣、(5)広義の政策決定レベルでの必ずしも具体的移動を伴わない関与[3]。

このうち、量的にみて最も多くかつ上述の「南方関与」の定義に最も適合するのは(1)の「移民」であるが、これを沖縄に即していえば、特定の拓殖会社と契約を結んで移住する「契約移民」と基本的には個々人の自由意思での渡航を意味する「自由移民」に大別される（昭和一二年からは「満蒙開拓団」のような国策移民も沖縄で導入）。前者の代表的な事例が㈱南洋興発と雇用契約を交わし、南洋群島に渡航した糖業関係の農業・工場労働者である。しかしながら、インドネシアについていえば契約移民はきわめて限定的であり、圧倒的に自由移民が多い。またインドネシアをはじめ東南アジアへの移民は、永住型といえどもあくまでも日本国籍を保持したままというのが一般的で、この点アメリカや中南米諸国への移民とは大きく性格を異にしている。こうした状況をふまえつつ、沖縄の人びとの移動先を滞在期間ならびに国籍を両軸として分類すると、図1のような形になろう。

一　近代日本の出移民と沖縄

1　戦前期沖縄の出移民の特徴

一九世紀末から二〇世紀初頭にかけ、今日の東南アジア諸国ではタイ国（一九三九年六月以前の国名はシャム）

を除き欧米列強による植民地支配体制が完成した。その時代はまた、一七世紀初頭以降日清両国への両属状態にあった琉球王国が「琉球処分」によって沖縄県へと組み換えられ、近代日本の構成員として統合されてゆくプロセスともほぼ重なる。

欧米列強に範をとりつつ、また彼らと対抗しつつ明治政府は上からの近代化を急速に進めるが、その中で農村部を主とする過剰人口問題をどう解決するかがアジア太平洋戦争に至る半世紀間の重要な政策課題の一つであった。この人口問題解決の具体的な施策の一つが、「永住を目的とした国際間の人口移動」[4]と約言できる移民の奨励であった。移民必要論が高まる中で一八八五(明治一八)年一月、最初の官約移民九二七人がハワイに向け横浜港を出港した(明治改元の直前一八六八年四月には契約移民として一二〇人余が同地渡航)。

一方、「琉球処分」後他府県に遅れて県政が敷かれることになった沖縄でも、「内地」他府県と同様官民双方で移民問題が議論され、後に「移民の父」と呼ばれるようになる當山久三の勧誘斡旋により、一八九九(明治三二)年一二月に最初のハワイへの集団移民二七名が渡航した[5](その内一名は上陸時の身体検査で不合格)。

それ以降沖縄諸島からは、ハワイ、南北アメリカ、そして南洋群島を

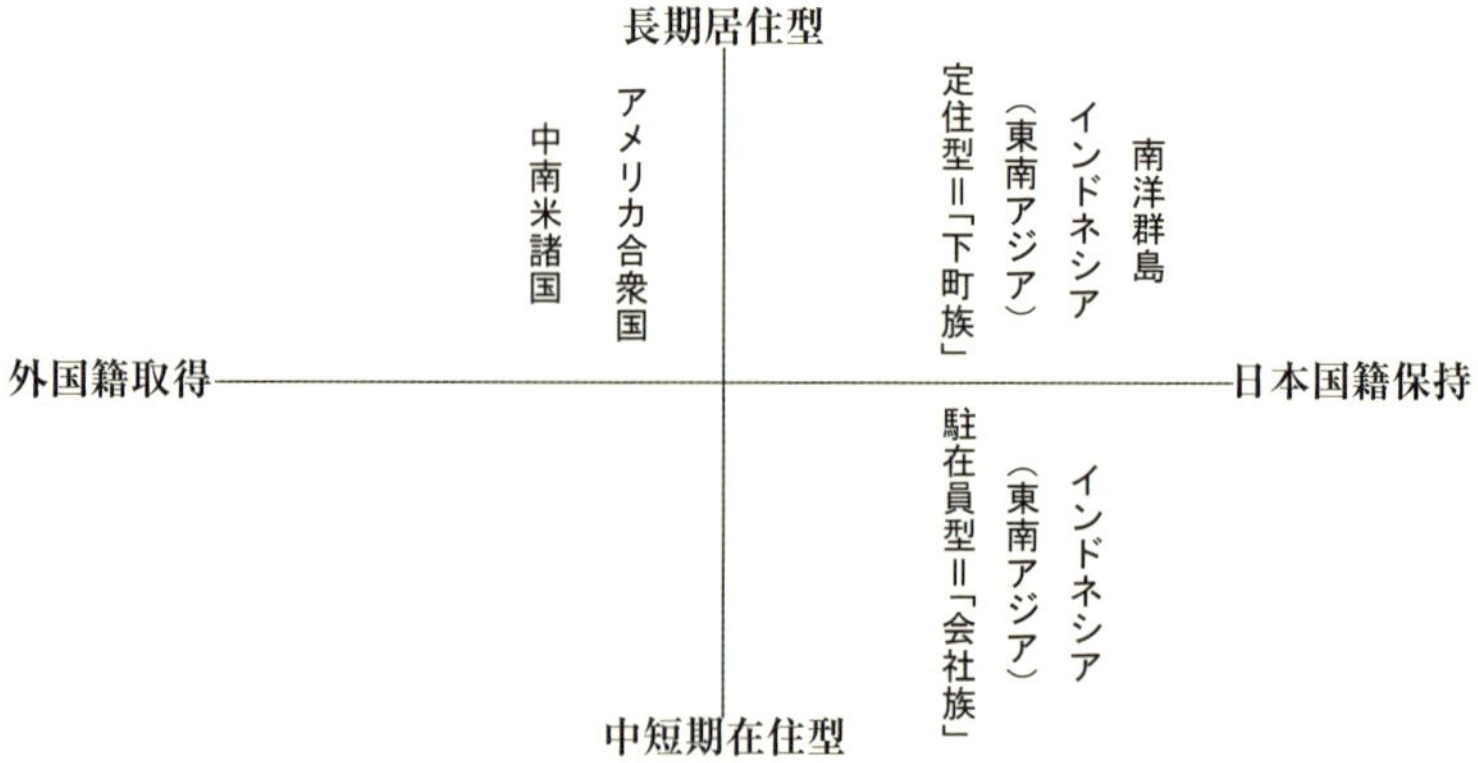

図１　沖縄からの移民類型（筆者作成）

中心に大量の移民が海を渡り国内有数の「移民県」と形容されるようになる（二〇〇三年琉球大学に移民研究センターが設置され機関誌『移民研究』が創刊されたのも、そのことを象徴している）。『移民研究』創刊号において石川友紀が詳細なデータをもとに指摘するように、日本における出移民数ならびに「海外在住者数」（一八九九－一九三七年対象）からみると、沖縄は広島県に次いでそれぞれ第二位、第三位を占めている（日本統治下に置かれた南洋群島を含む植民地への移民は含まず）。具体的には出移民数六万七六五〇人（全国比一〇・五％）、そして海外在住者数五万七二〇三人（同七・六％）となっている。ただし「出移民在留者率」（一九四〇年）をみると、沖縄県は九・九七％ともっとも高い数値を示し、第二位熊本県の四・七八％、第三位広島県の三・八八％を大きく引き離し現地定着型の性格が強いことを物語っている(6)。

表1は、戦前期沖縄の出移民状況についての基本的統計であるが（上述の石川論文のデータと若干の差異があるが）、ここからはいくつかの興味深い特徴が抽出される（％は筆者算出）。

第一は、沖縄からの移民が特定地域に集中していることである。とくに最初の移民先ハワイを含むアメリカ合衆国が一国で全体比二八・七％を占めていること、なかでもハワイのみで全体の四分の一強の二七・七％と圧倒的多数を占めている(7)。そして最大の移民先がブラジル、ペルーを中心とする中南米諸国で全体の三九・六％を占めている。こうしてみると南北アメリカのみで沖縄移民全体の六八・三％を占めることになる。表1には日本の公式植民地台湾・朝鮮、および第一次世界大戦を契機に実質的に日本領となった南洋群島、さらには満洲（中国東北地方）は含まれていないが、開戦年一九四一年の南洋群島在住の沖縄の人びとが五万三千余人であることを考慮すると、実際の沖縄の出移民総数はより大きくなり、その中で南洋群島がハワイ以上の移民先となっていることがうかがわれる(8)。

表1　年次別、国（地域）別出移民表

	ハワイ	アメリカ合衆国本土	メキシコ	フィリピン	ニューカレドニア（仏）	ペルー	カナダ（英）	ブラジル	大洋島	シンガポール	アルゼンチン	ジャワ	フィジー	ニューギニア	スマトラ	キューバ	ボリビア	セレベス	チリ	木曜島	ボルネオ	ピナン	その他	備考
1899年	27																							
1900年																								
1901年																								
1902年																								
1903年	45	51																						
1904年	262		223	360																				
1905年	1233				387																			
1906年	4467	92				111																		移民の送り出し4670人で最高の数
1907年	2525		250	58			152																	転航禁止令（米国への）
1908年	678			68				355	252															日米紳士条約・米国で排日運動激しくなる
1909年	176			2		54																		ブラジルでは渡航制限・禁止にあう
1910年	241				250	39			70															
1911年	596	6		16	210	75	3																	
1912年	1678	15		182		23	7	421		25														
1913年	935	37		87		92	13	1			14	5	1											沖縄からのブラジル移民渡航禁止
1914年	533	24	1	26		302	9	41			3			1										
1915年	403	27		26		124	3	25			5	1			2									
1916年	559	25		18		121	9	24			8	8	2											
1917年	676	42	2	177		534	25	2138			35		3			1								ブラジルへの渡航禁止の解禁
1918年	655	9		244		882	27	2204			76	5	3			1								
1919年	661	80		176	8	925	30	319			50		1				1							ブラジルへの移民、再び外務省によって制限（→1925年）
1920年	520	35	15	55		388	19	179			21		1											写真結婚による女子移民禁止（米国）
1921年	482	25	5	64		404	12	82		24	28	1				4		7	1				1	南洋興発、沖縄からの移民募集
1922年	402	38	19	60		92	13	52		70	28	5								12	1		6	
1923年	494	61	8	300		250	16	51		13	52	1			6			4						
1924年	390	59	10	368		356	12	99		55	71				17					5				排日移民法の実施（米国）
1925年	100	4	43	971		550	11	388		303	95	29			7	62		42		1				
1926年	117	2	58	1062	2	891	9	659		105	130	37		4	2	16		49		2	2	8		
1927年	120	9	38	1415		858	11	432		185	160	18			12			16		2	6	3	1	
1928年	50	9	20	842		780	7	432		216	183	14	3		5	4	1	30			27	4	9	
1929年			9	1693	20	894	2	793		182	245	42	2		19	9	11	46			35		1	
1930年			18	1028	23	442		592		327	310	53	4			7	3	47		1	20		8	
1931年	36	2	3	227	6	110	2	469		210	225	19			4	2	1	13		1	3			
1932年	10	4	15	113	3	202	4	810		43	130	6			2		1	6		2	126		3	
1933年	10	2	8	187		314	4	1077		64	62	6				1	3	5		1	53			
1934年			4	564	2	331	1	1870		213	83	10			2	2		8		1	8			二分制限が憲法に挿入（ブラジル）
1935年			2	724		494		72		214	149				1	3		4		1	32		3	
1936年	311	16		6	1414	1	471		559		246	231	2			1	13	10		3	32			移民及び営業制限令（ペルー）
1937年	275	21	4	2584	4	112	2	405		236	171	3			1			24			51			
1938年	451	36	3	1315	5	90		281		20	189	5			1		3	23			39			
合計	20118	731	758	15018	2334	10841	874	14271	881	2505	2769	499	22	5	81	113	37	334	1	32	435	15	32	

出所：沖縄県文化振興会史料編集室編『沖縄県史各論編第5近代』沖縄県教育委員会、2011年、338頁。最下段合計は筆者算出

第二の特徴は、移民先全体の中で東南アジアはアメリカ（含ハワイ）の二八・七％に匹敵する二六・〇％と高率を示しているものの、そのうち米領フィリピン（一八九八年まではスペイン植民地）のみで東南アジア全体の七九・五％を占めていることである。その背景には二〇世紀初頭アメリカ政府の求めによる、ルソン島北部山地のベンゲット道路工事への労働者の大量渡航（沖縄は福岡県、和歌山県等につぎ第五位）があった(9)。その結果、一九一一年までは東南アジアへの移民といっても現実にはフィリピンのみに限られていた。

第三は、フィリピン以外の東南アジアへの沖縄からの最初の移民は、英領シンガポールの一九一二年、蘭領ジャワへの一九一三年をはじめ「大正期南進論」が高まった一九一〇年代前半にようやく始まっていることである。歴史的には一四世紀から一七世紀初頭にかけ交易のため琉球船が往来し、また地理的にはアメリカ、中南米諸国と比べはるかに近接しているにもかかわらず、沖縄にとって東南アジアは後発の移民対象地であった。また統計上タイ国、ベトナム等仏印三国、ビルマ（ミャンマー）の大陸部東南アジアへ沖縄から直接渡航した移民がなかったことも大きな特色である。

以上の戦前期沖縄からの移民の概括的特徴をふまえた上で、次にインドネシア（蘭印）に焦点を置きつつ沖縄の人びとを含む日本人の進出の特徴をデータ的にみておきたい。外務省が蘭印在留邦人の職業別人口を領事「調査報告」（正式には「海外在留本邦人職業別人口調査一件」）に記載するのは一九一二年からであるが、それ以降一九三五年までの各年度の統計を分析した村山良忠は、以下のような特徴を抽出する(10)。

①米領フィリピンと比べ蘭印では農業に従事する日本人移民が少なく、一九一二年は全体の一二・二％、三五年は五・八％、最大の二五年でも七・二％にすぎない。その主な理由として村山は、蘭印の邦人農園は資本主義的な会社経営大農園が主流を占め、彼らは少数の日本人管理者の他は現地労働力に依存していたことを指摘する。

②他方、一九二〇年代中葉から漁業従事者の人口が実数、比率ともに急増している（一九一二年でも九・五％と高いが、その後上昇し三〇年代から一〇％台となり三五年には一四・六％となっている）。村山の指摘に付言するならば、その最大の理由は、大正初期以降糸満を中心とする沖縄漁民が追込み網漁業による進出を本格化させたことである(11)。

③沖縄からの移民や中短期の移住・出稼ぎは漁業分野が圧倒的に多いが、日本人全体としてみるとインドネシアでは商業人口が一貫して過半を占めている（一九一二年四六・九％、その後も二〇年の七二・六％をピークに三五年には六四％を示している）。とりわけ第一次世界大戦の影響で本国オランダをはじめヨーロッパ諸国からの軽工業製品の輸出の急落と、それを奇貨とする日本製品の急激な進出が顕著となった。本章が対象とする又吉武俊とその一家も、沖縄移民としては少数派に属する広義の商業移民の一人として東部ジャワ・マラン市に定住し、「大東亜戦争」勃発直前までの三〇年近く、その地で生活の基盤を築いた人たちである。

2 沖縄における移民研究と東南アジア

前節では各種データによりつつ、戦前期日本の移民状況とその中での沖縄の人びとの国際移動の一端をマクロ的に概観した。そこで明らかになったように、南洋群島を除く外国の主権下にある地域への移民先として南北アメリカ、そして米領フィリピンの三地域が沖縄からの最大の移民先であった。そのことを反映して今日の沖縄における移民研究の対象も、これら地域ならびに南洋群島を対象とするものが量的にも質的にも突出している（この点については、たとえば前述『移民研究』各年度版の特集、個別論文を参照）。

さらに沖縄近現代史研究の重要な基礎文献たる『沖縄県史各論編第五近代』の構成からも、その傾向が顕著にうかがえる。全七部、本文六三五頁からなる浩瀚な同書の第五部は、「沖縄移民の諸相」と題され、第一章「沖縄移民の経緯」、第二章「沖縄移民社会」等全五章からなっている。全章で一四八頁を数え、同書の中で最も多い部となっていることからも、沖縄近代史の中での移民問題の重要性がうかがわれる。そして第一章第一節「移民の開始と展開」の中の、二「移民の展開」においては一一の地域が個別に論じられる。その地域とは、⑴ハワイ、⑵アメリカ合衆国本土、⑶メキシコ、⑷フィリピン、⑸仏領ニューカレドニア、⑹ペルー、⑺カナダ、⑻ブラジル、⑼アルゼンチン、⑽キューバ、ボリビア、そして⑾南洋群島である。すなわち地理的には最も近接する東南アジアはフィリピンだけが取り上げられ、それ以外は叙述の対象外におかれている[12]。

同書第五部第二章「沖縄移民社会」は四節に分かれ、それぞれ南洋、南米移民の概要、北米・ハワイ移民、そして台湾が対象となっている。また第四章「戦争と移民」は二節からなるが、ここでもフィリピン以外の東南アジアは直接の対象とはなっていない。ここではそれぞれ「フィリピンの戦争と沖縄移民」、「満州と開拓団」に焦点が当てられている。一九三〇年代後半から四〇年代初めにかけては、沖縄朝野において東南アジアへの「南進」熱が急激に高まった時期であったが（安里延『日本南方発展史―沖縄海洋発展史』三省堂、一九四一年、等に象徴）、その事実が研究史的には忘却されているかの観を呈している。

二　日本・インドネシア関係と在留日本人社会

上述したように、フィリピン以外の東南アジアへの沖縄からの移民についての研究が手薄な状況の中で、本章はインドネシアを事例としつつ多少なりとも研究上の空白を埋めることを意図したものである。論述にあたっては、まず二〇世紀前半の日本・インドネシア関係の基本的態様を概観した後、当時の蘭印在留邦人を管轄していた外交当局（総領事館等）が、管轄下の日本人社会をどのように評価していたかを検討しておきたい。

1 戦前期日本・インドネシア関係の基本構造

表2は、戦前期・戦中期における日本・インドネシア関係の流れを四時期に区分し、日本のインドネシア観、インドネシアの日本観、そして両者関係の態様の視点から図式化したものである(13)。

ここで用いた時期区分は、日本の対東南アジア関係において重要な節目となる年を基準にしている。一九一〇（明治四三）年は、福沢諭吉門下の著名な政治家・文筆家であった竹越與三郎の著作『南国記』が公刊され、その爆発的な売れ行きによってその後の大正期南進ブームの先導役となった年である。

前年蘭領東インドを視察し、その上で用いられた「熱帯を征するものは世界を征す」の文言が注目を集めた同書は、日露戦争後朝鮮を併呑し満州に軍事的・政治的・経済的関心を深め、いわば北進の足固めをした日本が、新たな進出先として東南アジアに触手を伸ばすのではないかとの不安感を植民地列強に引

表2．戦前期日本・インドネシア関係の推移（筆者作成）

時期区分	各時期の特徴	日本のインドネシア観	インドネシアの日本観	関係の態様
第1期：19世紀末～1910年	日本：脱亜入欧、北進 インドネシア：植民地蘭印の形成、萌芽的なナショナリズム	視野外 伝統的な「外夷」イメージ	素朴な親日観 初期邦人社会への違和感	外交関係なし（08年領事条約） 一方通行的な人の流れ、「からゆきさん」先行の邦人社会
第2期：1910～1933年	日本：国際協調主義→国際連盟脱退 インドネシア：民族主義運動の高揚	「北人南物」観（経済関係重視、文化的無関心）	日本近代化の評価二分、一流のアジアか欧米の亜流か	外交レベルでの「友好」関係、商業移民、漁業移民→大企業進出し、邦人社会の二重性
第3期：1933～1941年12月	日本：国際的孤立化と開戦への道 インドネシア：蘭印当局の対日警戒、華人ナショナリズム	「南の生命線」論、アジア主義的南進論の登場	ナショナリズムの理解者もしくは潜在的脅威	蘭印当局の対日警戒深化 「南方関与」→南進国策の対象
第4期：1942～1945年8月	日本：「大東亜共栄圏」の形成と崩壊 インドネシア：日本軍占領下	タテマエ：「民族解放、共存共栄」 ホンネ：重要資源獲得	民衆の対日「期待」→落胆→反感（抵抗）	多様な形の対日協力と抗日ナショナリズム 戦後人脈の形成期

き起こす要因ともなった。とりわけ竹越の主たる関心が自国の植民地に向けられたことを重視した蘭印（オランダ）当局は、一七世紀以降の「鎖国日本」との「日蘭友好」関係を公的には旗印にしながらも、潜在的な対日不安を深めることになった。

この点に関連し、日露戦争直後から約四半世紀間インドネシア各地に居住することになる「アジア主義的南進論者」竹井十郎（号天海）は、「朝鮮合併と爪哇」と題した論考の中で、次のように記した(14)。

…日本の野望は、軈て南洋に其の爪牙を露はし来るならんと邪推して、常に猜疑の眼を以て日本及日本人を観ている和蘭人の頭脳には、［竹越著作は］異様の刺戟を与へたらしい。

竹井天海はさらに二年後の別の小論でも「（オランダ側は）我等日本人と言へば眇たる行商人の如きまで常に猜疑の眼を以て迎へ…大人気もなく我娘子軍［からゆきさん］を見て、彼女らは日本政府の或る依嘱［情報収集］を受け居るものなりとまで論ずる…。」(15)

こうした竹井の懸念は決して杞憂ではなく、事実蘭印政庁官房長官モレスコ（Moresco）は、一九一三年一〇月三日付で各地方政府へ送付した㊙公式書簡の中で、日本人の売薬商の活動を監視しその報告書を提出するよう通達していた(16)。政庁当局は、各地を売り歩く日本人売薬商は日本領事館の命を受け情報収集・スパイ活動を行っているとみなしたのだった。

第三期の起点となる一九三三（昭和八）年は、満州事変に対する国際世論の批判に反発した日本が国際連盟からの脱退を通告し、第一次世界大戦後の国際秩序ヴェルサイユ＝ワシントン体制からの離脱第一歩を印した年である。これにより、日本の対蘭印政策の基本方針であった一九二一年二月の「和蘭（及葡萄牙）政府ニ対シ送附セル公文」で掲げられた「太平洋方面ニ於ケル和蘭国（葡萄牙国）ノ島嶼タル属地［蘭印、ポルトガル領ティモール」ニ関スル同国ノ権利ヲ尊重スルコトヲ固ク決意」するとの政策が揺らぐことになった。少なくともオランダ側は、日本が想定した以上に連盟脱退後の日本そして在蘭印邦人社会の動向に過敏になっていく(17)。

一九三三年はまた経済面においても、日本・蘭印関係そして在留邦人社会に暗雲をもたらした年であった。第一次世界大戦後右肩上がりに急増する日本からの輸入が、この年初めて蘭印総輸入の三〇%を超えることになった。自国の最重要植民地において日本の経済プレゼンスが肥大化したことで、蘭印政庁は伝統的な門戸開放政策を見直すことになった。同年には「非常時輸入制限令」が制定され、翌三四年には日本からの輸入に制限を課すべく第一次日蘭会商がバタビア（現ジャカルタ）を舞台に開催されることになった。

さらに「人流」の観点からも、一九三三年は重要な意味をもつことになった。大恐慌直後の一九三〇年、インドネシア在留日本人数は初めて六〇〇〇人を超えたが、三三年には六九四九人に達し戦前期最大値をしるすことになった。蘭印当局は、この面においても日本人を事実上念頭に入れた「非常時外国人入国制限令」を制定した。蘭印当局側からみれば、対日戦争突入の八年前の時点で対日関係においてはすでに「非常時」認識が広く共有されていたことが判明する。

日本・インドネシア関係における第四期は、「大東亜戦争」勃発三か月後の日本軍によるインドネシア占領統治の開始に始まる。ＡＢＣＤ諸国（アメリカ、イギリス、中国、オランダ）との全面戦争に突入した日本は、戦争遂行のための石油等重要資源の獲得をインドネシアを主とする東南アジアに求めた。国家間関係のみならず在留日本人の運命をも大きく変えることになる開戦、そして日本の占領統治については内外の先行諸研究に譲るが、ここではインドネシアの石油が有した重要性に一言触れておきたい。

表3、表4からも明らかなように、主要交戦国アメリカと日本の物的国力には開戦前から圧倒的な差があった。

その事実を政府・軍部中枢は把握していたにもかかわらず、日本が開戦に踏み切ったのは「蘭印石油さえ確保できれば」との仮定、そしてそれは実現可能だとの根拠なき希望的観測に基づいてのことであった。しかしながら、現実は表4が示すようにインドネシアからの石油還送は、早々に制海権を喪失した日本にとっては悲惨な結末をもたらすことになった。

2　オランダ植民地支配下の在留日本人

二国間関係の上述した大きな流れを背景とし、本節ではインドネシアにおける在留日本人社会の状況をみておきたい。

第一期の在留邦人をみる上で、一八九九（明治三二）年五月になされた「蘭印行政処務規程」の改定は重要な意味をもった。これにより従来植民地蘭印に確立されていた人種差＝階級差を特色とする「ヨーロッパ人、東洋外国人、土民」の三層からなるヒエラルキーにおいて、中国人、インド人、アラブ人と共に「東洋外国人」の範疇にあった日本人の法的地位が、ヨーロッパ人と同等に引き上げられることになった。

他方、一九世紀以降二〇世紀初頭にかけインドネシアに渡っ

表3．日米主要物資生産高比率（日本を1とする）

	1938	1941	1944
石油	485.9	527.9	956.3
鉄鉱石	37.5	74	26.5
アルミニウム	8.7	5.6	6.3
11品目平均値	60.5	77.9	118.3

出所：安藤良雄編『近代日本経済史要覧』東京大学出版会、1979年、138頁より抜萃

表4．蘭印石油の還送（万トン）

	(A) 見込量	(B) 実際量	B/A(%)
1942	200	109	54.5
1943	600	260	43.3
1944	1000	106	10.6

出所：燃料懇話会『日本海軍燃料史・下巻』原書房、1972年、966頁

た最初期の日本人の多くは、周知のように「からゆきさん」や彼女たちの生業・生活に関わる各種雑業に従事する階層的にはいわば下層に属する男たちであった。このように法的には「ヨーロッパ人」でありながら、現実には社会の底辺部で生計を営む初期日本人社会は、多くの植民地民衆には奇異な存在と映じた。

ちなみに日本・蘭印間に領事条約が調印されるのは、日本が日露戦争に勝利した三年後一九〇八年四月のことであった。それ以前は駐シンガポール日本領事が、蘭印在住の邦人を管轄下においていた。その駐シンガポール初代領事藤田敏郎は一八九七年三月ジャワ視察に赴いたが、その報告書の中で在ジャワ日本人一二五名中一〇〇名もが「からゆきさん」であり、正業を営む日本人がほとんどいないことを慨嘆した。しかも日本人が「該地政庁ヨリ非常ノ圧制ヲ受ケ支那人同様ニ待遇セラレ」ている状況に衝撃を受ける。こうした体験が外交当局を通じての日本人の地位変更につながっていった(18)。

そうした状況の中で二〇世紀に入ると、その後の日本人商活動の基礎を築く先駆者がジャワを中心にインドネシア各地で活動を始める。潮谷商会（大沢蓊、新井圧衛）、小川洋行（小川利八郎）、南洋商会（堤林数衛）等の後年の盛衰はあるものの、彼らの手によって堅実な商業移民主体の邦人社会が築かれていく。上記のミニ商社は、いずれも日本領事館開設（一九〇八年一二月）前の発足であり、また大手の三井物産ジャワ支店開設（〇九年）に先立つものであり、文字通りインドネシアへの経済進出の先駆的な存在であった(19)。

こうした初期進出に続き第一次世界大戦期（＝大正南進期）になると、各分野の大手企業も相次いでインドネシアに支店や出張所を設け、それに伴い定住型ではない短期滞在型の人びとの移動も始まる。前述の三井物産に続き、代表的な企業として一九一五年の台湾銀行、一六年横浜正金銀行、一八年大日本製糖、さらには二〇年には創設直後の南洋倉庫等も進出した。さらに「モノやヒト」の移動の急増に伴い、大阪商船の南洋航路も一六年に開設された。それに先立ち一九一二年には日蘭通商航海条約が締結され、日本人は渡航や経済活動において最恵国待遇を認められることになった。またこの時期の日本経済界の南方関心の深まりを見る上で一九一五年初、東南アジアへの本格的経済進出を推進する機関として財団法人南洋協会が官民協力により設立されたことも象徴的であった。

日本・インドネシア間の経済関係の飛躍的な拡大に伴い、従来の現地志向の強い刻苦精励型の商業移民を中心に形成されてきた〝つつましい〟日本人社会も様変わりをみせるようになる。とりわけ第一次世界大戦後一九一九年にバタビアの日本領事館が総領事館に昇格（同時にスラバヤに領事館開設）する頃になると、総領事館を頂点とする政府機関関係者、大手企業駐在員、そして定住型の在留邦人からなる一種のヒエラルキーが目に見える形で形成されるようになった。そしてこの序列（二重）構造において沖縄の人びとが底辺部に位置づけられ、その下に台湾を主とする植民地出身の「日本人」が置かれた（ただし現地社会との関係では、台湾人は法的には「台湾籍民」として日本人同様の地位が付与）。この二重性は後述するように学童教育等をめぐっても重要な論点となるが、こうした状況はインドネシアのみならずシンガポール、マニラ等一定規模の日本人社会が形成された東南アジア各地で共通して見られた現象であった。

沖縄からの移民も日常的に有形無形に感じたことと思料されるこうした日本人社会の中心・周縁性の実情について、それではヒエラルキーの頂点にあった外交当事者は、どのように観察していたのだろうか。最初に紹介するのは、バタビア領事館開設直後の初代領事染谷成章の次のような本省宛て公信である（一九〇九年四月六日付「バタビア在留日本人一般状況報告並ニ台湾人ニ関スル件」、外務省外交史料館所蔵）。

男約四〇名女約五〇名合計九〇名ニシテ此内女子ハ殆ド全部醜業婦ニ属シテ男子ノ内店舗…日本商店ノ体裁

ヲ具フルモノハ潮谷商会日本館及山崎商店等二三ノ雑貨店ニ過ギズ是等ノ商店ハ各々数人ノ店員ヲ使用シ西洋人ヲ顧客トシテ相応ニ営業シツツアルモ其ノ他ノモノハ多クハ一定ノ住所アルニアラズ吹屋、洗濯業理髪店及ビ「コーヒー」店等一時的営業ニ従事…。

また染谷の公信は、いち早く植民地台湾からの移住者があったことに触れ、彼らは台湾籍民として「一般ニ日本帝国臣民タルコトヲ標章シテ外国人［おそらく現地民衆を指す］ヲ余リニ卑見スルノ傾向有シ候」と観察し、帝国領事としてその点につきつねに「其心得」を戒め「誤謬ノナカランコトヲ」諭していると報じている。この報告にみられるように、漢族系台湾人は移住地インドネシアにおいて現地在住の華僑が「東洋外国人」として二級臣民扱いされるのに対し、「日本人」としてヨーロッパ人同等の待遇を蘭印政庁から保証されていた。

この点と関連しやや脇道にそれるが、台中州大甲郡出身の「台湾籍民」柯呆について一言述べておきたい。柯呆が妻子を残し単身東ジャワ・マランに渡ったのは一九二八年秋のことであるが、その長男生得（一九二一年生れ）は、こう回想する(20)。

父はジャワ島東部の中心地、スラバヤから汽車で一時間ほど南の、マラン［又吉家の活動拠点でもある］に住むわずかな縁故を頼りに働き口を見つけた。ふだんから働き者の父は、新しい土地で懸命に働いた。その結果、小さいながらもコーヒーと綿花の栽培を自営するまで漕ぎつけた…ほとんど現地にしがみつくようにして十数年。その苦労が実ったのだろう、かなりの資産を築き上げ成功者の一人となった。

しかしながら、「大東亜戦争」勃発とともに「日本人」柯呆は「敵性国民」として逮捕、すべての財産を失った上オーストラリアの日本人捕虜収容所に送られる(21)。そして日本敗戦の翌一九四六年一〇月、裸一貫で台湾に帰郷するも、国民党統治の下で新たな試練に直面することになる。

前述の染谷成章の後任領事浮田郷次も、沖縄からインドネシアへ最初の移民があった一九一三年、同様に日本人社会のレベルの低さを慨嘆する。その一方、蘭印官憲の日本人に対する態度を批判しつつ、浮田はこう本省宛てに報告した（一九一三年一二月九日付「日本人入国取扱問題ニ関スル件」）。

我渡航者ノ如キハ大部分下級者ニシテ…現ニ相当ナル日本雑貨店使用人等ノ給金ノ如キモ又十盾以内（尤モ此ノ場合食糧ヲ供スルモ衣服費ヲ与エス）ノ有様ニ有之［当時「欧州人同格者扱」いを受けるには「少クトモ一カ月収入ハ八〇盾ヲ有スル」ことが標準とされた］…今後我ガ渡来者ノ多数ハ孰レモ入国資格ナキモノト可相成是等ノ疑念ヨリ中央官憲ニ事情陳明致置キタル次第ニ有之候…日本人待遇改善ニ関シテハ先ツ日本人自身其態度ヲ改ムルヲ要スルハ勿論…。

このように管轄下の邦人社会に自覚と自戒を求める一方、それに続け浮田は、在留邦人に対するスラバヤ地方官憲とくに警察官の「冷遇」ぶりに注意を喚起し、「（彼らは）時トシテ相当ノ保護サヘ怠ルカ如キ事」もあると〝やんわり〟と蘭印当局を批判している。沖縄からの移住が始まるこの時期のバタビア領事の報告を、もう一点みておきたい。一九一四年秋、浮田領事は前年同様の筆致でこう述べるのだった。冒頭在留日本人数を「約二千五百」人としているが、その五年前一九〇九年の染谷領事公信では「合計九〇名」と記されていたことを想起すると、第一次世界大戦開戦前後を機に急激な日本人人口の増加があったことがうかがえる。

日本人約二千五百ノ中真ニ欧州人対等ノ名誉乃至教養ヲ有スルモノハ殆ント指ヲ屈スルニ過キス其余ハ悉ク真珠貝採集業者、売薬行商、理髪職、大工、洗濯屋、駄菓子屋、吹矢、玉転シノ類ニシテ女子ハ欧州人支那人ノ妾タラスンハ珈琲店□食屋ノ酌婦ノ類ニ属シ正業ニ従フ者ト雖モ猶本邦雑貨店舗等ノ下婦ヲ勤ムル位ヲ精々トスル有様ナリ。

ここには領事館関係者をはじめ高学歴を有する大手企業駐在員を「欧州人対等ノ名誉乃至教養」を備えた日本人とみなし、その他の在留邦人を見下す視線が如実に示されている。領事から見れば、彼らは「種々ノ点ニ於テ頗ル劣等ニシテ寧ロ支那人土人［インドネシア人］ニ伍スヘキノ多ク」と映ずるのであった。ただそうした中で、浮田領事は堅実な発展をとげている個人商もふえていることを認め、その具体例としてスラバヤの稲垣商店、パダンの東洋商会、バタビアの小川洋行支店の名をあげている（一九一四年一月二〇日、在バタビア浮田領事発牧野外相宛「大正二年中管内日本人状勢一般」外務省外交史料館所蔵）。

三　沖縄の人びとの「南方関与」——又吉武俊の事例から——

以上述べてきた沖縄をはじめ日本からの出移民状況、そして戦前期日本・インドネシア関係史における在留邦人をめぐる議論をふまえた上で、本節では沖縄の人びとの「インドネシア関与」を又吉武俊を事例に具体的に考察してみたい。戦前期の沖縄からインドネシアへの出移民についての統計は資料によって若干異なるが、ここでは基準書として『沖縄県史第七巻各論編六移民』に掲げられた次頁のデータ（表5）をみておきたい。

1　粟国島からインドネシアへ

表5にみる一九一三（大正二）年沖縄からの最初のインドネシア渡航者五名の氏名は、前大戦期に多くの公文書が消滅したこともありまだ特定できていない。しかしながら各種資料から総合的に判断すると、又吉武俊がその一人であることは間違いないと思われる。ちなみに『沖縄県史資料編八』中の「旅券下付」一覧によれば、蘭領東インドへの最初の移民として、大正三（一九一四）年の沖縄本島国頭郡羽地村出身の喜屋武重康（明治二五

年四月生）の名が記されている。その渡航目的は、スマトラで「東洋商会農園ニ就職ノ為」であった（旅券下附は同年五月一二日）。またジャワ行に関しもっとも早く旅券下付を受けたのは、翌一九一五（大正四）年五月一一日付、具志堅又四郎という沖縄本島・国頭郡本部村字浜本出身の三一歳の青年であった。その渡航目的は「商業」とのみ記されている(22)。

この「旅券下付」一覧に現れる最初の又吉家関係者の渡航は、一九一八年一月二二日に旅券を下付された武俊の二歳年下の弟武雄である。兄と同じ島尻郡粟国村出身で、「再渡航商業ノ為メ」が渡航目的となっている。ただし「再渡航」ではあるものの、最初の渡航下付についてはこの資料を含め記録がない。また彼以前にジャワに渡っているはずの長兄武俊についても、手掛かりとなる最初の渡航記録は残されていないのが実情である。ただし「外国旅券下付表」（外務省外交史料館所蔵）によると、武雄は一九一六（大正五）年八月四日付けでも旅券が下付され、ここでも目的として「商業ノ為メ再渡航」と記されている。また同日付けで又吉ウシ（明治一一年三月一二日生、戸主達吉長男武俊、妻）、又吉マツ（明治三四年一〇月一一日生、戸主達吉長男武俊、三女）にも同時に旅券が下付されている。彼女ら二人の「旅行目的」として、それぞれ「夫武俊ノ同伴ニヨリ商業ノ為メ」「父ノ同伴ニヨリ商業ノ為メ」と記されている。

さらに彼らと同じ八月四日に、別姓の二人にもジャワ行きの目的で旅券が下付されている。渡嘉敷唯慎（本籍島尻郡北谷村、明治九年一〇月一五日生）、渡嘉敷房（同本籍、明治三二年一〇月三〇日生）の父娘であり、やはり渡航目的は「商業ノ為」となっている。又吉家との具体的関係は不詳だが、後述の「又吉武安書簡」において渡嘉敷唯正ら三兄弟が「親戚」と記されているので一族とみてよいだろう。年代的にみると渡嘉敷唯慎はこの三兄弟の父親ということも考えられるが、スラバヤ日本人小学校名簿（後述）によれば三兄弟の父親は渡嘉敷唯

表５．沖縄からインドネシアへの年次別出移民数（人）

1913	（大正２）	5	ジャワ５
1914	（大正３）	—	
1915	（大正４）	3	スマトラ２、ジャワ１
1916	（大正５）	8	ジャワ８
1917	（大正６）	—	
1918	（大正７）	5	ジャワ５
1919	（大正８）	—	
1920	（大正９）	—	
1921	（大正10）	8	セレベス７、ジャワ１
1922	（大正11）	6	ジャワ５、ボルネオ１
1923	（大正12）	11	スマトラ６、セレベス４、ジャワ１
1924	（大正13）	17	スマトラ17
1925	（大正14）	78	セレベス42、ジャワ29、スマトラ７、
1926	（昭和１）	90	セレベス46、ジャワ37、スマトラ２、ボルネオ２
1927	（昭和２）	52	ジャワ18、セレベス16、スマトラ12、ボルネオ６
1928	（昭和３）	76	セレベス30、ジャワ14、ボルネオ27、スマトラ５
1929	（昭和４）	142	セレベス46、ジャワ42、ボルネオ35、スマトラ19
1930	（昭和５）	120	ジャワ53、セレベス47
1931	（昭和６）	39	ジャワ19、セレベス13、スマトラ４
1932	（昭和７）	140	ボルネオ126、ジャワ６、セレベス６、スマトラ２
1933	（昭和８）	64	ボルネオ53、ジャワ６、セレベス５
1934	（昭和９）	28	ジャワ10、セレベス８、ボルネオ８、スマトラ２
1935	（昭和10）	35	ボルネオ22、セレベス４、スマトラ１
1936	（昭和11）	44	ボルネオ32、セレベス10、ジャワ２
1937	（昭和12）	79	ボルネオ51、セレベス24、ジャワ３、スマトラ１
1938	（昭和13）	68	ボルネオ39、セレベス23、ジャワ５、スマトラ１
1939	（昭和14）	?	
1940	（昭和15）	?	
1941	（昭和16）	?	

出所：沖縄県編『沖縄県史第７巻各論編６移民』1974年、376－371頁

⑴　ボルネオ、セレベスは現カリマンタン、スラウェシ。

⑵　1930、1931年は総数と内訳数が不一致だがそのままとした。

⑶　原表は1899年（統計上日本から最初のインドネシア出移民のあった年）から記されているが、ここでは沖縄からの初渡航があった1913年から記載した。

⑷　原表には「沖縄県」の占める比率（全国比）が記されているが、その％は省略した。ちなみに沖縄からの漁業移民が本格化する1920年代後半以降、その比率は急激に高まり、1925年46.2％、37年60.3％、38年56.7％となっている。

次とされているので、唯次と唯慎は兄弟であるのかもしれない。いずれにせよ大正初期に離島粟国村という周囲一二キロの小空間から、新たな生活の場を求めて多勢の家族・親族等―最盛時にはジャワ生まれを含め三〇人余―がジャワに移り住んだという又吉家の事例は、日本全体のインドネシア移民史の中でもきわめて特異なものといってよいだろう（写真1、2）。

さらに又吉武雄は、一九一九年三月一日付にも三度目の旅券下付がなされている。ここから推測すると又吉家が「家族をあげて」インドネシアに新天地を求めるにあたり、長兄武俊の良き補助者として武雄が、しばしば郷里とジャワを往来するなど家族呼び寄せに大きな役割を果たしていたことが判明する。しかしながらその武雄は、一九二〇年六月九日三六歳の若さで病歿している（写真3）。

このように又吉家とインドネシアとのかかわりの最初期については、一次資料が少なく未解明の部分が多い。とはいうものの一族から公的な性格をもつ記録（「旅券下付表」「スラバヤ日本人小学校名簿」等）に残るだけでも十数名の移住者を出した又吉家の存在は、沖縄の人びとの「南方関与」史をみる上できわめて重要な意味をもっている。

武俊の四男で現在米国カリフォルニア州在住の武安（一九三〇年七月ジャワ生まれ）が作成した「又吉家系図」を利用しながら、同家のインドネシア渡航者を特定しておきたい。ここからは、武俊が東ジャワの高原都市マラン（同地は西ジャワ・バンドンとともに蘭印軍司令部の所在地）で安定した事業を展開する中、まさに「一族郎党」を率いて生業にいそしんでいた光景が浮かび上がる。義母、実の兄弟、異母兄弟とその伴侶、先妻・後妻の子一二名の名が確認される（それ以外に同本籍地の「秀雄」「ウシ」の二名が「旅券下付表」にあるが、家族関係は不明）。

写真１　又吉武俊の生家跡（約400坪）、現在は廃屋、筆者撮影

写真２　又吉武俊の生家近くの現在のたたづまい、筆者撮影
両写真とも新城静喜粟国村村長の案内による。

また、この又吉大家族の中でマラン生れの武俊の子女は七人に達する。いずれも明治三三（一九〇〇）年生まれ、大正八（一九一九）年に武俊と結婚した一九歳年少の妻文子（旧姓真栄里、一九八〇年五月歿）との間に生を受けている。前述の武安以外に長男武光（一九二〇年七月生）から末娘範子（一九三六年一一月生）まで一六年間で八人の子宝に恵まれたことになる（内原節子氏所蔵の又吉家戸籍謄本による）。

写真３　又吉武俊（左）と次弟武雄、1910年代前半、法政大学沖縄文化研究所所蔵、原所有者は内原節子氏

さらに武安作成のメモ（「スラバヤ日本人小学校及寮寄宿生」）によると、同じマラン市内で「洋服・反物販売」店を経営していた前述の渡嘉敷唯次も親戚であり、その子供唯止、唯安、唯信とは後述するスラバヤ日本人小学校で又吉家の子供たちの仲間であった。

又吉家のジャワ移民の始祖となる武俊自身の書いた記録は残念ながら現存しないが（ただし多数の写真が残されている）、武安が叔母マツ（旧姓新里、武栄の妻）からの直話をもとにまとめた貴重な証言が残されている（内原節子氏宛書簡、二〇一一年一一月二三日付、以下「武安書簡」)。そこで書かれた事実関係を確認するための傍証はまだ不完全であるが、同書簡によりながら武俊の渡南前後の状況を概観しておきたい。

一八八一(明治一四)年六月一七日、行政的には沖縄本島島尻郡に属する粟国島に生まれた武俊(本籍・粟国村五〇番地)は、二三歳の時兵役志願し日露戦争の旅順攻略戦に陸軍歩兵曹長として従軍、傷痍したものの従軍の証として「勲八等白色桐葉章」を授与された(一九〇九年一一月三〇日付)[23]。

又吉家の本籍地粟国村について、「武安書簡」には言及がないが、武俊がインドネシアへの移民を決意した背景を知る参考として戦前の『島尻郡史』戦後の『粟国村誌』等を見ておきたい。それによれば那覇西北約三〇浬(約六二キロ)に位置する粟国島は周囲三里ほどの小島であるが、「自然に恵まれず、土地は痩せ水源に乏しく、田圃全くない処で、昔から穀類は粟を第一として、豆・麦を植え、稲を全く作らない。」そうした貧しい離島であるにもかかわらず、「人口稠密な事県下有数な村である。一戸平均七人、本県の五人平均と比較して二人も多い所で、増加率高く、食糧及飲料水の乏しき此の島に、人口の繁殖する事より見て、健康地と思はれる。島人は海外発展の雄志高く、那覇市を初め大阪方面にも盛んに進出し活動している。」[24]

「人口稠密な事県下有数な村」とあるように、又吉武俊も三度の結婚で計一七人の子宝に恵まれた(一人は嬰児死)。その父達吉も二人の妻との間に一二人の子供を持った。代々教育熱心、島の知識層の家系であったが、それでも経済的には厳しい状況にあったことは想像にかたくない。それが大正初期の沖縄における移民熱、南方関心の高まりを背景に、武俊が渡南を決意することにつながったと思われる。事実、武俊を父のように慕う三九歳年下の異母末妹俊(子)は(一九二〇年四月二七日生、その直前の二月一五日に父達吉は死去)、こう回想する[25]。

長兄・武俊は家族を引き連れジャワで理髪業、コーヒー栽培を行います。沖縄では貧しい暮らしをしていましたが、ジャワでは仕事が軌道に乗り、その仕送りで、俊［自分］は女学校に行くことが出来ました［沖縄家政高等学校、ついで伊波普猷も教鞭をとった東京の千代田女子専門学校＝現武蔵野大学に学ぶ。一九四〇年三月には母校栗国小学校の教員に採用］。…太平洋戦争の戦局が悪化し、ジャワに住んでいた日本人に強制引上げの命令が下り、兄たちは着のみ着のまま神戸に引き上げてきました。当然私への仕送りもここで打ち切られ、やむなく卒業を前に学校を休学することになりました。

なお、俊子は後年武蔵野大学学長の助言で未修単位を通信教育で取得し、九〇歳を前にした二〇〇九年六八年ぶりに千代田女子専門学校の卒業証書を授与された。

これまで見たように又吉武俊以外の家族メンバーのインドネシア渡航については外務省記録からも判明するが、肝心の武俊自身については一九三一（昭和六）年一一月の旅券下付以外は渡航年が不明である。ここでは沖縄県側の資料（表5）にみる最初の渡航者五名があった一九一三年の可能性が大きいことをあらためて指摘しておきたい。この点とも関連するが、「又吉武安書簡」の一節には、次のような情報が記されている。

日露戦後の日本人海外発展への勢い凄く、父はジーッとして居れなかった、かも知れません。父武俊が五名の友人と共謀、南方への派遣を目指し開拓に出ようと志しました。機織機等を持参して長旅を何ケ月掛けたかは不明なれどジャワ島へ上陸しました。当時オランダ領で土着民はイスラム教徒。ジャワ島は予測に反し文明発展良好、特に機織はジャワサラサ［更紗］等、技術は上位を占めていたので持参した機織機は役立たず、日々の欠乏に耐えかね遂には各人別行動で手探りの職探し、父武俊は遊戯屋、的屋、洗濯屋、帽子屋、洋服屋、その他色々と苦労を重ねたようです。てんてんと仕事や場所を変えながらの期間中に知り会うた日本人女性が居りました。ジャガタラおはるとでも言おうか？夫がオランダ人だったかも？そこは聞いて居りませんので推測、後のママはつです。

武俊の弟武栄の妻マツ［武安の叔母］の証言に基づく「遊戯屋、的屋、洗濯屋、帽子屋、洋服屋、その他色々」と転々したとの記述は、まさに前述した浮田駐バタビア領事の「（在留邦人の大半は）真珠貝採集業者、売薬行商、理髪職、大工、洗濯屋、駄菓子屋、吹屋、玉転シノ類」との「嘆息」と〝見事〟に符合する。さらに当時の日本人の間に未だ残っていた沖縄差別もからみ、渡南直後の武俊が感じた在留邦人の視線は決して心愉しむものではなかったであろう。こうした中でオランダ人の「妻」だったかもしれないというハツと巡りあったことは、正俊にとって物心ともに大きな救いであったかと思われる。

又吉武俊のジャワでの初期体験をみる上で、彼とほぼ同時代（一九一六年）にジャワに渡った岡山県出身の高淵福松の戦前に書かれた記録を紹介しておきたい。中部ジャワ・サラティガで雑貨店を経営する義兄を頼って渡南した高淵は、まづ行商から第一歩を踏み出すが、次のような体験は武俊の歩みとも重なるものであろう[26]。

行商といふのは普通三駄［一駄は約三六貫］くらいの雑貨、売薬を苦力に背負はせ部落より部落へと売り歩くのです。当時日本の売薬はよく売れたものです。宿はあつても支那人経営のもので、南京虫に襲はれて安眠出来ません。宿のない所では民家に泊りましたが、無論寝台などなく、板の上にアンペラを敷いてあるばかりです。二年間こんな苦労を続け、商業のコツを覚えましたので現在のクボメンに商店を開きました。当時商店を開くに就いては資本は要りませんでした。店を開くといへば問屋から品物を貸してくれたものです。問屋は又斯くして大きくなつたわけです。

武俊は最初の妻ハツ（四女の母となる、彼女たちの名は武俊の命名で豊臣秀吉にちなみ吉子、豊子、富（臣）

子、秀子）の経済的後押しもあり、刻苦精励の日々を過ごした後、インドネシア最大の商都スラバヤ南方の高原都市マランの中心部アルンアルン街三番地に又吉理髪店を開く。基盤が固まると日本から「職人親族知人等」を呼び寄せ、美容院も併設（ロシア人女性の美容師も一人いた）するに至る。武俊は一九二〇年代半ばの一時帰郷の折、正装姿で琉球王家の直系尚順男爵を表敬訪問している（写真4）。また一九三一年の帰郷の際には、兄弟、その配偶者等六名を新たに連れてマランに戻っている。この頃から一九三六年ごろまでが、マランの又吉家にとっての最盛期と思われる。翌一九三二年正月の家族、親族、従業員数十名が写った記念写真が現存するが、そこからもその隆盛ぶ

写真４　1920年代半ばの一時帰郷時に尚順男爵（左）を表敬訪問した又吉武俊、内原節子氏所蔵

りがうかがわれる（写真5）。

前述の表5からも明らかなように、一九二〇年代後半以降、沖縄諸島からインドネシアへの出移民が急増するが、職業別にみると漁業従事者が圧倒的な多数を占めていた。糸満からの追込み網漁業者がその中心であり、当初蘭印政庁は植民地民衆の経済（食）生活にも寄与するとして日本人の進出を歓迎する立場をとった。しかしながら、インドネシアの零細な住民漁業に比べはるかに近代的な装備を持つ沖縄漁業の進出に対し、スラウェシ等沿岸地方の漁業関係者あるいは地元民族主義者の間から抗議が寄せられるようになる（詳細は註11の拙著第三章を参照）。

また一九二〇年代後半になると、日本（沖縄）漁民がしばしば蘭印海軍の設定した要塞地帯に入った事を理由にスパイ容疑で蘭印当局に拿捕されたり、漁船や漁獲物を没収される事件が繰り返されるようになった。当時この件の背景には「無統制な沖縄漁民」の急激な進出があるとみたバタビア総領事三宅哲一郎は、

写真5　マランの又吉家の自宅兼店舗での新年会、1932年正月、法政大学沖縄文化研究所所蔵、原所有者は内原節子氏

「彼等低能ナル沖縄県人ノ自由ナル離合集散」を放置することの弊害を説き、「適当ノ機会ニ相当ノ圧力ヲ加へ」組合的組織の下で彼らを統制することの必要性を、南洋漁業の中心地シンガポール駐在総領事玉木勝次郎に進言した。これに対し同じ問題を抱えていた玉木からは間髪を入れず、「有力ナル漁業者ヲ除キ智能低級ナル沖縄人漁業者ヲ誘導シテ当方面海域ノ漁業ニ堅実ナル発展ヲ期スルニ於テ組合組織ハ最モ望マシキ次第」との返電があった（一九二八年三月八日三宅哲一郎発玉木勝次郎宛、ならびに同年三月一五日付玉木発三宅宛公信、外務省外交史料館所蔵）。

さらに沖縄漁業者と蘭印当局とのトラブルの処理にあたって三宅総領事は、「何分関係当事者ハ沖縄県人ニテ日本語自体モ甚タ怪シク申請ノ手続キ等モ凡テ当館ニ於テ世話シ居ル状態」であると本省宛公電で述べている（一九二八年八月一五日付田中外相宛）。この件は三宅にとってバタビア在任中の印象的な外交案件であったのか、半世紀後の回想においても、蘭印当局とのトラブルの救済を求めて総領事館に駆け込んだ沖縄漁民について「彼等は教育程度が低い上、日本語の分るものも少なく事件の処理の少なからぬ困難があった」と述べるのだった(27)。

沖縄の人びと、とりわけ漁業従事者に対するこうした官側のあからさまな差別的視線は、安定した基盤を確立した又吉武俊ら長期定住型の商業従事者にとっては、ほとんど感じることがなくなっていたであろう。当時バタビアで刊行され在留邦人の間で広く読まれた『爪哇日報』、その後続紙『東印度日報』、あるいは『ジャガタラ閑話』等戦後の回想録集をひもといても、一九三〇年代の日本「内地」でみられたような沖縄差別はジャワではきわめて希薄であった。

写真6　マランの又吉美容院の内部、法政大学沖縄文化研究所所蔵、原所有者は内原節子氏

2 東ジャワ・マランにおける又吉家

「二・二六事件、支那事変、のころ、マラン市にも、多くの日本人商社（個人商が主）、その家族が増えました。父武俊は、マラン日本人会の初代会長として諸行事、活動をこなし、祝祭日には勲章を三個胸につけての働き振り、特徴ある明治髭で貫禄充分。」これは当時六、七歳の少年であった武安の眼に映じた父の「雄姿」であった。

マランに安住の地を求めて約二〇年、上に描かれたように又吉は、理髪店・美容院の他に小コーヒー農園の経営に着手するなど五〇代半ばの円熟期を迎えていた（写真6）。一九三六年一〇月現在のマラン日本人会（一九二六年一月創立）の資料をみると、「会員相互の親睦を計り其向上を計るを目的とす」と定められた会には、「市内会員五〇名市外会員二七名」計七七名が登録されている(28)。そして役員名簿において「又吉理髪店主又吉武俊」は一八名の幹事の一人として名を連ねている。会長にはブロモ商店主中川安次郎、副会長には太陽商会主山本嘉幸が就いている。また武俊の縁続きでほぼ同時期に渡南した渡嘉敷唯次（トカシキ洋服店主）も幹事の一人となっている。商業移民を主体とするジャワの邦人社会において、沖縄の人びと（絶対数は少ないにもかかわらず）が二名も役職についているのはマラン市のみで、二人に対する在留邦人社会の信望の厚さを物語っている（写真7）。

長年マラン日本人会長をつとめた中川安次郎について、彼と個人的に親交の深かったバタビアの日本商会主石居太楼は、「（同人は）明治三十六年頃［武俊より約一〇年早く渡南］、岡崎商店の店員として渡来された。晩年はマランにてトコ・ブロモ［東ジャワの名火山］を経営し、若くして禿頭で有名、長年日本人会長などつとめ、その温顔の人柄は内外人に親しまれていた」と横顔を紹介している(29)。

マラン邦人社会と蘭印当局の間には、他都市と同様開戦が近づくにつれ緊張関係が高まるが、一九三〇年代半ばのジャワの地方都市にあっては、まださまざまの形で交流があったことが又吉家に残されたアルバムからもうかがわれる。なお中川安次郎日本人会長を語る時、忘れてはならないマラン在住の人物がいる。それは後年インドネシア語の達人と評され、戦中期・戦後期の両国関係においても重要な役割を果たした中谷義男である。中谷は少年時代、大谷光瑞の援助で教育を受けた後、叔父中川安次郎を頼って関東大震災の翌年一九二四年、一六歳で渡南し青年期をマランで叔父の商店の店員として過ごす。かたわらジャワの民族文化を重んじるタマンシスワ学校に学び、天性の語学の才に磨きをかける日々を送った。武俊とは一〇年差でのジャワ上陸であり、年齢差も二〇歳近く若いが、風光明媚な小地方都市で日本人会の諸活動を通じさまざまな形で接触があった。

中谷自身は自らを語ることの少ない慎ましい人柄で知られたが（筆者も同氏の生前何度かお話をうかがった）、数少ない資料として一九五六年一一月二〇日に行われた西嶋重忠とのインタヴュー記録が残されている(30)。そこ

写真７　又吉家一族の新年会、右端が武俊、1935年１月、法政大学沖縄文化研究所所蔵、原所有者は内原節子氏

での話題の中心は、オランダ植民地支配下のインドネシア民族主義運動についてであった。「一介の小売店の小僧」だったと称した中谷は、当初政治には無関心であったが、次第に民族主義運動やスラバヤに拠点をおく当時の穏健派の最大民族主義政党パリンドラ（大インドネシア党）党首ストモ医師（一九三六年三月訪日）等の活動を知り「独立問題」への関心を深めていく。そして開戦直前に内地へ引揚げるもすぐに徴用され、ジャワ派遣陸軍第十六軍（司令官今村均中将）宣伝班（隊長町田敬二大佐）の軍属として再渡南することになる。宣伝班では当初は主として住民への文化工作に携わっていたが、やがてその語学力を評価され軍首脳とスカルノら民族指導者との会談で公式通訳を務めるなどマランで培ったインドネシア語の才を発揮することになる。

第十六軍とともにジャワに上陸した中谷は、日本のバタビア占領直後、故国の妻一枝宛てに一通の手紙を送っている。その中で中谷は、乗船したマニラ丸の寄港地台湾・高雄でマラン時代に隣人として親しく往来した渡嘉敷家の息子と再会した様子についてもこう書き添えている(31)。

日本植民地期の高雄〔商業〕と云ふのは、大体、南方在留邦人中第二世を中心に出来た学校でね。マランに居た沖縄県人の洋服屋〔渡嘉敷唯次〕の倅等もここに入つてゐる筈なので、探し出して、少しばかりの小遣ひを呉れてやつたりして彼は時々外からみかんを買つて〔宿舎に〕来て呉れたり、友達を語らつて寄せ書きの日の丸の旗を送ってくれたりした。

前述した一九三六年のマラン日本人会と関連し、もう少しマランの様子をみておきたい。まずジャガタラ友の会が作成した一九三八・三九年当時の「旧蘭領東印度州別邦人商社名」から各地の店舗数を紹介しておく(32)。以下のデータからも、邦人経済活動の中で占めるマランや同市を含む東ジャワの重要性が確認できる。

西ジャワ―バタビア州七〇、プリアンガン州五九、チレボン州一〇（計一三九店）。

中ジャワ―スマラン州五〇、パティ州一、マディウン州一一、ペカロンガン州二七、クドゥ州一七、ジョクジャカルタ州一〇、スラカルタ州三〇（計一四六店）。

東ジャワ―スラバヤ州一一五、クディリ州五一、マラン州五四、ブスキ州六八（計二八八店）。三地域の人口・面積等は捨象し、邦商数のみを見ると合計で五七三店舗となり、その内東ジャワは二八八店と過半数を占めている。とりわけ大都市スラバヤを擁するスラバヤ州は、全体のほぼ四割を占めている。又吉家の拠点マラン州もコーヒー等物産の一大産地であり、物資集散地として数多くの店舗を擁していることがうかがわれる。

また各州で沖縄出身の経営者をみると、バタビア一（大城漁業組合、代表伊芸順一郎）、スラカルタ州一（金城商店、店主金城亀栄、雑貨小売）、そして東ジャワのクディリ州二（丸賀商店、店主賀数亀雄、日用品及物産および島商店、店主島袋松太郎、日用雑貨）、マラン州一（渡嘉敷洋服店、店主渡嘉敷唯次、洋服・反物販売）となっている。なお、理由は定かでないが（おそらく「商社」が対象のため）、このリストからは又吉理髪店・美容院の名が欠落している。また一九三六年資料では、又吉武俊と渡嘉敷唯次の二名がマラン日本人会の役員であったが、一九三九年五月現在の資料では、会長中川安次郎の他一一名の役員名簿から又吉、渡嘉敷の二名は役員数が二〇名から一二名と大幅に削減されたこともあり、みあたらない(33)。ただそれ以上に後述するように、当時又吉は「長期病床」にあったこと、そして渡嘉敷は「生業不振」であったことも大きな理由であったかと思われる。

もう一点興味を引くことは、一九三六年一〇月時点のマラン日本人会の「目的及事業」は、前述のように「会員相互の親睦を計り其向上を計るを目的とす」となっていたが、一九三九年五月現在では「在留同胞の親睦、向上発展、必要を認むる措置施設」となっており、役員数削減とともに一種の組織再編がなされたものと思われる。

また南洋協会作成の資料（註33）には、既存の日本人会とならびマラン協和会（一九三四年三月創立）の存在が紹介され、その「目的及事業」として、「会員相互の親睦を図り福利を増進し且つ不合理なる販売競争を防止するを目的とす」とより具体的な文言が含まれている。

ただ、マラン協和会会長は日本人会会長中川安次郎が兼務し、かつ会員数も八店とごく小規模なものであった。当時蘭印政庁は日本経済のオーバープレゼンスに対しさまざまな規制措置を相次いで打ち出し、ついには外交交渉で日本側に譲歩を迫るべく日蘭会商が開かれるに至ったが、そうした状況に直面し指導的立場にあった個人商が「不合理なる販売競争を防止」すべく種々の対策を講じていたことに関連しての動きであったものと思われる。

そうした中で又吉家の場合は、貿易・通商と異なり理髪店・美容院というサービス部門の業種であったこともあり、蘭印当局の諸々の経済規制や景気変動の影響をそれほど受けなかったことと思われる。日本人会の役員を辞した後も、又吉理髪店・美容院には日本人顧客だけでなくオランダ人や華僑（人）、上流階級のジャワ人が足繁く通い営業的には順調であった。大家族の長として、武俊個人にとっても一九三〇年代前半から半ばは人生でもっとも充実した時期といってよかった（写真８）。

そうした又吉一家にとって、一九三七年五月、現役の海軍少佐（後大佐）渡名喜守定を客人として迎えたことは、大きな名誉と感じられた。渡名喜（一九〇二－一九九三）は沖縄本島国頭村（出自は首里士族）に生まれ、県立一中（現県立首里高等学校）を経、海軍兵学校第五〇期生として入学、同校を一九二二年に卒業、さらに海軍大学校にも進学する。沖縄から海兵、海大に学び帝国海軍のエリート将校となるのは、渡名喜以外には二五歳先輩で後に彼の結婚の媒酌人となる漢那憲和（少将）があるのみであった。

日蘭会商（第一次、一九三四年六－一二月）が不調に終わり、また日本政府・軍部が積極的な南進政策を公式に打ち出す「国策ノ基準」（一九三六年八月）を策定するなど日本・蘭印（含本国オランダ）関係は次第に緊張の度を増すようになる。こうした二国間関係、さらにはオランダ本国にとって重大な脅威となっていたナチドイツの勃興、そしてそのドイツと日本との急接近といった国際環境の変化を背景に、海軍少佐渡名喜守定は一九三八年六月初代のオランダ駐在日本国公使館付き武官としてハーグに赴任することになる。

渡名喜自身は戦後の回想において「（日本は）将来の南方資源の確保、わけてもオランダが植民地として支配、石油の宝庫といわれた蘭領印度（現在のインドネシア）への開発参加のねらいがあった。そのために駐在武官室を開設し、オランダ政府、海軍との間に親交と理解を深めていく必要があ」り、そのための自分の派遣であったと述べている(34)。

その渡名喜はオランダ赴任に先立ち一九三七

写真８　名古屋博覧会へ出品するコーヒーの宣伝、マラン在住のヨーロッパ人婦人と、1938年、法政大学沖縄文化研究所所蔵、原所有者は内原節子氏

年春、一か月の日程で「ジャワ、スマトラ、ボルネオの各地を視察」する機会を与えられた。その折、肩章をつるし白の海軍軍服・白靴の正装で同郷の理髪店主又吉武俊をわざわざマランに訪問したのだった。渡名喜は前述の回想記の中で、日蘭印関係がきびしい折「オランダ〔蘭印政庁〕の警戒心は強く、各地の視察では警備と称していつでもオランダ海軍が監視するという厳しさ。それでも武官としての訪問なので結構厚遇された」と述べている(35)。

粟国島という小さな離島出身、苦節二〇年でその地位を築いた又吉武俊とその一族にとって、同郷のエリート青年将校が帝国海軍の威光を背負って遠路来宅したことは、その後も家族の間で長く語り続けられる慶事となった。今に残される白の海軍正装姿の渡名喜守定を迎えての又吉家での記念写真があるが、当主武俊の姿はそこにない（写真9）。前述した結核による「長期療養」がその

写真9　オランダ赴任途次の渡名喜守定海軍少佐（前列中央）を迎えて、1937年5月、法政大学沖縄文化研究所所蔵、原所有者は内原節子氏

無念の不参加の理由であった。

3 マラン日本人社会と子弟教育

東ジャワ・マラン州全体で五〇軒以上の日本商店を数える中で、学齢期に達した子供たちの教育をどうするかは在留邦人にとって深刻な問題であった。とくに多くの子女をかかえる又吉武俊にとっては、日本人会幹部の一人としても教育問題は正面から取り組むべき課題であった。まず四男武安の回想（「武安書簡」）をみておこう。

昭和十年頃子供の数が多くなりましたが［武安自身はこの年満五歳］、基礎的にはオランダ語教育なので皆地元公立小学校へ通学していました…。父はマランにも日本語の学校を設立しようと、支店地下室と広場を用い、教師（伊礼清徳先生）を招き、翌年には開設しました。私も参加して教室で腰かけた覚えがあります。マラン日本人学校は、認可の問題か？文部省からの指示なのかは、知りませんが在スラバヤ日本人学校へ吸収され昭和十二年四月より入学することになりました。スラバヤはマランより、九十キロも北方に有るので親元を離れての寄宿舎生活。学校へは徒歩で十五分、校長宮武重徳、教師本田親盛、なみ［濤］川英子、松下邦輔、田辺藻、山下兼秀、伊礼清徳、伊礼英子、椎原？大重泰蔵？、生徒数約六十名。

ここにもあるように最大の日本人社会が形成されていた大都市スラバヤには大正一四（一九二五）年四月、インドネシアで最初の日本人学校が創立されていた。又吉家、親戚の渡嘉敷家の子供たちがやがて通うことになる同校の設立経緯をまずみておこう。

在スラバヤ領事姉歯準平は一九二二年夏、本省への公信の中でこう報告した（「在外日本人小学校ニ関スル件」一九二二年八月一〇日付田中外相宛、外務省外交史料館所蔵）。「（同校は）当地在留邦人ノ異常ナル尽力」で設立されたと前置きした後、姉歯はこう続ける。「之等地方ニ散在セル本邦父兄ハ当地小学校ニテ子弟ヲ教育スル傾向ヲ生シ現ニ山下［兼秀］校長ノ手許ニ四名ノ寄宿生アリテ他ニモ依頼希望ノ者アルモ校長住宅狭溢ノ為謝絶シ居ル有様…。」

それ故もし正式な寄宿舎が整備されれば二〇名以上の入寮が見込まれるだろうと姉歯は指摘し、本件に対する政府からの財政支援を要請した。なお同校（敷地一四九〇坪、校舎一四五坪）開設の翌一九二六年春、外務省からスラバヤ領事館に宛て「在外指定学校恩給法」に基づき、同校職員に恩給が支給されることになったので「貴館経由恩給請求書」を提出させるよう訓令があった（幣原外相発「在外指定学校職員恩給法ニ関スル件」一九二六年三月四日）。その公信には「官報」（文部省告示第十号）が添付され、「蘭領東印度爪哇スラバヤ日本人会ノ設置セルスラバヤ日本人学校ヲ恩給法施行第八条ニ依リ在外指定学校トシテ指定」したことが明記された。すなわちこの決定により、スラバヤ日本人学校は、正式に文部省在外指定学校として認可されたのであった（「武安書簡」に記されたたように、マラン日本人小学校はその対象外であった）。

この「官報」で報じられたように、スラバヤ日本人学校の経営母体はスラバヤ日本人会（蘭印当局の規定により一九二七年二月からは社団法人化）であった。ちなみに開戦二年半前の一九三九年五月時点での社団法人スラバヤ日本人会は、法人会員二二名、商店［個人商］会員九八名、個人会員四五三名となっており、会長以下七名の役員がいたが五人までが三井物産、台湾銀行等大手企業の支店長であった[36]。そして会の目的の一つとして「日本人小学校経営」が謳われ、先の領事公信からも明らかなように領事館当局と密接な関係を保ちつつ運営されることになった。

このようにスラバヤ日本人会の中枢は大手企業関係者が占めていたが、遅れて発足（一九三一年四月）したもうひとつの社団法人東部爪哇日本人会は、スラバヤに本部を置くものの東ジャワ各地に散在する個人商有力者が役員すべてを占めていた。マラン日本人会長中川安次郎も、一一名の役員の一人であった。会員数四九二名（一九三九年七月時点）を数え、東ジャワ各地の日本人会を代表した彼らにとっても、子弟教育は最優先課題の一つであり、その一環として寄宿舎設置が急務とされた。

外務省所轄になる「在外指定日本人小学校」は、スラバヤに次いでジャワでは首都バタビア（一九二八年五月）、中部ジャワ・スマラン（一九二九年三月）、西ジャワ・バンドン（一九三三年九月）と段階的に設置されていく。これは東南アジアにおいて早くから日本人学校が設置されていたシンガポール（一九一二年）、フィリッピン・タバオ（一九一四年）と比べると十数年遅れの発足であった。参考としてジャワ三校、ならびに北スマトラ・メダンの日本人学校についての一九三〇年時点での基本データを記しておく（表6）。

又吉家、渡嘉敷家の子弟が通学するスラバヤ校がジャワでは最大であったが、ちなみに二年半前の一九二七年八月時点では同校の生徒数は二五名（男子一三名、女子一二名）であったので短期間で激増していることがうかがえる。またメダンの生徒数が多いのは、同市周辺地域に日本人経営の大農園が多かったこと、スマトラ他都市には在外指定日本人学校がなかったことなどが主な理由であろう。このように在留邦人の強い働きかけや領事館当局の支援により、一九三〇年代初めにはジャワ主要都市で日本人小学校が開設され、それに伴い学齢期の子女をもつ邦人の間でも子女教育への関心が急速に高まっていった。それとともに日本人学校関係者の間では、異郷の地に

表6．蘭印における日本人小学校

	生徒数(人)	学級数	教員数(人)
バタビア	22	2	2
スマラン	36	2	2
スラバヤ	40	3	3
メダン	54	4	5

出所：「外務省所管在外指定日本人学校調査」1930年5月、外務省外交史料館所蔵

おける初等教育のあり方をめぐり、保護者を巻き込んだ形でさまざまな議論が展開されるようになる。

当時最大の邦字紙として在留邦人に広く読まれていた『爪哇日報』（一九二〇年創刊、社長・斎藤正雄）には、学校教育に関し百花斉放ともいえる諸説が登場する。海外における子弟教育の研究者小島勝はこの『爪哇日報』（国立国会図書館に一九二九年一月一日から一九三一年六月三〇日まで所蔵、なおインドネシア国立図書館にも相当数の同紙が保管されていることが最近判明した）を精査し、その成果を「戦前のインドネシアにおける在外子弟教育の諸問題—『爪哇日報』の記事を通して」（全四回）として発表している(37)。

この論文において小島は、ジャワの在外子弟教育に関する『爪哇日報』の論説記事・所論の合計一四点を分析対象とし（その多くは連載物であるが、中でもスマラン日本人小学校長堀之内吉内、スラバヤ日本人小学校長山下兼秀の所説は二三回連載）、日本人学校関係者、在留邦人がかかえる教育上の諸問題を多岐にわたり検討している。本節では、このうち又吉家とも直接関係のある三つの問題を、小島論文をふまえつつ検討しておきたい。その三点とは「南洋爪哇に於ける児童教育の展望」と題した論文の中で、山下兼秀（一九二六年三月着任）が取り上げた在留邦人社会の二重性、寄宿舎問題、そして日本人としての愛国心の強調である。

第一点について山下は、大手企業等から派遣された中短期滞在型の人たちと個人商を主とする定住志向の強い人たちとの関係を「会社［族］対下町［族］」の対抗と捉え（図1参照）、それはさながら「昔の士族と平民と云う位の昔の偶像」と同質だと批判した。その上で山下はこう嘆息する。

時にはなぜあんなに［会社族は］威張らねばならぬのか？なぜあんなに［下町族は］機嫌を伺わねばならぬのだろうか？なぜもっと純心に生一本の腹の底まで、ホントに自己を投げ出してくれないのかと、みる目には情けなく思うことすらあります。

外務省外交史料館にはこの山下兼秀の「履歴書」が残されている。それによれば、山下は一八八八（明治二一）年鹿児島市生まれ、鹿児島県師範学校本科第一部を一九一八年に卒業後県下の尋常小学校二校で教鞭をとった後、一九二六年三月スラバヤ日本人小学校へ転じた。その経緯については、履歴書の中でこう書かれている。「スラバヤ日本人会長ヨリ東京府宇佐美知事宛ノ教員採用依頼ニヨリ故澤柳政太郎博士並ニ小原國芳氏ノ推薦ニ依リスラバヤ日本人学校創設ノ為メ渡爪（哇）。」

京都帝国大学総長、帝国教育会会長等を歴任した沢柳政太郎、玉川学園創設者・園長小原国芳という当時の日本の教育界の大御所二人の推挙で着任した青年教師山下にとっては、大きな夢と希望をもって、また封建色が未だ強かった薩摩教育界の因襲からの解放感を抱きつつジャワに着任したものと思われる。ところが、予期に反し祖国日本社会の身分意識の似姿を南洋スラバヤに見出したことは、山下にとり不本意なことと感じられたのであった。それでも自らを鼓舞する形で山下は、「その後日本人会と学校の融和もかなり出来…いよいよ教育の王国をと、力んでそれを唯一の楽しみとして計画にユートピアを描いては、理想よりほとばしる若人の熱い血潮を躍らしています」と薩摩隼人らしく結ぶのであった。

第二は、大都市スラバヤ以外に居住する児童の寄宿舎という問題である。山下は「爪哇の内地深く住んで真剣に奮闘される方々のためにウント努力をし、奮闘することを誓って」ジャワに来たことを強調する。そして実際、借家を使って運営する寄宿舎で遠隔地からの児童を養育するが、この点について自負をこめてこう述べるのだった。「決然男一匹で住宅を借りて子供を預かり幾多の非難誹謗と戦いつつも今日十七名と云う盛況を呈するまでになつた。」

こうした山下の実践の背景には、ジャワ在住の児童の多くが「純真さ・麗しさ・忍耐力なく、生き生きしていないこと」だとの印象をもち、その根底には「使用人」（子供の遊び相手となる住み込みのジャワ人男女のお手伝い）と「親」の双方に責任があるとの認識があった。山下によれば、多くの邦人子弟（とりわけ定住型の）は、「家と云う牢屋の中に余儀なく閉ざされねばならなかった運命」を強いられ、「一つとして本性に子供の自然性に逆行せぬものはない」のが実態であった。そのため自分は、子供を自由に遊ばせ、彼らの体力を育成することに重きをおいた教育を実践した結果、寄宿舎生徒を含め子供たちは大きく変わったと自負するのだった。こうして山下論文は、後述する寄宿舎をめぐる議論の先鞭をつける形ともなった。

第三は、山下兼秀の教育理念における日本人としての愛国心の強調である。山下は蘭印でオランダ式教育を受け、将来もこの地に対し「永住的決心」をもつ者でも、「およそ日本人たるものは我が子弟をして完全なる日本人に養育するは我帝国臣民として光栄ある吾人の特権と同時に貴き義務であり本務である」と説くのであった。戦前の鹿児島で師範教育を受けた山下からみれば、こうした教育理念は疑問の余地のないものだといえるが、この点について小島勝は「日本人としての誇りを核として、日本語・日本文化への一様な同化教育が［山下にとって］「平等」な教育実践であった」と指摘する(38)。そしてそれ故に、ジャワ（蘭印）のような「比較的まとまった邦人社会では日本内地の臣民教育の徹底が可能であり、一等国民としての日本人教育を浸透させることになったと見られる」と小島は結論づけるのであった(39)。

この小島の指摘は興味深いが、筆者が一九三〇年代のジャワ各地の日本人小学校で学んだ人びとと接して得た感触からすれば、植民地社会の多様性に富んだ文化的環境にあったことで彼らの多くは、むしろ無意識のうちに日本（文化）を相対化し得る視点を身につけたのではないかと思うものである(40)。

現存するスラバヤ日本人学校に関する資料の中で、又吉家子弟の名が初めて登場するのは、一九三四（昭和九）

年になってからのことである（社団法人スラバヤ日本人会長長谷川貞成「在スラバヤ帝国領事姉歯準平殿、昭和九年四月一〇日『在外指定日本人学校生徒調査表』」外務省外交史料館所蔵資料）。この表には同校の第一学年一二名、第二学年一四名、第三学年七名、第四学年七名、第五学年八名、第六学年二名、合計五〇名の生徒名が生年月日、父兄氏名・職業、原籍および現住所とともに「個人情報」として詳しく記載されている。

この名簿の中から又吉家、渡嘉敷家関係の生徒名を抽出すると、以下の四名である。第一学年在学（以下同）・渡嘉敷唯一（父唯次、商業）、第二学年・又吉トシ（父武俊、理髪業）、渡嘉敷唯雄（唯一と同）、又吉トミ（トシと同）。全校生徒五〇名の内、スラバヤ以外の地方に居住するのはマラン在住のこの四名以外は、東ジャワのバニュワンギ、トロンアゴンからの二名のみである。また父親の職業は商業、雑貨商、会社員等が多いが、又吉武俊と同じ理髪業が六名の多きを数える。児童の原籍については、沖縄四名（又吉、渡嘉敷家各二名）と愛知県の四名が最多で、あとは北は青森から南は鹿児島まで全国各地から来ていることも特徴的である。沖縄以外を地域別にみると東北七名、（内福島四名）、関東六名、中部一四名（内愛知県四名）、近畿五名、中国七名、四国一名、九州六名の内訳となっており、「開拓地」北海道からはゼロとなっている。

4 伊礼清徳とスラバヤ日本人学校

スラバヤ日本人学校に関する上述の一般的な状況をふまえ、本節では又吉・渡嘉敷両家族の子女たちが学んだマラン日本人学校、ならびに彼らの転校先のスラバヤ日本人学校について別の観点から検討しておきたい。第三節冒頭で紹介した又吉武安の回想で「マラン日本人学校」への言及があったが、正規の文部省認可の在外指定学校ではなかったためか、同校の発足経緯等に関する領事館側の記録の詳細は管見の限り入手できなかった。そうした中で一九三五年末の姉歯準平スラバヤ領事の公信は、一つの手掛かりを与えてくれる。(「『マラン』日本人小学校再開ノ件」広田外相宛、一九三五年一二月一八日)。姉歯は昨(一九三四)年「一時閉鎖」されたマラン日本人学校について、「差当リ客年京都大学法学部ヲ卒業シ日本『ヴニア』株式会社々員トシテ爪哇出張中ノ高橋謹四郎ナルモノニ日本語教育ノ程度ニシテ授業ヲ依嘱シ学校ヲ再開スルコトニナリタル…」と報告している。これがおそらく武安が述べた「父はマランにも日本語の学校を設立しようと…教師(伊礼清徳先生)を招き…」との記述につながるものであろう。

海外で生活する日本人とりわけ定住型邦人にとっては子女の日本語教育も重要な関心事であったが、高橋謹四郎なる青年は、そうした彼らの要請で教壇に立つことになったと思われる。ただ高橋に関する公的記録は上述の一点のみで、むしろ武安が述べた「伊礼清徳先生」が重要な役割を果たした教師としてしばしば領事報告に登場する。

沖縄県立師範学校教員講習所を経、県内の尋常高等小学校で教鞭をとった後、その伊礼清徳(一八九五年島尻郡伊平屋島生まれ)は一九三一年四月立正大学専門部高等師範科に入学、一九三四年に同校を卒業した。伊礼は大学卒業と同時に、沖縄県立女子工芸学校教授嘱託に任じられるも、まもなくジャワに渡る(伊礼清徳の履歴書は「スラバヤ日本人学校寄宿舎舎監任命ニ関シテ報告ノ件」姉歯領事発広田外相宛公信に添付、一九三七年一〇月二〇日、外務省外交史料館所蔵資料)。

伊礼清徳の来島に関しては、やや複雑な事情があったことが一九三五年一〇月の姉歯領事の公信から判明する。姉歯はマラン日本人小学校が「一時閉鎖ノ已ムナキニ至」ったのは、同校職員小墻龍一の「無責任ナル行動ニ起因」するものだと断じ、その経緯の詳細を報じている。(「マラン日本人小学校ニ関スル件」姉歯領事発広田外相宛公信、一九三五年一〇月三一日)。その要旨を記すと、小墻はマラン日本人会と相談なく(当然マラン日本人社会を管轄する領事たる自分に相談なしとの含意)、独断で沖縄県文教当局に対しマラン日本人小学校教員の推薦方を依頼、その結果同県からは沖縄県立女子工芸学校教授嘱託の正教員伊礼清徳が選ばれ先月マランに到着した。

この招致に伊礼と同郷の又吉武俊や渡嘉敷唯次が関わっていたかどうかは書かれていないが、マラン日本人会の有力メンバーである二人が直接関知していなかったことは、「日本人会ト相談ナク」との文言からうかがえる。マラン日本人会が経営する生徒七名のみのマラン日本人小学校には伊礼に対する給与等諸経費を支払う財源もなく、日本人会は「小墻ノ行切ニ大ナル疑念ヲ抱キ特ニ伊礼ハ殆ント喪心セントスル程ニテ直チニ当館へ出頭事情一切申出アリタル次第ナリ」と姉歯は、伊礼への同情の念を隠さず報告している。

その後、伊礼の去就をめぐりスラバヤ領事、マラン日本人会、伊礼清徳の三者で協議が続けられた。伊礼の希望は「折角渡航セル次第ナレハ適当ナル箇所ニ斡旋」してほしい、しかしマランは「同地在留民ノ教育ニ対スル熱心足ラス又日本人会経営ニ非ル限リ[有志邦人の支援だけでは]前途ノ見込ミナキコトヲ見定タ」ので、同市で教鞭をとることは望まないとのことであった。この話し合いを通じ姉歯領事は、他のジャワ各都市の日本人学校はすでに教員定足を満たしているため伊礼の採用は無理だが、「伊礼ノ堅実ナル人物」を評価し、引き続き策を講じることを約束している。その上で姉歯はこの本省宛て長文の公信の最後を、「マラン小学校の善後策」と題し、次のように結ぶのだった。

…当分『マラン』ノ小学校ヲ再開シ得スト存セラル々モ同地方在留邦人ハ『マラン』市内在住者ヲ除ケハ何レモ不況ノ為困難シ居ルモノノミニテ其子女ヲ当地[スラバヤ]日本人小学校へ就学セシメ得サル実情ニ在ルヲ以テ、如何ナル方法カヲ講シ呉ルル必要ヲ認ムルニ付本問題ニ関シテハ何レ改メテ申進スル心組ナリ。

この領事公信、あるいは又吉武安の回想にみる「伊礼清徳先生」への親近感からうかがえるように、忽然と現れたにもかかわらず、伊礼はスラバヤ領事館からもマラン在留邦人からも好感をもって迎えられた。紆余曲折の後、結局伊礼はスラバヤ日本人学校の寄宿舎舎監に任じられ、開戦直前まで六年余を同地に妻ともども過ごすこととなる。そして開戦直前に郷里に引き揚げ、沖縄県立第三中学校（現県立名護高等学校）教員として教鞭をとることになる（沖縄県知事発南洋局長宛「求職訓導採用方ニ関スル件」一九四二年一月九日）。沖縄の人びとの「南方関与」を見る上で、又吉武俊らと同じ自由意思に基づく移住の亜種として伊礼清徳の事例を位置づけることができよう。

スラバヤに居を定めた伊礼清徳は、当初は日本人学校の寄宿舎舎監として（正式任命は一九三七年九月二三日付）、ついで正教員の訓導（三八年六月二〇日）として一定の待遇を受けることになる。又吉武俊との個人的な関係についての資料はないが、先述の武安回想からも同郷人として又吉家とは親しい間柄であったことがうかがえる。伊礼が嘱任された寄宿舎は先に紹介した山下兼秀校長の所論にもあったように、東ジャワの内奥部に居住する在留邦人の要望に応えるもので、その経営主体は日本人小学校経営にあたるスラバヤ日本人会ではなく、地方在留者中心の東部爪哇日本人会であった。そのため領事館当局もその経営難を認識し、毎年運営経費その他各種費用の相当部分を本省に申請していた。

たとえば姉歯領事発広田外相宛「『スラバヤ』日本人小学校内移民子弟寄宿舎施設助成費ニ関スル件」（一九三七年九月九日）は、金二千円の助成が承認された結果、貧困家庭の児童が学業を継続できたことへの東部爪哇日本人会の「感激」ぶりを報告している。またこの公信には、「事実上舎監タラシメ居ル」伊礼の現況について、「『マラン』ニ於テ「又吉武安等」邦人児童ニ日本語等ノ教授ヲ為シ居タル伊礼清徳ヲ寄宿舎専任舎監ニ雇入ルルコト」

にした経緯についても報告している。スラバヤ領事館当局にとっても、邦人子弟教育上伊礼は得難い人材として認識されていたことが明らかである。

日本人学校寄宿舎への関心が高まった背景には、蘭印政庁の各種経済規制により個人物産商・貿易商が大打撃を受け子弟教育への経費捻出が行き詰り、その結果多くの「不就学児童」が生まれたことにあった。この不就学児童については、前年一九三六年初めから領事館側は問題視しており、姉歯領事の本省宛公信も経済的余裕がある邦人は子弟を内地に送っているが、「之ヲ為シ得サルモノ及郷里ニ児童ヲ託スヘキモノナキモノハ不就学児童トシテ放任」されている状況だと伝えている（姉歯領事発吉田欧亜局第二課長宛書信、一九三六年一月一七日）。この公信は、スラバヤ市在住の邦人子弟は四三名が内地教育、四七名が日本人学校へと全員就学している一方、同市以外の東ジャワ各地の邦人子弟には一七名もの不就学児童が発生していると報じている（ちなみに同地方からの内地学校就学者は一二七名、地元の蘭人学校一七名、マラン小学校五名、スラバヤ小学校在籍九名）。

こうした数字を列挙しつつ姉歯は、不就学者一七名、「不完全極マル『マラン』小学校ニ在ル七名」、蘭人学校通学者中「止ムナク」通っている児童約一〇名、合計三四名をスラバヤの寄宿舎に収容し、「兎ニ角完全ニ近キ当地日本人小学校ニ入学セシメ」ることが急務だと説き、「蘭貨千八百盾也」を東部爪哇日本人会へ下附方を本省に強く具申するのだった。こうした現地出先機関からの毎年度の要請に対し外務本省は前向きに対応していたことが、前述の東部爪哇日本人会の「感激」につながったものと思われる。

「不完全極マル」と領事館当局にみなされたマラン日本人小学校は、結局一九三七年度にはスラバヤ日本人学校へ吸収合併されることになった。事実上同校寄宿舎舎監となっていた伊礼は、寄宿舎に入った東ジャワ各地からの児童九名を対象に一人平均七・七一盾の補助金が支給されたことを報じている（「補助児童補助額報告ノ件」

姉歯領事宛、一九三七年八月二一日、同年九月八日)。この九名の内六名はクディリ市からの児童、他の三名はマラン在住の渡嘉敷家の三兄弟であった。武俊の健康にかげりが見え始めたとはいえ、相対的に裕福であった又吉家の子女は、補助の対象ではなかった。

ただしこの報告の四か月前、伊礼がまとめた「東部爪哇不就学児童調」と題した一覧表には三四名の児童名が記され、ここには渡嘉敷兄弟とともに又吉武安の名もあげられている。その理由として渡嘉敷兄弟については「「父親の」生業不振の為め学資の全額負担にたへざるなり」、武安の場合は「父長期病床にあり子女多く姉三人は現在当校に在学中なり」と備考欄に記されている。

武俊の病状についての具体的な記述はないが、「武安書簡」には開戦直後神戸に引き揚げた折、持ち帰ったなけなしの財産すべてを盗難で失った衝撃も重なり「父の肺結核悪化」とあることから、マラン時代の末期にはすでに芳しくない状況にあった可能性が大きい。又吉家、渡嘉敷家以外の子弟の不就学理由をみると、父兄の生業不振がもっとも多いが、中には父親が「家庭教育にて満足するものなり」、「子女多きため養育困難」等いずれも生活困窮ぶりをうかがわせるものとなっている。

ところでこの伊礼清徳の詳細な「調」には、きわめて重要な次のような「後記」が書き込まれている。「上記不就学児童の生ずる原因は前に記したる如くなるも其の大部分は不況の為め学資支出困難にして止むなく和蘭人、支那人、又は土人［インドネシア人］学校の教育に満足し、若くはそれらの学校の教育さへ受ける力なく子女の教育を全く放任しあるものなり。若しも是等を現在のスラバヤ小学校寄宿舎に収容することとすれば先の経費を要す。」そして具体的には授業料、食費等一人当り一六ギルダー二五セントの補助が必要だ、と伊礼は心痛の筆致で綴っている。

これまでの流れから判明するように、領事館当局は不就学児童の存在を重くみて—その理由の一端として彼らを放置しておくことは「一等国」としての体面を傷つけるものとの判断があったとも考えられる—その解消に向けて奔走した。現場におけるその推進者が寄宿舎舎監として領事の信望が厚く、また邦人社会有力者とも懇意であった伊礼清徳であった。

一九三七年九月六日付の姉歯領事宛に作成された伊礼の「寄宿舎収容児童報告」によれば、同年八月三一日現在合計三〇名の児童が寄宿舎生活を送っていた。そしてこの中に四か月前不就学児童として名があった渡嘉敷四兄弟の内三名（四男唯安はこの時点では入寮していない）、ならびに新たに又吉武俊の娘三名（秀、富子、俊子）が寄宿舎生活を送っていた。武俊の妹で渡南せず粟国島にとどまった安谷屋俊の簡潔な手記によれば、ジャワにいた姉たちはオランダ人が経営する洋裁学校へも通い、今なおオランダ語で書かれたノートが残されているという(41)。

居住地マランの日本人小学校は頓挫したものの、又吉家、渡嘉敷家双方にとり子女をスラバヤ日本人学校へ入学させ得たことで、一息ついたものと思われる。そのスラバヤ日本人学校について、一九三八年一月時点での現況を紹介しておきたい（「在外指定スラバヤ日本人学校一覧表」）。まず職員は、宮武重徳訓導兼校長（一九三三年四月着任）以下六名であった。その出身地は顕著な特徴があり、宮武以下四名が鹿児島県出身、保母宮平京（一九〇八年一月生、神戸女学院女学部を経プール高等女学校卒、キリスト教海外宣教師の夫宮平秀昌に同行して渡南）ならびに伊礼清徳の二名が沖縄諸島の離島（宮平は座間味島、伊礼は伊平屋島）出身である。

支給される手当からみると、校長宮武の一五〇ギルダーをはじめ訓導二名もそれぞれ一二五ギルダー、一〇五ギルダーであるのに対し、「現地採用」のためと思われるが、宮平は六〇ギルダー、伊礼にいたっては三〇ギルダーと校長の五分の一という大きな格差がある。児童数は予備科（幼児対象）二五名（男二〇名、女五名）、第一学年から第六学年まで計一〇三名内（男六〇名、女四三名）、合計一二八名の大世帯となり、その内ほぼ四分の一にあたる三一名（男二〇名、女一一名）が伊礼舎監の教導下で寄宿舎生活を送っている。

その他「一覧表」には保護者の出身地別、職業別統計、昭和八（一九三三）年以降の学校予算、設備等の詳細が記入されている。さらに学校運営に関わる保護者の担当別役員名簿があるが、渡嘉敷唯次も保護者会六名の委員の一人として名を連ねている。世話好きの武俊の名がみえないのは、前記の「長期病床にあり」との関係かと思われる。こうした学校環境の中で又吉ファミリーの子供たちが学んでいたことになる。

スラバヤ日本人学校は、開戦とともに一五年余の短い歴史で閉鎖されたこともあり正式な「校史」等が残されておらず、関係者の当時の動静等については断片的な資料しか現存していないのが実情である。その一つとして日本・蘭印関係が緊張を高めていた時期に、宮武重徳校長が書いた一文を紹介しておこう。

日中戦争勃発後のスラバヤ日本人社会の一部に高まっていたナショナリスティックな空気を背景に、一九三八年一二月一八日「スラバヤ日本人青年会」が結成された。日本商店関係の青年を中心に会員二三〇名を擁し日本人会館で開かれた結成式には、「守れ祖国！商権の最前線」「青年よ尽せ！国際文化の為に」等の標語が掲げられ、「国家総動員法」（同年四月公布）下の故国の潮流に乗り遅れまいとする高揚感が会場にみなぎっていた。日中戦争下のそうした一部の好戦的な空気の中で、宮武は「非常時局時の我が校の教育」と題しこう諭した[42]。

…非常時だからと言つて血が脳髄に登つて了つた様な状態になつて、眼を血走らせ、当面の問題にのみ夢中になつて了ふべきでなく、非常時であればある程、先ずどつしりと心を落着けて吾々海外在留民に与へられた特殊の使命［蘭印における日本の商権拡大］を自覚し…。

宮武のこうした発言の背景には、インドネシア在留日本人がこの地で長期にわたり大きな不安もなく経済活動に専念できるのは、なによりも蘭印政庁の理解と協力がある故だとの認識があった。こうした考え方は宮武校長のみでなく、総領事を頂点に多くの指導的な立場にあった在留日本人の間で（「会社族」「下町族」を問わず）一般的であった(43)。

その一方、中国の抗日ナショナリズムの高まりを背景に泥沼化する日中戦争に対しては、華人（僑）人が多く、彼らと日常的に接することの多い大都市に学ぶ児童の間には複雑な感情もあった。当時バタビア日本人小学校三年に在学中の後の作家有吉佐和子（父親が横浜正金銀行勤務）は、「へいたいさん」と題する作文でこう書くのであった（『東印度日報』一九三九年四月二九日）。

日本の兵たいさんたちが力をあわせてとうよう平和のためにつくしていて下さるので私たちはあんしんして勉強ができます。本たうにありがたうございます……ここの土人は支那人にだまされて「日本はまけたまけた」といつてゐます。でもこのごろは、「日本はかつたかつた」といつてゐます。だんだん日本の正しいことが分かつてきたのでせう。私は早く日本と支那がなかよしになることをいのつてゐます。

興味深いことに、ほぼ同じ頃、スラバヤに学ぶ又吉家や渡嘉敷家の子弟たちの郷里沖縄でも、ほぼ類似の次のような作文が新聞に掲載された(44)。

お隣の少年少女の皆さん明けましてお目出たう、日本は今悪い国民政府［蒋介石政権］と戦争してゐますが、皆さんはこの戦争をどう思いますか、日本は決して戦争をおもしろいからやつてゐるのではありません、日本は皆さんの国を立派な国にして仲よく手を取合つて東洋のために尽すのが目的です…日本は正義の国です、皆さんは今は幸福でないでせうが将来は必ず幸福になれます、将来は日本と皆さんの国がほんとに仲良くなるでせう…協力一致東洋の平和と発展のために尽さうではありませんか…。

このインドネシアと沖縄で同時期に書かれた二つの児童作文（小笠原諸島については第五章三3を参照）には、ファナティックな形での日本賛美論、あるいは過激な反欧米感情を見出すことはできない。しかしながら、日中戦争が拡大する中で発出された「爾後国民政府（蔣介石政権）を対手とせず」との第一次「近衛（首相）声明」（一九三八年一月一六日）に象徴されるように、日本国内では中国国民党政権を諸悪の根源視し、それを支援する英米両国に反発する空気が急激に高まっていた。上記二人の児童の作文は教師による文章指導もあったと思われるが、そうした「オトナ」の中国観・日中戦争観を見事に透視したものであった。

四　開戦後の又吉一家

1　日本・蘭印関係の緊張と邦人引揚げ

又吉武俊の事業が順風満帆の発展を遂げつつあった一九二〇年代末、スラバヤ駐在領事姉歯準平は、邦人社会の置かれた状況と蘭印政庁への感謝の念をこう述べていた[45]。「[現在の平和と繁栄は」是れ各個の堅忍不抜の勉励と理性的活動との結晶とすべきは勿論であるが、又他方蘭領印度政府の善政の下にある楽土に居を占めたるが故で…蘭印政府に感謝せざるを得ないのである。」

それから丸一二年を経た一九四一年に入ると、インドネシア在住邦人を取り巻く環境は一変してきびしいものとなっていた。第二次世界大戦勃発後オランダはナチドイツの占領下に置かれ（一九四〇年五月）、日本はそのドイツとの同盟関係を深めていた。そうした中で蘭印政庁は、〝準敵性外国人〟として日本人社会への監視を強めていった。さらに一九四一年六月には前年秋から九か月間にわたりバタビアで開催されていた第二次日蘭会商が「決裂」し、また軍事面でも七月に入り日本軍の南部仏印進駐、それに対する制裁としてアメリカの対日石油輸出禁止、イギリスの同調といった緊迫した状況がうまれた。このような開戦前夜を思わせる雰囲気が高まる中、蘭印当局に感知されぬよう総領事館当局の慎重な指示の下、在留邦人の引揚げが始まる。そして同年一一月に入ると、政府当局によって調達された大型船舶による組織的な引揚げが三次にわたって実施された。

総計八六四名（蘭印からは二三五名）の在留邦人を乗せた最初の引揚船高千穂丸が神戸港に入港したのは、一九四一年一一月二二日のことであった。その内沖縄諸島出身者は三三名、その多くは糸満出身の漁業関係者であった。彼らの帰国を伝える新聞は、「蘭印の敵性に遂に血と汗で築いた生活権をも犠牲にして帰国した本県出身の先駆者の元気な顔も見られ、いづれも悲憤の語調を強めて、〝さらに大きな南進雄飛の時〟を期する逞しい開発魂…」と報じた(46)。

第二陣の日昌丸（前年一九四〇年一二月、第二次日蘭会商芳沢謙吉代表が乗船）は、その二日後の一一月二四日に蘭印各地からの引揚げ者計四一一名を乗せ同じく神戸港に入港した。漁夫ならびに缶詰工場で働く女性ら沖縄の人びとは、その約一割にあたる四三名であった。当時「缶詰女工部隊」と呼ばれた彼女たちの一人は、新聞記者にこう語っていた(47)。

私達はあちらに行つてから三年乃至五年になります。邦人は多いし気候風土に恵まれ常夏の国で今日まで病気一つしたことはなく元気で働いてきました。女の私達にはよく分かりませんが現地の官辺が私達日本人に示す露骨な〝敵性〟は何かにつけて最近よほど強くなつてゐたやうに思います。早く平和が蘇つてまたあの第二の故郷ジャバへ行ける日の一日も早いことを願つてゐます。

「あの第二の故郷ジャバ（ワ）」という言葉は、三〇年近くその地で過ごし大勢の家族親族を呼び寄せ一時代を築いた又吉武俊にとっては、より切実な響きを伴うものであったと思われる。その武俊らが神戸に到着するのは、同年師走一一日、開戦三日後のことで、最後の引揚げ船富士丸の乗客としてであった。一一月三〇日深夜、インドネシア各地からの引揚げ者計一八〇二人（定員九八四人のほぼ二倍）を乗せスラバヤを出航した富士丸の乗客名簿には、「マラン組」四七名の氏名も記されている。そこには武俊以外に、又吉武三、武栄、恵忠、ツル、トヨ、トミ、ヒデ、範子、又吉マツ、そして親族の真栄里朝盛、同フミ、新里ツル（子）、正雄、和子、昭博、常明ら一七名の一族の名が記載されている(48)。

また上記資料により富士丸での引揚者の出身地別内訳を見ると、東北・北海道一三二名、関東二八六名、中部一九一名、近畿・関西三三三名、中国八〇名、四国六七名、九州二四八名、そして沖縄は全体の一一・八％にあたる二一三名、台湾一四六名、朝鮮六名等となっている。これを細かく「県別」にみると、沖縄が二一三名と圧倒的に多く（その内一四七名がバタビア漁業団、又吉ら非漁業関係者は六六名）、ついで長崎一六八名、台湾（籍民）一四六名、東京一二九名となっている。この資料的価値の高い「引揚記録」の中で、「収用」という語を含む次のさりげない一節は、「船」という閉ざされた空間＝階級社会における船長ら上級者の目線を知る上で示唆的である。「沖縄班一四七名［バタビア漁業団員］及東部爪哇第三班の一部［金城姓の夫婦一組］一四九名は、全然通風装置なき郵便物室に収用せり」（同三頁）。

2　戦時下の「異郷」の地で

開戦直後の一九四一年暮れ、住み慣れたマランを断腸の思いで後にした又吉家の人々は神戸港上陸後、仮の居住先として神戸の海外移住教養所（現海外移住と文化の交流センター）に身を寄せることとなった（「又吉武安書簡」）。しばしの間見知らぬ地で家族一同が肩を寄せあって暮らしたが、次第に経済的困難も加わり、離ればなれで不慣れな内地でのきびしい戦時生活を余儀なくされる。諸事情で当時一二歳となっていた武安は、年子の弟武熊とともにカトリック系の第二北野寮（舎監は元スマラン日本人小学校長上野才次）に預けられ、姉俊子と妹範子の二人は伝手を頼って台湾へ、母親と富子、秀子の両姉はマランでの体験をもとに神戸市内の花菱美容室に職を得る等、南国での大家族団らんの日々は過去の夢物語と化した。そうした家族の離散を案じつつも大黒柱武俊の病状は次第に悪化し、引揚げ後二年近い闘病生活の後一九四三年（昭和一八年）一一月二六日、入院先の神戸・屯田病院で少数の家族の見守る中静かに息を引き取った。享年まだ六二歳であった。

又吉武俊の一二人の兄弟姉妹の内、七女の新里ツル子がジャワから持ち帰った多くの写真を大切に保管してきた。その大判のアルバムは又吉家のジャワ生活三〇年が凝縮された貴重な記録である（現在はツル子氏歿後長男昭博氏より託された内原節子氏が所蔵）。その中には武俊ら一二人の父親達吉夫婦の写真も残されている。そしてそのアルバムの中には、後年書き込まれたペン字で一二人の武俊兄弟の名前と歿年が記された一枚の写真もある。いつ書かれたかは定かでないが、その時点で長兄武俊はじめ五名が故人と記されている。そうした中で三弟武栄のみ生死が不明となっている。

一九〇九年（明治四二）年生まれのその武栄は、長兄武俊の補佐役として—とくに次男武雄が一九二〇年に死去して以降—若くして店を切りもりしていた。そしてマランで結婚した妻マツと、子はいなかったが平穏な家庭を築いていた。やがて開戦前夜最後の引揚げ船富士丸で武俊らとともに内地に戻った武栄は、大阪市東淀川区本庄東通り二の六にひとまず落ち着いた(49)。しかしながら、一九四二年春には日本軍占領下におかれた直後のインドネシアに軍属として徴用される。インドネシア語に通じ「現地事情」を熟知するかつての在留邦人が数多く軍属として徴用されたが、武栄もその一人であった。こうして武栄は、陸軍第二十五軍が占領統治を行ったスマトラ（具体的部隊名は不詳）に通訳の一人として派遣される。

戦時期スマトラでの又吉武栄についての資料は未発掘であるが、いずれにせよ一九四五年八月一五日、降伏の報に接した武栄は、日本軍の一員として復員する道を選択しなかった。日本軍から離隊し現地インドネシアで高まりをみせていた反オランダ（連合軍）独立戦争に身を投じ、その渦中で一九四五年暮に早くも戦死したのであった。スマトラ全体で異国の独立戦争で死去した日本軍人・軍属一三三名の一人であった（ジャワでは九八名、その他地域では一五名の戦死者）。インドネシア残留元日本兵の組織「福祉友の会」（一九七九年設立）が作成した克明な資料によれば、武栄以外に沖縄を故地とする戦死者はインドネシア全体で七名を数えた（本書第五章五参照）(50)。

なお又吉武栄・マツ夫婦の間には子供はおらず、武栄歿の最終的判明後マツは、本稿でたびたびその書簡を引用させていただいた武安を養子に迎えることとなった(51)。

おわりに

以上、本章は一九一〇年代初め「南方雄飛」を夢見て沖縄の貧しい離島粟国島からインドネシアに渡った又吉武俊およびその家族の事例を手掛かりに、戦前期沖縄の「南方関与」の一つの具体像を検証した。従来「移民県」と形容された沖縄からの移民の研究は南北アメリカ、南洋群島が主たる対象であり、フィリピンを除く東南アジアへの移民については実数が少ないこともあり相対的に研究が手薄であった。

そうした研究状況の中で、本章はオランダ植民地期インドネシアに広義の商業移民として定住した又吉武俊とその家族の約三〇年間の体験を―きわめて限られた資料に基づくものであったが―考察したものである。又吉武俊は大正初期の「南進」熱がまだ萌芽期にあった時期にいち早くジャワに渡り、下積み生活を経て東ジャワの高原都市マランで手広く理容室・美容院、さらには小コーヒー農園を経営し、現地邦人社会の中でも重きをなした人物である。しかしながら、その足跡については、(1)又吉自身が開戦に伴う引き揚げ後まもなく直筆の記録等残すことなく死去したこと、(2)郷里沖縄が甚大な戦禍に見舞われ関連資料が消滅したこと、あるいは(3)首都バタビア（現ジャカルタ）や大商業都市スラバヤと異なりマランという地方小都市を活動の拠点としていたため邦人社会側からの情報が限定的であったこと等の理由が重なって、又吉武俊の名は一般的には―戦前の蘭印在留邦人の親睦組織であるジャガタラ友の会の関係者を含め―知られることが少なかった。

しかしながら本章で論述したように、又吉家の「南方関与」の足跡をたどることにより、また今後新たな資料をふまえそれをさらに掘り下げることにより、日本・インドネシア交流史、そして沖縄の対外関係史・移民史研究に新たな知見が加わることが期待される。より具体的にみるならば、第一に、従来必ずしも関心が寄せられることが少なかった南方移住地における非漁業・非農業部門での沖縄の人びとの生業、ライフスタイル等の一端が明らかになるとともに、強固な家族・血縁・地縁ネットワークに支えられた移住のあり方は、戦前期沖縄に関する家族社会学的な研究にも裨益するところが大きいと思われる。

第二に、又吉家関係者の中に学齢期の子女が何人もいたことも、戦前期東南アジアの在外指定学校の置かれた状況とその特質を教育（学）史の観点から理解する上で興味深いものがある。また戦前期とくに第一次世界大戦後のインドネシア（東南アジア）の在留邦人社会に存在した「下町族対会社族」の二重性、そこでの沖縄の人びとの立ち位置についての社会文化的考察を深めるうえでも示唆的である。

第三は、近年、「歴史認識」問題とも関連し大きな関心が寄せられてきた元日本兵・軍属のインドネシア独立戦争への参加という面でも、又吉ファミリーの中から「独立の戦士」を出したということは又吉家の「インドネシア関与」をより陰影に富むものにしている。また又吉武栄の事例を通し、他の沖縄びとのインドネシア独立戦争との関わりについての比較の視座を見出すことも可能であろう。

最後に第四として、これも近年研究が深まっている戦争に起因する引揚げ（大別すると開戦に伴うものと敗戦に伴うものに区分出来る）、人の移動を考える上でも、又吉家の総引き揚げはきわめて示唆的である。端的にいえば、又吉武俊とその家族の体験は、彼らの「南方との自然な関わり＝『南方関与』」が、「国策と結びつき、望ましくない傾向を帯び始めた局面＝『南進』」によって、突然かつ急激に、そして彼ら自身の意思と願望に反して切断されたものと総括することができよう(52)。

註

（1）この分野における研究動向については、東南アジア学会監修『東南アジア史研究の展開』山川出版、二〇〇九年所収の後藤乾一「近代日本・東南アジア関係史」を参照。

（2）矢野暢『「南進」の系譜　日本の南洋史観』千倉書房、二〇〇九年、九頁（原本は中公新書、一九七五年）。

（3）以上の五形態のうち、筆者は(4)(5)についてそれぞれ宮平秀昌、渡名喜守定を事例として手短に論述した。後藤乾一『東南アジアから見た近現代日本―「南進」・占領・脱植民地化をめぐる歴史認識』岩波書店、二〇一三年、第四章、ならびに『近代日本の「南進」と沖縄』岩波書店、二〇一五年、第五章を参照。

（4）倉沢愛子「戦争に翻弄された南方移民―「帝国」の解体の背後で」柳沢遊・倉沢愛子編『日本帝国の崩壊―人の移動と地域社

会の変動』慶應義塾大学出版会、二〇一七年、一六一頁。

（5）詳細は㈶沖縄県文化振興会史料編集室編『沖縄県史各論編第五近代』沖縄県教育委員会、二〇一一年、第五部参照。

（6）石川友紀「沖縄県における出移民の歴史及び出移民要因論」『移民研究』創刊号、二〇〇五年三月、一一－一三頁。

（7）二〇世紀初頭の『琉球新報』にはハワイ、フィリピン移民に関する記事が数多く見られる。たとえば「在布哇沖縄移民の状態」（一九〇六年三月五日）と題し、TN生の名で書かれた記事は、冒頭「近来入墨の婦人渡航して醜態を演じつつあるには閉口の外無之候」とあるように、「沖縄県人」としての体面が移民によって傷つけられることに不快感を露にし、こう続ける。「只さへ軽蔑せられ候沖縄県人は婦人渡航以来一層甚しくオイ琉球人オイ琉球人と呼捨てにせらるを聞いてハ流石に無関係の吾々まで寒心に不堪候」。また三月一日の「島尻郡の移民」は、前年末時点における同郡からの移民数を紹介しているが、それによるとハワイ一八〇名、マニラ一〇名、米本土二名、メキシコ三名、そして仏領ニューカレドニア三六名となっている。

（8）南洋群島への移民については、今泉裕美子「沖縄移民社会第一節南洋」沖縄県文化振興会史料編集室編、前掲書、所収、満州については、沖縄女性史を考える会編『沖縄と「満州」―満州一般開拓団の記録』明石書店、二〇一三年、台湾については、又吉盛清『日本殖民地下の台湾と沖縄』沖縄あき書房、一九九〇年、等を参照。また最初期の移民地として重要なのは仏領ニューカレドニアであるが、この点についての最新の研究としては以下を参照。三木健『空白の移民史―ニューカレドニアと沖縄』シネマ沖縄、二〇一七年。

（9）詳細は、早瀬晋三『「ベンゲット移民」の虚像と実像―近代日本・東南アジア関係史の一考察』同文館出版、一九八九年。

（10）村山良忠「戦前期オランダ領東インドにおける邦人経済進出の形態」『アジア経済』第二六巻第三号、一九八五年、五七－六〇頁。

（11）片岡千賀之『南洋の日本人漁業』同文館出版、一九九一年、加藤久子『海の狩人　沖縄漁民―糸満ウミンチュの歴史と生活誌』

現代書館、二〇一二年、第一章、後藤乾一『近代日本の「南進」と沖縄』岩波書店、二〇一五年、第三章等参照。

（12）二〇一八年一二月に新装開館した沖縄県立図書館の移民関係の文献展示コーナーも上記地域に加え、台湾、中国・旧満州、アジアのカテゴリーはあるが、東南アジアの語はない。ただ「アジア」の中に東南アジア関連の三点の文献が紹介されている（二〇一九年三月時点の展示）。

（13）この時期の両者関係についての内外の先行研究は一定の蓄積があるが、筆者の近年の著作としては註3文献を参照。

（14）『大阪毎日新聞』一九一〇年一〇月二四日。竹井の南方関与については、後藤乾一『昭和期日本とインドネシア―一九三〇年代「南進」の論理・「日本観」の系譜』勁草書房、一九八五年、第四章、竹井修『枯葉日記』村松書館、一九八五年を参照。

（15）『大阪朝日新聞』切抜き、一九一二年、日付不明、竹井夏郎氏所蔵資料。

（16）倉沢愛子、前掲論文、一六八頁。

（17）この時期のオランダ・蘭印当局の対日観、対日政策については、以下を参照。Elsbeth Locher-Scholten, "Changing Perceptions of Japan in the Netherlands and the Netherlands East Indies before 1942," Tsuchiya Kenji, "The Colonial State as a "Glass House," Some Observations on Confidential Documents Concerning Japanese Activities in the Dutch East Indies," *Journal of the Japan-Netherlands Institute*, vol. II, 1990, 所収。

（18）藤田敏郎『海外在勤四半世紀の回顧』教文館、一九三一年、八二―八三頁。

（19）ジャガタラ友の会編『ジャガタラ閑話―蘭印時代邦人の足跡』非売品、一九七八年（本書の旧版は一九六八年刊行、非売品）、および同会編『写真で綴る蘭印生活半世紀―戦前期インドネシアの日本人社会』一九八七年、非売品、は本論の第二期を中心にインドネシアに渡った商業移民の貴重な記録である。

（20）磯村生得『われに帰る祖国なく―或る台湾人軍属の記録』時事通信社、一九八一年、三―四頁。

(21)開戦直前、在留邦人の引揚げが始まる中で台湾籍民の多くもインドネシアを離れるが、最後の引揚げ船富士丸の乗客名簿には、マランからの二四名の氏名が記されている、註48参照。

(22)沖縄県文化振興会編『沖縄県史資料編八』沖縄県教育委員会、一九九二年参照。

(23)あわせて武俊は、「現役中品行方正勤務勉励学術技芸ニ熟達スヨテ此証ヲ付与ス」と記された「善行証書」を陸軍士官学校長南部辰丙の名で授与されている。ただし武俊が陸軍士官学校を卒業した事実は確認出来ていない。粟国尋常小学校が開校したのは一八九八年四月のことである。したがって、武俊は初等教育を正規の学校ではなく、在来の島の寺小屋的な場で受けたと考えられる。粟国村立粟国小中学校『粟国小学校創立一〇〇周年・粟国中学校創立五〇周年記念誌』一九九九年を参照。なお学校設立の経緯について粟国村誌編纂委員会編『粟国村誌』粟国村、一九八四年、一一七頁によれば、当初村当局は「生活困窮、経済不如意」を理由に学校設置の延期願いを続けてきたが、一八九八年四月島長与那城菊太郎が自宅を開放したのが島における小学校教育の第一歩とされる。

(24)島尻郡教育部会員(照屋堅竹・新垣隆一・嘉数正助)編『島尻郡史』一九三七年、六五〇-六五一頁。なお又吉武俊が生まれた一八八一年から翌年にかけて、村では「粟国島騒動」として知られる徴税方法をめぐる村民の烈しい抗議行動が展開された。前掲『沖縄県史各論編第五近代』一四九-一五〇頁。粟国という島名について、東恩納寛惇『南島風土記』沖縄郷土文化研究会、一九六四年、三三三頁は「五穀の内粟を最とし、郡中第一の産高である。島名或はこれに因るか」と述べている。また粟国村村誌編集委員会編『粟国村誌』(一九八四年)は、島は「自然の好条件」に恵まれず、「琉球処分」以降那覇、大阪を中心に出稼ぎが増加し、総人口の三分の二以上が島外に居住していると記している(三三二頁)。

(25)安谷屋俊『ガジマヤー[九七歳]のお祝い』二〇一七年、私家版、四頁。著者は、兄武俊が一九二〇年代半ば一時帰郷した際、正装姿で尚順男爵を表敬訪問した時の写真を誇りとともに保持している(写真4)。当時の沖縄の人びとにとって尚家の存在は、特別の意味を持っていたことがうかがわれる。

(26) 高淵福松「行商をつづけて」『岡山県海外協会報』一九四一年九月、七〇頁、岡山県立図書館所蔵。

(27) ジャガタラ友の会、前掲書、七頁。他方、三宅は一九二八年中国で発生した済南事件を契機に蘭印でも華僑による「激烈な日貨排斥のボイコット」があった際、「沖縄の漁師たちは私の官邸に昼夜集合して万一に備えてくれたことに私は深い感謝の念をいだいたのであった」とも回顧している（六頁）。

(28) 南洋協会『在南洋邦人団体便覧』一九三七年六月編、一四頁。当時ジャワで刊行されていたオランダ語紙 *De Indische Courant* に掲載された又吉関係の二つの記事を紹介しておきたい（ブラッド・ホートン氏のご教示、太田淳氏訳）。「大阪に四か月滞在してマルセルおよびミヤオウチ・ウヘイの指導のもとで理論の実習授業を受けた後、マタヨシ夫人はマランへ帰国した。女性理髪業免状を授与されて、彼女は自分の店でまったく新しい『うねり』『水波』、パーマネントウェイブなどの方法に取り組むことができる」一九三四年五月一八日。もう一つは広告で「美しい髪型はあなたの美しさを高める。だからパーマネントは、Ｊ・マタヨシ。新規開店美容院カリアシン一七」一九四〇年一〇月八日。

(29) 石居太楼「ジャワ邦人草分け物語（明治時代）」ジャガタラ友の会、前掲書、一八頁。

(30) 早稲田大学アジア太平洋研究センター「西嶋コレクション」所蔵「中谷義男・軍政の思い出」。また西嶋重忠『証言インドネシア独立革命―ある日本人革命家の半生』新人物往来社、一九七五年を参照。

(31) 中谷義男「バタビアから」妻一枝宛書簡、一九四二年三月、『友愛だより』一九九七年九月号、三八頁。

(32) ジャガタラ友の会、前掲書、二八三―三二八頁。

(33) 南洋協会『南洋各地邦人団体名簿』一九四〇年四月。

(34)「私の戦後史　渡名喜守定」沖縄タイムス社編『私の戦後史第五集』一九八一年、一九頁。オランダから帰任後、軍令部参謀としての渡名喜の南方工作については、後藤乾一、前掲『近代日本の「南進」と沖縄』二三八‐二三九頁を参照。

(35) 渡名喜守定、前掲回想記、二〇頁。渡名喜の回想に関連するが、当時の蘭印のオランダ語紙*Het Nieuws van den dag voor Nederlandsch-Indie.* May 18, 1937も、日本海軍から派遣された中堅将校の蘭印訪問には大きな関心を寄せ、こう報じた。「駐オランダ日本公使館に一等書記官待遇で赴任する渡名喜海軍少佐は、明日スラバヤを出港するが、それに先立ち小谷［淡雲］領事は歓送の宴を開き、そこにはオランダ海軍や蘭印政庁東亜局の関係者も招待された。」

(36) 南洋協会、前掲書、二五頁。

(37) ジャガタラ友の会編『友愛だより』二〇〇〇年一月〜二〇〇一年一月。なおこの論考は小島勝「在外子弟教育と異文化間教育」龍谷大学・人間科学・宗教研究助成・平成八年度『研究成果報告書』からの転載である。

(38) 小島勝、前掲論文（二）、一四頁。

(39) 小島勝、前掲論文（三）、七頁。

(40) この点については戦前ジャワの日本人学校三校で学んだ男女八名による座談会「インドネシアの日本人学校に学んで」は興味深い回想録である。『友愛だより』一九九四年九月号、四三‐五三頁。

(41) 安谷屋俊「ジャガタラ友の会との出会い」『友愛だより』二〇一一年一二月所収。

(42) 『東印度日報』一九三九年一月一日、同紙は既存の『爪哇日報』と『日蘭商業新聞』が合併し一九三七年七月創刊。

(43) 開戦前のインドネシアにおける在留邦人社会の動向については、後藤乾一、前掲『昭和期日本とインドネシア』第六章を参照。

(44) 『大阪朝日新聞（鹿児島沖縄版）』一九三九年一月七日。

(45) 『爪哇日報』一九二九年一月一日。

(46) 『朝日新聞（鹿児島沖縄版）』一九四一年一一月二三日。

(47) 同上、一九四一年一一月二五日。
(48) 蘭印在留邦人引揚団『日本郵船株式会社汽船富士丸・蘭印在留邦人引揚記録』一九四二年、一三四頁。
(49) この地区一帯には沖縄各地から移住した人々が集住し、おそらくその中の粟国島出身者の伝手で落ち着いたものと思われる。新城静喜・粟国村長談、二〇一九年三月一二日。
(50) 福祉友の会編『インドネシア独立戦争に参加した「帰らなかった日本兵」、一千名の声』二〇〇五年、私家版、所収名簿。ただし武栄の歿年については平成二（一九九〇）年七月九日付「除籍」記録によれば「未帰還者に関する特別措置法に基づき昭和四拾五年四月拾六日戦時死亡宣告確定昭和弐拾壱年壱月弐拾七日死亡とみなされる」と記載されている。
(51) 内原節子氏からの聞き取り、二〇一七年一〇月二日。
(52)「第二の故郷」インドネシアを戦争で追われた又吉武俊とその家族にとって、生まれ故郷粟国島も戦禍をこうむることになった。一九四五年三月二七日午前七時、最初の米軍機による空襲をうけて以来（六月九日米軍が上陸）、住民は自然洞窟や墓で避難生活を余儀なくされた。粟国村誌編纂委員会編、前掲書を参照。

第五章　沖縄ルーツ・硫黄島出身「日系インドネシア人」勢理客文吉の歴程
―小笠原諸島近現代史の文脈で―

はじめに

「火山活動による異常現象が著しいこと」「産業の成立条件が厳しいこと」等のため「硫黄島には一般住民の定住は困難であり、同島は振興開発には適さないと判断せざるを得ない」。一九八四年五月三一日、小笠原諸島振興審議会の内閣総理大臣への意見具申書（「　」内引用）。

戦後二三年間、アメリカの支配下に置かれてきた硫黄列島を含む小笠原諸島の施政権は、一九六八年四月日本に返還された（五日調印、六月二六日発効）。同じ状況下にあった奄美諸島の施政権返還の一五年後、また沖縄諸島のそれに先立つ四年前のことであった。しかしながら、施政権は日本政府に還ってきたものの、かつて一千余名を数えた硫黄島の旧島民は故郷に帰ることは許されないままであった。その状況が日本政府自らの手で「最終的」に確定されたのが、上述した内閣総理大臣（当時は中曽根康弘）の諮問に対する「有識者会議」＝小笠原諸島振興審議会の「定住困難」との答申であった。

この答申から三〇有余年を経た今日だが、この間高齢化しつつあった多くの旧島民は望郷の想いを胸にいだきつつ櫛の歯が欠けるように他界していった。一九二一（大正一〇）年九月、硫黄島南集落で生まれ、戦争末期国命による「強制疎開」で離島を余儀なくされた今村せつもその一人である。二〇一七年三月東京練馬区で九五歳の生涯を閉じたせつは旧姓を勢理客といい、男二人、女二人の四人兄弟であった。四人とも硫黄島に生まれ育ち、地元の大正尋常高等小学校の卒業生であった（長女新井香代子氏からの聞き取り、二〇一七年十一月十日）。

勢理客家の存在が物語るように、一九四四年夏までの硫黄島には一千名を越える人々が「定住」し、決して恵まれたとは言えない自然環境に巧みに順応しつつ、製糖業や熱帯果実、蔬菜、薬用植物の栽培、漁業等でつつまやかながらも相互扶助的な地域共同体を形成していた。

勢理客せつの両親（沖縄出身の父親松、伊豆大島出身の母親ハル）については後述（二節）するが、ここではまず四人の兄弟について一言触れておきたい。長兄幸一は「強制疎開」時、軍属として軍に徴用され硫黄島に留まり、対米戦争の中で「玉砕」する。このとき父松も同じ運命をたどる。本稿の主対象とする次男文吉は、戦時期は兵士として召集されインドネシアに従軍、陸軍伍長としてスマトラで敗戦の日をむかえる。故郷硫黄島の壊滅を知った文吉は家族全員が「玉砕」したと思い込み、敗戦後は高揚するインドネシア独立軍に身を投じた。長らく消息不明であった文吉が、独立後のインドネシアで国籍を取得し、妻子を得て健在であることを母親と妹二人（せつ、ハル子）が知るのは一九六〇年代に入ってからのことだった。

その文吉は「戦後」三〇年を経た一九七五年春はじめての一時帰国を果たすも、それは生まれ育った硫黄島ではなく、母ハルの郷里伊豆大島であった。しかし母はすでになく、文吉も二〇年後の一九九五年「日系インドネシア人」イスマイル・B・セリキャクとして波乱に富んだ生涯をジャカルタの地で終えた。温和で芯の強い文吉を慕った妹二人にとって、戦後二回だけだが、文吉に対面できたことがせめてものなぐさめであった。またハル子（中林姓）は後述するように、文吉歿後も彼のジャカルタの妻子とは親しく文通を続けていた。

以上述べてきたことをふまえつつ、本章の目的を約言しておきたい。第一は、現代日本の国土（行政単位としては村）の中で唯一一般国民はおろか、旧住民すら定住が認められていないのが首都東京の一部である硫黄島であることに鑑み、その「開拓」以降の近現代史の特質を筆者なりに描くことである。第二は、そうした「地域史」の展開、そしてそれに大きく関わる国家の施策に翻弄される形で生涯を送った勢理客文吉という人物を事例とし、日本の「南進」という問題をミクロな地点から捉え直すことである。

一　硫黄島「開拓」略史

1　内務省から東京府管轄へ

東京から約一二五〇キロ南方の海上に点在する硫黄列島が、勅令第一九〇号で東京府の管轄下に置かれたのは、一八九一（明治二四）年九月九日のことであった（その勅令では、三島嶼のうち「其中央ニアルモノヲ硫黄島ト称シ其南ニ在ルモノヲ南硫黄島、其北ニ在ルモノヲ北硫黄島ト称ス」と規定された）。明治政府が父島・母島を主とする小笠原諸島の領有を各国公使館に通達（一八七六年一〇月）してから一五年後のことである。領有直後は内務省の管轄下におかれた小笠原諸島は、四年後の一八八〇年一〇月東京府の管轄下に移行する。その時の第七代府知事は「琉球処分官」として首里城に乗り込み（一八七九年三月）、沖縄を日本に併合した功を評価された内務官僚松田道之であった。またそれまで静岡県の管轄下にあった大島、八丈島等伊豆諸島が東京府に移籍されたのもほぼ同時期の一八七八年一月のことであった。

このように近代国家創設を目指す日本の首府として東京府当局は、内務省とともに南島諸島に対し少なからぬ関心を向けた。そのため小笠原諸島の「開拓」は、当初から官営開拓という性格を強くもった(1)。父島に一八七九（明治一二）年三月いち早く内務省勧農局派出所が設けられ、所長武田昌次がジャワ、インド、セイロン等列強植民地を視察し、キナ、コーヒーの苗の手配にあたったというのも官主導の勧農策の一環であった(2)。当時の「開拓」の斧が入る前夜の父島の現状について、小笠原諸島に関する最初期の報道と思われる以下のような新聞記事も現れた(3)。

小笠原から帰ッた人の話しに島は人が七十人足らず居り家は棕櫚にてこしらへ種々の人種が居て日本の女が二名白人種カ五人、あとは支那と印度の人で言葉は英語に通じ食物は多く草と正覚坊［アオウミガメ］などを食ツて居り何にしても女が二人しか居ないので兎角男が乱暴し女房を持てば殺して志まふといひ総て山が多く此節で気候は凡そ正午七十度ぐらゐゆえ凌ぎがよいといふ。

2　硫黄島への初期移住者

小笠原諸島の中心、父島・母島に続き硫黄島への人の移動や移住が始まるのは明治二〇年代になってからであった。東京府の報告書は「(硫黄島は) 小笠原島の内では地味最も肥沃」で「明治二二 (一八八九) 年六月中、田中栄二郎と言ふ者が硫黄採掘及漁業の目的で本島に渡り、同年一二月小笠原島庁員及荒井義邦等が人夫一〇名を伴つて渡島して以来、本島経営の端緒が開かれた」と指摘する(4)。当時硫黄は火薬、マッチ、殺虫剤の原料として日常生活のみならず、富国強兵を国是とした明治日本において軍事的にも産業的にも高い需要があった。

硫黄採掘につき、田中栄二郎は、翌一八九〇年長谷部鉄之助と共同して採掘事業に乗り出すが、九七年には東京府から許可された採掘権を長谷部に譲渡している。さらに長谷部は一九〇三年、神田の洋服布地商であり、その後の硫黄島開拓に名を残す久保田宗三郎に権利を譲渡している。その久保田は硫黄の採掘量が頭打ちになったこともあり、最初は棉花栽培のため原野開墾に注目し他島からの移住者を誘致する。

田中栄二郎、長谷部鉄之助、久保田宗三郎らの人脈による硫黄採掘とならび、別の資料は相前後しての旧士族小美田利義による硫黄採掘に言及している（『小笠原』第三五号、一二頁）。それによれば小美田は、一八九〇年八月頃、農商務省に硫黄採掘願を提出するが、そこでは「南洋硫黄島ハ小笠原南方一四〇哩ニアリ、昨明治二十二年十二月荒井義邦、戸村兵次郎ナル者ヲ渡航致サセ道路ヲ開キ衛生等皆取調候処生活上少シモ差支無之旦種々ノ産物ノ見込モ有之、就中多量ノ、硫黄噴出到候間採掘、輸出到サバ幾分ノ国益ト存知…」と硫黄資源の有望性を強調している。小美田の願は「本島主要産業ノ第一歩」として一八九二年五月一六日に許可、官報に記載された。

また「願」が許可されたか否かは不明だが、翌一八九一年には「小笠原島島民田中春作、宮本［日《まさ》?］郎他一名の代人等は昨日府庁へ出頭し、同島附属の硫黄島拝借の事に付富田知事に面談したり」との記事もあらわれた（『朝日新聞』一八九一年九月一六日）。おそらく近代工業の勃興期であったこの時期、「内地発」の一種の硫黄ブームの余波が、父島・母島に移り住んでいた住民にまで及んでいたことを示す記事の一つであろう。

「開拓」初期の硫黄島における硫黄採掘状況についての系統的データは未見だが、辻友衛の編著からは以下のような数字が判明する[5]。一八九二（明治二五）年五三〇キロ、九五年四五キロ、九六年四八〇キロ、九九年二四八キロ、一九〇〇年一九五キロ、一九〇一年二一〇キロ、一九〇二年一四・四キロ。採掘量がきわめて変動的であるが、一九〇五年には鉱区域が減少し、一時採掘停止に追い込まれている。硫黄島「開拓」の最初期の起爆剤であった硫黄が、その後は次第に下降化し、一九一〇年代になると硫黄に代わり、砂糖（サトウキビ栽培、糖業）が産業の主役の座を占めるようになる。

栽培産業、特にサトウキビは労働集約的な性格を持つ故に、定住人口が少ない硫黄島では外部から労働者を移住させることが不可欠となってくる。前述した久保田宗三郎は一九〇三年以降綿花栽培に着手し、父島・母島等群島内の他島からの移住者を募集するが、その点との関連と思われる資料を掲げておこう。「本島ハ明治三七年五月始メテ小笠原母島漁業組合員五名渡島シ続イテ同年八月東京ヨリ東忠三郎氏予約開墾ノ認可ヲ得テ同十一月帆船鏡丸ニテ労働者六名ヲ［茨城県から］引率シ移住ス」(6)

この五名の母島からの移住者の名は特定できていないが、勢理客文吉の母ハル（当時二三歳）もその一人である可能性がきわめて高い。後でも触れるがハル（旧姓宮川）は弟宮川龍之助らとともに伊豆大島から母島に移住し、さらにそこから硫黄島に移り住んだ最初期の女性の一人であった。龍之助はやがて漁業団宮川組を組織し成功をおさめ、硫黄島社会の有力者の一人となっていく。こうしてみると一九世紀末から二〇世紀初頭にかけての萌芽期の硫黄島社会は、日清戦争以降の硫黄採掘熱に刺激され、東京方面からの旧士族層を含む事業家や「一旗組」と父島・母島からさらに南にフロンティアを拡張しようとした若年労働力によってその基礎が作られたとみることができよう。この点は「内地」との関係が強く、その「開拓」においても官営色が強くみられた父島の場合とは、性格がやや異なっているように思われる。

3　訪島記の中の硫黄島

小笠原諸島領有（明治政府の認識では「回収」）が大きな引き金となり、その南に広がる南洋群島、さらには「開拓途上」にあったオーストラリアまでが、日本人の視界に入ってくる。そうした状況を背景に、明治二〇年代になると後年「明治期南進論」の代表作として知られるようになる一群の著作が相次いで刊行される。志賀重昂『南洋時事』（明治二〇年）、菅沼貞風『新日本図南之夢』（明治二一年）、そして田口卯吉「南洋経略論」（明治二三年）等々、当時の著名な言論人、知識人による著作は「開国」三〇年を経た日本人の対外関心を南に向ける上で少なからぬ社会的影響力をもつものであった。そうした著作の中で、小笠原諸島は南方進出の「南門」、あるいは実験場として位置づけられた（本書第三章を参照）。

本節ではこうした萌芽期の「南進思想」の影響を直接間接に受けながら、明治中期から大正期にかけ、硫黄列島を視察したり訪問した人たちの観察所見を手短かに跡づけておきたい。それはまた、本論が主対象とする勢理客文吉およびその家族が定住する前後の硫黄島の前史を垣間見るためでもある。

(1) 高崎五六東京府知事一行の南洋視察

旧薩摩藩士高崎五六東京府知事に率いられた南洋視察団は、一八八七（明治二〇）年一一月一日、逓信省所有船「明治丸」で横浜を出港、南洋巡察に向かう。三宅島、八丈島、父島、母島、鳥島を経由、同月一〇日硫黄島に着船、翌日島内を探査する（一七日横浜帰港）。知事以下府庁随員の他、法制局参事官、帝大理科大学助教授らが団員であった。この南洋視察団の大きな特徴は、乗船者の中に視察を企画した元仙台藩士横尾東作をはじめ、鈴木経勲、服部徹、依岡省三、玉置半右衛門ら明治期南進を語る上で欠かすことのできない個性的人物が乗り込んでいたことである。

高崎知事やその側近は硫黄島内探査の結果に満足がいかず、当時の状況は「殖民の目的なき無用の島と断定せざるを得ず、本島探検の首唱者横尾東作氏始め遠征者一同失望落胆の他なく」という態であった。一行は硫黄島上陸後「天幕ヲ張リ休憩所ヲ設ケ、之レオ本陣」とするも、島には「水モ木モ無キ故」に明治丸に戻って夜を明かした(7)。ただこの「初ノ府知事ノ巡航」に加わった「横尾一行ノ火山三山［硫黄列島］調査ハ、小笠原諸島以南へ始メテ航路ヲ開キシモノニシテ、明治二四年ニ至リ三島ヲ南・中・北硫黄島ト命名シ、小笠原島ノ所管トセシハ実ニ此探検ニ由来」することになった視察として記録されることになった(8)。また興味深いことに知事らの上述の硫黄島認識は、それから一二年後の一八九九年一二月に硫黄島に出張した小笠原島庁官吏の以下の所見にも共通してみられるものであった(9)。

本島には人民移住開殖の見込なし只其層畳せる硫黄採掘の業と其季節に応じ漁業を営むの外他に殖産興業を企画すべき土地にあらず。尤も土地を開墾せば凡三千町歩を得らるべきも島地十分の六は焦土砂漠且温暖なる硫黄気充満せるを以て植物を樹芸すべからず…一つの渓流なく又溜水あるなし…人生一日も欠くべからざる飲用水の絶無なるを如何せん。故に開殖永久の策を講ずるの見込なき土地と確認せり。

このように島庁のおかれた父島に勤務するとこの吏員は、同じ管内にある硫黄島の発展可能性をほぼ全面的に否定するのであった。知事から現場官吏にいたる官の側からは酷評に近い硫黄島認識が表明された一方、明治丸にそれぞれの伝手を得て乗り込んだ野心的な民間の南方発展論者たちは、いささか異なる印象を得ていた。

たとえば「本島探検の首唱者」たる横尾東作は同乗を許した服部徹の著作『南洋策一名南洋貿易及殖民』一八八一年、に序を寄せ、その中で「(服部は)五年前予ニ従テ南洋硫黄島ヲ探リ、曰く、胸中凝結ノ気一吐虹ノ如シト、京ニ還テ一著書アリ『日本之南洋』と題ス、翌年母ヲ奉シテ南海ニ入リ、八丈、鳥島、小笠原島ノ間ニ落魄ス謂フ可シ奇々中ノ奇、常人固ヨリ其奇ニ及ハス、爾後南航ヲ企ツ一再、皆果サス…」と述べ、「南進論者」服部にとり硫黄島訪問が大きな人生上の転機であったと指摘する(10)。

服部徹自身はその『日本之南洋』の中で、まず北硫黄島(同書では「聖亜歴山島」、サンアレサンドロ島)について触れ、上陸はできなかったが「(唯一の山は)恰モ碗ヲ倒ニスルカ如ク海岸多クハ絶壁ノ如ク上陸甚タ困難ナルヘシ」と叙しながらも、「(多々ある樹種中)若シ一ノ良材ニシテ加ルニ此島船舟飲水ノ用アランニハ又決シテ棄ツヘキ島嶼ニアラサルヲ償ス」と肯定的に捉えている。なお興味深いことに後年の東京府資料も北硫黄島については、「（土壌は）よく肥え最も耕作に適し、明治三十一年以来、石野平之丞が之を開墾経営し来たが、最近硫黄島製糖会社の手に移る。農家約三〇戸程ある」と記述している(11)。

次に服部徹は（中）硫黄島（この名前で記、サルファアイランドとも）については「上陸シ親シク島内ヲ探見」したが、「僅々五、六時間ノ滞島ナルヲ以テ十分ノ調査」はできなかったものの、「予輩カ唯此一見ヲ以テセハ或ハ無川ノ廃島ト言ハンモ知ルヘカラスト雖モ陸ニ硫黄ノ産アリ海ニ鯊魚ノ産アリ豈ニ何ソ必シモ廃島トスルヲ得ン宜シク口十分ノ探検ヲ尽スヘキナリ」とその将来性に一定の期待を寄せる所感を記している。

服部の著作『日本之南洋』の重要性は、その書名が端的に示すように、新領土小笠原諸島の南端に位置する硫黄島を中心とする火山列島を、それ以南の南洋につながる「北門ニシテ将来群島ノ交通ヲ開クニ際シテハ極メテ必要ノ停車場ト云フヘシ」と認識していることである。しかもイギリスが「此三島［北・中・南硫黄島］ヲ以テ実ニ望ミナキ不毛ノ痩地」としている今日、「火山群島幸ニシテ所領主ナシ今ニシテ率先此ニ先鞭シ我国旗ヲ翻シ我版図タルヲ表シ［硫黄島領有は『日本之南洋』刊行三年後の一八九一年］進テ尚ホ得隴望蜀ノ希望ヲ達スヘキハ是レ実ニ目今ノ急務タリト云フモ敢テ過言ニアラサルヲ信スルナリ…」と論じるのであった(12)。

服部はこうした「国際認識」をふまえて、その後の自らの「南進」を実践することになる。ただ注目すべきは、その後の服部の行動範囲をみると彼は南洋のみならず朝鮮半島、さらにはシベリアにまで自ら足を延ばし、独自の北進（守）論を提唱していることである。ここではその点の指摘だけにとどめるが（詳細は第三章四を参照）、例えば服部はこう述べる。「余が眼中従来南洋なる一観念あるのみ…於是飄然北に航せは思ひ大に半はに過ぐるものあり…若し南洋策と相対し看ば恐らくは東半球偏東南北の大勢を知るに足らん。」その上で服部は、「亜細亜の絶東に一大警鐘を鳴ら」す存在としてのウラジオストックの重要性を指摘するのであった(13)。

服部徹が横尾東作の推挙で明治丸に乗り込んだように、同じ土佐出身依岡省三（一八六五－一九一一）は逓信大臣榎本武揚の知過を得て同乗することになった[14]。依岡は漁業に従事していた叔父伊太郎を頼って三年後に硫黄島を再訪するが、その間母島に滞在、南崎に牧場を開き和牛や緬羊を飼育していた[15]。これは依岡が硫黄島を再訪するための準備期間であったようで、一八九〇年九月一日付「毎日新聞」によれば「母島南崎の牧畜業依岡省三ら硫黄島開拓を志す人達が、内地で求人し、近く『南洋丸』で品川を出帆」し、硫黄島に向かう予定と報じられた[16]。このように西郷隆盛を敬慕していたといわれる土佐民権論者依岡は終始事業家として「南進」の現場に関わったが、最終的には一九一〇年ボルネオ島サラワク（現東マレーシア）にわたり、ゴム農園経営を志すも翌年風土病のため四五歳で死去した。その事業は「日沙商会」を設立した弟省輔に引き継がれた[17]が、そうした事業家としての依岡省三の出発点が硫黄島であったことを確認しておきたい。

明治丸にはもう一人、八丈島出身で鳥島や南大東島（沖縄県管轄）の開拓で一代で巨富を築いた玉置半右衛門も乗り込んでいた。幕末文久期の小笠原諸島開拓にも八丈移民の一人として関わった大工を本業とする玉置は、かねて着目していた鳥島での途中下船を条件に、硫黄島行き明治丸に乗船を許されていた。玉置についてはすでに何点かの先行研究があるが、開拓者としての精力的な手腕が高く評価される一方、近年の研究ではアホウドリ（信天翁）乱獲に象徴される自然・環境破壊の〝元凶〟視もされる人物である。後者についてはたとえば平岡昭利は、鳥島上陸後、半年で玉置が「棒と袋、さらに網」だけで一〇万羽のアホウドリを撲滅したこと、一九〇二年八月の鳥島噴火で一二五名（一三一名とも、二六八頁参照）の羽毛採集労働者が犠牲になるまでの一五年間に六〇〇万羽、年平均四〇万羽を捕獲し巨利を得たことを批判的な筆致で捉えている[18]。

小笠原諸島にもっとも近接した有人島として八丈島からは、数多くの島民が硫黄島をふくめ同諸島に移り住んでいる。人口過剰で江戸時代後期から「出百姓」の伝統があったこともあり、八丈島民が南海海域の「開拓」で果たした役割は大きなものがある。玉置はまさにその典型であり、今日でも出身地では明治期最大の功労者としての盛名を保持している（八丈町教育委員会編『八丈島誌』一九七三年、二〇三頁）。

(2) 理学士吉田弟彦の硫黄島寄港

二〇世紀初め、硫黄島に寄港する定期船便は少なく、年二回父島経由の日本郵船便があるだけだった。地質学者で農商務省管轄下の肥料鉱物調査所の研究員であった吉田弟彦（佐賀県出身、一九〇〇年東京帝大地質学科卒）は一九〇三年六月、夏季休暇を利用して小笠原諸島を訪問する。乗船したのは横浜・小笠原諸島間の定期船兵庫丸（一四〇〇トン）であったが、同船は毎年六月に硫黄列島に寄港することになっていた。

したがって吉田の訪島は学術的目的をもつものではなく、その記述は断想的ではあるが、それでもそれぞれの訪問地の特徴を若手地質学者らしい目で捉えた記録を残している(19)。横浜出港後の六月五日、兵庫丸は八丈島の神港に寄港、一二時間碇泊の間、吉田は「全島の概要を視察」する。

その後鳥島を遠望し、父島・母島を経由、一一日に南硫黄島に着す。同島は無人島であるが、漂着者が救助を待つことがたびたびあったため（とりわけ一八八九年、北海道、青森県出身の男女三人の漂流者が、四年間の自活生活後救助されたことが大きな話題となった）、兵庫丸は「汽笛を連呼して一周する」ことになっていた。そのため「島の基部の状況」を観察することができた、と吉田は喜ぶ。早朝一時間半ほど同島を望んだ後、北上し昼前硫黄島に着く。その日は波高く「端艇或はカノー船を下し上陸準備をなす」も端艇は着岸できず、カノー船に乗り換えるも「波の為に全身を覆はれ帽子を奪い取られた」りした。それでも乗客一行は「命を取り去らざりし大結構々々と祝し合ひたるも面白し」と安堵するのだった。

同日夕方五時兵庫丸は出帆、翌一二日朝四時北硫黄島へ達する。「本島は［硫黄列島中］尤も人口も多く貨物も沢山なるを以て碇泊時間ありと云ふを以て上陸」し、岩石等を採取した後午後三時出帆、六時間後母島沖港へ、吉田は母島逗留のためここで帰京する一行と別れ下船している。

以上の簡潔な「航海日誌」に続き、吉田は訪問地の概況について報告する。最南の南硫黄島は、「其形は海図の示す所にては円錐形状にして山嶺尖りたるが如しと雖も余が視たるときは雲霧絶へず遂に之を窺ふこと能はずと雖も其基部を視るに四面峻嶮にして安山岩的焦土（？）より成り攀づべくもあらず之に因て該島踏査の栄を得ず」と無念な心中を綴っている。

二日滞在（船中泊）した硫黄島について、吉田は地質学者らしく島の形成史を詳述した後、開拓が始まった直後の同島の自然環境をこう記述する。「該島の気候は最高華氏九十七八度より最低五十一二度にして甘蔗（頭大）綿花（繊維長し）等地味に適し其他林投樹雑木東北部に繁茂し動物にはメジロ鳥、ヲサ鳥、蝙蝠、信天翁［アホウドリ］の棲息するを見たり。」全体的に自然描写が多いが、最後に島民の生活ぶりの一端をこう紹介する。「該島には男子二人女子三人生活し硫黄綿花等の事業に従事す彼らの言によれば冬季は北北西或北風多く夏季は南或は南東及東風を常風とし地震は一年一二回感ずることあり海岸には尚熱湯の湧出する所ありと云ふ」。ここからも吉田の関心の比重が、人間社会そのものよりもそれを取り巻く自然環境に向かっていることがうかがえる。

最後に北硫黄島について吉田は、西面は地勢嶮岨でとても上陸できないが、東北面はやや傾斜した砂浜なので投錨し上陸することは可能だとした後こう続ける。「該島には四五十名の住民あり砂糖栽培に従事す此地樹木繁茂し飲料水も乏しからず。」前述した服部徹らと同様、吉田弟彦も「水問題」のない北硫黄島の開拓可能性を示唆するのであった。

なお兵庫丸は、父島着港前日の六月七日正午鳥島に接近した。吉田は「風雨激しき為に上陸すること能はず遠く甲板より去年惨状の跡を追回するのみ」と記し、前年八月の突然の鳥島大噴火によって犠牲になった住民一三一名を悼んでいる。その大悲劇にもかかわらず、吉田は「現今各所に新設の茅屋散布するあり三十余名の労働者移住し兵庫湾内には塩泉湧出し彼等の娯楽所となりしと云ふ」と開拓熱の高さに驚きの念を表すのだった。

アホウドリ捕獲で財を築いた玉置半右衛門が、鳥島から南大東島へ開拓事業の拠点を移す決定的な契機となったこの大噴火の犠牲者は、大半が羽毛採取や荷役のため八丈島から来た労働者であった。中には二日前に交代人夫として来島したばかりの数十名も含まれていた。彼らの悲惨な最期を悼み翌一九〇三年八月、八丈島には「鳥島罹者招魂碑」が建てられた。その碑文の最後に一幅の漢詩が刻まれ、そこには次のような意味の言葉が書かれている(20)。「霊魂よ帰ってらっしゃい、八丈の山は青々と茂っており、八丈の水はこんこんと流れているよ、これがお前の故里なんだ。」鳥島の惨劇は、多くの八丈島出身者が暮す小笠原諸島にも深刻な衝撃をもたらしたのはいうまでもなかった。

吉田弟彦が上述の文章の中で、鳥島の惨状を思い「追回するのみ」と記したのは理由があった。というのも吉田は、大爆発直後の八月、内務省派遣の兵庫丸に田中館愛橘（物理学）、大森房吉（地震学）ら著名な学者とともに乗り込み、学術的観点から被害状況の調査にあたるという体験をもっていたのだった(21)。余談だが硫黄島旅行の翌年、吉田は肥料鉱物調査所を辞し、日露戦争後には満州（中国東北地方）に渡り、関東州民政署技手、旅順工科大学教授などを歴任した後帰郷し、一九二九年に佐賀県立図書館の第四代館長となっている。服部徹と同じように小笠原諸島（「南進」）から、北方へ関心を移していることも興味深いものがある。

(3) 海軍軍医長三枝恵作の所見記録

開拓初期の硫黄列島についてのもっとも詳細な報告書は、一九一一（明治四四）年五月、海軍測量艦「松江」に乗り組み「約二旬」にわたり測量調査にあたった軍医長三枝恵作の記録である(22)。

三枝は、小笠原諸島といえば人々は「父母ノ二島」を連想するが「其南方雲水森茫タル絶海ニ位スル火山列島ヲ想起スルモノ稀」なので、本務のかたわら硫黄列島での見聞を記録に残したと述べる。総記、歴史ノ概要、地勢並ニ地質ノ概要、島ノ状況に大別して論じているが、その叙述対象の中心は（中）硫黄島である。三枝は専門とする医学面のみならず自然・人文社会その他幅広い関心を寄せているが、その好奇心は次のような言葉にもよく示されている。「其位置既ニ熱帯圏内ニ属シ洋上ニ孤立セル小島ナルヲ以テ天候ヨリ動植物ヲ始メトシ島民ノ生活状態一トシテ吾人ノ意表ニ出テサルハナシ。」

硫黄列島が日本の版図に入るのは一八九一（明治二四）年九月であるが、その二年前の六月に「田中某［栄二郎］硫黄採掘及ヒ漁業ノ目的」で渡航、ついで同年一二月に「小笠原島庁吏員荒井某［義邦］人夫十余名」を連れ来島したのが、「本島経営ノ端緒」であったと三枝は記す。自然環境については、「満目焦土、石路磽确、樹木僅少岩ハ層々段階ヲナシ…」の状態で「故ニ風致索漠何等奇勝ノ趣ヲ添ユルモノナシ」と観察、さらに「新期ノ火山系」に属するため「沿岸一帯瓦斯ヲ噴出」する状態である、と環境のきびしさを記述する。また気象的にも「激浪岩ヲ噛ミ強波舟ヲ翻弄」するなど、上陸の困難さにも言及する。

三枝は、こうした自然環境の中で開拓に従事している人々と面談を重ねる。「糖業経営者タル東某［忠三郎］」もその一人で、彼は糖業のかたわら地熱を利用した製塩に成功し島民に供していると紹介する。硫黄島の糖業は久保田宗三郎らの手でようやく端緒についたばかりの時期であるが、それ以前の彼は硫黄採鉱を主としていたこと、しかし硫黄価格の低落で利益減のため今は撤退しているなど主力産業が変化の過程にあることを目撃する。なお東忠三郎は、後述するが一九〇六年三月、自宅を仮校舎とする「寺子屋的小学校」を私費で開設、後の大正尋常小学校の前身となっている。三枝訪島時の生徒数は三七名に達し、島民は「良師ヲ渇望シ」ていることが紹介される。

三枝が訪島した当時は、久保田や東ら小資本をもつ東京からの事業家や彼らの使用人らを中心に硫黄島の住民社会が徐々に形成されつつあった時期である。そうした中で三枝は、「島庁嘱託ノ名ヲ以テ島治ヲ遂行」していた「久保田某ノ番頭」坂尾某ら島の主だった人たちからの聞き取りを行い、「部落並ニ戸口」についても貴重なデータを紹介している。それによれば同年一九一一年五月一〇日現在、戸数総計五〇戸、人口二一五名(男一一〇名、女一〇五名)、集落は南、東、元山、北、パイプ山麓、海岸、東開墾地の七つを数え、その内人口の多い順に見ると海岸六二人、東組五七人、南組四四人、元山三八人となっている。

総人口の原籍地については、東京府(伊豆七島他)が一九〇名(全体の約八八%)と圧倒的に多く、茨城、千葉両県の各六名がこれに続く(この一府二県で九四%)。新規開拓地であるにもかかわらず、領有二〇年の時点で男女比がほぼ拮抗し、家族を単位とする島社会が形成されつつあったことがうかがわれる。

衛生面は三枝が「最モ聴カント欲セシ事項」であっただけに、三頁にわたり詳細な所見が述べられる。医師不在のため「二百有余ノ島民ハ辛クモ売薬ヲ以テ痛苦ヲ医シ傷疾ヲ療スルノ他ニ何等救治ノ途ナク徒ニ病ノ侵スカマヽニ任ス」状況に、医師として三枝はやるせない思いを印すのであった。

ただ硫黄島には「害虫毒蛇ノ棲息」なくマラリアや「流行病ノ襲来」もないことを特記しつつ三枝は、当地にもっとも多い病として輪癬、ついでトラホーム等の眼病をあげる。内科的疾病で多いのは胃腸病であるが、三枝はその主因を「常食ニ甘蔗」という食生活に求める。ついで「炎帝赫々」たる射熱を受けての頭痛等の神経症をあげる。このように細部にわたる医事的観察を行う一方、三枝は「一日地方の乞ヒニ」応じ「親シク診察」したり患者らと面談を重ねた結果、「三十余ノ患者ハ文明ノ医治ニ接シ欣然トシテ去レリ」と軽やかな筆致で綴るのだった。

その上で三枝は、「日常ノ衛生事務ハ世話掛、巡査ノ司掌ニ任シ」ている状況を嘆きつつ、こう提言する。「南海ノ絶東ニ百有余ノ島民ヲ有スル此地ニシテ一人ノ医師ナシ宜シク速ニ相当ノ医師ヲ送リ島民ヲシテ其堵ニ安セシムルノ要アリト信ス」（その一一年後の一九二三年、初めての医師斎藤保太郎着任）。

さらに三枝恵作は、硫黄島の動植物、島民の風俗習慣、日常生活、交通・通信等幅広い分野につき自らの所見を披露している。その中で記された産業構造との関係で、職業分布のデータを紹介しておきたい。五〇戸中二戸の官公吏を除く状況は以下のとおりである（表1）。

こうした具体的データを紹介しつつ三枝は、近年では「農業中甘蔗ハ其利多キヲ以テ年々耕地ヲ増加スルニ反シ綿作ハ次第ニ其耕地ヲ甘蔗ニ侵奪セラレ漸次出産額ヲ減スル状ナリ」と、硫黄島の基幹産業が最初期の硫黄採掘から綿作、そして糖業へと推移している状況を的確に把握している。とくに東

表1　硫黄島の産業構造（1910年前後）

主産業	戸数	兼業別	戸数
糖業	26	大工職兼農業	1
綿業	10	桶職兼農業	1
糖業兼綿業	7	鍛冶職兼農業	1
雑業日雇	4	木挽職兼農業	1
剥製業	1		
計	48		4

出所：（注22）論文、272頁

忠三郎や久保田宗三郎ら一定の資金を有する経営者はその傾向を強め、たとえば東組は「綿作ナリシカ今ハ甘蔗ノ栽培ヲ専ラニス…久保田某は小作地全部ニ甘蔗ヲ栽培シ」とその様子を描写している。

硫黄島での農地開墾は明治三七（一九〇四）年頃から着手されたが、三枝は調査時点における地主の開墾状況についても次のようなデータを残している（表2）。彼ら地主たちは農地を糖業用地として小作人に貸し出す形となる。

なお、硫黄列島の周辺は水産資源が豊富な海域として知られるが、専業漁業者が先の統計にも出ないのは、「海産物ノ如キハ捕業スルモ販路ナキヲ以テ需要以外ニ敢テ漁セスト云フ」と三枝が記すように、当時は自家消費のため漁業という性格が強かったためと思われる。

四一頁に及ぶ三枝の詳細な報告書は、（中）硫黄島が中心であるが、南北の硫黄島についてもそれぞれ二頁、四頁が費やされている。「四面峻嶮ニシテ攀ツヘカラス…敢テ高シト云フニアラサルモ中腹常ニ雲霧ヲ帯」びる南硫黄島については、三枝はこう誌す。「船舟ノ錨泊ニ適セス生水ノ湧出、食菜ノ生育ナシ北中二島ノ来テ耕スモノアルニ反シ本島ハ尚ホ無人ノ境ナリ。」この無人状態は、以後も変わることはなく今日に至っている。

他方、北硫黄島は南北側は「峻嶮ナル絶壁」をなすものの、東西二面は傾斜も緩やかで、各々寒村が存在し、「住民ハ甘蔗ノ栽培製造ヲ主トシ野菜類ノ農耕に従

表2　硫黄島の開墾状況

地　主	認可坪数（約）	内成墾坪数
生産組合	2万9000	2万2000
東忠三郎	3万5000	2万8700
久保田宗十［三］郎	50万	14万2500
大沼源十郎	3万	1万2000
坂尾着太郎	1万4900	1万

出所：（注22）論文、273頁

事」していると記述し、現在は戸数四四戸、人口一八一人（男九五人、女八六人）であるが、島の状況からみて今後著しい増加は見込めないだろうと展望している。産物については、土壌が甘藷栽培に適していることから「糧食ハ甘蔗ヲ主トシ米麦ヲ副」としていること、「飲料水ハ井ヲ堀リテ飲用ニ供シ水質佳良ナリ」と居住地は限られているが生活環境は比較的恵まれていることを示唆している。そして最後に硫黄島と比較し、北硫黄島住民は「情濃カニシテ閑雅質朴ナリ」と好意的な所見を綴るのであった。

(4) 一九一二年「小寺廉吉日記」

一九一二年、明治から大正へと元号が変わった（七月三〇日）直後、地質学・地理学者石井陟治を団長とする学術調査団が硫黄列島を訪れた。東京地学協会のメンバー七二名からなる大規模な調査団であった。その中には当時東京高等商業学校（現一橋大学）在学中の一九歳の小寺廉吉も、最年少調査員として参加を許されていた。彼の兄謙吉は、当時兵庫県選出の衆議院議員（戦後神戸市長等歴任）であり、多くの著作をもつ政論家としても知られていた（早稲田大学中央図書館所蔵「小寺文庫」参照）。

同年八月二〇日、調査団一行は硫黄島に到着するが、東京府に属しながらも島民が明治天皇逝去も大正改元も知らなかったことに、小寺はまず一驚する。ついで上陸直後の彼を圧倒したのは真夏の硫黄島の炎熱であった。「地面から上る異様な蒸し暑さと硫黄の臭が、ボクの身体中を包む」、「身体が疲労や、直射する太陽の熱や、自分を取り巻く空気の熱気や地熱で、蒸されて、身体中の力がぬけていくようだ」と小寺は日記に記した[23]。

小寺ら一行中の若手メンバー一二名は、上陸地点の西海岸から二〇〇メートルほど入った陸地に建てられた小学校を宿舎とした。前述したように、この小学校は、硫黄島の初期開拓者の一人久保田宗三郎の仲間であった東忠三郎が、一九〇六年に建てた私設小学校であった。そして小寺らが訪島した翌一九一三年六月に、大正尋常小学校へと発展的に改組される。小寺らが寝起きしたのは、校舎といっても屋根も東西南の囲いもビローの葉で作られたごく簡素なものであった。「小寺日記」には情感豊かな青年が感じた硫黄島の初期開拓者の暮らし向きや屈折した心情が、きめ細やかな筆致で描かれ、貴重な情報を提供してくれる。その二三について、断片的であるが紹介しておこう。

調査をかねて島内各地を精力的に踏査し島民と親しく往来した小寺は、パイナップルやスイカを勧められたある農家の主婦の声をこう書き留める。「内地の人なんかは珍らしくて、年に二度の汽船が入っている間は、胸がどきどきして、内地の人の顔を見れば嬉しくて涙がこぼれます。」

当時の硫黄島は少しずつ定住人口が増えつつあったが、その開拓住民の指導者格であった久保田宗三郎の名を小寺もしばしば耳にすることになる。「神田の柳原で羅紗商をしている人で、この島ではもっとも大きく事業をやっている人」と久保田を評する小寺は、島の中心地区北部元山近くの森の中のある開拓農家で聞いた久保田の存在をこう記録する。「米や醤油は、久保田さんの方から呉れるし、砂糖をしぼるのは、また久保田の機械でやる。自分の住む家は、めいめい自分で建てる。」

硫黄採掘から綿花栽培（その後は糖業）へと事業の重点を移していた当時の久保田と島民の間の経済的、心理的関係が垣間見える採話である。この両者の関係は本質的には階級性をはらんだものであるが、ムラ以前の小さな社会にあっては権力性を前提としたある種のパトロン・クライエント関係が機能していたものと思われる。小寺は「爺さん、中おぢいさん」から「小さい子」もいるこの開拓農家でくつろいだひと時を過ごすが、自分と同じ一八、九歳の「よくしゃべる、あどけないやわらかな声」の娘に接し「南国的な気分」にほのかなやすらぎを覚えるのだった。

この学術調査団は硫黄島の地理・地質を中心とする最初の本格的な自然系調査団であったが、それだけに久保田、東ら島の有力者だけでなく青年会や在郷軍人会が積極的に滞在中の一行の世話係をつとめた。帰京を前に一夕、小寺ら若手メンバーは青年会と懇親会を開く。アルコールも入り青年たちからはホンネも出るが、その一人の嘆息を小寺はこう書き留めた。「私なんかは、雑誌や新聞の誇張された記事に謬まらされて、島に来た者です。一攫千金の夢みて来たけれども、けっしてそんなわけにはいかない。」彼より年長の青年と思われるが、一九歳の小寺は、こうした「内なる声」に耳傾ける文学的センスを持ち合わせていたことが興味深くうかがえる。そしてこの懇親会の散会にあたり、一同は青年会の会歌を、当時全国の知識青年たちの間で愛唱されていた第一高等学校の「春ランマン」の節回しで声を張り上げて歌った。その青年会歌の歌詞は「我々は世人に知られない大洋の孤島で、国家のため、社会のために奮闘し、努力している」との主旨をこめたものであった。合唱の輪に加わりながらも、小寺廉吉は先の一青年の自嘲的に吐露した言葉を反すうしつつ、「震るえた声を張り上げて、一同の顔には一種の寂しい悲哀の表情」がよぎるのを見逃さなかった。

⑸山田毅一著『南進策と小笠原諸島』

第一次世界大戦さなかの一九一六年六月一九日、「時事新報」記者・「国民新聞」社友山田毅一は、小笠原諸島に向け横浜を出港した。徳富蘇峰の薫陶を受けた山田の意図は、書題が明示するように南進国策にとって小笠原諸島がいかに重要かを喧伝することにあった。

そのこととも関連し、山田の関心は訪れた土地の人々や社会の紹介よりも、地政学的な時論の展開に置かれていた。島民社会についての言及も散見するが、たとえば「唯酒色に耽溺する者少なからざるは頗る遺憾なり、然しながら、孰れの新開地に於いても斯くの如き風習あるは、境遇上亦已むを得ざるところなりとす」といった表面的なものが多い(24)。山田は北硫黄島にも上陸しているが、石野村三〇戸、西村十数戸、八丈島出身者多く新潟や静岡、福島からも移住者があったという程度であり、前述の論者たちが指摘した発展可能性等の問題については言及がない。ただ山田も後述の近藤春夫その他の硫黄島訪問者と同じく、八丈島出身者を「恰も、隣家に引越すが如き心地」をもつ「移住適性人」と形容し一目置いて見ている。

山田毅一の小笠原諸島視察は、日本海軍が赤道以北の独領南洋群島を占領した直後のことであり、また大正期「南進」論が高まりをみせていた時期でもあり、そうした時代の空気を反映したものであった。山田の次の議論は、その代表的なものである(五六-五七頁)。「約言すれば、小笠原諸島は南の太平洋の海面に蜿延し、帝国の南進に取りて、自然的ステップ・ストンたるもの、南方経略を策するに当り此群島に重きを置かずして可ならんや。」

ヨーロッパを中心にまだ第一次世界大戦のさ中であっただけに、山田の議論には戦争がらみの発言が多い。たとえば小笠原諸島の地政学的な重要性は、「東西の洋面に突出して、自然的尖堡を形成す。帝国国防の枢地を此群島に置かんには、東西南方よりする敵国の艦隊は左右なく、我本島の沿岸を窺ふ能はざらん」、あるいは「戦時に際し、艦隊の根拠地として、軍需品を供給し、炭水糧食を貯蔵するに、屈強の地たるは疑を容れず」と強調される。それは同時に、この地が敵側の手中に落ちた際のリスクの大きさとして認識されるのだった。「万一此群島が敵国海軍の占拠する所となりたりと仮想せよ…彼れは之を根拠として、我領海に出没し、其好む所の時期に於て、主力艦隊の決戦をなすの便を得んとす。」この言説は、それから二九年後にまさに現実化したという意味において、山田の予言は皮肉にも正鵠を射たものとなった。

紀行記というより政論の書であるこの山田著作には、徳富蘇峰に加え時の東京府知事井上友一、小笠原諸島の島司高崎襄が序を寄せている。南洋群島を事実上領有したことを背景に「南進」における小笠原諸島の役割に注目が集まっていたが、その間の空気を「序」の中から抽出しておこう。まず山田の師蘇峰は、「山田君は新聞記者也。新聞記者の特色は、角を見て牛を知るにあり、烟を見て火をトするにあり」と持ち上げた後、文明史的観点からこう大言する。「東亜大陸に、大帝国を建設せんとする北進論も、多島海の内外に故郷を発見せんとする南進論も、要するに吾人が祖先の偉業を恢宏する所以たらすんはあらす。歴史は繰り返す、然り今や実に繰り返されつつあるなり。」

法学博士の肩書をもつ府知事井上友一は、領有後丸四〇年、「皇室の優渥なる思召と、中央政府の保護奨励」によって小笠原諸島は「今日の盛況」を手に入れたというものの、「開発は前途猶有望にして且つ遼遠なり」としつつ、南洋群島が「我が占領地」となったことで「小笠原諸島は内地と南洋との連鎖として軍事上枢要の地となれり」と強調する。これに応じる形で島司高崎襄も、「南洋に対する帝国の関門は、小笠原島を以て之に充てざるべからず」と提起する。その一方、現場を司る長として高崎は、現状は「絶海の孤島、廃所の月を観るが如き状況」であるとし、何よりも運輸交通の整備拡充が必要だと強調する。そしてその意味でも山田毅一の来島は、この地を「内地」に紹介する上でもありがたいことだ、とエールを送るのであった。なお高崎は序の冒頭、次のような警句をしたためている。「人は謂ふ、東京府に南洋ありと、是を質せば小笠原諸島なり。」

(6) 特派記者が見た硫黄島

大型学術調査団の硫黄島訪問から五年後の一九一七年六月、大正天皇の名代として日根野要吉郎侍従が「聖旨伝達」のため小笠原諸島を訪問した。それには東京府から内務部長東園基光らも従っていた。また一四名の一行中には主要四新聞（「報知新聞」「東京日日新聞」「東京朝日新聞」そして「萬朝報」）の特派記者四名もふくまれていた。

明治以降、中央政府主導の国民統合を進める上で、天皇や皇族が各地方を巡遊することは統治上の有効な手段とされてきた。しかしながら、台湾・朝鮮をはじめ外地（植民地）への天皇巡察の行事＝「行幸」は、治安上の理由もあって一度も実施されることがなかった。皇太子による「行啓」に関しては、関東大震災直前の一九二三年四月の台湾、二五年八月の樺太への二回のみが記録されている。皇太子（後の昭和天皇）の台湾行啓は十分な準備と周到なスケジュールの下に実施されたが、それを克明に跡付けた若林正丈は、巡遊は「統治権の所在・道徳の儀表たる天皇や皇族を人民に見せ、同時に人民を天皇のまなざしにさらして規律・訓練していくという機先を盛り込んだもの」と指摘する(25)。そして、「天皇の来訪により、その地が、共同体の価値の源泉たる唯一の〈中央〉によって認知され、その〈中央〉に感応する〈地方〉としての地位を再授認された、と揚言されることとなる」と「行幸」あるいは「行啓」の果たす象徴的意味合いを指摘する。

硫黄列島を含む小笠原諸島は、もちろん広義の「内地」であり帝国日本の植民地ではない。行政的には東京府の管轄下におかれた一島嶼である。しかしながら、当時の日本の政治風土の中で明治天皇逝去を百日以上も知るところでなかったことからくる孤立感や疎外感は、きわめて深いものであった。そうした状況下にあっては、たとえ皇族ではなく侍従であっても、その来島の目的が「聖旨伝達」である以上、十分な「行幸」代替機能を果たすものであった。その点が認識されていたが故に、「聖旨伝達」という役割を付与された侍従の派遣は、一八八三（明治一六）年八月の西四辻公業侍従の小笠原諸島訪問（硫黄列島はまだ正式領有以前）以来、繰り返されることになった。

この一八八三年の最初の侍従派遣は、東京府小笠原出張所に務める日本人官吏、そして開拓初期を担っていた一般日本人に対する慰撫激励が主たる目的であった。しかしながら、興味深いことは、この訪問の前年一八八二年までに、小笠原諸島の「先住者」ともいうべき欧米系・カナカ系住民の全員が日本国籍への帰化選択を終えていたことである。その選択が自発的なものであったかあるいは迫られたものであったかは措くとして、彼ら「帰化人」は少なくとも形式的には日本人として帝国の統合システムの中に組み込まれることになった。そして爾後ほぼ隔年的に繰り返される侍従来島において、「帰化人部落」視察、「帰化人」有力者との会見が必ず日程の中に組み込まれることになった。彼ら「新日本人」を「天皇の赤子」として位置づけ、日本に対する忠誠心をつなぎとめるために、それは不可欠かつ有効な方法とみなされたのであった。

日根野侍従一行の巡遊は、一九一七（大正六）年六月一二日から七月一一日まで約三週間をかけ、八丈島、小笠原諸島、硫黄列島を巡るものであった。折しも第一次世界大戦のさ中、日本海軍が赤道以北のドイツ領南洋群島を占領した直後であり、この海域は国際的にもホットな視線を集めていた。それだけに有力紙の取材も力が入ったものと思われる。以下ではこの侍従巡遊に同行した新聞関係者の著述を二点取り上げ、その特徴を検討しておきたい。

「萬朝報」一九一七年七月二日～一二日

同紙は伊藤姓の記者を侍従一行に同行させ、三週間にわたり「南海諸島を巡視して」と題した連載記事が紙面をにぎわした。記者は、天皇名代としての侍従の「南洋諸島」訪問は、明治一六（一八八三）年以来ほぼ隔年でなされてきたことに触れ、「斯くの如き恩遇は他に類例のないことである」と讃える。日根野自身は侍従として実に八回目の小笠原諸島訪問であったが、こう所感を語っている（七月二日付）。「私が最初に御使いしたのは既う廿余年前、船運も不便だつたし、島には殆ど道路も出来て居なかつた。風習は今もあまり変わらぬが、家屋は檳榔樹葉で三方を囲つた見窄らしい掘立小屋であつた。」

侍従一行は六月一六日に父島二見港着、高崎島司らが出迎え、「帰化人の子」もふくめ生徒全員が埠頭で「君が代」を斉唱し一行を迎える。埠頭からすぐに島庁へ向かった後大村尋常小学校に回り、そこで「聖旨伝達」式を行う。この主任務を終えた後、侍従一行は奥村地区にある「帰化人部落」(「帰化人」は父島には六一人、母島には一人)や瀧浦地区の糸満漁民の漁撈を見学する。この「琉球人部落」について、記者はこう報じている(七月一六日付)。

「彼らは郷里の海にあきたらず、伊豆七島を漁てみたが、思わしくなく去年春、小笠原に好適の漁場を探し当て、此地を根拠に定めたのだと云う。」日根野は母島・沖小学校でも伝達式を終えた後、硫黄島へ向かう記者団ら一行と別れ静養のため同島に滞まった。

「萬朝報」伊藤記者は硫黄島上陸後、父島・母島以外では「水の問題」が深刻であると指摘するものの、三〇年前硫黄島視察を行った高崎五六府知事らが「水が無いから人は住めない」と断言したことを批判し、「十余年前久保田[宗三郎]氏が島の経営に当つてから、今日移住者一五〇戸七〇〇余人、各戸に天水槽、富裕な生活」が実現していると硫黄島=定住不可能説に反論を加えていることは興味深い(七月一七日付)。

「萬朝報」の連載最終回の七月二一日付紙面は、硫黄島「開拓」の功労者として評価する久保田宗三郎の談話を引きつつ、次のような「開拓の勧め」を強調する。前述の「小寺廉吉日記」に登場する「挫折した青年」との対比が印象的である。「(甘蔗労働を志す人ならば)生優しくない労働と苦熱とに耐へ得る覚悟なら、行つて日稼き人となり、小作人となり、即地主ともなれ。成功は御身達の根気にある。」

ここには、父島や母島と比べ劣悪視されてきた硫黄島の居住環境の中で、開拓者や入植者の創意工夫により「楽園」に変えることが可能だとの一種の進歩史観が示されている。さらに隔年の侍従訪問に象徴される皇室の「民草への恩寵」こそが、それを可能にしているのだとのメッセージが暗黙裡に前提とされている。

近藤春夫著『小笠原及八丈島記』

「東京朝日新聞」記者近藤春夫は、日根野侍従一行に同行取材した四人の記者の一人である。帰京直後に刊行した自著の冒頭、小笠原諸島領有当時を振り返りつつ近藤は、「英狼米虎」が「肉を争つた」結果、小笠原諸島が日本の領土になった明治初期の経緯に触れ、「当然我有に帰すべきではあれ思へば危かりし事なる哉」と指摘する。そして、この新領土に天皇が侍従を遣わすということは、「畏くも太平洋上の真只中に浮いて居る小笠原島及び八丈島の住民等に対して之を慰藉し鼓舞奨励して島の発展を計らせ給ふ」のが主旨であると、侍従派遣の意義を代弁する(26)。

硫黄島については、『萬朝報』の伊藤記者と同様、近藤もかつて高崎府知事一行が来島した際「地表を流る、水の一滴だもないものと見、此島は人を送つても之を開発することが出来ない」と断定したことを大きな誤りだったと難じる。その一方、死活的な「水問題」に対して開拓者たちは「天水をとる操置」を工夫考案し、日常生活を平穏に送っていることを賞賛する。侍従一行の間では、明治二〇年の知事訪問団は先見性を欠くものだったとの認識が広く共有されていたかの感がある。

近藤春夫は、こうした硫黄島の開拓史においては八丈島出身者の貢献が多大だとし、出稼ぎ労働や移住者として他郷に出ることを苦にしない八丈島民を「理想的植民人」として高く評価する。同時に近藤は、最初の寄港地八丈島で「人情風俗が余りに現代離れ」しているとの印象を抱いたので、それよりはるか南に位置する小笠原諸島は「更に現代離れ」した島かと想像したが、実際は逆であたかも「丁度東北地方を旅行した眼で北海道を見ると同様の感」をいだいたと感想を綴るのだった。

父島においてこそ「北海道」的なモダニティを見出した近藤であったが（ちなみに北海道開拓史設置は一八七一年、内務省小笠原諸島出張所開設は一八七六年）、硫黄島では「上からは烙られ下からは蒸される…強烈な暑さ」と硫黄臭にはいささか辟易したようであった。それでも「之だけ平坦な島ならば屹度馬鹿にはできないものがあるに相違ないと云ふ観念を抱かしむるものであつた」と歯切れの良さは欠けるものの、硫黄島発展の可能性についての展望を印すのだった。

4　島社会の形成

(1)人口推移と初期「開拓者」

前節では、一九世紀末から一九一〇年代にかけての開拓初期に硫黄島を訪ねた人たちの記録を通観しつつ、外部者の眼に映った同島の状況の一端を素描した。これらの観察所見からも、「水問題」の深刻さ故に「開拓」の可能性に否定的であった高崎東京府知事らの見通しに反し、次第に新フロンティアとして島外からの入植が進んでいった過程がうかがわれる。次表は小笠原島庁の嘱託として父島を中心に島情調査にあたった山方石之助の著作で紹介された一九〇三年までの硫黄島の人口推移、およびその後の五年ごとの人口数を示したものである。

山方はその「序」において、小笠原諸島は「南海上の一孤島」にすぎず、「本邦版図の拡大を増損」するものではないが、「平和の日は通航貿易の発展を図るべく一旦国家事有るに際せば一角の新版籍亦以て百雉の金湯に

表３　硫黄島の人口推移（人）

	硫黄島	北硫黄島	硫列島　計	小笠原諸島全体
	男　女　（計）	男　女　（計）		
1895	6　0　（16）		16	4018
1896	19　3　（22）		22	4299
1897	19　3　（22）		22	4260
1898	17　0　（17）		17	4272
1899	24　2　（26）		26	5429
1900	26　4　（30）		30	5550
1901	23　5　（28）	59　52　（101）	129	4693
1902	17　0　（17）	26　20　（ 46）	63	3837
1903	18　3　（21）	79　65　（144）	165	4207
1905	24　19　（43）	92　87　（179）	222	3899
1910	127　119　（ 246）	93　76　（169）	415	4521
1915	353　326　（ 679）	110　102　（212）	891	5261
1920	537　446　（ 983）	99　80　（179）	1162	5818
1925	627　517　（1144）	36　39　（ 75）	1219	5780
1930	548　480　（1028）	69　55　（124）	1152	5742
1935	566　499　（1065）	48　44　（ 92）	1157	7361
1940	563　488　（1051）	53　50　（103）	1154	7462
1944	629　535　（1164）	98　42　（ 90）	1254	7711

出所：1895～1903年　山方石之助『小笠原島誌』1906年
1905～1944年　㈶都市調査会『硫黄島関係既存資料等収集・整理調査報告書』1982年
小笠原諸島全体のデータ：
東京府『小笠原島総覧』1929年
東京都『小笠原諸島に関する統計資料』1969年
（公財）小笠原協会『小笠原協会50年史』2016年

匹することを得んか」とその地政学的重要性に言及するのだった(27)。

上記表3からうかがえる硫黄島の人口動態の主な特徴をみておきたい。同島「開拓」の第一歩は硫黄採掘であったことと関連するが、最初期約一〇年間の男女比率をみると圧倒的に男優位の社会である。また二〇世紀に入り硫黄採掘量が減少する一方、それに代わる砂糖への移行が始まる前に一時的な人口減があったことも指摘されよう。

前述の紀行記録の中でも指摘されたが、当初は硫黄島以上に北硫黄島が開拓地として有望視されていた。人口面においても二〇世紀初頭においては、北硫黄島の人口が硫黄島を大幅に上回っていること、またそこでは男女比が近似していることも注目される。それは北硫黄島の開拓が、当初から農業主体であったことに起因する。ちなみに一九一〇年代以降は砂糖を中心とする農業開発の進展により、硫黄島の人口が北硫黄島を凌駕することになる。とりわけ大正末・昭和初期（一九二五年）をみると、一一四四名対七五名と約一五倍の差がみられる。この状態が、両島からの強制疎開が命じられる一九四四年まで一貫して続くことになる。

硫黄島の人口推移をみると、一九二五年に初めて一千名を越えるが、それ以降は大幅な増減はなく一定規模の社会が形成、維持されていたことがうかがわれる。そのことをふまえて「強制疎開」直前（一九四四年四月）の就業構造をみると、総人口一二五四人中（含北硫黄島の九〇人）六一五名が農業従事者（四九％）、ついで漁業九二人（七・三％）が上位を占め、一般官公吏六七人（五・三％）、一般事務員六四人（五・一％）がそれに続く(28)。なお北硫黄島にはいないが、「一般労務者」に分類される人が硫黄島では二九二人（二三・三％）にも達している。これは第四節で論じる戦時体制下の硫黄島において各種防衛施設の工事現場に動員された人たちであり、八丈島を中心に島外から徴傭された男子労働者が中心であった。

一九一〇年代以降の硫黄島人口のもっとも重要な変化は、女性人口の急激な増加である。これは一攫千金的な要素をもつ力だのみの硫黄採掘から、砂糖を中心に薬用植物や蔬菜の栽培など農業人口の増加と定住化が進んだことを意味する。このような社会・経済の変容を背景に、一九一四年三月には硫黄島に役場が設置され、世話掛がおかれる。こうして元山に設けられた役場を中心に学校や官公庁の出先機関、商店等がならび集落らしさが感じられるようになる。

この役場やその長たる世話掛は、父島や母島では一八九一年に島庁令第一号「小笠原島世話掛設置概則」によってすでに施行されていたが、それに四半世紀遅れて硫黄島にも適用されたものである（一九四〇年になり「普通町村制」への移行で村制が導入）。「村長」に相当する初代世話係には、島司の任命によって島庁第一課長の尾崎登代太が任命された。尾崎は「父島区域裁判所勤務の監督書記」(29)の経歴をもち、一八九九年六月以来小笠原諸島に関わっていた。世話係を補佐する助役・収入役には久保田宗三郎の部下であった島民の青木千蔵が任命された。住民の直接選挙による「首長」選出ではないこと、地元の最有力企業の幹部が行政ナンバー2に就いたこと等が示すように、硫黄島住民の主体性にもとづく自治とはいい難かったが、それでも硫黄島近現代史における一つの分水嶺であった（島庁直轄地北硫黄島では島民代表として石野平之丞が任命）。

なお助役・収入役の青木千蔵は、一九一〇年久保田に命じられ硫黄島でサトウキビを試作、その後久保田拓殖合資会社役員を経て一九二二年、その継承企業である硫黄島産業株式会社の常務となった事業家である（一九四〇年離島）。世話掛尾崎登代太が翌一九一五年に父島に戻ると青木は世話掛代行、さらに一九二四年には世話掛に任じられた(30)。

第一節でも概観したように、硫黄島「開拓」は、島名の元となる硫黄の採掘から始まった。しかしながら二〇世紀に入りその採掘が頭打ちになると、事業の中心人物久保田宗三郎は、次第に砂糖を主とする農業に重点を移すようになる。東京神田の洋服布地商久保田は、こうして未開拓の原野開墾に着目する。そのための労働力を父島・母島から移住誘致するとともに、東京府当局から予約開墾の許可を得て帆船「鏡丸」で茨城県から農業労働者六人を移住させた。こうした採掘から農業への産業構造の変化が、一九一〇年代以降の人口急増の背景にあった。この転換期の硫黄島開発の担い手となった久保田、その補佐役で助役も兼ねた青木千蔵らは、事実上行政と事業を一体化させつつ島民に「君臨」する形となった。そして一九一二年には久保田拓殖合資会社を発足させ、農業経営を展開する一方、食品や雑貨の委託販売をもほぼ独占的に事業化する。一九一二年夏硫黄島を訪問した前述の小寺廉吉の「日記」の中でも、前述のように久保田は「この島ではもっとも大きく事業をやっていた人」としてその名が登場する。

久保田拓殖合資会社は一九二〇年三月、買収されて個人名を冠した合資会社から硫黄島拓殖製糖株式会社へと社名を変更し（資本金三百万円）、甘藷栽培、砂糖製造を中心に販売、地熱製塩、漁業、牧畜、開墾、さらには生産物売買と多角的な事業拡大に着手する。硫黄島最大のこの「独占企業」の取締役には、堤徳蔵、久保田、青木ら六名が、監査役に東忠三郎他一名が名を連ねた(31)。会社の首脳陣の多くは、東京の砂糖問屋経営者であった。会社設立の一九二〇年の硫黄島の人口は九八三人であったが、事業対象の広がりもあって、大多数の島民が会社と何らかの形で関係をもっていた。その間の状況は、「小寺廉吉日記」に紹介された一農家の「久保田さん」についての談話からも明確に浮かび上がってくる。会社の主力産品である砂糖は一九二七年の国際的な糖価暴落で大損を出したが、その後「熱帯薬用植物ノ栽培ニ着眼」、一九三六年には「脱製糖」をはかるべく社名を硫黄島産業株式会社と三度変更し、時代の流れに乗る態勢を整えた。

なお一九二〇年の硫黄島拓殖製糖株式会社の発足とほぼ同時期の一九二二年一〇月、全島をカバーする形で硫黄島農業組合が元山に発足した。農家はほとんどが小作人で、かつその大部分は会社と小作関係を結んでいた。表4は昭和一四（一九三九）年に東京府小笠原支庁の調べにもとづくデータであるが、父島・母島に比較し、硫黄島における小作地割合の際立った高さがうかがえる。そして小作農は、農作業の合間に会社所有の各種工場や倉庫等で農業以外の労働に従事し収入を得るのが一般的なパターンであった。

このような支配従属関係をもつ硫黄島の社会を、石原俊は「拓殖資本が支配するプランテーション型社会」と規定する。同時に石原は、小作人は「地主側からの収奪を受けやすい立場」にあったが、「採集・農業・畜産・漁業を組み合わせた自律的な生産活動によって、自給用の食料を獲得でき」たため「飢えや生存困難な世帯が存在したという記録はあまり見られない」と硫黄島の社会経済的な特異性を指摘する(32)。端的にいうならば、硫黄島における階級性は〝鉄の規律〟による固い支配というよりも、パトロン＝クライエント型の〝ソフトな支配〟として解することが、より当時の実態に近かったといえよう。

⑵学校制度の変遷

硫黄島における定住者人口の増加にともない、学齢期に達した児童の教育問題への関心が高まるのは自然のなりゆきであった。同島の男女別人口比をみると一九〇〇年では男二六人にたいして女四人と圧倒的に男社会であったが、世話掛・役場が設置された翌年一九一五年には三五三人対三二六人とほぼ拮抗した数字になっている（表3

表4　耕地別利用面積　［昭和14年東京府］（面積単位：アール）

	自作	%	小作	%	合計	%
父　島	3,508	21.7	12,684	78.3	16,192	100
母　島	16,321	39.3	25,191	60.7	41,513	100
硫黄島	1,090	3.7	28,501	96.3	29,591	100

出所：『小笠原　特集第59号』2014年所収の「資料8：小笠原諸島の農業について―青野正男氏の所見概要」72頁より

参照）。こうした家族構成の変化も、教育充実を切実に求める島民世論の背景にあった。

前述したように硫黄島では初期開拓者の一人東忠三郎が、一九〇六年に私設の小学校を建て父島から藤井亨を教師として雇い入れていた。そして役場が設置される前年の一九一三年（大正二）年六月に、大正尋常小学校が元山の山林を切り開いた地に建てられた仮校舎で開校した（四月に府知事認可）。五〇〇坪の敷地に七〇坪の校舎というこじんまりとした学校であったが、島民にとっては長年待ちわびた公立小学校であった。初代校長として武蔵野第一小学校から菊本円乗が赴任した(33)。

小笠原諸島全体でみると、一八七八年設立の父島の扇浦小学校、八五年の大村小学校、八六年の母島・沖村小学校、九七年の北村小学校に続くものであった(34)。なお大正尋常小学校に先立ち北硫黄島では、前述のように一九〇四年七月に村立石野村尋常小学校が設置されていた（同島の前年人口一四四人）。同年七月一五日付の島司阿利孝太郎から府知事宛ての「申請書」には、「北硫黄島ハ近来拓殖者著シク進歩スルト共ニ移民ハ益増加シ現在学齢児童ノ数ハ貮拾七人ニ達シ尚漸次増加スルノ傾アルヲ以テ」と記されており、二〇世紀初頭における北硫黄島の開拓への期待のほどが、ここからもうかがえる(35)。

大正尋常小学校は創設翌年の一九一四年、「設備甚ダ不完全ナルノミナラス生徒劇増ノ結果収容能ハサル」ため島の寄り合いで新築が議決され、六月六日付で阿利島司から知事あて要望書が出され、すぐ認可された。「校舎及便所新築並貯水所新設」に要する経費は五四三五円と見積もられ、借入金三七六八円、戸別割一六六七円と決められた。作成された戸別割の「新築費賦課表」によると、生徒を持つ全一一三戸が経済状況によって特等、等外を含め一四の等級に分けられた。具体的には、特等（一戸）は一〇〇円、一等（三戸）五九円、一二等（八戸）、等外（五戸）一円と細かく決められた。当時の硫黄島の階層性を見るうえで興味深いデータとして、便宜上これらの等級のうち特等から三等の二一〇戸を上層（賦課額三〇円以上）、四等から八等の二八戸を中層（同一〇円以上）)、九等から等外六五戸を下層（一〇円以下）と分類することができよう[36]。

また創設二年後の一九一五年には、同校に併設される大正実業補習学校も発足した。この学校は、尋常小学校かこれと同等以上の学力を有するものに、「道徳教育国民教育幷ニ実業ニ関スル智識技能モ授ケル」ことを目的とし二年を修業期間とした。ただし毎年九月一日―一二月二五日の農閑期、それも夜間のみの開校であった。ちなみに教科は、修身、国語、算術、農業の四課目で、それぞれ週一、五、二、四時間であった[37]。

さらに一九二六年に実業補習学校は硫黄島農業補習学校へと改称されたが、実用的な技能を修得させるための学校であることに変わりはなかった。実用教育とは別に一九一八年七月になると、人口増に対応して大正尋常小学校は大正尋常高等小学校へと衣替えした。教員数も校長他七人、在校生二八六人（男一四五人、女一四一人）へと拡大していた[38]。

この高等科設置は硫黄島の社会経済状況が、島嶼として一定の成熟をみたことを反映するものでもあった。その一端が島司高崎襄が府知事宛に送付した「高等科設置申請書」の次の文言からも汲み取れる。「近来拓植ノ業発展ト共ニ戸口増加シ卒業児童モ漸ク多キヲ加ヘ来リタルモ未タ高等小学校ノ設置無之而モ交通上他村ニ［父島・母島等の学校に］通学シ難ク空シク廃学セサルヲ得サル状ニ有之頗ル遺憾ニ有之候」[39]。

この大正尋常高等小学校のその後のデータは少ないが、表5によって一九二五（大正一四）年四月時点の児童数をみておきたい。

発足時より四〇名減となっているものの、おおむね順調に推移している様子がうかがわれる。事実、一九二九（昭和四）年末現在になると尋常科二一二人、高等科五〇人、計二六二人と微増している[40]。

参考として一九三〇年代後半に同校で学んだ宮川章の回想をみておこう。章の父宮川龍之助は、大島生まれの初期開拓者の一人で当時は硫黄島漁業協同組合長をつとめていた有力者であり、本章が主対象とする勢理客文吉の叔父（母の弟）に当る人物である。宮川章（故）の回想によれば、当時大正尋常高等小学校には本校と分校があり、本校には高等科一、二年生と尋常科一、二、三、六年生が通学し、尋常四、五年生が分校に通ったという。両校の間は徒歩で二〇分ほどで、毎朝本校で朝礼を終えてから、四、五年生は分校まで集団で通ったとのことであった[41]。

初等義務教育の整備とならび小笠原諸島では小学校卒業後、各産業分野での技能習得を目的として一九二六年に青年訓練所が設置された。訓練所では満州事変直後の一九三二年から時局への対応を理由に教練が導入された。さらにその延長線上で一九三五年になると、青年訓練所と農業補習学校が合併し、硫黄島青年学校が設立された（なお東京府全体では合計一〇七校の青年学校が開設されるが、小笠原諸島では父島の大村、扇浦、母島の北村、沖村そして硫黄島に各一校設置された）。合併時点での両校の規模は、農業補習学校が教員四人（小学校兼務）、生徒二九人、青年訓練所は教員四人、軍人（教練担当）一人、生徒二四人であった[42]。硫黄島青年学校は勢理客文吉の最終学歴校であるが、一九三〇年代後半の日本の教育が国家統制を強めていく中で誕生した副産物でもあった。

その間の空気は、開戦前の硫黄島在住の旧島民の体験もふまえて上梓された小

表５　大正尋常高等小学校児童数（人）：1925（大正14）年４月現在

学年	男	女	計	学年	男	女	計
一	26	18	44	五	14	12	26
二	19	17	36	六	16	13	29
三	22	17	39	高一	8	14	22
四	18	20	38	高二	8	4	12
尋常科総計		212		高等科総計		34	

出所：中村栄寿編（協力・硫黄島同窓会）『硫黄島　村は消えた　戦前の歴史をたどる』1983年、私家版、129頁

冊子の中でこう描かれている[43]。「（青年学校では）職能実務教育とともに軍事教練も行われた。翌年には学校の敷地内に家庭科実習室を兼ねて、青年学校兵庫倉庫が建設され、学校教育の現場にも戦争の影が近づいてくる。」

二　勢理客文吉の両親の足跡

1　父勢理客松（一八八五～一九四五年）

前章では、硫黄島が日本の領有下に入る前後期から、次第に島社会が形成されるようになる時期までの同島を概観した。勢理客文吉との関係でいえば、彼が誕生する一九一九年前後までが記述の対象であった。本節では文吉の両親松、ハルが硫黄島に定住するまでの足どりをたどってみたい。ただし二人に関する具体的な一次資料はきわめて少なく、また断片的なものでしかないため、周辺状況にも依拠しつつ考察を進めることとする。

(1)郷里島尻郡佐敷から出稼ぎへ

「琉球処分」直後の一八八五（明治一八）年二月、勢理客松は沖縄本島・島尻郡佐敷村（現南城市佐敷字新里）に生まれた。その父宗隆は琉球空手の達人で王家に使えるほどの腕前であった、と子孫の間では語り継がれている。佐敷町は那覇から南東へ一六キロ、前大戦末期沖縄戦の激戦地となった本島南部の北東に位置し、丘陵が屏風のように平野部を囲っている。その地形について歴史家東恩納寛惇は、「水［海］を左前にし、山を右背にする佐敷こそ鎌倉の形勝に酷似してゐると云ふべきである」（写真1参照）と形容している[1]。

「水を左前にし」と東恩納寛惇が述べるように、海に面した津波古地区の馬天港は「新開地」南大東島（北大東島、沖大東島と共に大東諸島を構成）への航路の起点として知られ、大東船「マンセイ丸」が二、三か月に一回往復し、にぎわいをみせる港町であった。「マンセイ丸」は開拓初期の大東島に米、酒、食料品や雑貨を運び、島からはザラメ砂糖を持ち帰る命の綱であった。それとは別に馬天港は、一日三、四回往復する伝馬船が荷を運搬するなど良港として栄えた。港近くの安田商店というよろづ屋が、大東交易の要で、米や酒などの物資調達の他、南大東島での製糖期には北部・国頭郡の山原等からの労働者の斡旋もしていた(2)。

このように南大東島は、佐敷周辺の人々にとって「季節労働者として働き現金が得られる」魅力的な島と映じた。賃金は歩合制もあったので、食事代を切りつめある程度まとまった現金を貯えた労働者の中には、小作地を所有したり経営のため島に残り家族を呼び寄せたり、あるいは帰郷し別の地への移民の準備に努めるものもあった(3)。

勢理客松も地元の尋常小学校を終え、何年か親の農作業を手伝った後、新たな飛躍を求め南大東島に出稼ぎに行く決心をした。南・北大東島が新たな開拓地として注目されるのは二〇世紀に入ってからであるが、その直後から労働力として人口過多の沖縄本島の人びとが募集対象となった。たとえば『琉球新報』一九〇二年一二月二一日には、次のような記事

写真１　勢理客松の故郷、島尻郡佐敷・馬天港、筆者撮影

が掲載された(4)。「東京府［八丈島］玉置半右衛門氏には今回本県人一八名大東人一名都合一九名の出稼ぎ労働者を伴い目下那覇港碇泊中の西洋型布帆船国［回］洋丸にて今明の内に［南］大東島へ出発する。」

確定的な資料は見出せないものの、この一八名の「本県人」の一人が勢理客松である可能性を否定することはできない。松の年齢［当時一七歳］、あるいは南大東島からパラオへ移民として渡るその後の松の足どり等を考えると、二〇世紀初には佐敷を離れていると推測できるからである。それでは松らを引き寄せた南大東島は、どのような経緯で新たなフロンティアになったのであろうか。

(2) 南大東島の社会状況

南大東島は沖縄本島から東南へ三六〇キロ、周囲二一キロほどの離島で、松の生誕年と同じ一八八五（明治一八）年に日本領となった。「琉球処分」六年後のことであり、また日本領への編入は硫黄島より六年早いことになる。その年県令西村捨三は中央政府の命令により「出雲丸」を大東諸島に派遣、南北大東島に国標を設置し、日本領として沖縄県に編入した（一八九一年に島尻郡管轄下、ただし一八九九年まで無人島）。「国土」の一部になったというものの、その出雲丸の報告や一八九一年に難破船救助のため訪島した大有丸の報告をもとに、笹森儀助は島の概要を次のように記した。「此嶋ハ水ニ乏シク為ニ動物ノ生活ニ難カシカルヘシ…水乏シク人畜ノ生殖ニハ不適当」。一八八七（明治二〇）年、初めて硫黄島に足を踏み入れた高崎東京府知事が、「水問題」を理由に同島「開拓」の可能性を否定的に評価したのと同じ論法であった。地形的にも険しく海は波浪高く「此島ヲ開クハ尤モ困難ナル事業ナルヘシ」というのが津軽出身の「探検家」笹森の見立てであった(5)。

いずれにせよ一八九一年から九五年にかけ、六人の事業家から南大東島の開墾出願が沖縄県当局に提出されたが、いずれも途中で断念を余儀なくされた。そして七件目が一八九九年一〇月県当局の許可を得（三〇年の借地契約)、翌一九〇〇年一月二三日、帆船「第一回洋丸」(一七〇トン)で南大東島に上陸した玉置半右衛門派遣の八丈島民二三人であった。第一回洋丸の乗船医師小島徹三の「上陸日誌」は、その日のことをこう綴っていた(6)。「海上を遙望すれば、一面びょうぼうとして一点の眼を障るものなし。亦島内を顧り見れば、周囲何処に到るもタコ[の木]を以て密生し、実に手のつけ様もなき有様、島内に棲息する獣類、鳥類は人間を珍しきものの如く、からすは頭上に来たりてカーカアーと鳴き、山羊は親しく人間に附廻り、実に別天地の域をなせり。」その後小島船医率いる一回洋丸は、一九〇四年「沖縄近海で沈没し、今に踪跡の判明せざるもの」となった(7)。

志賀重昂は一九〇六(明治三九)年一一月、その南大東島を訪問、同行した玉置半右衛門ら玉置開拓事務所幹部らの歓待をうける。帰京後「大東島」と題する小論を発表した志賀は、短期間で玉置が「移住民九三戸四二二人」からなる新開地の開拓に成功した様子を「此の如き絶海の孤島を能くも僅々五年間に斯くも開発したるものかな」「絶海無人の境に此の如き別天地を開拓せしは、全く気力と科学との賜なり、科学と気力さへあれば、何事も成就せざるなく、欧米富強の原因も全く此の二個に依ることを愈々知つたのである」と賞賛してやまない(本節註7著作、一八頁、二三頁)。なお志賀の南大東島訪問は海軍省の派遣した軍艦「松江」に同乗してのもので、農商務省、内務省、沖縄県庁そして海軍省関係者二〇名余が乗り込んでいた。ちなみに第一回洋丸上陸日の「一月二三日」は、今日の大東島にとって「有史を刻み始めた」記念日とされている(8)。

南大東島は海岸線は断崖絶壁だが、周囲が山のように小高く中央部が凹形となっており、そこがサトウキビの栽培に適していること、また小さな池も点在していることが最初の八丈島入植者によって確認されていた。その点に着眼した玉置は、玉置開拓事務所(一九一〇年玉置商会へ改称)を設置し、「開拓」三年目の一九〇三年から製糖事業に着手する。その際玉置は、沖縄で労働者を募集、採用された一一人の労働者と帆船五〇馬力の蒸気力を利用した製糖機材を携えて南大東島に上陸する(9)。また同年沖縄本島から一八人の黒糖技術者と三〇人の労働者が南大東島に渡るなど沖縄の糖業を移入する形で事業が展開されていく。玉置は、移住者と小作契約を結び、農具や牛馬を貸与、小作人の砂糖代金は島内だけで通用する金券（物品引換券、一銭、十銭、五〇銭、一円、五円、一〇円があった）で支払う形をとった。この方式は、その後の東洋精糖、大日本製糖時代にも引き継がれることになった。換言すれば砂糖農家は、島という隔離された環境においてのみ存在でき、かつ土地所有権をもつ会社資本の囲い込みの中でしか存在しない状況に置かれたのだった(10)。

「別天地を開拓」したと玉置半右衛門らを賞讃した志賀重昂の訪島直後、南大東島では会社側と沖縄から出稼ぎに来た小作人側の間できびしい亀裂がうまれていた。現存する（そして偶然発見された）当時の玉置開発事務所の日記が、その間のリアルな状況を伝えている(11)。その最初は一九〇七（明治四〇）年四月二二日付で「本日沖縄人（□名仲間）給金の件につき事務所に来り、論談の結果各雇主より事務所へ引き揚げをなすこととす」とあり、日当をめぐり労働者側に少なからぬ不満があったことがうかがわれる。ついで五月一七日、「本日一般人民の請求により峰元本店員、寺村、小島の各員立ち会いの上、明治三六、七、八年の三カ年間における一般移住者に係わる決算書を読み聞かせをなす」とあり、労働者側が日当査定の根拠に強い不信感をもっていたことが浮き彫りにされる。

さらに翌十八日になると「昨日決算読み聞かせ以来、一般民状稍不穏の有様にて労働に従事せず。各所に自由集合をなし居るをもつて事務員及び世話人一同にては警戒す」とあり、労使間に一触即発の空気が流れたことが判明する。会社側は二日後の五月二〇日「昨日における集合の主なる人民要求」を聞き、三点につき対処を迫られることとなった。第一は「牛機械及蒸気機械の歩合いの件」、第二は「本島における商品の価格につき不平」

が昂じている件、そして第三は「砂糖を積み出したるときは直ちに相当の仕切書を出」してもらいたいという三点であった。その上で翌二一日の事務所日記は、「人民間の要求する件を峰元本店員へ依頼して東京本店に請願」することを事務所として承諾する旨が記されている。現存する日記は以上がすべてであるが、会社設立数年後の玉置側と沖縄からの砂糖労働者の間に生じていたなまなましい労使関係をみてとることができる。こうした「土地所有権をもつ会社資本の囲い込み」状況下で発生する支配・被支配関係は、後述するように硫黄島においてもみられ、糖業プランテーション型島嶼社会に共通する構造的な対立とも理解できる。

玉置半右衛門は一九一〇年に肝臓病で死去するが（『琉球新報』一一月二日は、その死を「玉置半右衛門死去、南洋群島の事業家玉置（七三歳）肝臓病にて昨日（一日）死去」と敬称なしで短かく報じた）、その後糖業の権利は玉置一族から離れ東洋製糖株式会社へ移転する。農民は会社の指示に従って、作物の選定、耕作にあたるという点では玉置時代と本質的に同じであった。その後一九二七年の金融恐慌の影響で東洋製糖が不振におちいると、同社は大日本製糖株式会社へ合併される。ちなみに第一次世界大戦初期の糖業全盛期一九一五年には、沖縄各地から八〇四人の労働者が南大東島に渡っている[12]。この時期の南大東島の砂糖景気の一端は、「大東島出稼人夫弐百名募集ス」との『琉球新報』（一九一四年一〇月一七日）の労働者募集の広告からもうかがえる。

このように沖縄における新開地南大東島には、玉置一族を初め八丈島出身の製糖会社の社員を最上位に、八丈島系の小作農、ついで出稼ぎ農業労働者として来島する沖縄本島等からの人たちの三つの階層が形成された。戦前の南大東島ではそうした背景もあり、八丈島からの移住者で製糖会社から土地を貸与される小作農を「島民」あるいは「親方」と呼び、「親方」に雇われた主に沖縄からの出稼ぎ労働者を「仲間」と呼んだ。文吉の父勢理客松も、そうした「仲間」の一人であった。松自身の南大東島での体験を知り得る直接の資料は存在しないが、当時の状況をうかがうために、以下では同時代の沖縄出身の二、三の「仲間」の声を摘録しておきたい。

南大東島という小さな開拓地にあっては、絶対的な権力者である会社の支配（玉置商会、東洋製糖、大日本製糖とを問わず）の下での農業労働者の生活は決して生易しいものではなかった。第一次世界大戦中一九一六年から一七年にかけ、農業労働者として国頭郡羽地村から出稼ぎに出た喜納貞順（一八八七年生れ）は、「土方から畑仕事、キビ刈りや草刈り、牛の世話まで全般にわたった」と日々の労務のきびしさを振り返る。また一九三三年に南大東島に渡った伊波興栄（一九一六年生れ）は、牛の飼たる草を刈るため一日に二回山に入り「夜明けから暗くなるまで」働き続けた、そして「あんなところは、二度と行く人はいませんよ。きつい。みな一度きりだ。あまりにきつすぎる」と過酷な体験を回想する(13)。

もう一人は、勢理客松より一世代下がるが同じ佐敷町出身の知念キヨ（一九一八年生れ）の事例である。彼女が一歳頃、両親が募集に応じ南大東島に出稼ぎに行く。往時を回顧し知念は、楕円形をした南大東島を「海岸線は絶壁で、周囲が小高い山のように、中央部はくぼ地になりそこに砂糖キビ畑が広がっていました。そこには小さな湖のような池が沢山ありました」と懐かしむ一方、両親をはじめ出稼ぎ労働者の実情の一端をこう紹介する。「[南]大東島では二月から六月が製糖期で外から出稼ぎ労働者を大体一〜二年の契約で募集する。毎日監督が畑に来て何束刈ったかを帳簿につけ、毎月一回賃金をもらう。そこから食事代やらを差し引きされる。病院や売店も会社の所有なので、そこで使った代金も引く等々」(14)。

移住者たちのこうした声を総括する形で、『名護市史』は、無人の島から会社資本の島へと変わり、かつ国により会社資本が優遇されたこの島は、「生産のためのきびしい階層・階級構造と、孤立する島に専制的な人身支配の仕組みを生み出した」と述べる。そしてこうした構造は、沖縄からの移民が多数を占める第一次世界大戦後の南洋興発下の南洋群島でさらに大規模な形で見られたと指摘する（同上四二頁）。

他方、砂糖農家に対し絶対的に優位な立場にあった会社側は、ある意味で当然のことだが会社と小作農家との間の関係は調和的なものであったと指摘する。たとえば玉置商会を継承した東洋製糖の二代目所長山成喬六は、南大東島の特徴を「全島が一会社で所有…全島の所有権を握って其事業を［会社］が統括」することにあり、帝国政府も拓殖上多大の援助をしてくれ干渉などなかつた」と指摘しつつ、こう強調する(15)。「島民諸氏亦会社に信頼して之に協力し、全島一致互に融和し極めて平和に経過したる為め、会社は善く統一一貫したる施設を為し得た…我国の殖民地経営の上に於て特異の事実。」

沖縄本島から出稼ぎで南大東島に渡ったものの、上述のような社会・労働環境から逃げ出す形で、多くの移住者は第一次世界大戦を機に新たなフロンティアを求めパラオをはじめ新占領地南洋群島に向かったのであろう(16)。勢理客松も、そうしたパラオ移民の一人であった。また松らの郷里島尻郡『佐敷町史』の記録も、同町から南大東島への出稼ぎはサトウキビ刈り入れ期の六月から一一月に多く、また大東島からパラオへ移住する人たちも少なからずあったことを報じている（『佐敷町史』三六頁）。

以上の考察と関連させつつ、ここでの結びとして二〇世紀初頭の開拓初期から第一次世界大戦期までの南大東島の人口状況をみておきたい（表6および7参照）。両表からは以下のような特徴が指摘されよう（(1)～(3)は表6関連、(4)～(7)は表7関連）。

(1)　南大東島への入植がはじまってから約一五年を経た時点（一九一六年）で、定住者に沖縄からの出稼ぎ労働者を加えると人口が三五〇〇人余へと増加している。なかでも第一次世界大戦期の伸びが顕著である。

(2)　とりわけそれ以前と比べると沖縄からの出稼ぎ労働者の急増が突出しており、南大東島が東洋製糖の支配下で「砂糖ブーム」に沸いていたことを想起させる。

(3) 初年度（一九〇三年）以降、戸数は右肩上がりに増加しており、それにつれて一九一六年を除き女性の数も増加している。しかしながら第一次世界大戦下の一九一五〜一六年になると男性比が急増している。国際的な砂糖価格暴落前の「最後の砂糖ブーム」があったことをうかがわせる。

(4) 一九一六年、戸数では東京（主として八丈島）出身者が他県を圧倒しているのに対し（二六二戸）、地元沖縄はわずかに七戸を数えるのみである。沖縄からは一〜二年の契

表6　南大東島の人口推移（人）(1903〜1916年)

	年別	戸数	人口	男	女	本県労働者
1903	明治36年		215	115	100	7
1905	〃　38年	93	422			
1909	〃　42年	197	824	468	356	23
1912	大正元年	229	1,384	783	601	
1914	〃　3年	281	1,992	1,168	824	460
1915	〃　4年	291	3,020	1,700	1,220	804
1916	〃　5年	306	2,987	2,079	908	589

表7　南大東島居住者の出身県別人口（人）(大正5年)

県別	戸数	人口	男	女
沖　縄	7	1,441	1,309	132
鹿児島	1	84	63	21
東　京	262	1,347	648	699
静　岡	15	53	30	23
茨　城	1	8	4	4
千　葉	1	7	3	4
長　野	1	7	4	3
其の他	19	40	18	22
計	306	2,987	2,079	908

出所：城間雨邨編『南大東島開拓百周年記念誌』南大東島村役場、2001年、43頁

約での出稼ぎが主であったことを示している。

(5) 同年の沖縄からの総人口（一四四一人）をみると女の比率は男の一〇分の一に過ぎない。これも男子単身での出稼ぎという雇用形態に起因するものといえよう。

(6) それに対し八丈島を主とする東京出身者をみると、逆に女性人口の方が多くなっている。これは単身での出稼ぎ型ではなく、定住型の労働移動が主であったことを意味するものと考えられる。

(7) 何よりも顕著なことは、当初八丈島（東京）からの移住者により開拓された南大東島だが、一九一六年の居住者人口の出身地をみると沖縄が東京を上回っている。沖縄本島における経済状況の悪化も一因し、距離的に近い沖縄諸島からの人口移動が増加したことの証といえよう。

2 母宮川ハル（一八八一～一九六九年）

勢理客松は、前述したように沖縄本島で生まれ若くして新開地、南大東島に出稼ぎに出、さらにそこから新占領地南洋群島の中心パラオへと渡る。日本海軍が、旧ドイツ領南洋群島をその支配下に置いた一九一五年前後のことであった。

まもなく松は、そのパラオで硫黄島から移民として渡った大柄な女性宮川ハルと知り合い、やがて結婚することになる。ハルは伊豆大島（東京府）南部の古い港町波浮出身、実家は波浮港を見下ろす高台にある豊かな網元であった[17]。その近くにある龍泉寺が宮川家代々の菩提寺であった。一〇人の兄弟姉妹であったが長兄達也は戦死、兄弟は皆大柄で体格がよくハルも長身で骨格のしっかりした明治女であった（写真2）。その弟宮川龍之助も一八〇センチ、八〇キロ近い偉丈夫であった。両親と共に大島から母島に渡り、その地で育った龍之助は、姉ハルとともにやがてさらなるフロンティアを求めて開拓まもない硫黄島へと移り住んだ。

二〇世紀に入ってまもないころであった。硫黄の採掘現場で働く一方、宮川組をおこし慣れ親しんだ漁業に精出す日々であった。ハル、龍之助姉弟、その後に続いた家族も含め宮川家は、硫黄島の南集落に生活の拠点を設けた。一九三〇年代に入り海軍の飛行場等軍事関連施設の建設が始まると、龍之助はその建設現場を請け負うなど事業を拡大していった。

この当時、軍による小笠原諸島要塞化の強化にともない、硫黄島もある種の「軍事バブル」にわく時代であった。しかも特産の硫黄はダイナマイトの原料としてピークは過ぎたといえ全国の六〇％を占め、麻酔薬の原料コカは世界一の純度をほこるなど軍事産業との関係も浅くなかった。また龍之助は硫黄島漁業会長として島の有力者の一人となっていた[18]。

宮川ハル・龍之助の硫黄島来島は、前節で述べた久保田宗三郎らが事業開始にあたり母島から移住者を誘致したのとほぼ同じ時期のことである。その勧誘を受けて移住した可能性も少なからずあるといってよいだろう。なおハルは硫黄島で山下某と結婚し二児を得る

写真２　勢理客文吉の母ハル（右端）とその親族、中林一巳氏所蔵

も、パラオに移住してまもなく夫は病殁する。幼な子をかかえて苦闘している寡婦ハルをみかね、年下ではあるが近所に住む沖縄からの移民勢理客松が何くれとなく世話をする中で、二人はパラオで所帯をもつことになる。そしてしばらく同地で暮した後、最終的にはハルが慣れ親しんだ地であり、親族も生業にいそしむ硫黄島に戻ることに意を決した。その地で一九一九年、松・ハル夫婦の次男として生まれた文吉は、兄幸一、妹せつ、ハル子と共に自由闊達な少年時代を過ごすことになる。

本章冒頭でも紹介したように、文吉のすぐ下の妹せつは、同じ硫黄島生まれの今村利助と結婚する。利助の父今村仙吉は硫黄島産業に勤め綿花を扱っていた。彼と八丈島出身のセナとの間に生まれたのが利助で、文吉の義弟にあたる。せつ夫婦は戦争末期の「強制疎開」で慣れない東京での生活を余儀なくされるが、敗戦後まもなく母セナの郷里八丈島で新たな生活を始めることになる。二人の間には五人の子供（男二人、女三人）が生まれるが、全員八丈島で生まれ育っている(19)。

3　南大東島と硫黄島の比較

南洋群島の中心地パラオで結婚した勢理客松と宮川ハルは、この地に渡る前似たような環境下でそれぞれの青春の日々を過ごしてきた。「内地」からみれば周縁に位置する沖縄諸島と小笠原諸島、そしてその中の「中心」である沖縄本島、父島からさらに三六〇キロ、二五〇キロ離れた南大東島、硫黄島という離島での生活体験を共有していることである。

ただ地図を見ないとイメージしにくいが、南大東島と硫黄島はほぼ同じ緯度（北緯二五度）に位置し、気候的にも近いものがあった。また距離的にみると硫黄島と南大東島間の距離は、硫黄島と八丈島間のそれよりも近いという事も留意されてよいであろう[20]。こうした実生活上の共通体験が、二人の硫黄島での新生活を順応しやすいものにしたと思われる。なお文吉自身は、訪れたことのない父祖の地である沖縄に対しとくに強いこだわりをもつこともなく、あくまでも「東京府硫黄島出身」というアイデンティティにこだわり続けた。

勢理客文吉の両親について論じた本節を閉じるに際し、ここで父松、母ハルとの関係が深い南大東島、硫黄島の簡潔な比較を試みておきたい（表8参照）。

表8からもうかがわれるように、この両島にはいくつかの重要な共通点がみられる。たとえば①地理的な位置（地域の中心地からの距離）、②ともに明治中期に帝国日本の主権下に組み込まれたこと、③元来は無人島であった地に、新規開拓がなされたこと、④開拓において八丈島からの移住者が大きな役割を果たしたこと、⑤主要な産業がサトウキビ栽培、製糖業であり、かつ特定のプランテーション型企業資本が島の事実上の支配者であったこと、そして⑥戦時期とくにサイパン島陥落後は

表8　南大東島と硫黄島の比較

	南大東島	硫黄島
面積・人口（1915年）	30.57㎢、3020人	21㎢、679人
主要島からの距離	沖縄本島から約360キロ	父島から約250キロ
日本領有年（主要島領有）	1885年（1879年）	1891年（父島・母島1876年）
領有時定住人口	なし	なし
初期移住者の出身地	八丈島、沖縄諸島	父島、母島、八丈島、東京府
主要産業	サトウキビ（糖業）、燐鉱	硫黄、綿花、サトウキビ（糖業）、薬用植物、蔬菜
主要経営業者	玉置商会、東洋製糖、大日本製糖	久保田拓殖、硫黄島拓殖製糖、硫黄島産業
戦中期	飛行場拡張	要塞化、「強制疎開」
戦争末期	急速な軍事化	「玉砕の島」
戦後	米軍支配下、小作人の耕作地所有権承認、1972年施政権返還	米軍支配下、1968年施政権返還、住民帰還不可
現状	サトウキビ産業、観光	定住不許可、自衛隊管轄下

筆者作成

本土防衛の最前線とみなされ一段と軍事化が進んだこと、それにつれて島外から兵士や労働者が大量に流入し、島民人口を大きく上回ったこと等である。

他方、日本敗戦後の両島の歩みは、決定的に異なっている。両島とも戦後すぐ勝者アメリカの軍事占領下におかれ、一九五二年四月発効の対日平和条約下においても実質的な米支配が続いた点では同じであった。しかしながら、この間硫黄島では戦争末期に「強制疎開」により故郷から切り離された一千余名の住民は帰島を許されることはなかった。しかも一九六八年六月小笠原諸島の施政権が日本国に返還されてからも、硫黄島では本章冒頭に紹介した「表向きの」理由によって、旧島民の帰還はおろか、自由墓参すら許されない状況が今日なお続いている。施政権は還ったが人びとは帰れないままなのである。

一方、南大東島では、かつて「玉置時代」に小作人に対しなされた三〇年働けば土地は所有できるとの「約束」は、戦後もながらく実施されることはなかった。しかしながら、皮肉なことに米統治下その強権的体質から「帝王」とも呼ばれたワトソン高等弁務官の介入によって、南大東島の土地所有権をめぐる小作人側と会社（大日本製糖）側の長年にわたる係争は、最終的に会社側が所有権を放棄することで一九六三年に決着を見るに至る。そのこともあり、今日、南大東島は米統治期とくにワトソン時代の評価をめぐって、沖縄の中ではユニークな立場にあるといえる。

三　青少年期・硫黄島時代の勢理客文吉

1　文吉誕生年＝軍事化の起点

勢理客文吉は、第一次世界大戦終結の翌年一九一九年四月二六日、父松、母ハルの二男として硫黄島北集落で生まれた。

その年パリではベルサイユ講和条約が調印（六月二八日）され、新たな国際秩序の幕開けがみられた。その一年半前にはロシア革命により、世界最初の社会主義国家が誕生していた。東アジアに目を転じると植民地朝鮮では三・一独立運動が全土に拡大、中国では学生を中心とする民族主義運動五・四運動が展開される。いずれも日本のアジア政策に対する烈しい抗議の意思表示であった。

他方、日英同盟を奇貨として第一次世界大戦へ参戦し、戦勝国の一員となった日本は、赤道以北の南洋諸島ならびに青島をドイツから獲得し、アジア唯一の列強、世界の四大国の一員としての地歩を固めていた。そのことは同時に欧米列強、とりわけアメリカから日本の太平洋地域への軍事的進出に警戒の目が向けられる一因となった。

こうした国際環境の変化を背景に、一九一九年一二月小笠原諸島の父島に、要塞が設置されることが決定した。前年八月の「父島要塞設置要綱」に基づくものであった。そこでは「海上及空中ヨリスル敵ノ攻撃ニ対シ我海軍ト相俟チ二見港ヲ掩護ス」ることが主たる任務とされた(1)。

「要塞地帯」という語はその後の小笠原諸島現代史の中で重要な鍵概念となるので、少し整理しておきたい。

一八九九（明治三二年）七月に要塞の区域を規定する「要塞地帯法」が公布される。あわせて軍事機密の探知収集・漏洩を処罰する「軍規保護法」も公布された。要塞とは「国防のため建設された諸般の防禦営造物の周囲の区域」を意味し、軍規保護法は、その要塞の秘密保全を強化することを目的としていた。要塞地帯は軍事的な重要度に応じ三区域に分けられるが、たとえばもっとも重要な第一区は、基線＝「防禦営造物の各突出部を連ねた線」から二五〇間（約四五〇メートル）の区域と定められた。また全三区に共通する禁止事項として、「測量・撮影・模写」「視察のための立入り」ならびに「地表高低を永久に変更する土工溝渠・塩田・公園・竹木林・果樹園・耕作地などの新設・変更」等と細かく規定された(2)。

さらに翌一九二〇年八月には要塞構築の準備として、陸軍築城部父島支部ならびに父島海軍無線電信所が開設される。それをうけて陸軍は、一九二三年三月、父島要塞司令部を設置した（初代司令官・安達十六中佐）。そしてそれらの秘密防護のため東京憲兵隊麹町分隊の管轄下、父島憲兵分駐所が設けられた。それ以降、人口数千人規模の南海の離島・父島に憲兵が常駐することになった。防諜という観点から憲兵は、島民とりわけ欧米系の人びと（「帰化人」と呼称）が来島する外国人と接触することに神経をとがらせ、また上陸する外国人には憲兵が同伴することになる。こうした監視は、一九三〇年代以降になると一段ときびしさを増す。たとえば「（下船）英国人は南陽館に止宿後、西町居住の帰化人宅に二時間滞在、翌日午前九時に母島へ」出発と、その行動が逐一要塞司令部に報告されるようになった(3)。ここからもうかがわれるように、憲兵は父島における欧米系住民の日本に対する「忠誠心」に疑念をいだき必要以上に警戒の目を向け、彼らを心理的に圧迫するようになった。勢理客文吉と同世代の父島のある欧米系島民の「憲兵は私服になると俺たちの家に来て、ただで飯を食っていく」との回想も、彼らの日常生活で憲兵が特別な意味をもっていたことの傍証であった(4)。

こうした小笠原諸島における公安維持の強化は、いうまでもなく「内地」当局の動きと連動したものであった。

この点を具体的にみるために、一九三一年のアメリカ人記者ホフマンをめぐる当局側の動きを史料的に跡付けておきたい（防衛省防衛研究所所蔵資料）。海軍省軍務局長から横須賀鎮守府参謀長・父島無線電信所長宛ての一九三一年七月二二日付の暗号電報は、同日午後三時横浜出港の芝罘丸で米国アプトンクローズ観光団の一員として「ニューヨーク・デイリーニュース」記者・カール・ホフマンが父島へ向かったので「陸軍側ト協力シ警戒方手配アリ度シ、尚警戒ノタメ横浜ヨリ憲兵一名同船ニ乗船セシメラレタリ」と要請している。これに対し八日後の七月三〇日、父島無線電信所長は返電の中で、ホフマン記者は「憲兵隊誘導ノ下ニ父島及母島ノ一部視察セルモ特ニ容疑ノ行動ナク二九日午後七時同船ニテ退島ス」と返電している。父島滞島中のホフマンの動静に対する警戒ぶりがうかがえる。最終的に八月五日付憲兵司令部警務部長から海軍省軍務局長宛て報告の中で、父島に上陸したホフマンに「本島ハ要塞地帯ニシテ写真撮影ハ勿論模写録取等ニ到ル迄許可」せずと説明し、以後の視察や散歩はつねに「憲兵ノ誘導」下になされたこと、その結果「要塞地帯及海軍無線電信所方面」への「探知機会」を与えなかったと報じ、ホフマンの動静に対する一連の交信は決着がついた形となった。

このような小笠原諸島を訪問する外国人への警戒と関連し、当局は国内でも同諸島をめぐる外国人の動きに対し監視の目を光らせていた。その典型例が、同年七月九日付の「父島方面ニ対スル在横浜英米諜報機関ニ関スル件」と題した憲兵司令官峰幸松から海相宛ての公信である。峰は「最近英米両国ハ小笠原群島特ニ父島地方ニ対スル要塞設備ノ状況ヲ探知セント努力シアリ」と述べた上で、彼らは事情に明るい「宣教師、教師、商人等」を使って活動しているので、「憲兵ハ国防並ニ軍機保護ノ見地ニ基キ之等ノ者ノ行動其他父島ニ渡航スル外国人ニ就キ警戒中ナリ」と報じた。

ここで時計の針を戻すと、陸軍築城部の父島支部開設をまって翌一九二一年六月から要塞建設の工事が開始される。それに先立ち同年三月に「父島要塞地帯」の告示がなされ、父島ならびに隣島の兄島は要塞地帯と定められた。またその直後には硫黄島の地勢把握のため福田雅太郎参謀長らが父島、硫黄島を視察している。

しかしながら一九二二年二月に調印をみるワシントン海軍軍縮条約により、日本は海軍強硬派の反対はあったものの小笠原諸島の軍備制限に合意する。その結果、父島要塞と海軍根拠地については拡充をせず現状を維持することが決められた。このように外形的には日本は欧米列強との協調路線をとる一方、一九二三年二月に「帝国国防方針」の改訂を行い、アメリカをロシアに代わる第一想定敵国とみなすなど西太平洋海域における対米関係は微妙なものになっていく。

その一つの伏線として指摘されるべきことは、一九一八年六月改訂の帝国国防方針に基づき海軍作戦計画が策定されたことである。これはアメリカを念頭に入れつつ「太平洋方面からの敵の侵攻」に対し、海軍は「全艦隊を奄美大島付近に集中し、小笠原諸島付近に哨戒線」を設けることを定めたものである(5)。

ワシントン海軍軍縮条約により小笠原諸島の軍事化には一定の歯止めがかけられたかにみえたが、実際には一九三〇年代に入りとくに満州事変以降になると「静かな形」でふたたび軍事的強化が企図される。その一環として一九三二年、海軍は父島洲崎に飛行場建設を開始する。ただし対外関係を考慮し、その名目は東京府農事試験所用地として造成工事が着手され、洲崎飛行場は東京府第一農場と呼称された。さらに翌一九三三年海軍大演習に際し硫黄島・千鳥が原には急遽長さ八〇〇メートル幅二〇〇メートル規模の飛行場が建設されたが、それも東京府第二農場と称された(6)。

こうした飛行場建設にあたっては、小笠原諸島の人口規模からみて島民労働力では到底充足できず、横須賀をはじめ「内地」の土建会社が大量の労働力(含朝鮮人)を動員する形で来島する。島民の目からみれば、「静謐な社会」に有形無形の変動要因が投入されたことになる。勢理客文吉が大正小学校の尋常科から高等科に進み、その後青年学校に学ぶ時期は、まさに硫黄島に軍部の「熱い視線」が注がれ始めた時期であった。折しも一九三六年一二月には海軍軍縮条約が失効し、無条約時代を迎えることになる。こうした中で陸海軍は、父島・硫黄島の航空基地の増強を本格化する。そして一九三九年四月父島に海軍航空隊が新設され、開戦三か月前の一九四一年九月には、従来不時着飛行場のみであった硫黄島に防空砲台の建設が進められた。

結果的には一九四五年三月の「玉砕」へとつながる一連の硫黄島の軍事化は、前述した一九一九年一二月の父島要塞の設置決定に起点をもつものであった。それは勢理客文吉の誕生八か月後のことであり、文吉の生涯は硫黄島のその後の歩みと折り重なるように展開するのである。

2　硫黄島の社会経済状況

軍事的な環境が次第に整う一方、硫黄島の産業もサトウキビ、糖業依存から薬用食物や蔬菜の栽培をはじめ多角的になり、また京浜地域を中心に「内地」との経済的関係も強まってくる。こうした状況と関連し、定住人口も一九二〇年以降つねに一千名を超える規模で推移するようになった。

このように実質的には村落社会が形成されていたにもかかわらず、地方自治制度の適用面からみると硫黄島を含め小笠原諸島全体は大幅に立ち遅れていた。一九三一年秋、小笠原諸島を視察した内務事務官岡田包義は、母島・北村を除くと小笠原支庁の管轄下にある諸島全体で役場・世話掛はよく機能している、とくに「島司ノ命ヲ受ケ島村役場吏員ヲ指揮監督ス」と規定された世話掛は、「村寄合ヲ管掌シ」「島村有土地及建物等ヲ管理」し、「戸籍簿及寄留簿ヲ備ヘ村内住民ノ出入ヲ明確」にしている等、行政全般を円滑に運営していると評価する。こうした実態にもかかわらず、岡田は法制度上からみて小笠原諸島は内地の町村と異なることが多いと指摘する。具体的には普通町村制も伊豆大島や八丈島に適用されていた島嶼町村制も未だ施行されていないこと、また府税の賦課や衆議院議員はおろか府議会議員の選挙権被選挙権がないこと等を列記する。

法制面からみた小笠原諸島のこうした地方行政上の立ち遅れをふまえ、岡田は帰京後に執筆した論文の中で、小笠原諸島は「文字通り我国の南門であつて太平洋防備の第一線」に位置し、かつ「南洋群島に通ずる緊要なる足場」であり、「帝都の小笠原」であるにもかかわらず、今日なお何らの自治制度もないということは「甚だ遺憾」であり、「一日も早い施行を痛感」したと所見を結ぶのであった(7)。小笠原諸島に普通町村制が適用され一島一村政策の結果「硫黄島村」が誕生するのは、それから一〇年後一九四〇年三月（勅令二三九号）になってのことであった。

内務官僚岡田包義（一九四七年、官選最後の北海道庁長官）が観察したように、一千名余の人口を擁する硫黄島は行政・経済・教育の中心元山を中心に東、西、千鳥、南、玉名山、北等の各集落がおたがいに緊密な関係をもちつつ島社会を形成していた。住民の多くは最大企業である硫黄島拓殖製糖㈱と関わりをもち、会社の小作人あるいは従業員ではあるが、同時に農業、牧畜、漁業等の自主的な生産活動を行うことは許されていた。また会社は、生産活動のみならず流通、学校、警察の運営にいたるまでその影響下においていた。その意味では硫黄島は拓殖会社が小作人の生産と消費をともに支配する典型的なプランテーション型入植地であり、それ故に一九三〇年代になるとこうした支配構造に対する新設の小作人組合による争議活動も活発化するようになる(8)。この点では、前節でみた南大東島と社会経済構造的にきわめて類似しているといえる。

なお硫黄島拓殖製糖は、一九三六年に、硫黄島産業と社名を変更した。基幹産業であった糖業は一九一六年に最高出来高を示し、その後は一九二七年の国際的な糖価大暴落の影響を受けたり、安価な台湾糖やジャワ糖に押されたりで下降傾向をたどっていた。この間の情況を同社幹部の長網芳男は、こう回想している[9]「大正末期からジャバ及台湾からの洪水のごとく輸入される安価な砂糖に圧倒され、東京に於ける糖価は安価なため本島の如く猫額大の土地からの砂糖は、到底太刀打ち出来ず従って島民並会社は常に赤字に苦しみ、毎期欠損続きで如何にして、この苦境を脱するかが一大懸念であつた。」

その結果、会社は砂糖依存からコカ、ベチバ、レモングラス等薬用植物へ栽培に力点を移し、それらを従来同様に小作栽培させ、これを集め会社所有の各工場で製品化し、移出する経営戦略に転じた。硫黄島産業は、生産面のみならず島民の生活必需品等の消費面においても、東京・京橋に仕入れ所を設け、新橋の同系列の堤産業倉庫に委託し米、みそ、学用品、日用品を仕入れ、会社の販売部で荷受けし島民に売るシステムを作った（この点も南大東島の場合と同様）。硫黄島では生産できない主食の米については、島内四か所に設けられた会社所有の倉庫に、常時二、三か月分の貯蔵があったといわれる[10]。

硫黄島経済（実態的には硫黄島産業株式会社）の「救世主」となったコカ、デリス、レモングラスについて、ここで若干の説明をしておきたい。

コカは痛み止めの麻酔薬等で使われるコカインを含有する植物であるが、その導入に関し戦前派の大村在住の有力島民、浅沼陽が記録を残している[11]。それによると一九二〇年硫黄島拓殖製糖の常務取締役として渡島した桜井喜作が直面したのは、糖価暴落で「火の消えたような島」になっていた硫黄島の姿であった。その頃父島や母島は、京浜市場に移出する冬野菜の栽培に成功し、経済危機を脱していた。そうした折小笠原営林署長・豊島恕清が父島から来島し、コカ栽培を勧めた[12]。

豊島は一九一六年台湾に出張した際、総督府林業試験所から小笠原は栽培適地だからと勧められコカの苗木一〇本を持ち帰った。試植の結果をふまえ営林署の岡部正義技手が栽培に着手したところ、一枚の葉から取れるコカイン含有量は世界一と判明した。それ以来コカ栽培が、硫黄島経済を支える重要な柱となった。浅沼陽は戦前派島民を代弁する形で豊島恕清、岡部正義がコカのみならず、植物害虫の駆除剤や皮膚病にも効くデリス栽培の導入に果した役割を高く評価するのだった。小笠原諸島の戦前の開拓史をひもとく時、豊島、岡部だけでなく多くの「官側」（主に農商務省関係者）の農業・林業専門家が長期にわたる在島勤務を志望し、縁の下の力持ち的な役割を果たしていたことが判明する(13)。

硫黄島における糖業衰退を救う形で、コカとともに当初大きな役割を担ったのがデリスであった。デリスは英領マラヤ・ジョホール王国ゲラン地区を中心に栽培された豆科の植物で、その根部に含まれる毒成物ロテノーンは「昆虫駆除剤として理想的」、かつ人畜へは無害の「完全理想的な殺虫」剤と喧伝された。そのため害虫の予防、駆除において「デリス剤の右に出るものはなかるべく、稀に見る良剤たる事は世界の学界及実際家の斉しく認めざる所である」と絶賛された(14)。

この論文の著者橋本保は「国際日本協会南洋委員」の肩書で執筆しているが、冒頭「砂糖以外に新たに望む何物があるか?これ南洋群島将来の重要な分水嶺に置かれている問題である」と提起し、その結部においてデリスは高価なため一般家庭への普及には難があるものの、「将来南洋群島に於ける唯一の産業としてデリス栽培に不如と確信する」と強調している（同上、八一頁、八三頁）。橋本は南洋群島を前提として論を進めているが、もちろん状況は上述の長網回想にみるように硫黄島においても基本的には同じであった。

なお長網は、会社は「ポスト砂糖」の主力としてコカの栽培が軌道に乗ったが、万国麻薬会議の減産決定で先行きに限界があったと指摘する。そしてコカに代わって硫黄島の砂地に適する作物として香料の原料となるレモングラスに変更、その製品を「内地」の香料会社に輸出したと振り返る。このように経営者側の一員として長網芳男（社長堤徳蔵の甥）は、会社と社員、労働者（小作人）が一体となって危機回復に努めたことを示唆しつつ、「島の全体の空気は、平和そのものの如くであったか、外はそれに反して徐々きなくさい動きがあり…島内は愈々国際情勢のただならぬを感ぜしむるに至った」と回顧する（註9論文、六頁）。

一方、小作人が圧倒的多数を占める硫黄島社会では、会社に対する積年の被圧迫感が伏在していた。会社の小作人でありながら一定の自主的生産活動も許された島社会にあって、階級闘争的な先鋭的対立こそなかったものの、決して「労使協調」が貫徹をみたわけではなかった。そうした中で一九三三年から、三四年にかけ二度にわたり小作争議が発生した。初めて「硫黄島産業小作人組合」が結成され（一九三三年四月）、選出された代表（委員長滝沢秀吉、書記大沢周藏、ともに大正尋常小学校第一期生）が会社側との折衝にあたった。小作人側の要求は、硫黄島開拓初期からの伝統ともなっていた「会社依存一辺倒の経済組織」を打破し、「住民の経済生活は住民自らの手で」との願望を実践することであった。

交渉は難航したが、東京府から派遣された池田豊夫調停官の調停工作もあって一九三四年に入り組合側の要求どおり現金による売買制度が具体化し、従来会社に委託されていた食料品その他の生活必需品は、すべて小作人側の組合の手で処理されることになった[15]この点に関連して辻友衛は、こう説明を加える。「調停工作の結果、これまでは信用貸借が会社発行の金券だったのを、組合側の要求通り現金制度となる。従って、会社に委託されていた食料品等は組合処理となる。」[16]ここで紹介された「会社発行の金券」とは「島民間でのみ通用するお札」で茶褐色のハトロン紙のような封筒から作られていた[17]。

なお小作人組合との係争中の一九三三年四月、硫黄島拓殖製糖会社にはあるスキャンダルが露呈した。それは、同社は臨時時局匡救事業費補助として政府から二万円の開墾補助金を受けていたが、実際の開墾費は五〇〇円程度であったことが判明、東京府派遣の二人の技師による調査対象となった事件である（辻友衛編、前掲書、三一五頁）。その結果については判明しないものの、こうした案件も翌年になって会社側が府の調停を受け入れ、小作人側に譲歩をしたことの背景にあったものと推測される。

3 勢理客文吉の小学校時代

パラオを引揚げ硫黄島の北部に位置する北集落に居を定めた勢理客一家は、どのような暮し向きであったのだろうか。父松は多くの島民と同じように硫黄島拓殖製糖と小作契約を結ぶ一方、半農半漁を生業とし、決して豊かとはいえないものの家族六人、過不足ない日常生活を送っていた。母ハルも実弟龍之助の宮川組の出漁の手助けをしながら四人の子どもの世話に明け暮れる、平凡ながら穏やかな毎日であった。

そうした一家六人の穏やかな生活も、硫黄島にも軍事化の波が押し寄せてくるにつれ、次第にかげりをみせるようになる。島民の誰もが否応なく自らの故郷の戦略的重要性を認識させられるようになった。青年団、処女会、あるいは在郷軍人会といった住民組織の活動も活発化し、とりわけ一九三〇年代になるとさまざまな機会に国防意識の高揚が強調されるようになった。

文吉はそのような時代の移り目の空気を肌で感じつつ、大正から昭和へと元号が変わる一九二六年春、大正尋常高等小学校に入学する。当時同校の教員であった篠崎卓郎は、硫黄島出身で上京し師範学校を卒業後母校の教壇に立っていたが、児童らの身なりをこう綴っている(18)。「大正から昭和にかけて、男子は木綿の着物に兵士帯、褌が永く続いた。そのうちに洋服、運動靴へ変った。男子の学帽、女子の日除帽、一般の男子のズボンとシャツ、褌から猿又、女子は伊達巻、簡単な結び帯から簡単服に変った。」

(1)定期船入港の喜び

硫黄島唯一の大正尋常高等小学校に学ぶ生徒たちにとって、何よりの楽しみは当時は二か月に一回偶数月に入港する定期船芝栗丸を迎えることであった（父島二見港には昭和に入ってからは年一六回、一九三四年からは年二六回の入港があった）。文吉と同じ時期に同小学校で机を並べた奥山今一（本章三六七頁参照）は、往時船影が遠望され船見岩（島の中央、噴火口近くの小高い岩）で半鐘がならされると、教室は「生徒総立ち」となり、教師も授業を早く切り上げてくれ、皆で浜に走ったことを懐かしく回想する（写真3）。とくに正月を控えた一二月その年最後の定期便の入港は大変な賑わいであった(19)。

もう一人、女子生徒だった井坂洋子の回想も紹介しておこう。「島全体が共同体に似た社会」であったと懐かしむ井坂は、二か月に一度内地から米やしょうゆ、手紙を運んでくる定期便の入港は、島人にとり「一番大切なこと」であり、「今日か明日かとすべての島の人の心は一つになって、船の来るのを待つ」のだったと回想する。そして西海岸の遠浅の浜は船が碇をおろすとハシケやカヌーで荷や人を下ろし、浜で待つ老人も子供も総動員の形で荷物や人を担いで上陸を助けた、と懐旧の思いを綴る(20)。

芝栗丸の入港が小学校にもたらす喜びや期待感は、生徒だけでなく教師たちも同様かそれ以上のものがあった。一九三〇年に大正尋常高等小学校に着任し文吉も教えを受けた山下清雄は、船が入ると授業を中断し全員で出動するが、その荷揚げは全島民の「夫役制のごとし」だったと形容する。そしてそうした共同作業を行うことが、島民の「処世上の知恵」でもあったと観察する(21)。

また一九二八年に着任し五年間同校で教鞭をとった中村栄寿も、船到着とともに島に盆と暮が同時に来るような忙しさを懐かしがる。舟が運んできた学校関係の公文書を小学校、農業補習学校、青年訓練所別に仕分けし、さらに府庁、支庁に分類しそれを報告月日順に整理したり、新聞を日付順にそろえ一か月分ずつ綴じ込む作業に追われる。そして何よりも二か月分の俸給も届くのだった。これによって「平素メモ式のやりとりが実際に現金で精算され、島の経済の流通に一体化する」と中村は記すのであった(22)。

(2) 「御真影」硫黄島へ

文部省が天皇と皇后の「御真影」を全国の高等小学校へ下付する旨、府県庁を通じ告知したのは、一八八九（明治二二）年一二月のことであった。それは教育勅語発布（一八九〇年一〇月）、大日本帝国憲法施行（同年一一月）に先立ってのことであり、天皇制を根幹におく大日本帝国の「理念」をいち早く教育の現場で顕現しようとする政策の具体化の一つであった。その上で一八九一年一一月、文部省は学校へ下付された「御真影」と「教育勅語謄本」とを校内の

写真３　硫黄島西海岸の船着場、大正中期（絵葉書）

一定の場所に「最モ尊重ニ奉置」するよう訓令を発した。

こうして「御真影」と「教育勅語」は全国津々浦々の学校教育の現場で聖化され、不可侵視されていった。しかしながら、硫黄島大正尋常小学校では、長らく「御真影」が東京府を通じ下付されないままであった。その状態を「憂慮」したのが、一九二〇年に同校校長に就任し爾後二〇年間にわたりその職にあった安宅吉次郎（一八八八年生まれ）であった。「教育の使命に徹し直情径行的にその道を実践」(23)する安宅校長は、着任まもない一九二二年六月、小笠原島庁経由府知事宛に「御真影下賜願」を提出した。それはすぐに受理されるところとなり、八月から具体化された。その府知事宛「願」の中で安宅は、「両陛下奉拝の堵列に加わる経験のない本校児童にも皇恩奉謝の情操を涵養いたしたいので」とその理由を開陳した。こうして同年八月一五日、青年団の奏楽がおごそかに流れる中、大正尋常高等小学校において開校以来もっとも盛大な式典が挙行された。

このことが硫黄島在住の官民にとりいかに重要であったかは、以下の「御真影奉戴の経過模様」からも明らかである(24)。

東京府庁で知事より島庁視学に、それから定期船内は石川艦長・随員警護、父島より島庁金丸書記、平林巡査警護・来島、西海岸［硫黄島］より学校まで安宅校長・雨宮役場書記交々拝持す。沿道には、青木助役・山村・山本両学務委員・島民総代、在郷軍人会会員・青年団員・処女会員・大正校児童職員・島民・藤川・西川両駐在巡査等奉迎す。青年団の奏楽の裡に厳粛に校内新設の奉安所に安置された。

この年文吉はまだ三歳、両親に抱かれて「御真影」が通過するのを沿道で見送ったことと思われる。爾来、大正尋常高等小学校の一角に建てられた「奉安殿」に「最モ尊重ニ奉置」された「御真影」は、生徒たちに「天皇の赤子」たる意識を植えつけるもっとも重要なシンボルとなった。そして開戦の年一九四一年大正尋常高等小学校も国民学校へと改称されるが、それにより「天皇の赤子」であることのありがたさはますます強調される。国民学校の「教育簿」には信条が明記されたが、その第一は「私達は天皇陛下の御民です、君に忠に親に孝に誠の日本臣民になります」と謳われた。

「御真影」が果たした教育上の役割の大きさにかんがみ、時期を戦時期まで延ばして論を続けたい。戦争末期の一九四四年六月一五日午後二時、硫黄島は米軍機による最初の烈しい空襲を受ける。すぐに校長永田布祝は、教頭東達夫を呼び「御真影の奉護」を命じる。学校は、翌日軍から閉鎖の要請ならびに学童総引揚勧告を受ける。さらに全校舎が軍に接収される。校長命令を受けた東は、その回想記の中で「御真影と重要書類は朝礼台に使っていた校庭西側の低い岩山に掘った壕に納めた」ものの、そこも危険となったので防衛司令部のある南海岸の洞窟へ「奉還」し、日夜「奉護」に努めた。そこへ七月一四日、東教頭は突如西海岸に集合せよとの命令を受ける。東は「御真影」を「奉持」し艦長室に設けられた仮奉安所に安置し、翌々日駆逐艦で父島二見港入り、支庁へ無事「奉還」しようやく安堵したことを回顧する(25)。

こうして見ると、島という閉じられた空間の中で「御真影」拝礼に象徴される「天皇の赤子」意識が、学校教育の現場で教師から生徒へと確実に伝達されていたことがうかがわれる。この道徳律と戦時態勢下で一段と強化された軍事教練とを両軸として、大正尋常高等小学校（国民学校）の児童は少年期を過ごしたといえよう。勢理客文吉も、そうした時代の空気を吸いながら、尋常高等小学校そしてその後進学した青年学校で多感な青少年時代を送ったのであった。

(3) 皇室崇敬の心情

日本の小笠原諸島領有後まもない一八八三（明治一六）年八月、前述のように「聖旨伝達」のため西四辻公業侍従が同諸島を初めて「巡覧」した。ついで二年後には毛利左門侍従（海軍少佐）が東園基愛子爵らを伴い同じ目的で来島した。それ以来、ほぼ隔年で遠路をものともせず天皇の名代として侍従が来島した。硫黄島まで来航することはなかったが、父島・母島での「聖旨伝達」の詳細はもちろん領有（一八九一年）後の硫黄島にもその都度伝えられた。こうした一連の皇室関係者の来島の中で、一九二七（昭和二）年七月の天皇「行幸」は、小笠原諸島の近現代史の中で特筆に値する出来事として位置づけられてきた。「行幸」は「連合艦隊戦闘射撃及爆撃実験」の見学と「小笠原・奄美大島諸島民情風土」の視察が主な目的とされた(26)。

昭和天皇一行は同年七月二八日、横須賀港から「御召艦」山城に乗船、三〇日に父島・二見港に入港、以来三日間にわたり父島・母島を視察する。主な行程をみておくと、到着後すぐ大村尋常高等小学校に赴き校庭で「全校生徒、島民一同の万歳三唱」を受けた後、父島要塞司令部（司令官安達十六大佐、同行の第一師団長和田亀治中将双方から軍状を聴取）、ついで小笠原支庁へ向かう。支庁へは随員の東京府知事平塚広義、内務省警保局長山田万之助らが従ったが、主たる目的は父島における「自治功労者」として志村文治郎、久世延吉、「農事功労者」として青野正三郎、「社会教化事業功労者」としてジョセフ・ゴンザレスを引見することであった。

その他天皇の学問的関心に応えるべく亀養殖場、伝馬船でのサンゴ、ナマコ、ウニなどの採集も日程に組み込まれた。三一日には母島・南京浜で「御自ら海中に足を踏み入れ、供奉員へ指図されつつ貝類等の生物採集を行われる」と記録されている（同上、七四四頁）。

父島・母島滞在中の三日間に関し（宿泊は「御召艦」内）『昭和天皇実録』に記載された人物をみると、もっとも多く四回登場するのは、御用掛服部広太郎、ついで三回が安達十六父島要塞司令長官、平塚広義東京府知事、今村恭太郎東京地裁長、和田亀治第一師団長の四人である。安達を除くといずれも東京からの随行者であり、訪問地の要人は副次的な存在として現れる。また天皇との「距離」をみる上で興味を引くのは、皇室用語である「単独拝謁」「列立拝謁」「謁を賜う」等、階級や身分に応じ扱い方の使い分けがなされていることである。一般島民や児童との関係からみれば、天皇は「万歳三唱を受けられる」遠い存在であったが、その「遠さ」故にまさに天皇は聖化の対象となり得たのであった。

もう一点注目されるのは五人の島民代表が「功労者」として顕彰されたが、その一人にゴンザレス神父が含まれていることである。神戸の神学校に学び長年にわたり日本人社会と欧米系住民との橋渡し役をつとめた後者の代表格でもあるゴンザレスの遇し方は、帝国日本は「帰化人」と範疇化された欧米系島民に対しても「一視同仁」に接していることを伝えるメッセージでもあった。従来の侍従の「巡覧」においても、必ず「帰化人部落」を訪れ欧米系住民との接触をはかったが、この「行幸」においても、天皇は「奥村帰化人部落」の視察を日程に組み入れ、同地の「欧米系日本人」に「御会釈を賜う」ことを忘れなかった。なお同行取材した『アサヒグラフ』(一九二七年八月一七日号)は、「聖上小笠原島行幸」の特集を組んだが、欧米系住民については好奇の目でこう紹介している。「今でも二見湾の奥まつた奥村の浜辺には眼色毛色の異なったアングロサクソン系の帰化人が四〇名ばかり住んでいる。」

帝都東京の最遠隔地への「行幸」をとどこおりなく済ませた東京府当局は、二年後その「行幸」を記念する形で『小笠原島総覧』を公刊する。その冒頭では「行幸」を鑽仰し、こう記されている。「波濤万里の孤島に生を享くる者、何の天幸ぞ、斯かる無前の光栄に浴して、感泣やまないところである。」天皇の「恩寵」をふまえ東京府は、孤島小笠原諸島の善政に努めているのだというある種の陶酔感をもとにさらにこう続ける(27)。

小笠原島民はといへば、今や彼らは　行幸以前にその島嶼を愛しつゝ、あつたそれよりも、尚遥かに大きな愛と考へ方とをこの島嶼に対して抱き来たつといふことは、疑ひなきことでそれは誠に然かあるべきわけである。それではこうした「上」（＝「中央」）からの目線に対して、島民社会は「行幸」に関しどのような対応を示したのだろうか。端的にいうならば「主権在君」の国家原理に異をはさむことなく、そして東京府当局が述べたように「無前の光榮」としてそれを受容したといえよう。「行幸」は硫黄島の島民には直接の関係はなかったが、翌一九二八年の昭和天皇の即位礼に対する硫黄島側の対応をみてみよう。硫黄島において国家的行事が行われる場所はおおむね大正尋常高等小学校であったが、同校略史の中での昭和天皇即位礼（一一月一〇日）を祝す「御大典奉祝」の項をみておこう(28)。

同日、大正尋常高等小学校では「御大典奉祝記念」と銘打って、「学芸会　青年団・処女会合同」「運動会」「展覧会」に加え、「全島一周旗行列」「学校・全島民合同皇居遥拝式」が挙行された。その光景は「開拓以来四〇年にわたる全島最大行事で、昭和の新世代を寿ぎ祝った」（一三〇頁）と描写されたが、それはまさに「斯かる無前の光栄に浴して、感泣やまないところ」と「行幸」を謳い上げた東京府＝官の論理と感応するものであった。

(4) 父島・大村尋常高等小学校校誌『なでしこ』から

世界恐慌の激震の中で幕開けした一九三〇年代の日本は、満州事変を契機に政治的にも社会的にも大きな潮流変化の時代を迎える。また国際連盟からの脱退に象徴されるように、対外関係においても現状打破を唱える勢力が次第に影響力を強め、海軍強硬派の一部では「一九三六年危機論」が公然と唱えられるようになる。

第一の仮想敵国とみなされたアメリカの脅威が強調される中で、父島に要塞を有する小笠原諸島への関心が急速に高まり、同時にその「内地」の関心が小笠原諸島にもある種の共振現象を引き起こすという連鎖がみられるようになった。

折しも一九三五〜三六年の日本の文教政策は、重大な曲がり角に達していた。その幕開きを象徴したのが「天皇機関説事件」であった。この事件を機に政府は、一九三五年八月三日、一〇月一五日の二度にわたり「国体明徴ニ関スル政府声明」を発表した。そしてそれをふまえ文部省は、一九三七年に『国体の本義』を刊行し、教育現場における国論統一を強く打ち出した。その冒頭では、「大日本帝国は万世一系の天皇皇祖の神勅を奉じて永遠にこれを統一し給ふ。これ我が万古不易の国体である」ことが強調された。

このような中央の教育方針、それを支える皇国・忠君愛国思想が、小笠原諸島の尋常高等小学校全五校に達するのは時間の問題であった。それを受け入れる島内の心理的基盤は、これまで見てきたようにすでに出来上がっていたともいえよう。

以下では上述の状況を背景に、小笠原諸島の学童がどのような枠組みで時代を理解し、対応しようとしたのかを━学校側の対応を含め━考察してみたい。

「爆弾三勇士」事件をめぐって

現役の総理大臣犬養毅の暗殺という衝撃をもたらした一九三二（昭和七）年五月一五日事件の約四か月前、上海では日本の海軍陸戦隊と中国の第一九路軍が北四川路で激しく対峙していた（上海事変）。中国側は、市街地に塹壕や鉄条網で防備を固め、日本側にも多くの死傷者が出ていた。その中で「爆弾三勇士」と呼ばれるようになる三人の下級兵士が、爆弾を身にまとい「志願」して第一九路軍の防備を打ち砕くという「事件」が発生した。この「自爆」を各紙はこぞって大々的に取り上げ、三兵士は「爆弾三勇士」として「軍神」に祭り上げられた。実際には戦意高揚のために作られた「美談」であったが、たとえば『大阪朝日新聞』は二月二七日付社説で「日本精神の極致」と三人を讃え、他社の論調もほぼ横並びであった(29)。

「爆弾三勇士」美談は社会に広く流布し、また学校教育の現場でも忠君愛国の模範として全国的に取り上げられた。この「爆弾三勇士ブーム」を醸成する上で、朝日・毎日両有力紙が「爆弾三勇士の歌」の歌詞を公募（朝日新聞に一二万四五六一通、毎日新聞には八万四一七七通が応募）し、最終的にあの「君、死に給ふなかれ」の歌人与謝野晶子の夫鉄幹の作詞が選ばれ、大きな波紋と憶測を産んだ。いずれにせよ「廟行鎮の　敵の陣／我の友隊　すでに攻む　折から凍る　二月の／二十三日の　午前五時」で始まり「我等が上に戴くは／天皇陛下の大御陵威／うしろに負うは　国民の／意志に代れる　重き任」（四番）をはさみ一〇番までの詞は、陸軍戸山軍楽隊の勇壮な曲と相俟ち時代の空気を象徴する感があった。

小笠原諸島の社会や学校も、そうした反応は例外ではなかった。当時の学校の雰囲気を伝える資料は大正尋常高等小学校関係では入手できなかったため、ここでは父島・大村尋常高等小学校の校誌『なでしこ』（公益財団法人・小笠原協会所蔵）から当時の様子を垣間見ることにしたい。

「爆弾三勇士」に関連する記事が最初に『なでしこ』に登場するのは、第一三七号（一九三三年七月）の学校当局の日誌である。そこには「七月一一日　先日ノ観光団デ来島セラレタル元静岡県稲取高等小学校長土屋修氏来校セラレ、生徒ノ為爆弾三勇士ニ関スル講話ヲシテ下サイマシタ」と記されている。これを契機に生徒たちの間では、「爆弾三勇士」が大きな話題となったことが以下の作文からもうかがえる。

『なでしこ』一四三号（一九三四年二月）には、「二月二二日」と題した高等科一年の女子生徒の次のような作文が掲載された。「激烈燃ゆる如き愛国の至誠により鉄条網の一箇所は見事に破壊せられたのである。あゝ此の三勇士こそ未来の国民の手本である。此の思ひ出深き日を永く記念すべきである。」これと同工異曲の作文が『なでしこ』には散見されるが、それだけ南島の児童たちの胸に「折から凍る　二月の」大陸での出来事が、鮮烈な印象を植え付けたのであった。

翌一九三五年になっても「爆弾三勇士」への感激の余波は消えなかったようで、『なでしこ』一五四号（一九三五年二月）には学校側の「嗚呼忠烈肉弾三勇士」と題する記事が掲載された。「皆さんご存じですか、三勇士を？昭和七年の二月二二日の早朝でしたね。上海事変にあの廟行鎮の鉄条網をこわしに爆弾と共に飛込んで我が軍の突撃路を開いた勇士です。私達も此の三勇士におとらぬ立派な精神の人となりませう。」

大村尋常高等小学校の校誌『なでしこ』は、もちろんこうした戦意高揚に関わる作文や記事だけを収録したものではない。亜熱帯圏父島での日常生活や風習、郷土の景観、学校生活の喜怒哀楽等、当時の島での生活をいきいきと伝えるものが数多くみられる。『なでしこ』から離れるが学校生活の一端については、たとえば昭和十年代前半を同校で過ごした大平京子（イーデス・ワシントン）は、地理の時間に習った次の歌の節回し、歌詞を百歳近くになる今なお鮮明に復唱することができる（二〇一七年三月、父島での対話）。「台湾産物何々か、砂糖に樟脳ウーロン茶、そしてお米が二度とれて、山に黄金の花が咲く。」

その一方、「爆弾三勇士」エピソードが教師や生徒たちの間である種の感動をもって語り継がれたことも事実である。『なでしこ』からは昭和一〇年代に加速的に広がった軍国主義、忠君愛国思想の影響が、確実に小笠原諸島にも及んでいたことを読み取ることができる。同誌一六九号（一九三六年八月）の学校当局の手になる「本校経営の概況」は、こう報じている。「本校は教育に関する勅語の聖旨を体し特に昭和二年七月三〇日天皇陛下御臨幸の未曾有の光栄に浴せることに鑑み忠君愛国の思想涵養を以て教育の精神とし、国民思想の徹底を期し、至誠以て事に当るの習慣を養わんとするのである。」

非常時論・「一九三六年危機」論

大村尋常高等小学校の校誌をひもとくと、時局についての作文が予期した以上に数多く登場する。主たる情報源は、教室で担任教師から聞く日本を取り巻く「きびしい」国際環境についての話であろう。『なでしこ』第一四九号、（一九三四年九月）の表紙（図1）をみてみよう。満州事変三周年を記念した号であり、二人の星一つの若い兵士が敵陣に斬り込んでゆく英姿が描かれている。その号の冒頭は学校側による記事であるが、「昭和六年九月一八日　この日こそはあの満洲事変が始まつた日です。今月は満三周年の記念日にあたります。すこやかに育ちつつある兄弟国なる満洲をいたわり、みちびいて立派な国に育て上げませう。之は我々日本人の一大仕事です。」

　この記事からも分かるように、やがて全面戦争にいたる日中関係は、「太平洋問題」とならびもっとも児童たちの関心の高い時局問題であった。日中戦争勃発直後の尋常科五年の男子は、「支那事変の感想」と題しこう綴る（『なでしこ』第一七四号、一九三七年一〇月）。「…日本はどうして支那と戦つたか。それは悪い支那兵を追ひはらつて東洋の人々が皆楽しく暮せるやうに

図１　『ナデシコ』表紙第149号（1934年９月）

するため支那と戦つてゐると先生もおつしゃいました。若しもこの戦争が永く続くなら僕等も早く大きくなつてお国のために働き度ひと思います。」この生徒は、教師の言葉に疑いをはさむことなく素直に「お国のため」に尽くしたいとけな気に綴るのだった。

同じ尋常科五年の女子生徒も、教師の話をもとにこう感想を綴る。「…支那を全く打つぶさうと云ふのですからこの戦ひはいつまで続くか分かりません。けれども私は支那軍を打破つて万歳を唱へるのも間近いやうな気がします。此の父島も重要な島ですから私達が一致してこの島を守らなければなりません。綴方の時間には度々受持の先生に戦の様子をお話して頂きます。」

学校では授業の一環として「支那事変」のトーキー映画鑑賞の時間があったが、それをみた尋常科五年の別の男子生徒は、複雑な心の揺れをこう書いている（『なでしこ』第一八七号、一九三八年二月）。「（兵隊さんの勇ましさに感服）早くあのにくい支那軍をやつけてしまひたい。だが支那の人たちが戦争のために殺されたり食物もなくて外で悲しさうに立つてゐるのを見ると何だかかわいさうな気が起つてきます。」

父島をはじめ太平洋上に浮かぶ小笠原諸島の児童たちにとって、実際の中国大陸は遠い存在であったにちがいない。またどうして中国人が「悪い支那兵」なのかを自覚的に理解してはいなかったであろう。そうした中で、学校教育を通じ―教材としてのトーキー映画を含め―勧善懲悪的な日中戦争観が児童たちの間で形成されていった過程が、『なでしこ』からは鮮明に浮かび上がってくる。しかしそれと同時に、「正義」に立つ「強い」日本が「悪い」支那軍を圧倒するトーキー映画を見て「何だかかわいさうな気が起つてき」た、と戦争というものの一面を直感的に理解していることも留意すべきであろう。

日中関係と異なり、「太平洋問題」は小笠原諸島の地政学的な位置とも関連し、学童たちにもより切実な問題として理解されていた。満州事変から国際連盟脱退、そして欧米列強との関係悪化を背景に、日本のみならず小笠原諸島の置かれた現状や将来についても緊迫感がにじみ出る発言が『なでしこ』誌上にも現れてくる。その内の何点かの代表的な作文を年を追ってみたい。

日本が国際連盟からの脱退を通告した一九三三年の『なでしこ』第一四一号（一二月）誌上に載った高等科一年の男子生徒の次の作文からみておきたい。「今の日本は危機にあるのです。日本は国際連盟から脱退した。連盟の国々から南洋群島［国際連盟の委任統治領］をかへせと言ふであらう。其の時日本は断じてかへさないのである。返へす必要はないのである。南洋は日本の海の生命線である程大切な所である。」

沖縄本島出身の勢理客文吉の父松が南大東島を経てパラオに渡ったように、沖縄は事実上日本の植民地となった南洋群島への最大の移民供給地であった。一九三三年時点の南洋群島全体の総人口は八万三二五人で、その内訳は現地住民が四万九九三五人、日本人三万二二一四人（一九三五年以降は日本人人口の方が多くなり、一九四二年には二倍近くになる）、そしてその日本人人口の内沖縄出身者は五六・五％を占めた[30]小笠原諸島は南洋群島に距離的に近くしかも「本土」から南洋群島への航路は父島を経由するルートが主であったことから、同群島への関心は日本のどの地方よりも高いものがあった。さらに数字的には沖縄に遠く及ばないが、小笠原諸島各地から南洋群島へ移民として渡る事例も少なからずあった。

それだけに南洋群島の国際法的地位は、小笠原諸島の児童たちにとっても無関心ではいられなかった。端的にいえば、彼らから見れば、「海の生命線」＝南洋群島が身近にあるが故に「日本の危機」はすなわち「小笠原諸島の危機」としてより鋭敏に感じられた一面があった。「非常時小笠原島」と題した詩を寄せた一女子生徒が、「帝都をはなれて程遠く　太平洋の中央に　今後の戦の守護島と神の給ひし小笠原」（第一四五号、一九三四年五月）

と綴ったのも、その端的なあらわれであった。

次も「我が国の危機」に関する作文で、一九三四年一一月発行の『なでしこ』第一四四号に掲載された。高等科一年の男子生徒が書いたもので、その全文を紹介しておきたい。

昭和一〇年の我が国の危機は目前にせまつてゐる。それが後二三年である。吾等が在住する小笠原［父島］は太平洋の只中にあつて小さい島ではあるが、□［今?］となれば之は我が日本にとつては重大な島なのだ。外国が攻めてくるにしても外国へ攻めて行くのにも海を越えなければ攻めることも守ることも出来ないのである。それを守る為には船と又その船をあやつる人がなければならない。危機せまる太平洋をどふして吾等は防ぐか、それには平生の訓練が必要である。あゝ危機迫る太平洋!。

今日でいえば中学校一年生の作文であるが、小笠原諸島の地政学的地位、軍事的重要性を認識した上での時局論といえよう。ここにみられるある種のリアリズムは、同じ東京府の区部の生徒たちにはみられないものであろう。それから二年余を経、日中戦争も始まると生徒たちの危機意識はより増幅されていく。尋常科六年の女子生徒は、「非常時日本」と題した次のような詩を寄せた（『なでしこ』第一八〇号、一九三七年七月）。

太平洋の真中に　ぽつんと一つはなれ島　非常時日本の玄関番／南の島の小笠原　力をこめて我々は　守ろう海の生命線／我等は日本の子どもなり　世界で強き日本に生まれし我等は幸福よ／お国の為よ君の為　力の限り我々は　守らう海の生命線／守れよ々小笠原　南海遠きはなれ島　我等非常時日本の　玄関番の小笠原　学びはげみ身をきたへ　守らう海の生命線。

生徒たちの耳に快くひびいたと思われるこのリズミカルな短詩には、「海の生命線」という語が三回、そして「非常時日本」の語が二度登場する。一九三〇代に入って深まる日中関係の緊張に加え、三〇年代後半の小笠原諸島を取り巻く太平洋が「平和の海」から敵侵攻を防ぐ最前線として受け止められたことを物語るものであった。

先に述べた「御真影」をめぐる議論とも密接に関係するが、皇室についての作文が『なでしこ』誌上に数多く登場するのも一九三〇年代の大きな特徴である。皇室を「内なるもの」として理解することで、距離的には大海によって隔てられるとも「同じ日本人」であるという帰属感を感得できるということなのであろうか。「皇太子殿下［平成天皇］の御降誕を祝ふ」という高等科一年の女子生徒の作文は、こう喜びを表現する（『なでしこ』第一四二号、一九三四年一月）「北方の千代田城ではどんなにかお喜びなすつた事でせう。きつと々お城の外まで、いや日本中にあふれているでせう。この喜びに国の血はみなぎり風雲急をつぐる太平洋もこのおよろこびを祝してか、波静かでした。」

皇太子誕生（一九三三年）の一二月二三日は、大村尋常高等小学校の修了式当日であった。式終了後、あらためて登壇した校長は「ニコニコして」皇太子誕生の喜びを語った（『なでしこ』第一四二号、一九三四年一月）。年の瀬も迫ったその六日後の二九日には、「皇太子殿下御降誕奉祝」を記念した父島あげての提灯行列が行われ五年生以上の全生徒が参加した。こうした一連の行事は、硫黄島大正尋常高等小学校でも同じであった。

翌一九三五年二月の第一五四号には、「紀元節」と題した尋常科三年の女子生徒の次のような作文が載せられた。「皇室は私共国民の本家です。私共の先祖は此の世界一の御主家にお仕へして忠義と孝行のために、はたらいてきました。私共は先祖の名をれにならぬように、一生けんめい勉強して、此のりつぱな国をもつと々よい国ホントウによい日本にしなければなりません。」

最後に紹介するのは、「日本」と題した尋常科四年男子の文章である（『なでしこ』第一五七号、一九三五年六月）。この生徒は、日本が日露戦争に勝利したのは「大和だましひ」があったからだと述べた後、こう続ける。「いくら大和だましひがあつても天皇陛下の御恩をわすれないで忠義をつくさなければなりません。僕は大きくなつたら立派な日本人になつて天皇陛下に忠義をつくさうとこころざしを立てています。大日本帝国ばんざーい。」

ガリ版刷りで作成された学校誌『なでしこ』は、大村尋常高等小学校の教師（学校側）と生徒、その家庭を結びつける唯一の活字媒体であった。生徒たちの作文の多くは、日々の学校生活や家庭生活、あるいは小笠原諸島の自然や動植物、景観等を素材にしたごく日常的な内容を主としている。それと同時に、先述した「本校経営の概要」にみるように、「教育勅語」と「御真影」をふまえた「忠君愛国の思想涵養」を実践する場としても、『なでしこ』は機能した。

本節ではこうした観点から、三つの主題に焦点をおいて、それに関わる生徒たちの作文を紹介した。対象としたのは資料の関係で父島の大村尋常高等小学校の一校のみであったが、ここでの議論の大筋は、母島そして硫黄島の他の尋常高等小学校においても大きく異なることはなかったと思われる。その意味で、同じ時代に硫黄島大正尋常高等小学校で学んだ勢理客文吉の考えにも相通ずるものがあると考えてよいであろう。

硫黄島大正尋常高等小学校

硫黄島大正尋常高等小学校は創立以来三一年間で一千余名の卒業生を送り出し、一九四四年七月閉校となった。「強制疎開」命令により、住民の大部分が離島を余儀なくされたためであった。同小学校についてはこれまで主に中村栄寿編『硫黄島　島は消えた　戦前の歴史をたどる』によりながら随所で触れてきたが、ここでは同小学校が果たした社会的役割として「島内新聞」の発行について紹介しておきたい。前述したように、一九一二年に地学協会の学術調査団が来島した際に、島民は初めて三週間前の明治天皇逝去を知った。そのことが象徴するように、東京府内の最遠方の有人離島として「内地」の情報の迅速な入手はきわめて困難であった。そうした状況は長らく続いたが、一九三一年四月、蓄電池式学校ラジオ受信機が島の中心元山の小高い丘の上にある大正尋常高等小学校に設置され、多くの島民が娯楽をかねて聴きにくるようになる。それを契機に何人かの有志教員が夜七時と九時に放送されるニュースの要点をガリ版印刷し、翌日に島内の要職者や各集落の長に配ったり、それを掲示板にはって島の人々が読めるようにした。それによって島民は上海事変や「爆弾三勇士」、「満洲国建国」、国際連盟脱退等の日本をとりまく重要なニュースをただちに知ることが可能になった。当時の島民にとっては「本島開拓以来の画期的な社会事業」であった。この「日刊島内新聞」は開戦まで一〇年間継続した(31)。

勢理客文吉は、このラジオ受信機設置の年に高等科に進級し、卒業後は青年学校で学ぶことになる（写真4）。文吉と同じように、小学校高等科を卒業後青年学校に学んだ若者の一例として母島の一青年の場合を参考として

写真4　硫黄島青年学校時代の勢理客文吉（後列左2番目）、1937年頃、長洋弘氏所蔵

みておきたい(32)。「農漁業に就かない」彼は高等科を終えた後「若い衆組合」に属し、早朝組合長宅に出向きそこでその日の砂糖締め、山仕事、荷役等雑多な用務の割り振りを受ける。そして「夕方帰宅してから青年学校へ行き、終わったら直ぐに寝る」というのが日常的な生活スタイルであった。

こうした文吉らの歩みと関連させ、『硫黄島　村は消えた』(一三一 - 一三三頁)によりながら一九三〇年代以降開戦までの大正尋常高等小学校の主な動きを手短かにみておこう。

一九三二年五月　創立二〇周年記念式を挙行。午後は学校、会社、青年団による親善野球試合。相撲とともに野球は硫黄島で人気のあるスポーツであった。

一九三五年　教育制度改正により青年学校が設置(農業補習学校と青年訓練所が合併)。勉学とともに徴兵検査までの期間、きびしい軍事訓練が実施される。勢理客文吉も高等科卒業後農業補習学校を経て青年学校で学ぶ。翌一九三六年の青年学校生徒数は男五四人、女一八人、合計七二人。

一九三七年　青年学校で農業菜園の実習が強化。

一九三九年　勤続二〇年に及ぶ安宅校長に正七位勲七等瑞宝賞授与、高等官六等待遇、長年にわたる学校経営の功績で。この年一一月に中央気象台硫黄島観測所開設、南方海域の観測網強化のため[いうまでもなく軍事的目的のため転用可能]。

一九四〇年　東京での皇紀「二千六百年祭」式典に安宅校長出席、記念品下賜後一二月に退職、勤続二一年。後任校長に斎藤源一教頭昇格。

一九四一年　文部省による小学校制度改編で学校名が硫黄島村大正国民学校へと改称、父島で小笠原支庁管下全教員国民学校講習会が開催、硫黄島からも二名参加、「画期的な教育講習会」。大正国民学校、三条からなる「教育簿」に信条を明記。「一、私達は天皇陛下の御民です　君に忠に親に孝に　誠の日本臣民になります。一、私達は、大正国民学校の児童です　教に遵い　業を励み　高く学校の名を輝かします。一、私達は　大東亜を興す国民です　心を錬り　身を鍛へ　強く　皇国の力となります。」

この略年譜からも、大正尋常高等小学校、後身の大正国民学校は、文部省管轄下の学校として軍事教練と皇国意識の高揚を両軸にしながら、生徒たちに「非常時日本」に挺身する人材となるよう教育にあたっていたことがうかがえる。そして文吉を含め多くの生徒は、先にみた父島大村尋常高等小学校の児童と同じように「立派な少国民」となる決意で学校当局（政府当局）の「期待」に応えることに無心に努めたのであった。

四　戦時期硫黄島と勢理客家の人びと

前節でみたように、一九三〇年代以降、硫黄島では軍事的な施設の整備拡充といったハード面のみならず、そうした軍事化の影響を受けつつ学校教育や社会生活等ソフト面においても、さまざまな変化があらわれるようになった。

しかしながらそうした中にあっても、人びとの日々の生業は開戦までは劇的な変化があったわけではなかった。表9は、開戦前三年間の農産物の耕作面積と生産額の平均を示したものである。この内まず硫黄島の主産物である薬用植物についての内訳をみると、五種類の作物（「特殊作物」の名称）の合計で、硫黄島は他の二島を圧倒し、面積において全体の六二・二％、生産額において八六・一％を占めていることが分かる。とりわけレモングラス、コカ、さらにはデリス栽培においては硫黄島の独壇場である。また綿花ならびに甘蔗についても、開拓初期以来の伝統的な優位を保持している。こうした薬用植物における優位は、硫黄島住民の多くがこれら作物栽培において小作人として働く硫黄島産業㈱の存在が大きいためである。他方、高い地熱が栽培に適する果実類は自給に十分であるが、日常の食生活に不可欠な野菜類はほとんど母島、父島に依存していることも明らかである。またこれらを含め農業生産自体は、軍需への対応もあり戦争末期まで継続されていた。

開戦まで相対的に安定した生活を維持していた硫黄島の住民にとって、戦争突入は小さな島の雰囲気を一変させた。人口一千名ほどの離島に、相次いで陸海軍部隊が上陸する。一九四二年に入りまず和智恒蔵海軍中佐（海兵第五〇期）が率いる警備隊一千名以上が上陸する。これだけで島の人口に匹敵する規模であった。当時の住民の一人冬木道太郎は、「文化生活からは離れた牧歌的な生活にも、やがて大きな変化」があらわれたと振り返り、「誰一人、此処が煉獄以上の修羅場になろうとは知らなかったであろう」と述べる[1]。冬木

表9　1939-1941年の平均耕作面積（ヘクタール）と生産額（円）

	父島		母島		硫黄島		硫黄島の割合	
	耕作面積	生産額	耕作面積	生産額	耕作面積	生産額	耕作面積	生産額
野菜類合計	149.6	818,549	267.2	1,484,168	25.9	39,360	5.9	1.7
特殊作物合計	51.1	9,496	119.3	75,196	333.0	526,200	62.2	86.1
レモングラス					52.3	146,440	100	100
コカ					102.5	183,600	100	100
デリス			12	54,000	18.3	164,700	20.4	75.3
甘蔗	50.4	9,072	102.6	18,468	151.4	27,252	49.7	49.7
綿花	0.7	424	4.7	2,728	8.5	4,208	61.2	57.2
果樹計	26.2	18,280	27.1	18,878	32.2	25,749	37.7	40.9
その他の作物	4	55,124	1.9	21,750			0	0
総合計（自動計算）	282	910,945	534.8	1,675,188	724.1	1,117,509		
総合計（記載の数字）	230.9	901,449	415.5	1,599,992	391.1	596,309	37.7	

1．野菜類は、南瓜、胡瓜、トマト等16種類
2．果実は、バナナ、パパイヤ等４種類
出所：辻友衛編『小笠原諸島歴史日記上巻』近代文藝社、1995年、353頁に基づき筆者調整。
本表には出典明示がないが、参考として紹介。

はその回想の中で、一九四二年にはせいぜい一匹八厘から一銭どまりの値段であったトビ魚が十銭に高騰したことをあげ、海軍部隊の上陸による食料品の需要増が島民の日常生活にもたらした圧迫感を指摘する。

1　戦時態勢下の硫黄島

島民の日常生活に深刻な影を落とした軍駐屯の動きを、もう少し追っておこう（中村栄寿編、前掲書、防衛庁戦史室編『戦史叢書中部太平洋方面陸軍作戦』等参照）。一九四三年九月になると父島方面特別根拠地隊の一部二三〇名が硫黄島に上陸、横須賀鎮守府派遣の約八百名もこれに続く。御前会議決定で、「絶対国防線」をマリアナ・カロリン・西ニューギニアの線に後退させたのは、その直後の九月三〇日のことであった。戦局はすでに悪化し同年二月にはガダルカナル島撤退、五月にはアッツ島守備軍が「玉砕」していた。同じころ硫黄島では一二〇〇メートル×二〇〇メートルの滑走路が完成、これによって海軍双発爆撃機の離着陸が可能となる。あくまでも軍用であり、島民をふくめた一般民間人には閉ざされた飛行場であった（今日も同じ状況である）。

一九四四年に入ると大本営は、一方でインド・ビルマ国境山岳地帯でのインパール作戦を決定（作戦開始は五月八日）、他方南太平洋方面ではマーシャル群島のクェゼリン島が二月、米軍の前に「玉砕」、それにより硫黄島の兵力増強が加速化される。こうして三月には海軍硫黄島警備隊が新設（和智中佐ら三九名）、また父島の小笠原地区兵団から陸軍部隊が硫黄島へ初上陸、厚地兼彦大佐以下四八八三名が陣地構築に着手する等、翌年二月～三月の日米激戦での「玉砕」への道が準備される。

サイパン島の戦局悪化を背景に、大本営は一九四四年六月二六日に至り、小笠原所在部隊を改編、第一〇九師団（小笠原兵団）として編成し、「縦深陣地構想」を編み出す栗林忠道中将が師団長として着任する。そして七月一日、大本営は、小笠原兵団に対し重要な意図・任務を伝える（大陸命第一〇四五号）。その要点は、第一に「小笠原群島方面ニ対スル大本営ノ企図ハ来攻スル敵ヲ撃滅シテ其要域ヲ確保シ以テ皇土ノ防衛ヲ全ウスルニ在リ」、第二は「小笠原兵団長ハ海軍ト協同シテ来攻スル敵ヲ撃破シ小笠原群島ノ要域ヲ確保スベシ」という内容であった（防衛庁戦史室、前掲書、二八七頁）。端的にいえば小笠原諸島を「皇土［本土］ノ防衛」のための最前線とせよということであった。すなわち沖縄と同じく、「本土」のための「捨て石」となるべしとの構想を地元住民の頭越しに決めたのであった。この命令はサイパン陥落（七月七日）によって、より一層現実的な意味をもつことになる。それから一か月後の八月四日、小笠原守備隊将兵に与えた「お言葉」の中で天皇は、「幾多の艱難を克服して……一意敵侵攻撃砕に努めつつあるは深く満足に思ふ」と督励した(2)。

この大本営命令から二か月余りを経た九月一二日、栗林兵団長は妻宛て私信で胸の内をこう吐露した。「……米国のためこんなところで一生涯の幕を閉ぢるのは残念ですが、一刻も長くここを守り、東京が少しでも長く空襲を受けないように祈っています。」(3)「名将」とうたわれた栗林にとっても守るべきは妻子のいる帝都東京であり、極言すれば硫黄島は「こんなところ」でしかなかったのであった。

小笠原兵団―そこには軍属として徴用された一六歳から六〇歳までの男子硫黄島民約百名もふくまれる―は、約八か月にわたり大本営命令を遂行するも一九四五年三月最終的に「玉砕」の日を迎える。この間、一千余名の島民の故郷たる硫黄島は四〇〇隻もの米艦船に包囲され、発射弾数四五万一〇五六発、投下爆弾八三六〇トン以上、ロケット弾一万二一四八発、艦砲射撃一万四二五〇トン以上を受けた後「運命の日」を迎えるのであった(4)。

米軍の硫黄島作戦がいかにすさまじいものであったか、もう一つの数字をみておこう。横須賀海軍通信学校を卒業、玉名山通信所勤務に服していた一九歳の少年通信兵秋草鶴次は、奇跡的に生き残った兵士の一人である。

秋草は一九四五年正月三日間の「敵襲」はのべ一二〇機（元旦二五機、二日四六機、三日四九機）であったとし、その内訳を時系列的により詳細に記述した(5)。三日間を通じ最初の「敵襲」は、それぞれ〇時三〇分、〇時四〇分、一時、そして最終は二三時二〇分、二三時一〇分、二二時四〇分で昼夜を問わずB二九の攻撃にさらされたのだった。

一九四五年三月一七日、小笠原兵団は栗林兵団長の縦深陣地論をふまえ島内全土に約一八キロにわたり築いた壕にたてこもり、米軍の物量作戦に抵抗しつつ来るべき最期の日を迎えた。玉砕した日本軍の壕内では「全員戦死した中で、受信機だけが詩吟をうたっている坑道」もあった(6)沖縄とともに日本の広義の「内地」で唯二か所「地上戦」が展開された硫黄島での陸海軍双方戦死傷者・生還者の数は以下のとおりであった（表10）(7)。なお戦歿者数については資料によって多少の差異があり、たとえば原剛「小笠原諸島軍事関係史」（小笠原村教育委員会編『小笠原村戦跡調査報告書』二〇〇二年、一八頁）は、陸軍一万二八五〇人、海軍七〇五〇人としている。

硫黄島守備隊が劣悪な状況下「勇猛」に戦っている様子は、国内の新聞・ラジオでも連日のように報じられた。「朝日新聞」を例にとると、米軍の硫黄島上陸直後から同島での日米戦争は最重要の戦局ニュースとなり、以下のように三四日間で二〇回にわたり第一面のトップ記事に掲げられた（二月一七〜一九日、同月二二〜二五日、同月二七〜二八日、三月一日〜九日、同月一八日、二二日）。ちなみに二月二八日をみると「全線に夜襲斬込み敵の本営に殺到す、擂鉢山に卑劣・敵燻し戦術」、三月四日は「連日にわ

表10　硫黄島戦における日本陸海軍の戦死傷者（人）

	戦　死	生　還
陸　　軍	12,858	743
海　　軍	6,681	274
計	19,539	1,017

出所：小笠原戦友会編『小笠原兵団の最後』原書房、1964年、284頁

たる敵の砲爆撃による我陣地周辺の地貌は一変し、草木は悉く焼け凄惨なる情況を呈している」と報じられた。
日本軍守備隊の奮戦ぶりを前面に打ち出した形であるが、紙面からは実態として米軍の圧倒的優位が読み手に伝わる内容となっている。そして硫黄島戦局報道の最後となった三月二二日付『朝日新聞』の一面トップは、こう報じた。「最高指揮官陣頭に壮烈・全員総攻撃　敵の損害三万三千」「敢闘一箇月十七日夜半通信絶ゆ。」それに続き、陸軍大将小磯国昭首相のラジオ放送が「断乎戦ひ抜かん　活かせ硫黄島勇士の魂」との見出しで六段にわたり紹介された。
国内と同じように日本軍支配下の「大東亜共栄圏」の最南端に位置するインドネシアにおいても、戦意高揚の一環として硫黄島の日米角逐における日本軍の抗戦ぶりが報じられた。勢理客文吉が駐屯したスマトラにおける『スマトラ新聞』（復刻版）は、一九四四年一月二〇日までしか残されていないので、ここではジャワの事例をみておきたい。朝日新聞社が軍の委嘱を受け発行した邦字紙『ジャワ新聞』（二〇一七年復刻、龍溪書舎）の硫黄島戦に関する報道をみておこう。
一九四四年六月二〇日―米軍硫黄島にも来襲
同年七月一二日―計百二機以上を撃墜、小笠原方面の戦果拡大
一九四五年二月一八日―敵、硫黄島に上陸企図　我守備隊忽ち撃退
同年三月六日―米兵大半を殺傷し各要点を堅持　対火焔放射器を使用
同年三月二一日　最後の総攻撃令　硫黄島の皇軍突撃決行。
当時スマトラにあった勢理客文吉も、きびしい軍検閲下にあった邦字紙の記事を食い入るように追いながら行間から故郷硫黄島に住まう家族に思いを馳せていたものと思われる。後述するように文吉は、硫黄島の日本軍「玉

砕」を知ったことが日本軍からの離隊の大きな理由であったことを認めている。

時間はやや前後するが、ここで硫黄島「玉砕」直前における日本の中枢部の時局認識を『昭和天皇実録第9巻』によりながら見ておきたい。一九四五年二月二六日、「サイパン陥落」の責を負って前年七月退陣した前首相東条英機（陸軍大将）は、天皇に「拝謁」の機会を得る。席上東条は硫黄島の戦局悪化を認識しつつも、距離的にみて同島は本土に近く（米国からの距離と比べ）、したがって「我国ハ作戦的ニモ余裕アルコトヲ知ルベシ」と余裕を示した上で、これまでの米軍が占領した地域は「外域」に過ぎず「純粋ノ［日本］領土ニアラス」、今回初めて（二月一七日）「真ノ日本ノ皇土」に上陸したものであると言上した。そう述べた後東条は、敵は開戦前は四週間で日本を屈服させ得ると豪語したが、実際は四年後の今日になって「漸ク硫黄島ニトリ付キ得タリトモ言ヒ得」と根拠なき楽観論を崩そうとしなかった（同五九〇頁）。

他方、その三日前天皇に「奏上」した岡田啓介（二・二六事件当時の首相、海軍大将）は、「時局真ニ由々敷コトニテ恐懼ノ至リナリ……科学ト技術ト物量トノ差隔ニヨリ戦局ノ見透シ楽観ヲ許サザルヲ遺憾トス」と述べ、東条とは対照的にアメリカの科学・技術・物量は侮りがたしとの立場を表明した（同五七八頁）。さらに岡田は、現状に鑑み「我ニ有利ナル時期ヲ捉ヘテノ戦争ヲ止メルコトモ考フベキコトナリ」と踏み込むも、これは「思想ノ分裂混乱」をもたらす「虞」があるので「政治ノ局ニ当ルモノヨロシク腹ノ中ニテ考ヲ定メ置クベキナリ」と述べるにとどまった。もちろんその時点での天皇は、「戦争ヲ止メルコト」には否定的であった。

この点と関連し天皇および政府中枢のその後の動きを、小笠原諸島に対する見方とからめ追っておきたい。一九四五年七月に入り悪化一方の戦局を背景に、一二日天皇は鈴木貫太郎首相に対し「ソ連邦に対して率直に和平の仲介を依頼し、特使に親書を携帯させて派遣」するよう申し付けた（『昭和天皇実録9巻』七一八頁）。これをふまえ同日天皇は近衛文麿に対し、「対ソ特使を委任」するかもしれぬので「心得置くべき旨」を伝えている。

対ソ特使派遣を受諾した近衛は七月一五日に「和平交渉の要綱」を作成し、その「条件」の中で「国土に就いては、なるべく他日の再起に便なることに努むるも、止むを得ざれば固有本土を以て満足す」と書き入れた。同時にその「要綱」に続く「解説」の中で近衛は、「固有本土の解釈については、最下限沖縄、小笠原島、樺太を捨て、千島は南半分を保有する程度とすること」と説明した。この近衛文書を「驚くべき」内容と批判した外交史家豊下楢彦は、まさに沖縄は「捨て」られる対象であったと指摘する(8)。ここでは明示的には言及されていないが、「捨て」られる対象にはもちろん小笠原諸島そして樺太、千島も含まれていた。

2「強制疎開」をめぐって

一九四四年二月までの段階で南東方面の日本軍の損失は「死者一三万人、艦艇七〇隻、船舶一一五隻、飛行機八千機」(『近代日本総合年表』より)に達していた。さらに三月末には南洋群島の中心パラオへの米機動部隊の攻撃へと続く中で、次の米軍の攻撃目標は硫黄島はじめ小笠原諸島であることが明確となった。こうした現実を前にして、来るべき米軍(連合軍)との戦争において「非戦闘員が足手まとい」となることを避けるため、その「足手まといをなくす」ことが小笠原兵団長栗林中将の基本方針となった(9)。こうして小笠原諸島全域から住民を「強制疎開」させる政策が具体化してゆく。

疎開とは、「空襲・火災などの被害を少なくするため、集中している人口や建造物を分散すること」(『広辞苑』)と定義されるが、そこには「空襲・火災など」の危険が去った後は旧状に復す、ということが前提となっている。しかしながら、結果的にみると硫黄島から強制的に疎開を命じられた約一千名の島民にとって、戦争末期の後髪を引かれる思いでの離島は「強制的永久退去」令に等しかった（既述のように父島・母島については欧米系島民＝「帰化人」は一九四六年一〇月いち早く復帰を許され、残りの旧島民は一九六八年小笠原諸島の施政権返還によって二三年ぶりの帰島が可能となった）。

以下では、硫黄島で暮らす人びとの生活を根底から破壊した「強制疎開」がどのような経緯で実施されたのかにつき、基本的な流れを跡付けておこう。小笠原諸島における疎開に向けての最初の動きは、一九四四年三月八日東京都（一九四三年六月、府改め）管下の小笠原島庁から警視庁警務部長への次のような電報であった(10)。「防空法施行令第八条ノ二該当スル者一千五百名ヲ四月末日迄ニ逐次内地ニ引揚グル準備中」。ついで四月七日に至り都は、軍を含む関係方面と協議の上「島嶼住民引揚実施要綱」を決定する。

この間太平洋方面の戦局は悪化の一途をたどり、六月一五日には南洋群島の要塞サイパン島へ米軍が上陸する。同日には小笠原諸島全域にわたる米軍機来襲もあった。逼迫する戦局の中、栗林兵団長は前述のように「足手まとい」となる非戦闘員の引揚を陸相に具申する。こうした一連の動きを経て六月二六日、政府は対策を急ぎ、内務・厚生両次官の名で都長官（知事）へ「次官通牒」を送付する。同通牒は「引揚勧奨者」の対象を規定したもので、①六〇歳以上一五歳未満の者、②女性（とくに残留を要する者を除く）、③その他現下の状態に鑑み残留を要せざる者、とされた（東京都、同上）。この趣旨にもとづき都長官は、小笠原支庁長に引揚命令（「強制疎開」）を通達したのだった（九月一日には八丈島支庁長にも同様の発令）。こうして先の三要件に該当するとみなされた島民は、わずかな身の回り品のみ携帯を許され、離島後の見知らぬ地での生活不安をかかえたまま慌ただしく危険に満ちた海域を「本土」に向かった。

政府は八月二四日、次官会議決定で「引揚民保護指導要領」を制定、九月一二日には厚生省健民局、防空総本部業務局の連名で都長官に対し、「島嶼引揚民の保護指導に関する件」を提示した。しかし戦時下に付け焼刃的に出されたそれらの施策が、疎開後の島民にどれだけ精神的・物理的な安堵感を与えたかは、引揚当事者の回想を読んだり、彼らの体験談を聞く限りはなはだ心もとないものであった。しかも「保護指導」を目的とする通牒とはいうものの、実際には疎開者をいかに「戦力化」するかということに主眼がおかれたことは、冒頭でこう述べられていることからも一目瞭然である（東京都、前掲書、二五四頁）。「引揚民ニ対シテハ国内総戦場態勢ノ認識ノ徹底ト一億総国民戦闘配置ノ精神ノ透徹ヲ図リ各人ノ能力ニ応ジ速ニ適職ニ就カシムルト共ニ自治ノ方途ヲ得セシメ苟クモ保護ニ忸レシムルカ如キコトナキヤウニ指導スルコト。」

「強制疎開」が一段落した七月末段階での離島者は、小笠原諸島五七九二人、硫黄列島一〇九四人（含北硫黄島九〇人）合計六八八六人であった[11]。他方、残留した島民は小笠原諸島六六五人、硫黄列島一六〇人を数えた。石原俊によれば、硫黄島残留者一六〇人の内五七人は地上戦開始までに父島へ移送され、他の一〇三人は軍と雇用関係を結ぶ軍属として海軍二〇四設営隊や陸軍貨物廠等の最前線で働くことを命じられた[12]。その結果「玉砕」戦に巻きこまれ九三名の犠牲者を出すことになった。他方、地上戦終結の日まで生存できたのは、米軍の捕虜となったわずか一〇名ほどの人にすぎなかった。

3　勢理客文吉の足どりと家族離散

勢理客文吉は二〇歳を前にした一九三九年一月、徴兵検査を受け甲種合格となる。硫黄島島民の徴兵検査は当初母島で実施されたが、一九二六年以降は大正尋常高等小学校を会場に島内で行われることになった。文吉をはじめほとんどの青年にとっては、母校での徴兵検査ということになる。島の青年にとっても、徴兵検査は人生最初の重い通過儀礼であった。体格もよく武道にも秀でた真面目な文吉は、難なく甲種合格をはたした。

硫黄島においても共通の光景と思われるが、文吉の一歳年少の父島D氏の回想によると、父島では徴兵検査が「無事」終わると大村の繁華街にある林カフェで盛大な打ち上げ大宴会が開かれたという。検査を終えた人が金三円ほど出し、仲間を招きステーキや煮込みを肴に酒も惜し気なくふるまわれた。「徴兵検査にパスすると一人前に見られ、酒もタバコもやれるようになった」とD氏は懐古する[13]。

甲種合格後の翌一九四〇年、文吉は初めて東京の土を踏み、麻布教育隊で訓練に明け暮れる日々を送る（写真5）。訓練期間修了後の配属は近衛歩兵第五連隊第十中隊と決まり、陸軍伍長として出征する。近歩第五連隊は師団主力を追い華南に出征、南部仏印に「進駐」、ついでタイ、マレー半島、シンガポールを転戦し最終目的地スマトラに占領軍の一員として上陸する（写真6）。文吉が配属された第五連隊は、一九三九年八月、近衛歩兵連隊の各連隊から転属された兵を基幹に麻布竜土が丘に創設された混成部隊であった[14]。

文吉の開戦前後期の足跡については、後年彼自身が書いた「旧戦争《ママ》補償手当請求書」により具体的にみておう（長洋弘氏所蔵資料）。

一九四〇—四一年—近歩第五連隊に入隊、中国に上陸、各地転戦後広東中山大学で駐留警備。
一九四一年—大東亜戦争勃発と共に印度支那に上陸、プノンペン警備。
一九四二年—タイ国、マレー半島、シンガポール攻略作戦に参加、スマトラ島プロポン上陸、各地転戦後メダン市［北スマトラ］に進駐、その後メダン警備、ジャワ島スマランに駐留警備。
一九四三年—マレー半島マラッカに駐留警備、その後シンガポール官邸警備。
一九四四年—スマトラ・カバンジャエ駐留、ダンシボロンボロン警備。

一九四五年―アチェ州イジに駐留警備中、大東亜戦争終戦となる〔近衛司団主力は北部スマトラの警備を任務としたが、第五連隊だけは、師団主力とは別に各方面に移動し各種任務についた。防衛庁防衛研修所戦史室、前掲書（註四－14）、二二九頁〕。その後テビンティンギ駐留。

敗戦後の文吉の動静については次章で詳述するが、ここでは文吉がスマトラ北部を中心に日本占領軍の一員として駐屯していた時期の家族の状況に目を転じておこう。

前述したように小笠原諸島とりわけ硫黄島在住の人びととの生活は、一九四四年夏以降一変する。「強制疎開」により文吉の母ハル、妹せつ（二四歳）、ハル子（二〇歳）は「本土」へ疎開、母は横須賀海軍施設部に働き口を得て何とか糊口をしのぐ。その時渡された一枚の黄ばんだ薄い「身分証明書」が今に残されている（中林一巳氏所蔵）。

一方、文吉の父松と兄幸一は、軍属として徴用され島に残留し、最後は軍と共に「玉砕」する。松は「強

写真５　麻布教育隊時代の勢理客文吉、1940年、長洋弘氏所蔵

制疎開」時に満六〇歳五か月であったが、長男のみ残すのは父親としてしのびない、ということで志願に近い残留であった（中林一巳氏談、二〇一九年四月一三日。）島民軍属のほとんどは、海軍二〇四設営隊（壕掘り、物資管理・支給、炊飯等の雑役）か陸軍硫黄島臨時野戦貨物廠での勤務を命ぜられ、先述のように一〇三名中九三名が故郷で非業の最期を遂げる（生存率一〇・七％）。兄幸一には一九歳の妻年子、幼い長男篤がいた。

高齢期をむかえていた父松の最期は、悲惨であった。かろうじて生き延びた仲間の一人は、こう証言する。重傷を負って壕内でうめいていた松は、「ケガ人にやる水はない」と上官から突き放された。やがて「薄暗い中でぴちゃぴちゃ何かをなめる音」をさせた後、松は息を引きとったという。それは自分の小便をなめる音だった(15)。松の生まれ故郷沖縄本島島尻郡は松の歿後まもなく、上陸する米軍の猛攻により壊滅的な状況を迎える。彼にとっては二つの故郷が、日本国内唯二つの日米地上戦の凄惨な修羅場となったのだった。

写真６　近衛歩兵第五連隊当時の勢理客文吉、中列左から７番目、1941年、長洋弘氏所蔵

こうして一九四〇年代を迎えるまでは、つつましやかながらも平和な暮らしを営んでいた勢理客一家は、一転、自らの意思や願望と無関係に戦争により引き裂かれることになった。また母ハルを初めて硫黄島へと連れて来た弟宮川龍之助（妻松尾）の次男宮川典男は、兄龍也、叔父勢理客松、そして勢理客幸一を含む四人の従兄、さらには大正尋常高等小学校時代の旧友六人を一挙に「玉砕」で奪われることになった（写真７）。

五　戦後の勢理客文吉

１　日本軍からの離隊決意

一九四五年八月一五日、大日本帝国の敗戦を公式に知った勢理客文吉所属の近歩第五連隊は、どのような対応を示したのであろうか。翌一六日沢村俊甫連隊長は、次のような命令を発出した。「各隊ハ依然前任務ヲ続行スルト共ニ原住民ノ動静ニ注意シ治安確保ニツトムベシ。」[1]連合軍側からはすでに「現

写真７　「硫黄島旧島民戦没者の碑」上から三段目右四、五人目に文吉の父勢理客松、兄幸一の名が刻まれている、新井香代子氏撮影・所蔵、2017年11月

状維持」のままインドネシアを引き渡すよう命令が出されていた。とりわけ「現状変更」の最大勢力とみなされたインドネシア人の独立運動に対しては、断固たる措置をとるべしとの日本軍当局への指示もあった。そうした勝者の基本方針を受けての連隊長命令であった。

『第五連隊史』も往時を回顧し、「『承詔必謹』を精神統合の礎とし、全将兵一人残らず父母の許に無事復員するまで身をもってこれにあたる決意」であったと述べる（前掲書、三一三頁）。こうして大多数の将兵は、「悲憤の涙の中に軍旗を奉焼し、原地住民の独立闘争の混乱に対処し、更に困苦と忍従の作業生活［連合軍側の命令を受けての捕虜としての各種雑役］の後」復員を果たすことになる（同四頁）。この点につき『第五連隊史』は、次のような評価を行っている。「国家再建のため、ほとんどの将兵を無事内地に帰還させることができたのは、一糸乱れない戦前の軍隊組織が、復員まで維持されたことによる」（同三九二頁）。ちなみに連隊の象徴として神聖視された軍旗（連隊旗）の「奉焼」は、八月二九日集結地テビンティンギ西南四キロにあるバルアン農園で行われた。第五連隊に限らずほとんどの連隊は、連隊旗を敗戦時に現地で焼却処分にした。

しかしながら、大日本帝国中枢の「降伏」という基本方針に服した現地日本軍各部隊の中には、さまざまな理由から「現状維持」命令に従うことを拒否する将兵、軍属が続出した。この傾向は、ジャワ、スマトラを中心に「現状変更」＝独立を求める民族主義運動が高揚する地域でとくに顕著にみられた。第五連隊の占領地北スマトラ・テビンティンギ地方は、再植民地化を意図する旧宗主国オランダに対する独立運動のもっとも烈しい拠点の一つであった。当時の状況をスマトラ全体を管轄した南方軍第二十五軍司令部が作成した資料から概観しておく(2)。

スマトラに於ける独立運動は、終戦に伴い、其の推進至難となり、一時終熄するやの情況を現出したがジャワに於ける独立運動の燃焼に刺激せられ、十月初旬より熱狂的無統制なる運動がスマトラ全島に勃発し、集積資材武器［日本軍所有の］の奪取等を目的とする不祥事件が各種に惹起し、日本人の犠牲者も少なくなく、治安は急激に悪化し、軍は治安維持及自衛の為、十一月中旬頃より一部兵力を発動し、断乎之を粛正するの止むなきに至った。

日本敗戦による既成秩序の崩壊を機に極度に高まったインドネシア側の独立運動の高揚に対し、連合軍側からの命令に従わねばならなかった軍当局は軍事的な対抗手段＝鎮圧で対処したのだった。そのような緊迫した状況下、第五連隊の中からも「各地で自殺者、離隊逃亡者が出始めた。本部［テビンティンギ在］でも兵士下士官が小型自動車に員数外兵器を積んで、夜の内にインドネシア独立軍に走った。引き続いて兵長が脱走する。インドネシア独立軍が日本兵を独立運動に協力してもらうためと、兵器欲しさに、凡ゆる手段を弄して勧誘の手を延ばしてきた」（『第五連隊史』三二二頁）。

勢理客文吉も「インドネシア独立軍に走った」一人だが、もう少し連隊史の中の証言を追っておこう（同四六六頁）。「終戦と共に、連隊の戦友三十有名が、夢にまで見た祖国日本の土を踏むことなく異郷の地スマトラに止まることになった。その動機や決意も様々であり、また、その後歩んできた道も千差万別ともいえよう。然し、大多数のものが新生インドネシア国家の礎石たらんとして立ち上がり、独立軍に身を投じたことも確かである。」

第五連隊においては、こうして「独立軍に身を投じた」将兵（当時は「現地逃亡脱走兵」「天皇への反逆者」の名で指弾された）の状況は正確を期すことは困難とされながらも、こう把握されている。独立戦争期（一九四五〜四九年）の戦（病）死者七名、独立後の物故者五名、行方不明者四名、現存者（一九六二年時点）八名、計二四名。その現存者の一人が、勢理客文吉である。

「現地逃亡脱走兵」の〝汚名〟を覚悟して文吉が離隊したのは、いかなる理由によるものだったのか、当時の心境の一端を文吉は、後年淡々とした口調で写真家長洋弘にこう語っている(3)。

硫黄島出身の私には帰る故郷はありませんでした。故郷はもう、日本の領土ではなくなっていたからです。一九四五年（昭和二〇年）三月一七日の硫黄島玉砕のことは、自分の週番兵が知らせてくれました。私はいてもたってもいられぬ気持ちでした。硫黄島は、全てが焦土と化し、家族も全員死んだと思いました。だから、終戦をスマトラ島のテビンテンギーで聞いた時、すぐに離隊の覚悟をしたのです。短銃三丁、小銃一丁で武装し一人で離隊した私は、スマトラ島ピマタンシャンタルのインドネシア憲兵隊に入り、ここで兵士の教育と兵器の修理にあたりました。最初は親、兄弟の仇と思いながらも、インドネシア人の独立の熱意にふれ、のめり込んでいきました。

この文吉の言葉は敗戦後四〇年近くを経てのものであるが、日本軍離隊時の偽らざる心境が吐露されている。故郷「硫黄島玉砕」、その中での「家族も全員死んだ」との絶望感、そして「インドネシア人の独立の熱意」への共鳴、の三要因が文吉に日本との訣別を決意させたのであった。こうした心境は、敗戦後人生の岐路に立たされ「離隊」を選択した一千名近い日本軍将兵に共通する心情でもあった。軍当局は「逃亡者ハ天皇ニ対スル反逆者トシテ取リ扱フベキ」(4)との命令を出してまで、「逃亡」の動きに歯止めをかけようとした。それにもかかわらず異郷での敗戦という―しかも完全武装のままでの―現実に直面し、多くの将兵は「現地逃亡脱走兵」の汚名を覚悟した上で離隊に踏み切ったのだった。その理由は文吉があげた三点に集約されるが、研究史的にもこの点はつとに裏付けられてきた。たとえば一九七〇年代後半、スマトラ各地で一六名（まだ多くが五〇歳代であった）の元日本兵との面談を繰り返した坂井隆は合計十一の理由を抽出したが、そのうち最多は、「独立支援」「肉親の死」そして「祖国潰滅の噂」の三点であった[5]。文吉のあげた理由も、まさにこの三点であった。

その他の理由として多くあげられる二点は、インドネシア人女性（文吉の場合もそうだが華人系も多い）との恋愛・結婚、ならびに連合軍とくにオランダ軍により戦犯容疑者として追及されることへの恐怖であった。後者はとくに職務柄憲兵の間にその感情が強く、結果的にみるとインドネシア関係の日本の官軍民戦犯容疑者三八九人が憲兵（全体の三七・六％）であり、そのうち八五人が刑死している[6]。

2 離隊者のデータ的考察

敗戦後三五年近くを経た一九七九年七月、文吉らインドネシア独立戦争に関与し、そのままインドネシアに残留した元日本兵有志の手で「福祉友の会」（Yayasan Warga Persahabatan, 略称ＹＷＰ）がジャカルタに誕生した。そのＹＷＰは、広大な群島国家インドネシア各地で相互の接触や連絡がないまま散在する高齢期を迎えた元日本兵の互助組織として結成された。この会の精神的支柱となったのは、元近衛歩兵第三連隊付少尉であったクンプル乙戸（乙戸昇、一九一八－二〇〇〇年）であった。乙戸が編集にあたった手書きのＹＷＰ「月報」は、残留元日本兵（彼らはいうまでもなく自らを「現地逃亡脱走兵」とは呼称せず、それどころかその名称の廃棄を課題とし、それは開戦五〇年後の一九九一年に実現した）の戦中・戦後の動静を理解する上で不可欠な情報源である。

ＹＷＰは指導者乙戸の歿後五年目の二〇〇五年に、「月報」全二百号からの記事抜粋集として『インドネシア独立戦争に参加した「帰らなかった日本兵」、一千名の声』（以下「一千名の声」と略）と題したＡ４版全四〇〇頁の浩瀚な資料集を刊行した（私家版）。以下では勢理客文吉を残留元日本兵全体の中で位置づける意味で、同資料をもとに若干のデータ的考察を試みておきたい。

生死別状況

①YWPが把握している総数九〇三名の「帰らなかった日本兵」の生死別状況をみると、独立戦争での戦歿者二四六名（二七・二％）、不明二八八名（三一・九％）生存者三二四名（三五・九％）、帰国者四五名（五％）となっている。すなわち全体のほぼ六〇％にあたる五三四名が四年四か月の独立戦争で戦死あるいは行方不明になっている。

②生存者は三六九名を数えるが、その中で故国日本に帰国したのは四五名（一二・二％）ときわめて少数で、圧倒的多数が日系インドネシア人として第二の人生を生きる選択をしたことになる。勢理客文吉もその一人であった。また文吉と同じ第五連隊からは、計一三名がインドネシアに残留した。

身分別内訳

①全九〇三名のうち軍人の合計は五六九人（六三％）、ついで軍属六八名（七・五％）、雇員四五名（五％）、一般邦人七二名（八％）、不明一四九名（一六・五％）である。軍人が六三％と過半数以上を占めるものの、「現地逃亡脱走兵」の語からイメージされるほど軍人が多くなかったこと、逆にいえば軍属・民間人からも少なからぬ数の独立戦争参加者があったことが判明する。ちなみに独立戦争で戦死した象徴的な人物として知られる市来龍夫、吉住留五郎の二人はいずれも戦前派の在留邦人（邦字紙記者）で、戦時期はそれぞれ陸軍、海軍の軍属としてインドネシア側民族主義者との太いパイプを持っていた。

②軍人合計五六九名の階級別内訳は、表11のとおりである。ここからは離隊者の中には佐官以上の上級将校は皆無であったこと、階級が下がるに従って離隊者数が増加していることが判明する。具体的には尉官は一四名（二・五％）准士官二一名（五・七％）、下士官一八二名（三二％）、兵二九三名（五一・五％）階位不明軍

人五九名（一〇・四％）となっている。一般的には軍内での階級が下がるにつれ年齢も下り、また妻帯者よりも独身者である可能性が高く、それだけ離隊にあたっての心理的葛藤が少なかったであろうと推測される。ちなみに勢理客文吉は、敗戦時二六歳、独身の陸軍伍長であった。

その他の特徴

①年齢的にみると、九〇三名中二六歳～三〇歳が二二五名（二五％）ともっとも高い比率を示している（年齢不詳三三七名を除く）。また二〇歳以下は二六名（三％）、四〇歳以上は一七名（一・九％）となっている。

②出身地別にみると国内六九三名（七六・七％）、植民地台湾（六名）・朝鮮（三名）を含む海外一四名（一五・五％）、不明一九六名（二一・七％）である。国内でもっとも多いのは勢理客文吉の硫黄島（東京）を含む関東地方一八九名（二〇・九％）、九州一一一名（一二・三％）が他地方を凌駕している。また沖縄からの離隊者は一八名を数える。沖縄を故地とする人については後述する。

3　インドネシア独立戦争後の勢理客文吉

再植民地化を企図して上陸したオランダに抗し独立戦争に勝利したインドネシアは、一九四九年一一月ハーグ円卓協定により名実ともに独立主権国家となり、翌年九月には国際連合への加盟も果たした。ただし日本との関係においては、インドネシアはサンフランシスコ講和条約（一九五一年九月）には調印したものの、国会内の反対勢力も強く批准は実現しなかった。最終的に両国間に個別的な平和条約・賠償協定が結ばれるのは、一九五八年一月になってからのことであった。

独立戦争が終結した一九四九年、勢理客文吉は而立三〇歳となっていた。すでに一〇年近くインドネシアにありとくに独立戦争期には同世代の現地青年と生死を分かち合ったことから、語学的には大きな支障もなくなっていた。しかしながら新生国家インドネシアの経済が長期にわたる日本軍占領、独立戦争の中で疲弊し混乱する中で、外国人として十分な生活の糧を得ることは容易ではなかった。

文吉と同じく北スマトラで共通の体験をもつ前述の乙戸昇は、一九五〇年代初めほとんどの元日本兵が独立軍から離隊後は生活上の困難をかかえていた、とこう振り返る(7)。

当時の残留日本人にとって独立を元気で迎えられただけでも仕合わせであった。平和になり、働きさえすれば日常の生活はどうにでもなると考えていた。誰も除隊手当等を要求「インドネシア政府に」する者もいなかった。……限りない期待に胸をふくらませて「独立」戦後の実社会に挺身した残留者達も、日本人としてのプライド、或るいは〝痩せ我慢〟だけでは生活は成り立たなかった。「インドネシア」国語さえまだ充

表11　離隊者の身分別内訳（人）

尉官	大尉	1	兵	一等兵・一等水兵	49
	中尉	4		二等兵・二等水兵	20
	少尉	9		兵計	293
	尉官計	14	中計		510
准士官	准尉・兵曹長	16	階位不明軍人		59
	見習士官	5	軍人合計		569
	准士官計	21	軍属		68
下士官	曹長・上等兵曹	39	雇員・雇人・庸人		45
	軍曹・一等兵曹	79	一般法人・工員		72
	伍長・二等兵曹	64	軍属・雇員・一般計		182
	下士官計	182	所属不明合計		754
兵	兵長・水兵長	108	不明		149
	上等兵・上等水兵	116	合計		903

出所：福祉友の会『インドネシア独立戦争に参加した「帰らなかった日本兵」、一千名の声』私家版、2005年、382頁。

分駆使出来ない異邦人にとって、衣食住の確保は生易しいものではなく、逆に日本人としてのプライドが職業上、足枷となったことさえあった。

乙戸自身は一九五〇年代後半、国交樹立に伴い、再進出を許された日本企業との関わりをもつまで、北スマトラ各地で「野菜作りや鴨の卵売り」あるいは「エンジン修理などの職工生活」を転々としながら糊口をしのぐ日々であった。文吉も、乙戸や他の残留者たちと似たりよったりの生活であった。小商いでなんとか生活の糧を得る不安定な生活であったが、やがてイスラムの影響が強いアチェ州都バンダアチェ生まれの華人系のキリスト教徒マリアと結婚する。五〇年代後半に入り北スマトラの州都メダンに居を定め生活も軌道に乗った頃のことであり、やがて文吉は三女の父となる（長女マリアナは一九五九年九月生、次女マラニは六二年三月生、三女マリアトゥンは六五年九月生）。三女の誕生直後、インドネシアの政治社会に激震をもたらした一九六五年九月三〇日事件の余震が表面的には弱まりをみせていた一九七〇年代後半、文吉一家は首都ジャカルタに移り住み、下町の一角で小さいながらも独立した雑貨店を経営することになる。この間文吉は、多くの残留者と同様、スカルノ大統領時代の一九六四年五月一八日付で公式にインドネシア国籍取得を認められる。文吉は独立戦争当時から「イスマイル」の通称で呼ばれたが、ここに「イスマイル・B・セリキャク」の姓名をもつ日系インドネシア人として「再生」することになった。

生活基盤を固めつつあった日系インドネシア人にとって一九六〇年代に入り母国の企業が相次いで進出してきたことはある意味で福音であったが、企業側にとっても彼らの存在は大きな助けとなった。商社、メーカー、建設業等日本企業はインドネシア国内に事務所の開設を認められたものの、駐在員としての活動は正式に認められないままであった。そのため現地企業と代理契約を結び、その代理店名での取引という形となった。こうした状況下でインドネシア語に通じ現地事情にも明るい元日本兵の存在は、企業にとっても、また彼らの重要パートナーであった華人企業家にとっても大きな助け舟となった。

こうして日本企業と関りをもつようになった残留者＝日系インドネシア人は、ジャカルタ地区で九〇名、メダン地区（北スマトラ、アチェ）で七八名、合計一六八名に達した(8)。独立戦争後の生存者は前述したように三二四名なので、その半数以上が何らかの形で日本企業との関係で生活の糧を得たことになる。そしてそれを契機に合弁会社を設立したり、自身の会社を経営したりビジネス・エリートへ転身した人も少なからず現れた。もちろんそうした流れに乗れず、「異国」で孤独と貧困に苦しむ残留者も各地に散在した。福祉友の会は、そうした人たちを相互扶助によって支援する組織としても機能していた。

勢理客文吉の場合は、裕福とはいいがたかったが経営する雑貨店が軌道に乗ったこともあり、また働き者の妻や娘たちにも支えられそこそこの暮らし向きであった（写真８）。文吉自身は、生来物静かで口数も少ない性

写真８　経営する雑貨店の前で、妻マリア、長女マリアナとその子たち、1984年ジャカルタ、長洋弘氏撮影

格であったためか、日本企業と直接の関りをもたなかった数少ない残留者であった。残留者の親睦・互助組織YWPにおいても、乞われて発足時の発起人の一人に名を連ねたものの、死去するまでの一六年間、一度も会の役職につくことはなかった。また、二〇〇号まで作成されたYWP『月報』に寄稿したりすることも一度もなかった。いわんや一九六〇年代後半以降積極的な外資導入をはかるスハルト体制下で、大挙して進出する日本企業関係者が発足させたジャパン・クラブとの接触もほとんどなかった。いわば大都市ジャカルタの片隅で、庶民社会に根を下ろした形でのつつましい第二の人生であった。

4 「一時帰国」への道

第二の祖国インドネシアにあって、文吉は毎日をどう生きるかで精一杯の時代が長く続いた。その間、住民の大半が「玉砕」したと聞かされ、戦後は米軍支配下に置かれた郷里硫黄島は、帰りたくても帰れない幻のような存在であった。他方、父松、兄文一は軍の道連れとなり戦死したが、母ハル、二人の妹せつ、ハル子は母の生地伊豆大島に戻り、母は結婚し中林姓となっていたハル子の家で平穏な老後の日々を送っていた。そして幸一亡き後の唯一人の息子文吉の帰還を、鶴首して待ちわびていた。しかしその生死は、杳として分からないままであった。敗戦直後広く歌われた「岸壁の母」さながらに、文吉との再会を夢見たハルであったが、ついに一九五九年、「亡き息子」を戸籍から消除した。文吉四〇歳の年を待ってのことであった。

その後一九六〇年代に入ってまもない一九六二年になって、当時二女を得てメダンで生活していた文吉は、駐メダン日本領事を通じ母と二人の妹が健在なことを知らされた。その時を回顧し、文吉はこう心の内を吐露した(9)。「体に温かい血が流れるように感じ涙が出てしかたありませんでした。家族との［硫黄島での］楽しかったことが次から次に思い出され、父と兄の戦死を本当に残念に思いました。」

しかしながら、当時の幼子二人をかかえての文吉の経済状況、あるいはようやく始まったばかりのいまだ不安定な両国関係やインドネシアの経済・政治の混乱等も複雑にからみあい、容易には帰国できない状況が続いた。文吉が一九三九年出征以来、三六年ぶりに一時帰国を果たしたのは一九七五年春のことであった。

時代が前後するが、ここで文吉の帰国物語に入るに先立ち、一九五〇年代前半の文吉らスマトラ在住の残留元日本兵をめぐる問題に一言触れておきたい。独立を達成したとはいえインドネシア国内は、政治的社会的そして経済的に安定からは程遠い混迷期にあった。とくに北スマトラ・アチェ地方はイスラム国家樹立を目指す武装政治勢力ダルル・イスラムが強く、中央政府・国軍との間に烈しい武力対立が繰り広げられていた。中央政府からみれば、新生国家の統合と統一を破壊する「アチェ反乱」とみなされた。そしてその「反乱」には、武器操作に長じた一部の残留日本兵が加担しているとの嫌疑がかけられていた。

そうした状況を背景に、一九五三年三月インドネシア政府は、閣議で「残留日本人全員の退去を要求する方針」を決定した。その決定は、駐ジャカルタ甲斐文比古総領事に伝えられた。甲斐は、本省宛公信において残留邦人の精査は困難だとしながらも、スマトラに約一六〇名、ジャワに約八五名程度との推定数字を報告した(10)。この「強制退去」問題をめぐって二年近く両国外交レベルで応酬が続けられたが、結局実行に移されることなく終わった。駐ジャカルタ公使倭島英二の公電は、〝うやむや〟な形で幕引きになった本件についてこう述べている(11)。「刑法等にひっかかり強制送還せらるるものは已むを得ざるも他の平穏に生活する残留者については差当り従来通りのわが方の主張と要望を繰り返すことに応酬しおき平和条約賠償問題等につき話のつく迄に一般の空気の好転したる際右に便乗し解決を図ることに致したし。」

ここで倭島が述べた「従来通りのわが方の主張と要望」とは、硬軟おりまぜた以下のようなものであった。第一は人道的な観点から正業についている残留者とくに妻帯者に対しては永住許可証を出してほしい、第二はそれが困難な場合は再入国の保証をしてほしい、そして第三は二国間平和条約に向けての交渉が本格化する中で残留者の「全面送還」という事態は、友好的な雰囲気を壊すものであり、かつそうしたことは非共産圏では唯一例外的なものになるとの注意喚起であった。

スマトラ在住の残留者をめぐり外交レベルでの応酬が繰り広げられていた時期、当の「残留日本人」は当然のことながら危機意識を高め、日本国外務大臣宛ての「書簡」ならびに「決議書」を送付した。彼らから見れば、ようやくインドネシア社会の一員として活動を始めた時期における「強制送還」は到底受け入れがたいものであった。その危機感と不安感が、こうした直接行動をとらせた最大の要因であった。

前述したようにインドネシア独立戦争に参加した全九〇三人の「日本人」中、戦歿者・行方不明者の統計は五三四人を数えたが、その内スマトラ関係者は三一八名（五九・六％、ジャワでは一七九名、三三・五％）と全体のほぼ六割を占めている。そうした戦友仲間の屍を意識しながらスマトラの大地に踏みとどまった彼らからみれば、必死の思いでの直訴であった。「インドネシヤ、スマトラ地区に残留せる日本人一同を代表し」岡崎外相宛てに送付された書簡の一部を抜粋しておく。この書簡は、後にYWPにおいて乙戸昇と共に指導的な役割を果たすことになる石井正治、石嶺英雄、樋口修ら一二名の代表者の名で提出されたが、その中に勢理客文吉の名は見出せない。万事に控えめな文吉は発起人にはならなかったが、趣旨には無論異論はなかったはずである(12)。

……当スマトラに残留せる日本人は曾つて祖国に殉じたる気持ちと情熱抑へ難く、終戦後と雖も国是として日夜拳々服膺せし大東亜共栄圏確立の為、アジア民族解放の悲願やる方なく遂に大命をも顧みず一身を投ずる決意をしたのであります……一九五〇年インドネシヤ共和国独立を契機に義勇の任務を一応終了したる為、日本人の大部分は正規軍を退き自営の線に向かつたのであります。さりとは言へ今日尚残留しある我々は、何れも祖国を愛し、インドネシヤを愛するが故に出来得べくば永久にこの地に留まりて骨を埋むる覚悟のものであります。……然るに最近在ジャカルタ日本総領事殿の報に依れば、インドネシヤ政府は日本政府宛当国に残留しある日本人の全面的送還を申入れたる由承り、我々青天の霹靂にも等しく実に驚愕致してをる次第でありま す。因より我々の今日の立場は国際上合法的のものに非ざるは論なしとするところなるも既に心身を捧げた者への当国政府の処置は之を人道的に又社会通念よりみるも甘受致し難く困惑致し居ります。……この点に関し日本政府御当局に於かれても何らかの政治的折衝の余地を御見出し下され至急打開の方策あらば何ものにも更へ難き安心で御座います。恐惶頓首……。

「スマトラ在住日本人一同」の名で出された日本国外相宛て書簡であったが、厳密にいえばこの書簡以前に「退去令」によってではなく、自らの意思と願望で帰国した残留者がいたことも確認しておきたい。YWP統計によれば、独立戦争参加者九〇三名中四五名（約五％）が帰国しているが、彼らがいつ、どこから帰国したかの時期別・地域別のデータは作成されていない。ただ一九五〇年代初めの段階では、残留者が個人的理由で帰国することは決して容易ではなかった。そのことを傍証する二つの事例をみておきたい。一つは日本がまだGHQ占領下におかれていた時期のことである。「連合軍総司令部官殿」と記された一九五〇年一二月一五日付のアチェ在住の山梨邦太郎（静岡県興津町出身、一九一〇年生）による「帰国許可願」は、こう帰国希望を述べている。この自筆手書きの「願」が許可されたかどうかの記録はないが、YWPの独立戦争後の残留者名簿に同人の名が記載されていないことから、おそらく特例的に帰国を認められたものとみなすことができよう。

私ノ帰国ニツイテ総司令部ノ理解アル御好意ニ対シ厚ク御礼申上マス、私ハ終戦ノ際本隊ト離レ連絡カツカズ止ヲ得ズ現地ニ残サレ今日迄自活シテ参リマシタ、郷里ニハ老父母（七十歳、六六歳）妻及ビ三名ノ子供ガ私ノ帰ヲ待チオリマス、私モ是非帰国シタイト考テオリマスノデ何卒一日モ早ク日本へ帰シマス様御取計ヒ方御願申上マス。

この山梨邦太郎は年齢的にみても、また妻子を日本に残していること、さらに自らの意思で積極的に独立運動に参加したのではないことから、召集されてインドネシアに従軍した下級兵士だと思われる。

もう一人、ジャワに残留した木下勝三（長崎市出身、一八九四年生）の事例をみておきたい。木下は一九二三（大正一二）年ジャワに渡航、開戦まで二〇年近くバンドンで写真館を経営、日本軍占領期は嘱託として軍政監部文教局に勤務、終戦後は「岡野部隊集結地より離隊」、インドネシア情報部写真班に所属した元軍属である（「木下勝三」自筆履歴書、在ジャカルタ総領事武野義治宛、一九五二年八月二五日、外務省外交史料館所蔵）。サンフランシスコ講和条約発効直後の事例であり、外務省当局も積極的な対応をとった。上記「履歴書」が提出された翌日、総領事から本省に宛て次のような公信が送られた(13)。

今般当地残留の元軍属木下勝三より…内地送還方に関し当館の斡旋を依頼越した。本人は現在神経病を病むのみならず老齢の為生活力もなく、当国での再起の希望を失い、望郷の念止み難く当館に内地帰還方を懇願してきたもので、必ずしも終戦時止むなく残留した者とは認められないが這般の事情を酌みこの際本人の希望を容れ内地送還方然るべしと考えられるところ…（船賃等政府負担）内地送還方手配して差支えなきや、御回示相煩わしたい。

駐ジャカルタ総領事からの公信を受け、所轄のアジア局長名で同年九月九日、引揚援護庁援護局長宛てに善処方依頼が出された。このような経緯を経て木下勝三は、翌一九五三年三月末、東京船舶㈱所有のスマラン丸で他の四名ともども帰国の途についた。

右に紹介した山梨邦太郎、木下勝三の事例は個人的な理由から本人が当局に帰国希望を訴えたものであった。四〇歳、五六歳と中年以上の両者の要請であったことも一定の影響があったためであろうか、ほぼ同じ時期から（総）領事館当局の側で残留者の帰還希望を募るようになった。一九五二年四月一五日付（講和条約発効一三日前）の「メダン地区帰望者」と題された文書があり、その中には近藤富男、（岐阜県出身、一九一三年生）、早川清（群馬県出身、一九一五年生）、宮山滋夫（東京都出身、一九一九年生）、山田直行（熊本県出身、一九二一年生）四名の名が記されている。

この内の一人早川清は、そのノンフィクション的「回想録」の中で、残留者仲間がジャカルタの日本在外事務所（総領事館）の担当者がメダンに来て帰国希望者は申し出るようにと伝えた日のことに言及している。申請者の条件として、第一回目は独身者のみが対象であること、第三者への金銭的貸借関係が清算されていることが必要だとのことであった。また帰国費用は日本政府の負担によるものとのことであった。

上述の「メダン地区希望者リスト」は、それをふまえてメダン領事館が作成したものである。後年講談社の編集幹部となる当時三七歳の早川は、自著の中でその時の心境をこう綴っている。「（仲間の知らせを聞くや）なぜか自然に、帰ろう！と決心出来た。その瞬間、脳裡には肉親の面影、うまい日本料理、故郷の山河等、あっという間に、数限りなく映し出された。」こうして早川は、他の帰国希望者一九名とともに一九五二年五月二三日、メダンの外港ベラワン港から十年ぶりに帰国の途についた(14)。

このようにしてインドネシア独立戦争後、そして日本「再独立」後、スマトラ在住の日本人残留者の一〇％近くが日本に帰国した。彼らは帰国意思をもち、帰るべき故郷、待ちわびる家族との連絡がとれ、お互いに再会の喜びを分ちあえた人たちであった。これに対し勢理客文吉は、「帰るべき」故郷は異国の軍事支配下にあり、男の肉親は亡き人となっていた。母や妹たちの安否を確認する術もまだなく、ひたすら生存を第一の目標とする無我夢中の日々であった。そのため領事館を通じての帰国意思の確認にも、答えることもなかった。在留者の中には前述したように、日本との合弁企業の経営陣に加わったり日本企業の現地出張所の責任者になった者も少なからずいた。彼らの場合は、そうした日本企業を経由して故郷との接触をもち得た人も少なからずあった。しかしながら、文吉は進出日本企業との接点のない生活を送っていた。

このような状況の中で、一つの橋渡し役を果たしたのが近衛歩兵第五連隊第十中隊の戦友会・十南会であった。GHQ占領下にあっては旧軍人の団体は、それがたとえ親睦を目的とするものであっても、結成が許される状況ではなかった。十南会が発足したのも、日本が「再独立」した翌一九五三年になってからであった。十南会はそれ以来毎年一回、一月第二日曜日を会合日と定めたが、旧交を温めたり、戦歿者慰霊墓参の実施が主たる行事であった。それが一九六七年になり戦友会誌「近歩五たより」に、インドネシア残留者の一人で日本商社に勤めていた喜岡尚之が寄稿し一一名の十南会関係の生存者がいると報じた。その一人が勢理客文吉であった。この時点では既述のように、文吉は母妹の健在を知っており、手紙でのやり取りも始まっていた。また文吉より階級が上(准尉)だった喜岡尚之(香川県出身、一九一七年生)は、敗戦後一人で離隊した文吉とは異なり「ノコツタブカトセイシヲトモニス、ゴリョウショウコウ」との血書を上官に残し独立軍に身を投じた熱血肌の残留者であった。

この喜岡寄稿を契機に十南会は、戦友在留者の情況を調べ各人の意思を確認した上で喜岡尚之と勢理客文吉の二人を日本に招くことを決定し、募金活動を開始した。こうして二人は一九七五年春、三六年ぶりに故国の土を踏むことになった。すでに二人とも一九六四年にインドネシア国籍を認められており、インドネシア共和国旅券を携えての、そしてインドネシア人「イスマイル・B・セリキャク」「ムサ・N・キオカ」の名での訪日であった。

高齢化しつつあるものの、残留者の多くはまだ健在の中で、二人の一時帰国はかなり早い時期での実現であった。残留者の互助組織YWPが「里帰り」企画に着手し、その選ばれた第一陣六名が一時帰国をしたのが一九八二年一〇月（第二陣は翌年三月四名）であった（詳細はYWP、前掲書、二七–三八頁参照）。彼らにとってはほぼ四〇年ぶりの帰国であったが、戦後長らく「現地逃亡脱走兵」の汚名を着せられたことへの複雑な思いや、再会する家族からの反応をあれこれ心に描き不安もぬぐえない旅立ちであった。YWPの『月報』編集者乙戸昇は、そうした彼ら第一陣の帰国時の様子をこう描写している（「月報」七号、一九八二年一一月）。「出発時の喜びのうちにも、前途に対する一抹の不安の陰を宿した堅い表情にくらべ帰国のそれは心底から湧き出す明るさであった。」

5　勢理客文吉の一時帰国とその晩年

インドネシア国籍は未取得だったものの妻子と共に新たな生活を営んでいた勢理客文吉は、一九六二年に駐メダン日本領事館を通じ母・妹二人の健在を知り「体に温かい血が流れるように感じ涙」したことは前述した。しかし当時のさまざまな事情から、すぐに母ハルら肉親と直接手紙を交わすことができないまま数年の歳月が流れた。生地・伊豆大島波浮で娘一家に囲まれ静かな老後を過ごしていたハルの元に、一九六七年一月二〇日と二五日、文吉から近況を知らせる便りが届いた。妻マリア（尤風娘）と三人になっていた幼い娘と一緒の写真も同封されていた(15)。その手紙には敗戦直後の日本軍離隊からこれまでの二二年間の足どりが簡潔に綴られ、今は「生活の余猶もできたので、日本との貿易かたがた、ぜひ祖国を訪問し、老母や妹たちとの再会を実現した」いとの願いが切々としたためられていた。そしてハルは「文吉が帰るまでは、どうしても死に切れません」と取材に来た南方同胞援護会の城間得栄記者の前で「唇を結んだ」。しかしながらその二年後、ハルは一人息子となった文吉の顔を見ることなく、老衰のため八八歳の生涯を閉じたのだった。

そして「瞼の母」ハルの七回忌に参加することもかねて、文吉は一九七五年四月二八日、三六年ぶりに日本の土を踏んだ。羽田空港で出迎えた妹せつやハル子夫婦、彼らの娘香代子、裕子らとともに喜びの一時を楽しんだ文吉は、翌日大島中林家に向かいそこで十日間、家族水入らずの時を過ごした（写真9）[16]この間、最大の訪日目的であった母や父、兄の墓参、そして波浮の共同墓地の硫黄島戦死者の墓参もすませた。もちろん一九歳まで過ごした硫黄島は遠い存在であった。その後は妹ハル子夫妻らに見送られ五月二五日帰国の途につくまで、十南会の戦友たちが準備した諸行事に参加しながら故国の春を満喫したのだった。

文吉の来日は全国紙でも大きく取り上げられた。たとえば『朝日新聞』（東京多摩欄一九七五年五月二六日）は紙面の半分近くをさき「インドネシア帰化の元日本兵、三六年ぶり肉親と再会」との大見出しで報じ、一か月間の文吉の動静を詳しく紹介した。そしてその記事を文吉のつぎのような談話で結んだ。

戦友の好意は終生忘れません。戦争は私から祖国［「玉砕」の硫黄島］まで奪ったが、よい友人に恵まれ、救われる思いです。おかげで母親の墓参りもできたし、夢に見た兄［幸一の遺影］妹にも会えたので、もう思い残すことはない。帰ったらインドネシアの一市民として家族を守り精いっぱい働いてできればまた来たい。それにしても東京は変わりました。昔のままなのは皇居くらいのもので、高速道路や超高層ビル、夜のネオン街、すべてが驚きです。そして若い人は男か女か区別がつかなくて…。

五六歳となったばかりの文吉にとって、初めての一時帰国はかつて硫黄島で家族六人で過ごした安らかな日々を想起しつつ、二人の妹とその家族とのつながりを改めて確認した「里帰り」の日々であった。母が晩年を過ごした波浮港を見下ろす中林家（妹ハル子の嫁ぎ先、現在は長男一巳氏家族が居住）には、文吉からきた三通の手書き書簡が大切に残されている。いずれも簡潔なものであるが、文吉の飾らない人柄がにじみ出た文章である。以下ではその書簡に目を通しながら、文吉の心情の一端にふれてみたい。

第一信は、文吉訪日から二年余を経た一九七七年七月一九日付の中林朝明・ハル子夫妻に宛てたものである。妹夫婦に「永い間ご無沙汰いたしました。御元気で御暮の事と思います。二年前は御世話になり礼もせず悪しからず。私共も変りなく暮しております由御安心下さい」と述べつつ、ジャカルタ市内の別の街チェンカレン地区に移転したことを伝えている。そして「兄さん御親戚の方々に宜しく、皆々様の御健強を祈ります。早々」と結

写真９　伊豆大島・波浮の中林朝明・ハル子（妹）夫妻宅でくつろぐ勢理客文吉（左端）、右端は妹今村せつ、1975年４月、中林一巳氏所蔵

んでいる。
第二信は、それから一二年後の一九八九年三月二六日付で、先便と同じく大島の妹夫妻に宛てたものである。文吉が古稀を翌月に控えていた時期である。

お元気ですか。お便もせず申訳ありません。今年の五月八日頃東京に行く予定になりましたので宜しくお願いします。二女の夫が日本に行った事がないので父［自分］も年だし東京に二人して行こう肉親に逢いなさいとの事で帰るようになりました。確実に決まったら連絡・電話します。迎になりた［成田］に来てくださいお願いします。今度は二人して帰るのでゆっくり出来ると思います。できればおせつ［上の妹せつ］にも連絡してだけどむりしないで。武義兄姉も元気ですか。帰ったらお逢い出来るでしょう。帰ってからお話しましょう。皆々様に宜しく、御家族、皆々様のお健康をお祈りします、手紙を書こうと思ってもおっくうで年のせいかね。

硫黄島時代、かわいがった妹に対する親しみを込めたほのぼのとした手紙である。また文面からは、文吉が娘婿を伴い二度目の一時帰国をはたしたこともうかがえる。前回は一か月の旅程のほぼ三分の二を招待してくれた戦友会関係者との行事で忙殺されたので、今回は肉親同士の語らいの時間をもっともちたいとの気持ちが伝わってくる。

最後の第三信は、それから二年半を経た一九九一年八月一〇日付けの書簡である。今回はこれまでと異なり、文吉ら残留日本兵への軍人恩給に関する件での依頼の手紙である。

皆様御元気ですか。私達もみな元気で暮しております。兄さんねいさんはいかがですか。主人の体はいかがです。皆老人のこととて身体を大切にしましょう。帰国の件は今年身体がよくなかったので連絡しなかった。来年出来れば子供と二人でもと思っています。

さてお願いの件軍人恩給の件この用な事になりましたので市町村役場か小笠原協会の［奥山］今一［小学校同級生］さんお願してコセキトウホンのホウトコウピイ（ウツシ）と軍人恩給に必要の申請用紙を頂き至急送って下さい。お願い致します。皆様のお健康を祈ります。（おせつにも連絡して）。

この書簡の中の「軍人恩給の件この用な事になりました」という件は、同封された残留者の恩給申請が認められることになったことを報じる福祉友の会ＹＷＰ「月報」（第一一〇号、一九九一年六月）に関係している。ＹＷＰは、先に一九八八年一二月一二日付で「戦時補償の一時金」の交付方を厚生大臣に請願したが、未解決のままになっていた。ＹＷＰ側は林田悠紀夫参議院議員（元法相、戦時期に農林官僚としてインドネシア占領に関与・日イ友好団体協議会会長）らを通じ政府当局（総務庁恩給局）との折衝を続けていたが難航していた。

結局第一段階として受給を認められる場合の条件として、以下の資格が求められると報じられた（「月報」第一一〇号、一九九一年六月）。(1)「日本国籍喪失」が一九六二年一〇月以降であること、(2)軍在勤年限が兵・下士官は最低一二年以上、准下士官以上最低一三年以上、(3)国籍喪失時の年齢が四一《ママ》歳以下は失格、四〇歳以上四四歳までは恩給額の三〇％、四五歳以上四九歳までは五〇％、五〇歳以上は全額と、細かな官僚主義的差別化がなされた。

現行法を楯にかたくなな姿勢を崩そうとしない日本政府当局に対し、「月報」編集子（乙戸昇）は、残留者の心情を代弁する形でこう述べる。

…私達イ国残留元日本兵は、各自の意思で残留し日本国籍を放棄したとして、敗戦迄一銭の支給を受けておりません。現地残留の動機は何であれ、東亜民族の解放を称えた日本政府の公約を、戦後尚実践し、戦後の日・イの友好に微力を尽した残留元日本人に対する日本政府の処置のアンバランスが残念です。

温厚篤実を地で行くと誰もが認める乙戸昇の、精一杯の故国政府への不信が集約された文章である。「月報」は、その後の本国での議論を毎回重点的に紹介するが、最終的に残留者に対しては「一時恩給」という形でしか支給されないことに決定をみた。「月報」第一一四号（一九九一年一〇月）は、そのことの悔しさを押し殺しつつ、会員にこう伝えた。「イ国残留元軍人の軍籍を離れたのが昭和二四年（一九四九年）八月一五日とし、それよりさかのぼって、昭和一七年（一九四二年）八月一五日以前に入隊し、引き続き七年以上軍籍にあった方が、一時恩給受給資格者となります。さて、当ヤヤサン（ＹＷＰ）を通じて恩給を申請されている方［九二名］で、上述条件を満たされている方は、早急にイ国籍証明書・裁判所における誓約書共にフォトコピーを当ヤヤサン本部迄にご送付下さい。」

日本政府当局が定めた受給資格を十分に満たしている勢理客文吉が、必要書類を整えることに関連して妹夫婦に依頼したのが上記の第三信である。こうして一連の手続きが進められたが、最終的に第二次の「一時恩給受給有資格者」八名中の一人として文吉の関係書類一件が、林田悠紀夫と同期の元海軍主計少佐羽仁謙三の手で東京へ運ばれたのは一九九二年八月一七日であった。文吉から妹夫婦宛てに出した書簡から丸一年が経過していた。

三次にわたり一時恩給受給希望者の審査が総務庁恩給局を中心になされたが、最終的に受給資格を認められたのは、計三二名に過ぎなかった。しかも日本国内の恩給受給者が受ける手厚い保護と異なり、三二名の一回限りの「一時恩給」額の平均は、「四万七〇三七円」にすぎなかった（「月報」第一三六号、一九九三年八月）。

それにもかかわらず、三二名の受給者の多くは、その一人ハッサン田中年夫が述べた次の言葉に共感を覚えたのが現実であった。「金額は少ないが、この［支給を受けた］事実により元日本軍人として名誉回復出来たことは喜びにたえません。これで祖国の亡父等先祖に対して、日本人としての義務を果したことを立証することができると共に、当地帰化した私共インドネシア共和国の二・三世に対しても、軍人当時の父親を理解してもらえることは喜びにたえません。戦後四六年振りで、ホッとした感じであります」(「月報」第一一八号、一九九二年二月)。

勢理客文吉と同じく第二次の一時恩給受給者となった元陸軍曹長ラフマット小野盛の「恩給受領に際して」を、もう一つの証言としてその全文を紹介しておこう(「月報」第一二六号、一九九二年一〇月)。

日本政府が第二次大戦後残留した我々元軍人に対して、在ジャカルタ日本国・国広〔道彦〕大使閣下を通じて恩給を支給して下さった事に対して、衷心より感謝いたします。

顧みれば四七年前我々個人の意志によりインドネシアの独立戦争に参加しました。この事は、戦前の軍規に依れば許可のない離隊であり、逃亡の罪はまぬがれません。然しながら我々としましては、日本軍政が目的としながら終戦のため、果たし得なかったインドネシアの独立を支援し、戦中戦後共日イ両国の絆となり友好・親善に努めて来た心算であります。

現在我々は老境に達しておりますが、我々の意志を継ぐべき二世・三世の教育に当り所期の目的達成のために努力する覚悟であります。

今回の恩給受領に関しましては、福祉友の会本部並びに日本の後援会の林田先生・羽仁先生のご援助によるもので、茲に更(アラタ)めて厚くお礼申し上げますと共に、未だ受領に至らない方々にも何卒ご援助下されるよう御願申し上げる次第であります。

インドネシア共和国国民イスマイル・B・セリキャクは、日本政府より「一時軍人恩給」を受領した三年後、一九九五年五月二七日、大勢の家族に見守られつつジャカルタで七六歳の生涯を閉じた。その後すでに四〇代に入っていた文吉の二女マラニ（日本名梅子）と、伊豆大島の中林朝明・ハル子夫妻との間には、何度となく手紙のやり取りがなされた。近況を知らせ合うだけの簡潔なものであったが、梅子の手紙には、いつも日本人の友人による訳文が同封されていた。梅子の夫は一九八九年春、義父文吉と共に中林家を親しく訪ねていた。二〇〇三年一月一三日付の一通を紹介しておこう。それはクリスチャンである梅子一家へのクリスマスプレゼントであろうか、中林家からの現金やさまざまな土産物に対する礼状であった。そこには感謝の言葉とともに、今は二児の母となっていた梅子はその幼い娘（五歳と一歳）たちにはフミコ（文子）、ヨシコ（吉子）と命名したこともしたためられていた。

おわりに

一九五一（昭和二六）年九月八日、日本の国際社会への復帰第一歩となるサフランシスコ平和条約が調印された。朝鮮戦争勃発直後の緊迫した国際環境の中、東西冷戦の一方の当事者ソ連（会議に出席するも署名拒否）やアジア太平洋戦争期の最大の被害者中国（中華人民共和国、会議招請されず）等社会主義諸国との国交回復を未解決のままとした戦後日本の出立であった。また南北に分断された旧植民地朝鮮との関係、非同盟路線を掲げるインド、インドネシア等「第三世界」諸国との国交回復も積み残された。

この条約により日本は主権回復を実現したものの、前大戦末期もっとも悲惨な戦場となった沖縄本島を主とする南西諸島そして硫黄島をふくむ南方諸島、ならびに沖ノ鳥島、南鳥島は戦勝国アメリカの実質的支配下に置かれることになった。

アメリカ主導でなされたこの平和条約は、さかのぼれば敗戦五か月後の一九四六年一月二九日付の「若干の外郭地域の日本からの政治上及び行政上の分離に関する総司令部覚書」にたどりつく。この「覚書」において日本からの分離区域として決定されたのは、「北方領土」とともに「北緯三十度以南の琉球（南西）諸島（口之島を含む）、伊豆諸島、南方諸島、小笠原群島及び硫黄列島並びに他のすべての外郭太平洋諸島（大東諸島、沖ノ鳥島、南鳥島、中ノ鳥島を含む）」の諸島であった(1)。ただしこの内伊豆諸島については、住民の要望をふまえた東京都や日本政府の折衝により、同年三月二二日付総司令部覚書で「日本と定義された地域」に含まれるとの指令が出された(2)。

いずれにせよ一九四六年初の一片のGHQ覚書が、一九六八年までの小笠原諸島、一九七二年までの沖縄諸島の基本的地位を絶対的に拘束することとなった。同時に前節で述べたように、敗戦前夜七月一五日に近衛文麿が作成した対ソ連「和平交渉の要綱」において、「沖縄、小笠原島、樺太を捨て、千島は南半分を保有する程度」と記されたように、日本の最高指導層の中でも、これら離島の「切り捨て」は「本土」防衛上、やむをえずとの認識があったことをあらためて指摘しておきたい。

平和条約調印から六日後の一九五一年九月一四日、サンフランシスコから帰国した内閣総理大臣吉田茂ら全権団は、報告のため天皇に「拝謁」する。その際天皇は「この度の平和条約についてご満悦の意を示され、労いのお言葉を賜う」たのだった(3)。ついで平和条約発効（翌一九五二年四月二八日）直後の五月三日、それは憲法施行五周年記念の日であったが、その式典の「お言葉」において天皇は、「既往の推移を深く省み、相共に戒慎し、過ちをふたたびせざることを、堅く心に銘するべきと信じます」と述べるとともに「戦争による無数の犠牲者に対しては、あらためて深甚なる哀悼と同情を表します」（同上、三七六頁）と読み上げた。

他方、平和条約発効にあたり「無数の犠牲者」を出した沖縄の有力紙『沖縄タイムス』は、「歴史の峠に立ちて」

と題した社説の中で、次のように嘆じた（一九五二年四月二九日付）。「講和条約が発効して国際社会へ復帰した祖国日本の慶事を、われわれ琉球人民は無量の感慨をこめて祝福したい。それにしても取り残された嘆息が深く、もがいたところでどうにもならぬ諦めが我々の胸を締めつける。」

いうまでもなくこの沖縄の人びとの無念と諦念は、故地を追われた一万人近い小笠原諸島の人びとにも共通するものであった。もっとも同じ異国の施政権下にあるといっても、沖縄の人びとは故地での居住を許されたが、小笠原諸島の住民は、北方領土の旧島民と同じく帰るべき故郷に戻ることを許されないままであった。いずれにせよ「沖縄タイムス」の怨嗟の声は、本土メディアをはじめ大多数の日本人の耳に届くことはなかった。

1　施政権返還の道のり

小笠原諸島全域がアメリカ（事実上米海軍・太平洋艦隊）の統治下に置かれた後、「強制疎開」によって東京や関東、東海を中心に各地に散住を余儀なくされた島民の内、一二九名の欧米系島民だけは、一九四六年一〇月いち早く帰島を許された。一九四七年七月、そうした中で圧倒的多数を占めるその他の旧島民は、菊池虎彦を委員長として「小笠原島・硫黄島帰郷促進連盟」を結成した。前年七月に設立された「引揚者更生連盟」の後身であった。

それ以降この帰郷促進連盟は、一九六二年に至る一五年間だけでも五一回にわたる帰還請願活動を日米両国で行った(4)。相手方も当初のGHQ・マッカーサー、リッジウェイ両司令官に始まり、小笠原諸島管轄の最高責任者ラドフォード太平洋艦隊司令官等軍首脳、アリソン、ダレス長官等国務省幹部、そして日本では吉田茂首相、岡崎勝男外相、衆参両院議長等日米双方の政官首脳に働きかけた。しかしながら沖縄における「復帰」要求運動と同じく、東西冷戦下における アメリカの「極東に脅威と緊張の状態が存する限り」現状を持続するとの、いわゆる〝ブルースカイ・ポジション〟の厚い壁に阻まれ、なす術もなかった。

この間、日米双方の外交レベルでは施政権返還問題を棚上げした形で旧島民の墓参問題、帰島問題ならびに損害補償問題について協議が重ねられてきた。一九五七年九月二三日の藤山愛一郎外相とJ・F・ダレス国務長官との会談で、ダレスは、帰島はおろか旧住民の墓参に対しても否定的な姿勢を示した。いうまでもなく安全保障上の理由からであり、そのことは次のダレス発言からもみてとれる。「国務省は容易に論駁されないのであるが、この問題については軍に理由ありとの結論に達せざるを得なかった。軍は混血系［先に帰島を許された欧米系の小笠原島民を指す］を帰えしたことも失敗であったと考えており、右はsecurity reasonに由るものである」との説明であった(5)。約言すれば米軍部の基本的スタンス（ホンネ）は、金銭面では考慮の余地があるが、欧米系を含め旧島民には「基地の島」の現実をさらしたくないということに尽きた。

こうした米国側の硬い姿勢を前にして、日本政府は交渉の力点を施政権返還問題から「補償問題」へと移していく。そしてアメリカ側から「旧島民への損失見舞金」の名目で六〇〇万ドル（約二一億六千万円）を交付することが決定した（一九六一年六月日米交換公文、ただしその分配をめぐり復帰運動内部で一時深刻な対立が生じた）。さらに一九六五年一月の日米首脳会談の席上、ジョンソン大統領は佐藤首相に小笠原旧島民の墓参についての「好意的な検討」に同意し、それに基づき同年五月第一回墓参が実現した（一八日に遺族代表十人他が日航機で硫黄島、二三日に二〇人が巡視艦「宗谷」で訪島）。

一九六〇年代以降のこうした政治的・外交的なプロセスを経て、日本側は一九六七年五月一五日の三木外相・ジョンソン駐日大使会談において、初めて小笠原諸島の施政権返還を正式に求めたのだった。それをふまえ同年一一月一五日、六五年一月に次ぐ二回目の佐藤・ジョンソン首脳会談後の共同声明第七項において、「（小笠原諸島につき）日米両国共通の安全保障上の利益はこれら諸島の施政権を日本に返還するための取決めにおいて満たしうることに意見が一致した」と謳われた。その後両国政府間で、施政権返還後の米軍基地の態様、緊急時の「核問題」等をめぐる緊迫した折衝が続いた後、翌一九六八年四月五日に「小笠原諸島返還協定」が調印をみるに至った（発効は六月二六日）。

それではアメリカ政府側は、小笠原諸島を取り巻く国際環境がブルースカイ・ポジション論を放棄するまでに好転したと判断したために施政権返還に応じたのであろうか。いうまでもなく否である。この点は近年Ｒ・エルドリッジ、真崎翔、信夫隆司ら日米双方の研究者によって、両国の公開外交文書や関係者からのヒアリングをふまえた精緻な実証分析がなされてきた(6)。

この問題は、硫黄島を含む小笠原諸島の軍事戦略的な重要性を戦後のアメリカ、とくに軍部がどのように認識していたかに帰着する。第二次世界大戦終結からまもない一九四六年七月一一日、米統合参謀本部（ＪＣＳ）が国務・陸軍・海軍三省調整委員会に宛てた覚書は、こう述べていた。「現在、米国は太平洋地域に戦略的支配体制を布いている。それは、莫大な犠牲を払ってこの地域を征圧したという正当な理由に基づくものである。この支配を放棄する、弱める、もしくは危険にさらすことは、米国の安全保障を犠牲にすることを意味する」(7)。第二次世界大戦後のアメリカ外交政策の決定過程において強大な発言力をもつようになった統合参謀本部の「小笠原諸島返還」についての基本認識は、最後までこの立場が貫徹される。しかもその後冷戦が深まりアジア太平洋地域におけるソ連の影響力が高まる中で、「［米国］占領期の父島と硫黄島には、極東における対ソ戦を想定した、米国の核戦略を遂行するうえで重要な核兵器が配備」されていたのが現実であった(8)。

しかもアメリカ世論には硫黄島の戦闘で「国家のために勇敢に戦い、死んでいった何千という我々の仲間の血が、あの島には染み込んでいるのだ。我々の英雄たちの遺体は祖国に帰ったけれど、硫黄島は米国にとっての神聖なる聖堂であり、放棄されるべきではない」という声も依然として根強く残っていた（海兵隊第三師団将校カルソ少尉発言、エルドリッジ、前掲書、三八六頁）。このような硫黄島戦をめぐる強烈な愛国主義的「歴史認識」、そして冷戦下の国際環境を背景とした軍事的要請が相まって、返還交渉は最後の段階まで予断を許さないものとなった。

一九六七年一一月、日米首脳会談の共同声明で、「核問題」については「本土並み」条件下での小笠原諸島の返還が合意をみた。とはいうものの、その後の具体的な交渉過程の中で、硫黄島と父島における核兵器貯蔵の権利を返還後も保持すべきであるとの米軍部の一貫した主張が大きく立ちはだかってくる。米軍部内には「日本が核貯蔵を許可するまで、それらの島々の施政権を日本に返還すべきではない」との強硬論も依然根強かった（真崎、前掲書、一五八頁）。結局、この問題は翌一九六八年三月二一日の三木外相とジョンソン大使の間で交わされた「小笠原への核貯蔵に関する議事録」という形で一つの決着がつけられた。

その「議事録」では、小笠原諸島への核兵器貯蔵が必要とされる有事の際、米国はこのことを「提起」し、かつそれに対する日本政府からの「好意的な対応を期待する」とのジョンソン発言に対し、三木外相はそのような在日米軍装備の重要な変更は「日本政府との事前協議の対象」となるものであり、現段階では「協議に応じるとしか言えない」と応じたことが書きこまれた。そしてこの「討議の記録」＝「密約」文書は、四月五日の東京での協定調印時に手交されることになった（詳細は真崎、一五七－一六一頁、エルドリッジ、四三四頁、信夫、二〇三－二〇六頁等）。

アメリカ側とりわけ軍部の父島・硫黄島における有事核貯蔵権の確保に向けての硬軟おりまぜての〝したたかな執念〟が浮き彫りされる折衝であった。この点と関連し信夫隆司は、父島と硫黄島における「核問題」が「口頭発言」という双方の主張を並べただけのあいまいな形で終わったことに米軍部は強い不満をもち、そのことが結果的にその後の沖縄返還交渉時の首脳レベルでの「核密約」に対する強い要求（すなわち「明確な形での保証」）につながったと指摘する(9)。

こうした経緯を経て、一九六八年六月二六日、「小笠原諸島の日本復帰を祝う式典」が、東京、父島そして硫黄島で開催された。東京、父島では日米両国政府・東京都関係者に加え島民代表の参加があったが、硫黄島では状況が大きく異なった。同島中央部滑走路脇の米軍基地司令部前で挙行された式典に参列したのは、米軍と自衛隊関係者各一八名、計三六名のみであり、かつての住民が招かれることはなかった。そして米軍撤退と同時に新編の海上自衛隊硫黄島航空基地分遣隊（五八名）が硫黄列島を直接の管轄下においた。同分遣隊はその後、小笠原諸島振興審議会の「定住困難」の答申が出た一九八四年には、航空自衛隊硫黄島基地隊へと拡充された。さらに一九九二年四月には海上自衛隊硫黄島航空基地隊（同基地分遣隊からの格上げ）が設けられ、硫黄諸島は文字通り自衛隊の島となった。現在、硫黄島には海上自衛隊約二五〇名、航空自衛隊約一〇〇名が駐屯し、一九九一年からは米海軍空母艦載機の離発着訓練支援も開始され、「日米同盟」の象徴的存在となっている(10)。

以上の経緯との関連で、小笠原諸島の施政権返還交渉の主要当事者であった日米双方の政府関係者の発言をみておこう。一方の当事者ジョンソン駐日大使は、一九六八年六月二六日、東京での「返還を祝う国民の祝典」の席上、核についてあたかも何事もなかったかのように日本社会に向けこうメッセージを送った（エルドリッジ、一九五八頁）。「皆様には、米国に『領土拡大の野心』が一切ないことのさらなる証しとして、小笠原返還を受け止めて頂きたいと思う。」

他方、日本の外務省当局にあって小笠原諸島、沖縄の施政権返還問題の実務を担当した栗山尚一（後外務事務次官）は、沖縄と異なり小笠原は「戦略的価値が乏しい」ため「米側にもさしたる抵抗はなく、一九六七年一一月の日米共同声明で施政権返還が合意され、その後の返還協定交渉は順調に進み、翌六八年四月には協定調印の運びとなった」と回顧する(11)すなわちここでも、「核貯蔵問題」は小笠原諸島ではあたかも存在しなかったかのように記述されるのだった。

もう一人、総理府において小笠原諸島、沖縄の施政権返還の舞台裏で重責を担った山野幸吉（後に小笠原諸島振興審議会長）は、父島での返還式典に政府代表の一人として参列した。「星条旗」に代わり「日の丸」が掲揚される光景を目撃した山野は、往時を回顧しつつこう述べるのであった(12)。「二〇〇人たらずの現地住民［一九四六年に帰島を許された欧米系島民］も参列したが、戦後四半世紀の間、米国施政の下におかれたこの人たちは、むしろ星条旗との訣別に限りない愛惜の念を感じたのではあるまいか。」

また返還協定調印の翌一九六九年に公刊された外務省『わが外交の近況　昭和四三年度』は、「小笠原返還協定」について三頁弱の解説を行っているが、ここでも「核問題」についての交渉経緯には一切言及がない。そこでは協定において日本側が米側に譲歩したのは、米国が現に使用している硫黄島および南鳥島にあるロラン局施設用地（長距離電波航法施設）の継続利用と、最大の激戦地摺鉢山（パイプ山）山頂に建立された米国海兵隊のための記念碑の存続のみであったことが強調される。外務省の公式刊行物であるこの『外交青書』においても、施政権返還の事実のみが外交的成果として強調され、その「代償」であるアメリカの核貯蔵権については完黙されていることが、隠された事実の重要性を無言のうちに物語っている。

一方、当然のことながら小笠原諸島の施政権返還の実現は、最大の日米外交課題であった沖縄の施政権返還問題との関連でマスメディアからも多大な関心を集めた。その中で小笠原諸島がかつて東京府管轄下にあったこともあり、施政権返還後いち早く同諸島に取材班を派遣したのは東京新聞であった。帰京直後東京新聞は中日新聞との共催で(総理府、自治省、外務省、農林省、厚生省、防衛庁、文化庁、東京都後援)「かえってきた小笠原諸島、父島・母島─ああ硫黄島」と題した展示会を新宿の小田急百貨店で開催し、同名の報告書を作成した。この視察報告から硫黄島についての当時の国内世論、日本人の関心が奈辺にあったかをうかがうことができる。「悲劇の島硫黄島」と題した報告書の冒頭は、こう始まる。「世界の三大激戦地のひとつといわれた硫黄島。日本軍の奮戦は世界史上に永遠に残るだろう。ここに眠る将兵はいま、島とともに懐しい故国へ帰ってきた。」(同三二頁)。

当時の日本人の硫黄島認識の縮図ともいえる記述であり、「激戦地」、「日本軍の奮戦」は強調されるが、つい四半世紀前までその地に一千名の人々が定住していたこと、そして彼らが戦争によって故地を追われたことへの言及はみられない。後年の「英霊神話」「硫黄島戦神話」あるいは「栗林忠道中将伝説」の祖型といっても過言ではない。報告はさらにこう続く。「祖国防衛の最前線を守るため、身を捨てて戦った一万八千の将兵が眠っていると思うと、一歩一歩、踏みしめる土が、体を伝わって心をゆさぶった。」「『硫黄島は祖国へかへりました。すぐにあなた方も内地へ…』とまでしかいえなかった」(同三四頁)。

2 施政権返還後の硫黄島

一九六七年一一月の日米首脳会談によって小笠原諸島の施政権返還が決まった直後の一二月一六日、東京都の美濃部亮吉知事は記者会見で、「帰属については戦前の行政区域に戻すのが筋であり、国が直轄する理由は認められない、一時直轄論にしても反対」と東京都の管轄権を強く主張した(13)。結局こうして戦前と同じく同諸島を管轄下におくことになった東京都（一九六八年二月二三日、閣議決定）は、「東京都における一つの戦後が終わった」と高らかに宣言した(14)いうまでもなく、「私は沖縄の祖国復帰が実現しない限り、わが国にとって『戦後』が終わっていないことをよく承知しております」という周知の一九六五年八月一九日の那覇空港での佐藤栄作首相の声明を下敷きにしてのことであった。

東京都当局はかつて住民の「強制疎開」を推進した一方の当事者であったが、今度は返還祝賀ムードの中で自治省を中心とする政府当局と連携し、矢継ぎ早に復興構想を打ち出していくことになった。また先の閣議では、国の復興事業の所轄は自治省となったが、「総合調整をはかる必要がある場合」には総理府がことにあたるとされた(15)。まさに縦割り行政の負荷を負いながらの「復興」に向けての出発であった。

「復帰」翌年の一九六九年一二月に公布施行された「小笠原諸島復興特別措置法」、翌七〇年七月の閣議決定「小笠原諸島復興五カ年計画」を契機に、小笠原諸島は本格的な戦後版「開発の時代」に入っていく。かつて七千人近い人口を有した父島は、一九六九年一月時点でわずか三四五人の人口に過ぎなかったが、特措法の下で各種基盤整備がなされる中で旧島民の復帰を軸に次第に定住人口も増加する。唯一の交通手段であった航路も復活し、一九七二年四月には東京―父島間に、翌年二月には父島―母島間にも定期航路が開設された。

しかしながら、米軍支配下に置かれ、核貯蔵を含む米軍の太平洋軍事戦略の拠点となった硫黄島との間には、人の往来も交通手段も断たれたまま「復帰」五〇年を経た現在に至っている。運輸面のみならず硫黄島は、小笠原諸島復興特別措置法の対象からも事実上はずされていた。この点と関連しきわめて注目すべきは、「返還協定」

発効直前の一九六八年六月一日に公布された「小笠原復帰に伴う暫定措置法」施行と同時に、いち早く防衛施設庁は硫黄島の自衛隊用地および米軍措借用地について、「土地の所有者不明」と告示をしていたことである[16]。

また改定後の「小笠原諸島復興計画」においても、硫黄島は帰島や復興計画の対象外に置かれた。「不発弾処理及び火山活動についての安全性の確認を前提とし、遺骨の処理状況を考慮しつつ開発の可能性を検討する」とのタテマエが述べられただけであった[17]。日本への施政権返還とはいっても、内実は硫黄島の旧島民には無縁の返還であった。また戦争犠牲者の遺骨収集をめぐっても、硫黄島の扱いは特殊である。「復帰」翌年の一九六九年度から東京都は父島・母島における遺骨収集を開始するが、硫黄島に関しては、不発弾が数多く残りかつ遺骨数が多いことを理由に、海外に準じ国が収集作業を担当することになった[18]。

このような硫黄島の事実上の分離返還状況が固定化されてくる中で、旧島民有志は一九七六年七月「硫黄島帰島促進協議会」を都内で結成し、問題解決に向けて都知事への要請をはじめかつてアメリカ側に対して行った請願活動を、今度は日本側当局に向け実施することになった。施政権は還ったが住民は帰れない、という畸型的で理不尽な状況は硫黄島以外には存在しない。旧島民が帰還できないという状態は北方領土の場合と酷似するが、そこでは統治権を行使しているロシアとの間で平和条約が締結されていないことを考慮する必要ある。

施政権返還の直前に派遣された政府小笠原調査団の「報告書」は、硫黄島についてこう記述していた[19]。「硫黄島は飛行場、ロラン局及び摺鉢山の記念碑［米軍勝利］を中心とする米軍基地施設、道路、基地等があるだけで、これらの地域を除き原野と化しており、旧集落等は全く確認できない。」このような現状認識をふまえ「報告書」は、硫黄島の今後の復興開発につき次のような所見を記すのだった。

…前大戦における激戦地であったこと並びに他島に比し経済条件および生活環境に著しい問題があることにか

んがみ［先述した一九四四年までの硫黄島の経済状況を想起されたい］、父島及び母島とは異なる特別の考慮を支払う必要があると思われる。

結果的に見ると「特別の考慮」とは、皮肉にも一六年後の一九八四年に小笠原振興審議会が明示した「硫黄島には一般住民の定住が困難であり、同島は振興開発には適さない」との答申書に帰着するのであった。

この答申は小笠原諸島振興審議会に設置（一九七九年六月）された各分野の専門家・関係者からなる「硫黄島問題小委員会」が六回の会合をふまえて作成したものであり、少なくとも形式的には学術性をふまえた客観的な性格を有している。とくにそこでは「火山活動による異常状態」が強調され、また不発弾の危険性が「定住が困難」の主因とされた。その一方、日米施政権返還交渉、その後の外務省・防衛庁（省）・自衛隊の対応の中でとりわけ強く主張された硫黄島の安全保障上の地位が、答申の中で一顧だにされていないことも歴然たる事実である。「軍事的な観点」という問題が―意図的なものであるか否かは問わず―「争点隠し」になっている感が否めない。

この答申書にいたる過程をもう少し見てみると、一九七〇年五月の最初の「小笠原諸島復興五カ年計画」（閣議決定）においては、硫黄島については「不発弾の処理及び遺骨収集の状況との関連において復興の方途を検討する」（傍点―引用者、以下同）となっていた。ついで七五年の改定後の復興計画でも、硫黄島については帰島、復興計画の対象外に置かれたままであり、一歩後退した形でこう述べられた。「不発弾処理及び火山活動についての安全性の確認を前提とし、遺骨の処理状況を考慮しつつ開発の可能性を検討する」[20]。

このうち最大要因とされた火山活動をめぐる評価を、ここでみておきたい。東京都は硫黄島の火山活動調査を一九七二年六月、一九七五年三月、一九七八年八月と三回にわたり実施したが、第一回調査の翌月に作成された前記「硫黄島基本調査報告書」（註20）は、その骨子をこう述べている（二一一頁）。「さしあたって大爆発の危険はないもようであるが、今なお水蒸気爆発と異常な地盤隆起が続いており今後とも十分な監視が必要であり、また場所によっては今後地盤沈下・陥没のおそれもあるとされている。」また国レベルにおいても、国土庁による火山活動調査は、火山はなお活発で地震等も予想以上に多くかつ長期にわたるとした上で、「従って、島での一般住民の生活の安全を保証することはできない」と結論づけている(21)。

このような地質学・地震学専門家の調査結果を反映させた形で小笠原諸島振興審議会は、次のような最終結論を導くのだった。即ち「(1)火山活動による異常現象が著しいこと」を筆頭に、硫黄島は「(2)産業の成立条件が厳しいこと」、「(3)戦没者の遺骨が残存すること」、そして「(4)多くの不発弾があること」を定住、開発の四阻害要因としてあげる。その上で、今日では(3)(4)の要因は「硫黄島のあり方を左右する要因」ではもはやなく、それ故(1)(2)についての「客観的かつ適切な評価」によって、一般住民の定住、開発の可能性は決定されるべき」と指摘する。このような論法をふまえ、硫黄島には「一般住民の定住は困難」との結論が導き出されたのであった。

付言するならば、当時の内閣総理大臣中曽根康弘宛てに提出された小笠原諸島振興審議会意見具申書（答申）は、硫黄島を「世界でも稀に見る激戦地」であったと述べた後、今に続く旧島民の心情を無視した次のような「英霊史観」すら披露している。「今日の日本の平和と繁栄がこれら尊い犠牲のうえに築かれていることが十分認識され、硫黄島が英霊の地として崇められるべきであることを付言しておく。」(22)

ここで時計の針を逆戻しして、上述の振興審議会答申書と比較する形で火山活動に関する戦前の代表的な議論をみておきたい。農商務省技官として長年小笠原諸島全域を調査した前述の豊島恕清（小笠原営林署長等を歴任）は、硫黄島についても貴重な論文を残している。豊島は、同島は「富士火山線に属する新規の火山系にして地盤隆起により成立し火山の余燼未だ熄まずして高熱の地域多く諸所に噴気孔ありて硫気又は蒸気を噴出しつつあり。又四囲の海底噴火多く今尚地盤隆起しつつあるものの如し…未だ火山の活動熄まず、時々地殻の変動を来し常に小活動を継続しつつあるものとす」と観察する。このように火山活動の可能性を指摘するものの、豊島はそれを異常なものではなく火山国日本の日常として冷静に見ると同時に、硫黄島の自然環境や産業に与える恩恵についてもこう指摘する(23)。

…其の土壌窒素成分比較的少きも燐酸・加里に富み肥料の分解迅速にして施肥に注意するときは土地の生産力頗る大にして且其の基岩たる凝灰石の如き柔軟且燐酸・加里を多量に含み穴を掘り客土するときは能く植生の発育に適する等農耕地として適当なるを認めたれば爾来開墾事業大に進み今や人口千二百に達し…。

さらに豊島恕清は硫黄島の地熱の効用にも言及し、住民は「(それにより)冬季蔬菜栽培に、製塩業に、揮発油蒸留に、乾燥操置に其他種々有効に利用しつつあり」と指摘し、硫黄島には「産業の成立基盤」が十分に備わっていることを強調したのであった。

「強制疎開」により引揚げを命じられるまで硫黄島で生活者として普通に暮らしていた旧島民の目から見れば、先の答申への違和感と対極的に、この豊島の指摘には体験に基づく共感が大きいのではないかと思料される。

3　小笠原諸島振興審議会「答申書」に対する硫黄島関係者の対応

六名の学識経験者からなる小笠原諸島振興審議会(「硫黄島問題小委員会」)の上述の結論に対し、それでは地元関係者はどのような対応を示したのだろうか。

生活を目的とした定住者はいないものの、硫黄島を管轄する東京都小笠原村の民選による初代村長・安藤光一は、苦衷に満ちた口調で「小笠原諸島返還後一六年を経た今日、長い間、帰島を熱望してきた硫黄島旧島民の心情を思い、また機会あるごとに帰島、開発を強く要望してきた小笠原村及び小笠原村議会としては、承服しがたく、まことに遺憾なものである」と述べる。父島で生まれ育った安藤自身、少年時代に「強制疎開」を体験、施政権返還後まもない時期に帰島しただけに、硫黄島旧島民の心情は分かりすぎるほど理解できる立場にあった。とはいうものの、村行政の責任者として安藤は、審議会の「専門的、科学的な調査」による「慎重かつ客観的な結論」をやむを得ざるものと考え、尊重せざるを得ないと公人としての見解を表白するのだった(24)。

東京都はこの答申が出された半年後の一九八四年一一月および翌八五年七月、それぞれ硫黄島、北硫黄島旧島民を中心とする一四四名の現地視察を実施した(内北硫黄島出身者一三人)。それに加え主催側の都庁幹部二名の他に佐藤支庁長、安藤光一村長、菊池忠彦ら四名の村会議員も参加した(25)。視察団報告書には、旧島民一二〇人にたいする記名式アンケートの結果(回答者六九名、回収率五七・五%)が紹介されている。選択肢を提示しての設問は二問のみで、むしろアンケートの力点は故郷再訪の印象や東京都への要望を記述させることに置かれた。設問一の「自分が関係した旧集落は確認できたか」に対しては、四一人(五九・四%)が「良く判った」と答え、一〇人(一四・五%)が「全く不明」と答えている(他は「どちらともいえず」が一七人(二四・六%)、「無回答」一名(一・五%)であった)。二番目の「参加をどう思った」かとの問いに対しては、四〇人(六〇・九%)が「期待どおり」と応じ、一一人(一五・九%)の「期待はずれ」を大きく上回った。いずれの質問においても近似した内容の回答が示された。

記述式回答を求めた上記質問への回答は数値化されたものではなく、箇条書きに各人の意見を紹介する形をとっている。その点では参加した旧島民の見解を統計的に集約したというよりも、代表的な声の紹介といった感が強い。整理すると「帰島問題」「土地問題」「補償問題」の三点に焦点が置かれた形であるが、ここでは「帰島問題」にしぼって主な意見を紹介してみたい。「（振興審議会答申を意識しつつ）火山活動、不発弾・水等困難な問題が多いが、生活できないとは思わない」「（答申は火山活動の活発を強調するが）戦前から起っていたことで特に問題はない」「一日も早い帰島を望む」「社会基盤整備を行った後、旧島民に帰島の意見の有無を問うべきである」「自衛隊・米軍・鹿島建設［防衛施設庁の発注工事を独占的に受注］の人びとが快適な生活を送っているのを見ると、帰島は可能」「居住不適当との結論は〝軍事的利用の口実〟ということと聞くが、ほんとうだろうか。軍事的利用に反対しない。共存を考えるべきである」等々。

以上は「帰島希望」論の立場であり、視察参加者の七割強に相当する。他方、「生活物資の調達困難」、そして「防衛庁が使用する限り帰島は無理」との現実的・悲観的な観点からの帰島断念論も散見される。

ここに紹介した視察所感からも明らかなように、旧島民は自分たちが故郷に戻れないのは、決して「火山活動」のためではなく、安全保障上の理由からであろうことを直感的に理解している。そしてそれは、国家のためには「仕方ない」（戦中期と同じように）との諦念の思いにかられる反面、自衛隊や防衛施設関連の諸工事を一手に引き受ける大手ゼネコン関係者が、定期交代制とはいえ「快適」な環境で勤務していることに割り切れない気持ちをいだいていることも事実である。

公益財団法人小笠原協会（一九六五年五月発足）は、機関誌『小笠原』の特集号でこれまで再三にわたり硫黄島に関する特集を組んできた。その資料的な価値にかんがみ、代表的な特集テーマを以下に掲げておこう。ここには旧島民や小笠原諸島関係者の硫黄島についての貴重な証言や回想、そして資料が数多く収録されている。

特集第一五号（一九七五年九月）「硫黄島の過去と現況」

特集第二二号（一九七九年六月）「硫黄島問題の基本的方向について」
特集第三〇号（一九八五年三月）「硫黄島問題の経過概要」
特集第三六号（一九九一年一月）「硫黄島の変遷と現状」
特集第四五号（一九九七年一二月）「硫黄島の戦前・戦中・戦後の集大成」
特集第五八号（二〇一三年三月）「小笠原の碑文」（母島・硫黄島編）
特集第五九・第六〇号（二〇一四年三月、二〇一五年三月）「硫黄島に関する聞取り調査記録(1)(2)」

以下ではそれらの特集号の中から、硫黄島への帰島が不可能となった現実に対し、かつてその地で暮した人たちが、どのような心情を吐露し、綴っているのかをみておきたい（敬称略）。

佐々木ヨネ子（一九二一年生れ、東集落）は、新婚の夫そして兄を「玉砕」で失い今は八丈島で老後を送っているが、望郷の思いをこう語っている。「硫黄島へはもう帰れないでしょうね。遺骨収集もまだまだですね、まだまだかかりそうですね。兄の遺骨が帰ってくるのは何時になりますかね。まさか硫黄島を［自衛隊に］盗られるとは思わなかったですよ。村長さんは、すぐ帰って来られるからって、引揚げる時の浜での挨拶でしたからね」（特集第五九号、一一六頁）。

仁科昌三（一九三〇年生まれ、元山集落）は、八〇歳を過ぎた今でも遺骨収集に参加するなど健在ぶりを発揮しているが、帰郷できない現実を前に「自分が望むときに自由に硫黄島に行けるということですね。住むことは出来なくても、自由に行けることができるようになると好いですね。もう住むことは考えられませんが、行きたいときに行けるようになることを望みますね」と自由往来の実現に望みを託すのだった（特集第五九号、四一頁）。

帰島は断念せざるをえないとしても、自由訪問だけはという仁科の最小限の願望も、今なお実現していない。

この発言に先立ち、聞き役の小笠原協会会長（当時）小豆畑孝は、「防衛省は、硫黄島は俺たちの島だと思っているわけだから、遺骨収集を含めて余計な事をしてくれるな、というのが基本的姿勢のような気がする」と多くの島民の胸中を代弁し、ストレートな気持ちを吐いているのが注目される（三六頁）。この聞き取り調査から一一か月後、第七代小笠原協会会長をつとめた小豆畑（前職は東京都清掃局長）は病歿した。

もう一人、一九二九年に東集落で生をうけた川島フサ子は、強制疎開時すぐに硫黄島に戻れるといわれてから七〇年、八五歳になった今でもその日が来ないことを嘆じる。川島の兄二人は軍属として徴用され故郷硫黄島で「玉砕」するも、何の形見も残されていない。当時物質的には決して豊かでなかったものの、「島中の人達が親戚関係みたいにお互いに助け合って」暮した少女時代を懐かしみつつ、川島は施政権返還で帰郷がかなえられると思った当時をこう振り返る。「帰ろうと思いましたよ。そしたら硫黄島だけは返さない。どうしてと聞いたら自衛隊が居るからというし…硫黄島は本当に良い所ですよ。出来ることなら帰りたい…私も死んだらあそこ（硫黄島）に行きたいです」（第六〇号、一二頁）。

強制疎開の時、「すぐに戻れる」と言われたことを多くの証言者が語っているが、当時の硫黄島収入役大沢周藏（大正小学校第一期生）も、一九四四年七月一四日最後の引揚船栄光丸に乗り組む際、見送りの厚地大佐から「今度の疎開は一時的なものです。勝ったら又戻るのです」といわれたことを今なお胸に刻んでいる(26)。

ここで紹介した人たちだけでなくほとんどの硫黄島出身の証言者は、帰島できない真の理由は小笠原振興審議会の答申が強調した火山活動ではなく、自衛隊の存在、別言すれば「日本国の安全保障」のために故郷が人身御供となっていることだと認識している。そのことの表白が困難なのは、今なお日本社会に根深く残る公（国家）の「大義」のためには個（私人）の主張は抑えなければならない、との暗黙の心理的・社会的規制の故なのであろうか…。

前述の小豆畑孝は、火山活動を理由に帰島が許されない現状をみやりつつ、多くの旧島民の心情をこう代弁する(『小笠原』第一七八号、二〇〇七年九月)。「硫黄島には現在約二五〇人の自衛隊と三〇人余の民間人が昭和四三年以降、約四〇年に亘り何の障害も無く生活している。何故、旧島民は故郷に戻ってはいけないのだろうか。火山活動以外に他の大きな理由があるものと推測されるが理解しがたいと言わざるを得ない。」ちなみに施政権が返還された一九六八年の硫黄島の自衛官は四〇人程度であったが、二〇一六年には約三八〇人になっている。この間、火山爆発による自衛隊員の避難は記録されていない(27)。

小笠原諸島の施政権返還から二〇一八年で半世紀がたつことになる。硫黄島のみが帰島は幻と化す中で、高齢化する旧島民たちにとっては、国や東京都が主催するごく短期の墓参のみが故郷との唯一の物理的な接点となった。しかしながら、その墓参による滞在中、旧島民といえども自由な行動は大きく制限され、しかも「自衛隊の島」であるが故のさまざまな規制措置が講じられている。たとえば一つの資料として東京都が墓参者に配布した「平成二九年度硫黄島墓参者のしおり」をみておこう。二〇一七年一一月一六日—一七日、自衛隊機を利用しての硫黄島墓参の事例であるが、この小冊子はまず「自衛隊の基地施設は、国防施設の秘密保持の観点から写真撮影が禁止されています」と太書きされ、出発地の自衛隊入間基地、硫黄島基地およびその周辺地域で「写真機を取り出さないよう」注意を喚起する。まさに本章三で述べた戦前の要塞地帯法の再現を想起させる。

ついで「しおり」は、小笠原諸島振興審議会が「科学的調査・解析を踏まえた客観的判断」であると強調する答申書の内容について「(火山活動、残存遺骨、大量の不発弾等)上記状況は、現在も継続しており、滞在時においては、これらに対する十分な注意と配慮が必要」だと指摘する。さらにそれらに加え、硫黄島には「有毒な害虫や危険な植物が生息・繁茂」していることにも注意が喚起される。そしてふたたび「基地施設から離れるまで写真機を取り出さないよう」警告が発せられる。全一〇頁のこの東京都作成の小冊子にとって一種の〝ガイドライン〟となっているのが、防衛省海上自衛隊硫黄島航空基地隊が作成（二〇一〇年三月）した「硫黄島について―概況と注意事項」と題した一二頁の資料である。ここでも火山活動（「阿蘇山中岳の火口付近にいるようなもの」とその危険性が誇張される）、不発弾の現実的危険性、そして有毒害虫・植物の生息・繁茂が強調される。東京都、防衛省作成の公的性格をもつこれら小冊子は、なによりも一九八四年の小笠原諸島振興審議会の答申を金科玉条的に解釈し、硫黄島の危険性を旧島民はじめ来島者に強調してやまない。

しかしながら、すでに見たように多くの旧島民、関係者は帰島困難（事実上不可能）の根拠とされてきた振興審議会答申に得心しているわけでは決してない。それは何よりも一九世紀末から一九四五年までの約半世紀にわたり、父祖代々から孜々営々と積み重ねてきた普通の生き方、暮し方、そこから築きあげてきた硫黄島民としての抑えがたい心情の故である[28]。

こと硫黄島に関しては、施政権返還をもってして「東京都の戦後は終わった」とは到底言い切れない現実が、今なお厳として横たわっている。

註

（1）領有翌年の一八七七年から政府主導による入植政策が開始されるも種々問題が発生したため一八七九年には移住が一時禁止され、その後八三年から再開される。幕末文久期においても官命で八丈島からの移住者三〇人が入植したが、これも当時の内外情勢を理由に一年足らずで帰還させている。このことからも小笠原諸島の「開拓」は官主導型であったことがうかがえる。

(2) 小花作助『小笠原島要録第二編』小笠原諸島史研究会(会長鈴木高弘)二〇〇五年、一〇頁。小笠原島内務省出張所の初代所長小花作助の記録を全四編に収録した本資料は、領有当初の小笠原諸島を知る上できわめて重要である。

(3) 『読売新聞』一八七七年一月八日。領有前夜には小笠原諸島への興味からか次のような記事も現れた。「小笠原島御取開きはいよいよ近々御着手になりますに島中すべて免税の仰付けられ小花内務権少丞が出張され内務省出張所は瓦造りにて建築になる由…」『東京曙新聞』一八七六年一〇月二日。

(4) 東京府編『小笠原島総覧』一九二九年、七六－八〇頁。この田中栄二郎は父島に在住していたが、次節で述べる明治二〇(一八八七)年の「南洋視察団」に刺激を受け、漁業、採掘を目的に帆船で硫黄島へ渡った人物である。石原俊「そこに社会があった―硫黄島の地上戦と〈島民〉たち」『Mobile Society Review 15号』、二〇〇九年、二九頁。

(5) 辻友衛編『小笠原諸島歴史日記上巻』近代文藝社、一九九五年、一八三－二一六頁。

(6) 東京都立教育研究所編『東京都教育史・通史編(一)』二〇〇四年、一〇七五頁。

(7) 明治丸史編修委員会編『明治丸史』東京商船大学、一九八二年、一八頁。および東京都編『東京市史稿市街篇第72』一九八一年、六二八頁。

(8) 東京都編、前掲書、六一八頁。

(9) 『風俗画報』第三四三号、一九〇六年七月所収。

(10) 旧土佐藩下級士族で自由民権運動にも深く関わった服部の南北併進論については、本書第三章を参照。

(11) 東京府編、前掲書、八〇頁。

(12) 服部徹『日本之南洋』南洋堂、一八八八年、一五六頁。

(13) 服部徹『浦潮之将来』前田菊松、一八九二年、一‐三頁。
(14) 依岡省三については、岡成志『依岡省三伝』日沙商会、一九三六年、鍋島高明『高知経済人列伝』二〇一六年、等を参照。
(15) 辻友衛編、前掲書、一六八頁。
(16) 同上、一七九頁に依拠。
(17) 岡成志、前掲書、一二四‐一二七頁。
(18) 平岡昭利『アホウドリを追った日本人―一攫千金の夢と南洋進出』岩波新書、二〇一五年、一六‐二二頁。あわせて同じ著者の次の著作も参照。『アホウドリと「帝国」日本の拡大―南洋の島々への進出から侵略へ』明石書店、二〇一二年。同書の中で平岡は玉置の「鳥島在留日誌」の次のような一節を紹介している。「…千里の原野に綿を敷き詰め、万里の砂漠に雪が積もっているようである」。
(19) 吉田弟彦「硫黄島火山列島」『地質学雑誌』Ⅻ、一九〇三年、一一一‐一一八頁。吉田の経歴については以下を参照。佐賀県立図書館編『佐賀県立図書館60年の歩み』一九七三年、一〇六‐一〇七頁。
(20) 城間雨郁編『南大東島開拓百周年記念誌』南大東村役場、二〇〇一年、三八四頁。
(21) 海軍省も軍艦高千穂丸を派遣したが、これには志賀重昂らが同乗した。「読売新聞」一九〇二年八月二三日。関連論文として平岡昭利「南鳥島の領有と経営」『歴史地理学』四五巻四号、二〇〇三年、七頁。
(22) 三枝恵作「火山列島視察記事」『海軍医事報告撮要』第五八号、一九一一年、二四九‐二九〇頁。
(23) この記録は、半世紀余の後小寺廉吉「火山列島（硫黄列島）―日記と資料」として『社会学論集』（桃山学院大学）第一巻第一号、一九六八年に収録。
(24) 山田毅一『南進策と小笠原群島』放天義塾、一九一六年、二三七頁。南洋群島領有を契機に高まった大正期「南進」熱を背景に、同年には副島八十六『帝国南進策』東京民友社も刊行された。副島の南進思想については、以下を参照。山﨑功『佐賀・九州の南方開拓者たち』海鳥社、二〇一七年、二七-五五頁。

(25) 若林正丈「一九二三年東宮台湾行啓と『内地延長主義』」『岩波講座近代日本と植民地2』岩波書店、一九九二年、九四頁。

(26) 近藤春夫『小笠原及八丈島記』東京タイムス社、一九一七年、二九一頁。

(27) 山方石之助『小笠原島志』東陽堂、一九〇六年、一頁。

(28) ㈶都市調査会『硫黄島関係既存資料等収集・整理調査報告書』一九八二年、一九頁。

(29) 辻友衛編、前掲書、二〇二頁。

(30) 『小笠原』第五九号、二〇一四年、三三頁。

(31) 堤徳蔵については「事業功労者功績調書　堤徳蔵」東京都公文書館所蔵『天皇陛下小笠原行幸書類冊1』。また中村栄寿編「硫黄島―村は消えた　戦前の歴史をたどる」中村栄寿編『戦前記念誌　硫黄島』硫黄島戦前史刊行会、一九八三年、一二八頁。

(32) 石原俊『〈群島〉の歴史社会学―小笠原諸島・硫黄島、日本・アメリカ、そして太平洋世界』弘文堂、二〇一三年、一二一頁、一二三頁。

(33) 東京都立教育研究所編『東京都教育史・通史編(1)』二〇〇四年、一〇七七頁。

(34) 小笠原島庁蔵版『小笠原島誌纂』一八八八年。

(35) 東京都立教育研究所編、前掲書、一〇七四～一〇七五頁。

(36) 「大正尋常小学校新築費賦課表」東京都公文書館所蔵資料。

(37) 東京都立教育研究所編『東京府教育史資料大系第10巻』一九七四年、三九〇頁。

(38) 東京府総務部地方課『市町村概況』一九三八年、一〇三四頁。

(39) 東京都立教育研究所編、前掲『東京都教育史…』、一〇三五頁。
(40)「小笠原島地方制度改正ニ就テ」一九三一年、東京都公文書館所蔵資料。
(41) 石井良則氏ヒアリングノート、二〇一三年九月九日に依拠。
(42) 学校史については　中村栄寿編、前掲書、一二九－一三五頁参照。
(43) 全国硫黄島島民の会編『硫黄島クロニクル～年代記　島民の運命《さだめ》』二〇一六年、二八頁。

二

(1) 東恩納寛惇『南島風土記』沖縄郷土文化研究会、一九六四年、三〇九頁。佐敷町字新里は勢理客姓のルーツとされ、集落の創始者や権力者の屋敷跡を拝礼する「殿（トゥン）」の一つ「勢理客殿」が残されている。字誌編集委員会編『字誌新里』二〇〇〇年、四六五頁。
(2) 佐敷町史編集委員会編『佐敷町史2民俗』一九八四年、二五九－二六〇頁。安田商店主安田幾雲は鹿児島県出身、一九〇六年創業の沖縄醸造㈱に就職、後津波古（馬天）に商店を開き、一九〇九年玉置商会と契約、大東島の製糖会社専属取扱店として終戦直前まで営業。南城市字津波古自治会編『津波古字誌』二〇一二年、七〇四頁。
(3) 佐敷町史編集委員会編『佐敷町史5移民』二〇〇四年、八八頁。
(4) 北谷町史編集委員会編『北谷町史・附巻移民・出稼ぎ編』二〇〇六年より引用。
(5) 琉球新報社編『新南嶋探験―笹森儀助と沖縄百年』一九九九年、九八－一〇〇頁。一方、熊尚子は、一八九三年刊行の海軍医務局『海軍医事報告撮要21』に依りつつ、島には「飲料に適する水」があると記している。「複数の沖縄アイデンティティー沖縄県南大東島の事例」『沖縄文化研究44』二〇一七年、二一七頁。
(6) 八丈町教育委員会編『八丈島誌』一九七三年、二二四頁。

（7）志賀重昂全集刊行会編『志賀重昂全集六巻』非売品、一九二八年、二二頁。
（8）城間雨邨編『南大東島開拓百周年記念誌』南大東村役場、二〇〇一年、四五二頁。南大東島に遅れること一〇年、一九一〇年以降に開拓に着手されることになる北大東島については、北大東村誌編集委員会編『北大東村誌』北大東村役場、一九八六年を参照。こうした歴史的な背景もあり、一九八二年に八丈島と南大東島は「姉妹島」関係を結んでいる。
（9）琉球新報社編『沖縄20世紀の光芒』二〇一〇年、一一四頁。
（10）名護市史編さん委員会編『名護市史本編5出稼ぎと移民Ⅲ』名護市役所、二〇〇八年、三四頁。
（11）南大東村誌編集委員会編『南大島村誌（改訂）』一九九〇年、一四三－一四四頁。この玉置事務所の日記は本資料公刊の数年前、事務所跡隣の民家の襖の下張りに使われていたことで判明したものであった。
（12）『佐敷町史5移民』八六頁。
（13）『名護市史』前掲書、三六－三八頁。
（14）『佐敷町史5移民』三七三－三七四頁。
（15）江崎龍男編『大東島誌』非売品、一九二九年。
（16）佐敷をはじめ沖縄各地から南洋群島への移民の動機として、前掲『佐敷町史5 移民』は、旅券が不要なこと、渡航費用が比較的安価であること、同郷者が多いこと、仕事がやり慣れていること、そして徴兵忌避のため、をあげている（七四頁）。
（17）中林一巳氏からのヒアリング、二〇一六年九月一〇日、於伊豆大島・波浮。作詞家宮川哲夫（一九二二－一九七四）も一族である。波浮に生まれ一九四二年、豊島師範卒、教員生活を経一九五四年作詞家生活へ。「哀愁の港町」「霧氷」（レコード大賞）、「夜霧の第二国道」等で広く知られた。
（18）宮川典継氏からのヒアリング、二〇一六年三月二七日、二〇一六年一一月一〇日、於小笠原村父島。

(19) 新井香代子からのヒアリング、二〇一七年一一月一〇日、於東京。

(20) 「南西諸島海溝」上に位置する南西諸島と「伊豆・小笠原海溝」上に点在する小笠原諸島は、潮流の影響もあって文化的なつながりも小さくない。たとえば八丈島では、南西諸島周辺でトビが一杯とれると八丈島ではそれがとれなくなるといわれる。そのこともあり、八丈島では「南西諸島の人たちがくしゃみをすると、八丈島では風邪をひく」とたとえられる。伊豆諸島・小笠原諸島東京都移管一二〇周年記念写真集製作編纂委員会編『二一世紀に拓く東京の島じま』東京都島嶼町村会、一九九八年、一九四頁。

三

(1) 小笠原村教育委員会編『小笠村戦跡調査報告書』二〇〇二年、一〇頁。

(2) 原剛『明治国土防衛史』錦正社、二〇〇二年、三八六－三八七頁。要塞設置直後の一九二〇年一二月から翌年四月にかけ、ロシア革命を逃れ日本に亡命（最終的にはアメリカ）した著名な画家ダビッド・ブルリュークが家族と共に父島扇浦に居を定める。しかし要塞法の適用で写生禁止となったことで父島生活を打ち切ることになる。ダビッド・ブルリューク（鈴木明訳『小笠原紀行』大島農民美術資料館、二〇〇七年。

(3) 石井良則「昭和一〇年代の父島大村―島民の日記を通して」『小笠原研究年報』第三七号、二〇一四年、四六頁。

(4) 石井良則「南洋小笠原昔話其の4」『笠島研究』第四号、一九九七年三月、九頁。

(5) 防衛庁防衛研修所戦史室編『戦史叢書中部太平洋方面陸軍作戦2』朝雲新聞社、一九六八年、一四六頁。

(6) 原剛、前掲書、一一頁。

(7) 岡田包義「小笠原島の地方制度に就いて」『自治研究』第八巻第二号、一九三二年四月、六五－六七頁。他方、同じ一九三一年に作成された東京府「小笠原島地方制度改正ニ就テ」（東京都公文書館所蔵資料）は硫黄島に関し、次のような否定的な見方を開陳している。「硫黄島ハ相当人口ヲ有スルモ其ノ九割ニ近キ八六〇人ハ東洋製糖株式会社〔硫黄島製糖〕ノ使用人ニシテ協議費ハ勿論米ソノ他ノ生活品ヲ会社ニ於テ立替支弁セルヲ永年慣習トス故ニ島全体ハ会社ノ個人経済ニ属スル状態ナリ、且教育熱自治訓練不良ニシテ交通亦甚ダ不便ナルニ付該東洋製糖株式会社ヲ中心トシ寄合規約世話掛設置概則制ノ下ニ村治ヲ行ハシムヲ寧ロ適当ト認ム」。この問題についての近年の労作として以下を参照。高江洲昌哉『近代日本の地方統治と「島嶼」』ゆまに書房、二〇〇九年。

(8) 石原俊『硫黄島』中公新書、二〇一九年、第二章を参照。

(9) 長網芳男「硫黄島開拓由来記」中村栄寿編『硫黄島同窓会会報　旧硫黄島の人びと―　戦前の硫黄島・現代の硫黄島』一九八二年、四頁。

(10) ㈶都市調査会　前掲書、四九‐五一頁。

(11) 浅沼陽「硫黄島を開発した人（中）」『小笠原』第五二号、一九七六年三月。コカから精製されるコカインは軍需用麻薬にも転用される。その屈指の生産地であり闇市場にも出荷する「日本帝国のなかの治外法権地帯」としての硫黄島の性格については、石原俊、前掲書、二四‐二五頁を参照。

(12) 豊島の事績については、石井良則「豊島恕清について」『小笠原研究年報』第二五号、二〇〇一年が詳細に論じている。

(13) この点の事実関係については石井良則の一連の研究に負うところが大きい。

(14) 橋本保「南洋群島とデリス」『南洋群島』一九三五年三月、八一頁。一九二二年四月一八日付『佐賀新聞』には以下のようなデリスの広告が掲載された。「害虫…恐る、に足らず。如何なる害虫をも全滅せしめ農作物や植物に害のない真の世界一の殺虫剤デリスを御試しを乞ふ。福岡県福間町代理店宮崎久五郎」。

(15) 中村栄寿編『硫黄島―村は消えた　戦前の歴史をたどる』一九八三年、一三一頁。

(16) 辻友衛編『小笠原諸島歴史日記上巻』近代文藝社、一九九五年、三一六頁。この争議については、組合側指導者滝沢秀吉の記録をふまえ、石原俊、前掲書、四一－四六頁が詳細に紹介。
(17) 赤間孝四郎「小学校の頃の思い出」前掲『硫黄島同窓会会報』一四頁。
(18) 篠崎卓郎「硫黄島その生活と変遷」中村栄寿編、前掲書、一四一－一四二頁。
(19) 奥山今一「硫黄島の正月よ、再び―少年の日の思い出も新た」硫黄島同窓会、前掲書、一二頁。後年（一九九一年）勢理客文吉が、インドネシア人としてジャカルタで生活していた折、軍人恩給申請の手続きで奥山の協力を得ていた（本章三六七頁参照）。
(20) 井坂洋子『母の覚え書き―ふるさと硫黄島を偲びつつ』私家版、一九七七年、一五－一六頁。
(21) 山下清雄「硫黄島の思い出」『硫黄島同窓会会報』一二頁。
(22) 中村栄寿、前掲書、三頁。
(23) 安宅正己「父を語る」『硫黄島同窓会会報』九頁。
(24) 中村栄寿編、前掲書、一二八頁。
(25) 東達夫「大正小学校の終焉」『硫黄島同窓会会報』八頁。
(26) 宮内庁『昭和天皇実録第四』東京書籍、二〇一五年、七四一頁。
(27) 東京府『小笠原島総覧』一九二九年、一〇七頁。
(28) 中村栄寿編、前掲書、一三〇頁。
(29) 前坂俊之『太平洋戦争と新聞』講談社、二〇〇七年、八七－九六頁。
(30) 今泉裕美子「沖縄移民社会第一節南洋」沖縄県文化振興会史料編集室編『沖縄県史各論編第五巻近代』沖縄県教育委員会、

二〇一一年、三五一頁。

(31) 中村栄寿編、前掲書、一三一頁。一九四四年七月閉校となった硫黄島［大正］国民学校の校舎は、その後地下要塞建設の資材として使われることになり、「一日で校舎が消えてなくなった。」リチャード・F・ニューカム（田中至訳）『硫黄島』弘文堂、一九六六年、一〇頁。

(32) 石井良則「戦前の母島沖村界隈―島民の昔話から―その1」『小笠原研究年報』第四一号、二〇一八年、二一―三頁。

四

(1) 冬木道太郎「硫黄島から那須まで」高城丈吉・菊池虎彦・饒平名智太郎編『望郷―南千島・小笠原諸島・琉球』三光社、一九五七年、一三三―一三四頁。

(2) 原剛「小笠原島軍事関係史」小笠原島村教育委員会編『小笠原村戦跡調査報告書』二〇〇二年、一六頁。

(3) 小笠原戦友会編『小笠原兵団の最後』原書房、一九六四年、一頁。

(4) 井坂洋子、前掲書、二〇一頁に依拠。

(5) 秋草鶴次『硫黄島を生き延びて』清流出版、二〇一一年、一五九―一六〇頁。

(6) 城山三郎『硫黄島に死す』新潮文庫、一九八四年、五二頁。

(7) 小笠原戦友会編、前掲書、二八四頁。

(8) 豊下楢彦『昭和天皇の戦後日本』岩波書店、二〇一五年、一一三―一一四頁。

(9) 堀江芳孝『闘魂・硫黄島』恒文社、一九六五年、一二九頁。

(10) 東京都『東京都戦災史』一九五三年、二五二頁。

(11)『小笠原特集第六〇号』二〇一五年、一三頁。「強制疎開」が本格化する直前の一九四四年四月の硫黄島の人口は一二五四人(北硫黄島一二三人)でそのうち農・漁業従事者は七〇七人(五六・四％)であった。東京都『硫黄島の概要』一九六九年、一四頁。
(12)石原俊「解除されない強制疎開―「戦後七〇年」の硫黄島旧島民」『現代思想』二〇一五年八月号、五七頁。
(13)石井良則氏の父島D氏からの採話ノート、一九九七年から。
(14)近衛歩兵第五連隊史編集委員会編『近衛歩兵第五連隊史(下巻)』近衛五会、一九九〇年、一－四頁。同連隊は「攻略作戦」終了後、南方軍第二十五軍直轄となり、三月二七日ベラワン出港、同二九日シンガポール上陸、ジョホール州警備にあたる。防衛庁防衛研修所戦史室編『ビルマ攻略作戦』朝雲新聞社、一九六六年、二二八頁。
(15)『アサヒグラフ』一九九五年三月三一日号。陸軍衛生一等兵として硫黄島に送られ、一九四五年四月米軍捕虜となった毎日新聞カメラマン石井周治は「自分の小便を飲み、飢え死した私どもの野戦病院の患者と比べれば、[米軍捕虜収容所は]文字通り天国と地獄であった」と回想する。『硫黄島に生きる』国書刊行会(復刻)、一九八二年、二〇〇－二〇一頁。

五

(1)近衛歩兵第五連隊史編集委員会編、『近衛歩兵第五連隊史(下巻)』近衛五会、一九九〇年、三一二頁。
(2)第二十五軍司令部「スマトラ地区の独立運動に関する資料」厚生省引揚援護局史料室編、一九五七年四月、
(3)長洋弘『インドネシア残留日本兵を訪ねて』社会評論社、二〇〇七年、一五二頁。
(4)『南スマトラ』ノ状況・昭和一八年三月―二一年一一月」防衛庁省防衛研究所戦史研究センター所蔵資料。
ジャワに関しては、南方軍連絡部「第十六軍終戦後ノ状況」の一節を紹介しておく。「離隊逃亡ハ終戦直後ニアリテハ悲的信念ニ基クモノ若干アリシモ最近ニ於テハ自我自欲ニ眩惑セラレタル者殆ト其ノ風テヲ為シ…「イ」独立運動ヲ指導シ得ルヤ

如キ主要人物ハ無シ。」

（5）坂井隆「スマトラ紀行」『友愛だより』第一三七号―第一四九号、一九七九―一九八三年、参照。

（6）秋野晃司「はるかなり母国・インドネシア残留日本人（7）」『西日本新聞』一九八七年八月一五日。

（7）福祉友の会編『インドネシア独立戦争に参加した「帰らなかった日本兵」、一千名の声』私家版、二〇〇五年、一二一頁。

（8）福祉友の会編、前掲書、一二三―一二五頁。

（9）長洋弘、前掲書、一五三頁。

（10）在ジャカルタ甲斐文比古総領事発岡崎勝男外務大臣宛「在インドネシア残留邦人送還計画ニ関スル件」一九五三年三月三日、外務省外交史料館所蔵資料。この問題については、倉沢愛子『戦後日本＝インドネシア関係史』草思社、二〇一一年、第二章第五節を参照。

（11）在ジャカルタ倭島英二公使発重光葵外務大臣宛「在インドネシア残留邦人強制引揚に関する件」一九五九年二月一一日、外務省外交史料館所蔵資料。

（12）スマトラ在住日本人一同発岡崎勝男外務大臣宛「書簡」一九五三年七月五日、外務省外交史料館所蔵資料。

（13）両件とも在ジャカルタ領事館武野義治発岡崎勝男外務大臣宛「残留邦人の内地送還に関する件」一九五二年八月二六日、外務省外交史料館所蔵資料。

（14）早川清『忘却の青春―インドネシア独立戦記』教育出版センター、一九八〇年、三六四―三六五頁。

（15）『小笠原』小笠原協会、一九六七年五月一三日。

（16）『朝日新聞』一九七五年六月八日。中林一巳氏、中林裕子氏からの聞き取り、二〇一六年九月一〇日、於伊豆大島・波浮。

おわりに

（1）鹿島平和研究所編『日本外交史第二六巻―終戦から講和まで』一九七三年、一一五頁。

（2）この間の伊豆諸島とくに小笠原諸島と関係の深い八丈島の動向については、『南海タイムス』（月三回発行）を参照。同紙一九四六年二月二三日付は、「八丈島、信託統治に決定か」との見出しの下「（日本領域外にされるかどうか）不明なるまま全島民に一大ショックを与へ、全神経を集注して後報を待侘びた」と報じた。ついでその不安が消えた同年四月二日付同紙には、「信託統治解除さる伊豆諸島、行政権回復」との見出しが踊った。当時、八丈島には多くの小笠原島民が「強制疎開」以降滞在していたので、複雑な心境であったと思われる。ちなみに一九五二年、都制案に伊豆諸島を除外する分離論が出た際、諸島村民代表は東京に集結し分離反対の陳情運動を展開した。黒潮に生きる東京・伊豆諸島編纂委員会編『黒潮に生きる東京・伊豆諸島』（上巻）一九八四年、二四〇頁。

（3）『昭和天皇実録第一二』東京書籍、二〇一七年、二五五頁。

（4）小笠原協会編『小笠原協会創立50年周史』二〇一六年、一八七―一九〇頁。

（5）信夫隆司『米軍基地権と日米密約―奄美・小笠原・沖縄返還を通して』岩波書店、二〇一九年、一八七頁。

（6）日本語での主要著作として以下を参照。R・エルドリッジ『硫黄島と小笠原をめぐる日米関係』南方新社、二〇〇八年、真崎翔『核密約から沖縄問題へ―小笠原返還の政治史』名古屋大学出版会、二〇一七年、信夫隆司、前掲書。

（7）R・エルドリッジ、前掲書、一六二頁。

（8）真崎翔、前掲書、五七頁。

（9）信夫隆司、前掲書、三二一四頁。

（10）防衛省『硫黄島』二〇一四年、一三―一五頁。硫黄島におけるこうした状況は、一九八五年二月一九日に同島で開かれた「名誉の再会」式典にもよく表れている。米軍上陸四〇年にあたる同日に行われた式典には、硫黄島戦に参加した日米両軍の兵士関係者によるもので「島民不在」のセレモニーであった。東京島嶼部郷友連合会編『東京島嶼部郷友連合会五〇年の歩み』二〇一九年、一二五頁。
(11) 栗山尚一『戦後日本外交—軌跡と課題』岩波書店、二〇一六年、八二頁。
(12) 山野幸吉『沖縄返還ひとりごと』ぎょうせい、一九八二年、一八七頁。
(13) 東京都議会『東京都議会会議録』二九〇頁。
(14) 東京都『東京都政50年史』一九九四年、二四九頁。
(15) 東京都議会議会事務局議事部編『東京都議会史第7巻』議会局、一九八四年、三三六頁。
(16) 東京都『硫黄島の概要』一九七九年、一一頁。
(17) 同上、五頁。
(18) 東京都『東京都政50年史』一一一頁。
(19)『小笠原諸島現地調査報告書』一九六八年二月、一四一頁。その抜粋は『官報』資料版№五二三、一九六八年五月七日を参照。
(20) 東京都総務局三多摩島しょ対策室「硫黄島基本調査報告書」一九七五年、一四頁。
(21) 国土庁「『小笠原硫黄島火山活動調査総合評価』一九八三年、四八頁。
(22) 答申全文は『小笠原85号』一九八四年六月、『ニュー・ポリシー』一九八四年六月等参照。
(23) 豊島恕清「硫黄島の地熱に就いて」『地学雑誌』第五二四号、一九三二年、五二八‐五四一頁。あわせて石井良則「豊島恕清について」『小笠原研究年報』第三八号、二〇〇二年を参照。
(24)「『硫黄島問題に関する』安藤光一小笠原村長コメント」『小笠原』特集第五九号、二〇一四年、一八頁(初出は小笠原協会機関誌『小笠原』一九八四年六月三〇日)。

(25) 辻友衛『小笠原諸島歴史日記下』一〇四頁、東京都総務局三多摩島しょ対策室『硫黄島及び北硫黄島視察調査報告書』一九八六年、一二四-一三〇頁。

(26) 中村栄寿編『硫黄島　村は消えた　戦前の歴史をたどる』硫黄島戦前史刊行会、一九八三年、一三四頁。

(27)『朝日新聞』二〇一六年二月一六日。

(28) 硫黄列島旧島民の強い希望をふまえ小笠原村が国土地理院に要請した結果、二〇〇七年六月戦後長らく「いおうじま」と呼称されてきた島名が旧称である「いおうとう」に改められた。このことも、旧島民の硫黄島への愛着を強く物語る一例である。

あとがき

「古稀の手習い」ではないが本書の構想を思い立ってから六年余、筆者はここで取り上げた人びとの来歴を知るべくゆかりの地を再訪三訪してきた。ジョン万次郎を除くとほとんどの登場人物は一般的には無名の士であり、彼らについての公的な一次資料はごく限られたものであった。それだけにこの人たちの生まれ育った土地を訪ね、関係の縁者やその地の古老、郷土史家等から親しくお話を伺い資料や写真の提供を受けることができたことは、研究を進める上で何よりの励みとなった。同時に各地の公立図書館・文書館、民間の資料館等で多くのスタッフの協力を得各種の資料を集め、少しずつ自分なりの人物像をイメージすることができるようになった。

こうした方々や諸機関からのご支援・ご協力、さらには関係研究者からのご教示がなければ、本書は生まれなかった。心からの謝意を込めて以下にその方々のお名前を記させていただきたい。安谷屋俊（故）氏、新井香代子氏、荒船俊太郎氏、安藤光一氏、石井良則氏、池田実氏、石原俊氏、内原節子氏、大里知子氏、太田淳氏、大平京子氏、菊池忠彦氏、倉沢愛子氏、小林博実氏、信夫隆司氏、高瀬玲子氏、新城静喜氏、菅野敦志氏、瀧下怜子氏、長洋弘氏、辻トメ子氏、マルコ・ティネッロ氏、中林一巳氏、中林裕子氏、中村義明氏、鍋島茂樹氏、延島冬生氏、ブラッド・ホートン氏、増永順子氏、又吉武安氏、宮川典継氏、山﨑功氏、山本まゆみ氏、渡辺孝行氏。

とりわけ対象とした方々の身近な縁者であられる新井香代子氏、内原節子氏、中林一巳氏、中林裕子氏、鍋島茂樹氏、宮川典継氏からいただいた個人的資料や貴重な写真は、筆者にとってかけがえのない資産となった。また、今は東京都内に戻られたが長年母島を拠点に地道な小笠原近現代史研究を積まれてきた石井良則氏には、言葉で言い尽くせない恩義とご教示を受けてきた。

資料や文献の検索・閲覧・複写に際しては、訪問した以下の諸機関から多大な便宜を図っていただいた（順不同）。国立国会図書館、外務省外交史料館、防衛省防衛研究所戦史研究センター、都立中央図書館、千代田区立日比谷図書文化館、千代田区立図書館、東京法務局、（公財）小笠原協会、小笠原村教育委員会、小笠原地域福祉センター図書室、法政大学沖縄文化研究所、早稲田大学中央図書館、宮城県立図書館、宮城県塩釜市立図書館、仙台市立博物館、神奈川県公文書館、横浜開港資料館、高知県立図書館、高知市立図書館、高知市自由民権記念館、（公財））高知県土佐清水市ジョン万次郎資料館、沖縄県立図書館、沖縄県立文書館、沖縄県南城市新里公民館、新潟県立図書館、新潟市立図書館、新潟県胎内市立図書館、新潟県上越市立直江津図書館、静岡県立図書館、静岡県沼津市立戸田図書館、静岡県下田市立図書館、佐賀県立図書館、佐賀大学図書館、佐賀県多久市立図書館、佐賀県多久郷土資料館、（公財）江川太郎左衛門資料館、（公財）鍋島報效会、（公財）国際文化会館図書室、（公財）海事図書館、佐賀県杵島郡・佛日山陽興寺、東京都港区・興国山賢崇寺、神奈川県鎌倉市・瑞鹿山円覚寺

本書を構成する全五章は、それぞれ脱稿ごとに早稲田大学アジア太平洋研究センター、法政大学沖縄文化研究所の紀要に発表し、その上で関係者から修正箇所のご指摘や新たな資料等の提供を頂き加筆・訂正した上で最終稿としたものである。ここに本書の章立て順に初出一覧を記すとともに上記両機関に謝意を表したい。

一．「ジョン万次郎・平野廉蔵と小笠原諸島―幕末維新期の洋式捕鯨をめぐる一考察―」『アジア太平洋討究』第二九号、二〇一七年

二．「明治期小笠原諸島の産業開発と鍋島喜八郎」『アジア太平洋討究』第三六号、二〇一九年

三．「図南・服部徹の思想と行動―明治期「南進」論者の歴程―」『アジア太平洋討究』第三四号、二〇一八年
四．「戦前期沖縄とインドネシア―又吉武俊の「南方関与」を事例に―」『アジア太平洋討究』第三三号、二〇一八年
五．「勢理客文吉＝イスマイル・B・セリキャクの歴程―沖縄・硫黄島・インドネシア―」『沖縄文化研究』第四六号、二〇一九年

二〇一三年春、四〇年間お世話になった早稲田大学を定年退職後、調査研究のためのぜいたくなほどの可処分時間に恵まれる一方、可処分所得が落ち込んでいる筆者にとって、二つの科研費（文部科学省科学研究費補助金）による共同研究の研究分担者にお誘いいただいたことは心強い援軍であった。一つは基盤研究（B）「植民地史を書き換える―東南アジアの日本占領行政からみた欧米植民地支配」（二〇一四―二〇一八年度）、もう一つは基盤研究（B）「インドネシア現代史の『失われた環』―戦前戦後をつなぐ日本軍政ネットワーク」（二〇一六―二〇一九年度）である。この共同研究への参加がなければ、小笠原諸島、伊豆大島、沖縄、新潟、高知、佐賀、仙台等への繰り返しての訪問はおぼつかなかったであろう。この研究会の代表である早瀬晋三氏（早稲田大学教授）、山本まゆみ氏（宮城大学教授）に改めて心からの御礼を申しあげたい。

本書を準備中の昨二〇一八年は、明治維新・戊辰戦争一五〇周年、また本書との関係でいえば日本・インドネシア国交樹立六〇周年、小笠原諸島の施政権返還五〇周年という節目の年（奄美群島では六五周年）であった。そして本年は「琉球処分」一四〇年の節目の年である。これらの「周年」の持つ歴史的・政治的・社会的意味についてはここでは直接言及する紙幅はないが、本書が帝国日本の歩みとその「遺産」―とりわけ「南」の諸地域との関わりにおける―を顧みる上で少しでも貢献できることを願うものである。

最後になったが、学術書の出版環境がきわめて厳しい中、筆者の研究テーマに理解を示され本書の刊行を快諾いただいた四〇年来の知友、北村正光龍溪書舎社長そして北村美津子氏に深く感謝したい。また自由気ままな研究生活を続ける筆者をあたたかく「黙認」してくれる妻、息子夫婦、娘夫婦、そして筆者の熱源でもある三人の孫たちにも一言「ありがとう」と申し添えたい。

二〇一九年晩春　後藤乾一

著者略歴

後藤乾一（ごとう　けんいち）

1943年東京都生まれ、65年早稲田大学政治経済学部卒、法学博士（慶応義塾大学）。現在早稲田大学名誉教授・法政大学沖縄文化研究所国内研究員、この間学習院大学・東京女子大学・東京外国語大学・東京大学・国立インドネシア大学で非常勤講師、客員教授を務む。

主著：『昭和期日本とインドネシア』（勁草書房、1986年）、『日本占領期インドネシア研究』（龍溪書舎、1987年）、『近代日本と東南アジア』（岩波書店、1995年）、『東ティモール国際関係史』（みすず書房、1999年）、『東南アジアから見た近現代日本』（岩波書店、2013年）、『近代日本の「南進」と沖縄』（岩波書店、2015年）等。『岩波講座　近代日本と植民地』全８巻、『岩波講座　東南アジア史』全９巻、『岩波講座　東アジア近現代通史』全10巻・別巻１編集委員。

「南進」する人びとの近現代史　―小笠原諸島・沖縄・インドネシア

2019年８月30日第１刷

著　者　後　藤　乾　一
発行者　北　村　正　光
発行所　株式会社　龍　溪　書　舎
〒179-0085　東京都練馬区早宮２―２―17
電　話　03(5920)5222・振替00130-１-76123
FAX　03(5920)5227

ISBN978-4-8447-8320-6
印刷製本　勝美印刷